Dieter Boris · Therese Gerstenlauer · Alke Jenss
Kristy Schank · Johannes Schulten (Hrsg.)

Sozialstrukturen in Lateinamerika

Dieter Boris · Therese Gerstenlauer
Alke Jenss · Kristy Schank
Johannes Schulten (Hrsg.)

Sozialstrukturen
in Lateinamerika

Ein Überblick

VS VERLAG FÜR SOZIALWISSENSCHAFTEN

Bibliografische Information der Deutschen Nationalbibliothek
Die Deutsche Nationalbibliothek verzeichnet diese Publikation in der
Deutschen Nationalbibliografie; detaillierte bibliografische Daten sind im Internet über
http://dnb.d-nb.de abrufbar.

1. Auflage 2008

Lektorat: Frank Engelhardt

VS Verlag für Sozialwissenschaften ist Teil der Fachverlagsgruppe
Springer Science+Business Media.
www.vs-verlag.de

Umschlaggestaltung: KünkelLopka Medienentwicklung, Heidelberg
Druck und buchbinderische Verarbeitung: Krips b.v., Meppel
Gedruckt auf säurefreiem und chlorfrei gebleichtem Papier
Printed in the Netherlands

ISBN 978-3-531-15769-6

Inhalt

Vorwort

Vorliegende Publikation geht auf eine von Dieter Boris an der Philipps-Universität Marburg in spanischer Sprache durchgeführte Seminarveranstaltung im WS 2006/07 über „*Cambios recientes en las estructuras sociales en América Latina*" (Jüngste Sozialstrukturveränderungen in Lateinamerika) zurück. Eine erstaunliche Resonanz, die immer deutlichere Wahrnehmung der Relevanz des Themas für eine tiefergehende Erklärung politischer Prozesse in Lateinamerika sowie die Bereitschaft einiger Studierender, das Seminar „nachzubereiten" und einen „Reader" zu erstellen, standen am Beginn dieses Publikationsvorhabens.

Nach nochmaliger Durchsicht der den Sitzungen zugrundeliegenden Basistexte und der Durchforstung der einschlägigen Literatur wurde bald klar, dass die Bedeutung der hier zu behandelnden Problematik in umgekehrt proportionalem Verhältnis zu ihrer wissenschaftlichen Bearbeitung stand. Hieraus reifte die Idee, einen Sammelband zusammenzustellen und zu publizieren.

In zahlreichen Schritten wurde dieses Projekt vorangetrieben und liegt nun als eine einführende und grundlegende Buchpublikation zur Sozialstrukturanalyse peripher-abhängiger Gesellschaften vor; im deutschsprachigen Raum existiert dazu bislang – in dieser Systematik und Konzentration – nichts Vergleichbares.

Ohne vielfältige Hilfe beim Kontaktieren der AutorInnen, bei der Auswahl der Texte, der Übersetzung und den Endkorrekturen wäre der Band so nicht möglich gewesen. Die HerausgeberInnen danken insbesondere: Anne Tittor, Stefan Schmalz, Anna Dobelmann, Manuel Blendin, Jens Beckmann, Eva Georg, Robert Gather, Zejlko Crncic, Manuel Mecklenburg, Simon Pfersdorf, Maria Linden, Wolfgang Gerstenlauer, Bea Müller, Corinna Rüffer, Dierk von Drigalski sowie Anita Jesberg-Boris und nicht zuletzt Bettina Wallon für wichtige Umsetzungs- und Koordinationsarbeiten.

Zudem bedanken wir uns bei der Rosa-Luxemburg-Stiftung für die finanzielle Unterstützung.

Marburg, im Juli 2008   Die HerausgeberInnen

Dieter Boris

Sozialstrukturen in Lateinamerika

In den letzten Jahren hat das Interesse an Lateinamerika hierzulande wieder
etwas zugenommen. Vor allem einige markante politische Veränderungen, insbesondere der seit der Jahrhundertwende zu beobachtende Regierungsantritt
einer Anzahl von „Mitte-Links-Regierungen", die mit dem bislang vorherrschenden Wirtschafts- und Gesellschaftsmodell brechen wollten, hat die Aufmerksamkeit vieler BeobachterInnen wachsen lassen. Derartige „Konjunkturen"
pflegen mit einer verstärkten publizistischen Beachtung in Medien, Kommentaren und wissenschaftlichen Organen einherzugehen.

Dabei fällt auf, dass ökonomische und politische Analysen überwiegen. Über Außenabhängigkeit, Finanzströme, Direktinvestitionen, Haushaltsdefizite etc.
liest man fast ebenso häufig wie über populistische Politikstile bestimmter Präsidenten, über Wahlen, Parteien (und deren Niedergangsprozesse), über Korruption und Klientelismus. Demgegenüber könnte gefragt werden, ob es nicht auch
gesellschaftliche Gruppen, Klassen oder soziale Milieus gibt, die voneinander
abgegrenzt sind, gegeneinander stehen, sich unter Umständen bekämpfen, sich
organisieren und politisch artikulieren. Gewiss, es werden auch bestimmte soziale Bewegungen erwähnt, soweit sie auf der politischen Bühne Wirkungen erzielen. Auch Untersuchungen über Einkommensungleichheit und Massenarmut
(und deren Veränderungstendenzen) sind nicht selten zu finden. Aber systematische Überblicke und Analysen der gesellschaftlichen Strukturen (im angedeuteten Sinne) sind kaum anzutreffen. So bemerkte der deutsche Lateinamerika-
Wissenschaftler Heinrich W. Krumwiede keineswegs zu Unrecht: „Bei einer
Sozialstrukturanalyse des gegenwärtigen Lateinamerika bzw. lateinamerikanischer Gesellschaften ist man gezwungen, unerforschtes Neuland zu betreten.
Denn nach hoffnungsvollem Beginn in den 1960er und 70er Jahren wurde –
unverständlicherweise – jegliche sozialstrukturelle Forschung eingestellt, mit
dem Resultat, dass man heute mehr über die Armen und Marginalen als über die
im ‚formellen Sektor' beschäftigte Unterschicht und die Mittelschichten weiß."
(Krumwiede 2002: 63)

Die Gründe für dieses auffällige Defizit zu eruieren, wäre vermutlich eine
selbständige wissenschaftssoziologische Studie wert. Möglicherweise spielt die
Dominanz des Ökonomischen, der Marktprozesse im Kontext der neoliberalen
Öffnung und Deregulierung ebenso eine Rolle wie der (oberflächliche) Ein-

druck, dass durch die nahezu uneingeschränkte Herrschaft des Marktes sich tendenziell alle sozialen Kollektive und Strukturen zugunsten von individuellen Haushalten und Heterogenisierungsprozessen im informellen Sektor aufgelöst haben.[1] Das Argument mangelnder Daten dürfte angesichts des entsprechenden Ausbaus der lateinamerikanischen Sozialwissenschaft in den letzten drei Jahrzehnten wohl kaum ernsthaft aufrechtzuerhalten sein.[2] Jüngst bemerkten Roberts und Wood, dass „a major difference with the earlier period is the greater availability of empirical data. Micro samples of censuses and large scale surveys are publicly available, and in many countries of the region census information can be mapped digitally." (Roberts/Wood 2006: 12) Freilich spielen finanzielle Restriktionen innerhalb der Universität und eine gewisse Diskontinuität im Forschungsbereich möglicherweise ebenfalls eine Rolle zur Erklärung dieses Phänomens.

In dieser Einleitung zum vorliegenden Sammelband geht es zunächst darum (1) knapp zu skizzieren, welche Dimensionen gesellschaftlicher Realität und mit welchen Zielvorstellungen durch eine bestimmte Art von Sozialstrukturanalyse erschlossen werden sollen. Im nächsten Abschnitt (2) wird ein geraffter Überblick über die wesentlichen Etappen der lateinamerikanischen Gesellschaftsgeschichte und der jeweils wichtigsten Klassen und sozialen Gruppen vorgestellt. Daran schließt sich (3) die Darstellung der Grundzüge der Sozialstrukturanalyse in Lateinamerika seit den fünfziger Jahren des vorigen Jahrhunderts an, um dann schließlich (4), die im Sammelband aufgenommenen Beiträge kurz zu präsentieren.

Was soll und kann Klassen- und Sozialstrukturanalyse leisten?

Die Diskussion um die Anlage und Ausgestaltung von gesamtgesellschaftlichen Strukturanalysen ist mittlerweile ca. 250 Jahre alt. Spätestens seit den ersten Klassenmodellen der französischen Physiokraten (z.B. François Quesnay) und

---

[1] Auch in der deutschsprachigen wissenschaftlichen Literatur spiegelt sich diese Abwesenheit entsprechender sozialstruktureller Untersuchungen wider. Abgesehen von einigen Arbeiten zu indigenen Völkern, zu Geschlechterverhältnissen und zu Migrationsprozessen fehlen Sozialstrukturanalysen von Gesellschaften/Ländern fast vollständig (siehe hierzu z.B. die bibliographischen Überblicke von Klaus Küpper: Bücher zu Lateinamerika (2001), (2002), (2004) und (2006)).
[2] So N. Werz (2005: 57ff.) in seinem – wenig aktuell ausgerichteten – Kapitel über „Gesellschaftsstruktur, soziale Schichten und Gruppen" im Überblickswerk: „Lateinamerika. Eine Einführung". Auch in lateinamerikanischen Sammelbänden und Überblicksdarstellungen wird das Thema „Sozialstruktur" stiefmütterlich behandelt, vgl. z.B. J.L. Reyna (Hrsg.) (1995): América Latina a fines de siglo, Mexico, D.F., wo nur ein Artikel über Erziehung und Sozialstruktur, der bis in die 1980er Jahre hineinreicht, enthalten ist (ebd.: 242-275).

der englischen Klassik der Nationalökonomie (z.B. Adam Smith) wird erörtert, wie eine angemessene Sozialstrukturanalyse der modernen, bürgerlichen Gesellschaft auszusehen habe und welche Erkenntnisziele sie anstreben könne. Über den hierarchischen Aufbau der Gesellschaft – gerade auch einer gegen die alten ständischen Ordnungen auftretenden bürgerlichen Gesellschaft – ist seither mehr oder minder kontinuierlich und systematisch nachgedacht worden; mit der Entfaltung der Sozialwissenschaften im Geburtsprozess der bürgerlichen Welt entsteht zugleich der Wunsch, die Zusammensetzung von unterschiedlichen, ja entgegengesetzten gesellschaftlichen Großgruppen zu erfassen, um damit nicht nur ein jeweils aktuelles Bild von der sozialen Gliederung, von den zentralen Konflikten, von dem Ausmaß und dem Profil sozialer Ungleichheit zu erhalten, sondern zugleich auch Aufschluss über die wesentlichen gesellschaftlichen Entwicklungstendenzen zu gewinnen.

Sozialstrukturanalyse muss sich zunächst – soll sie sich nicht in harmlosem Rubrizieren und Klassifizieren erschöpfen – der zentralen ökonomisch bestimmten Spannungs- und Spaltungslinien der Gesellschaft versichern. Diese sind in kapitalistisch geprägten Systemen durch den Typus von Akkumulation und durch die Formen ihrer institutionell-politischen Regulierung vorgezeichnet. Der Entwicklungsstand der Produktivkräfte, die Verteilung und Verfügungsmacht über Ressourcen (aller Art), die Struktur und Bedeutung des Binnenmarkts und der außenwirtschaftlichen Reproduktion sowie der Charakter der jeweiligen Wirtschaftspolitik sind wesentliche Dimensionen der makroökonomischen und makropolitischen Ebene, die die Rahmenbedingungen für zentrale gesellschaftliche Auseinandersetzungen vorgeben (Becker u.a. 2007: 33ff.). Diese können sich in gesellschaftlichen Großkonflikten, z.B. über die Einkommens- und Vermögensverteilung, die Institutionen des Arbeitsmarkts, die Regelung der Sozialversicherung und in vielem anderen mehr artikulieren. Derartige Rahmenbedingungen und gesellschaftsübergreifende Regulierungen bilden den allgemeinen und notwendigerweise zu erhellenden Hintergrund der Klassenanalyse, die sich freilich in der Bezeichnung dieser makrosozialen Tendenzen nicht erschöpft. Im nächsten Schritt gilt es, die Hauptgruppen und Sektoren der Gesellschaft in ihrem Verhältnis zu diesen Grundachsen des gesellschaftlichen Machtgefüges zu bestimmen, wobei mindestens zwei Anforderungen in der Abgrenzung dieser Hauptgruppierungen erfüllt sein müssen, die natürlich auch zentrale Analyseprobleme aufwerfen: Erstens, die ausgewählten Gruppen sollten eine relative Homogenität aufweisen und sich von anderen Gruppen (durch eindeutige Kriterien) abgrenzen lassen; zweitens sollten sie nicht nur Klassen/Gruppen „auf dem Papier" (Bourdieu) sein, sondern mehr oder minder artikuliert und empirisch nachvollziehbar in gesellschaftlichen oder politischen Prozessen (seien es nun Konflikte oder Übereinkünfte) sichtbar werden. Diese

Postulate ziehen weitere Schritte nach sich: Jede in diesem Sinne als relevant ausgewählte Gruppe gilt es nun nach objektiver Lage, Umfang der ökonomischen, kulturellen und politischen Ressourcen, nach Sozialisationsspezifika, Organisationsverhalten, Bewusstseinslage, Lebensstil und politischen Praxen zu untersuchen (vgl. hierzu zuletzt: Krais 2007). Unter Umständen wird dabei eine Binnendifferenzierung der Großgruppen in bestimmte Fraktionen oder soziale Milieus erforderlich, soweit hierdurch spezifische Handlungen und Praxen besser erklärt werden können. Die Interaktionen wesentlicher Gruppen oder diejenigen bestimmter Koalitionen im Zeitverlauf können Aufschluss über relevante Entwicklungstendenzen geben. Sozialstrukturanalyse ist also in diesem Verständnis nie bloß statistische Befundsfeststellung, sondern sie gibt begriffliche Instrumente und soziale Teileinsichten an die Hand, durch welche die Bewegungstendenzen einer Gesellschaft als ganzer erkannt werden können.[3] Es liegt hierbei auf der Hand, dass die spezifische Verbindung von objektiven Faktoren und Tendenzen mit subjektiven Strategien der jeweiligen Hauptgruppen und ihrer Vermittlungsglieder stets im Zentrum der Anstrengungen der Sozialstrukturanalyse zu stehen haben. Man kann auch zugespitzt formulieren: Da Sozialstrukturanalyse *per se* dynamisch und auf zeitliche Verläufe hin angelegt ist, muss sie unterschiedliche Zeitdimensionen, differierend lange Lernprozesse und Ungleichzeitigkeiten zentral in ihr Vorgehen einbauen. Der niederländische Soziologe Ton Salman hat in seiner subtilen Untersuchung der chilenischen *pobladores* (BewohnerInnen städtischer Elendsviertel) und ihrer jeweiligen – im Zeitverlauf sich unterschiedlich artikulierenden – Habitusformen eine dieses Problem treffende Schlussreflexion angestellt: „Habitus und historisch tiefsitzende Identitäten haben nicht ausschließlich reproduzierende und konservierende Effekte: Sie strukturieren auch die Bereitschaft zu Veränderungen und bilden eine Grundlage von Lernprozessen. Nur eine vielschichtige und mit unterschiedlichen Entwicklungstempi und Asynchronizität rechnende Analyse, in der strukturelle Rahmenbedingungen und Ursachen des Handelns, Interaktionen und die spezifische ‚Ausrüstung' oder ‚Prägung' der Aktoren vermittelt werden, bietet einen Erklärungshorizont hinreichender Komplexität." (Salman 1998: 94)

---

[3] Ganz in diesem – hier geteilten – Sinne haben A. Portes und K. Hoffman ihr Verständnis vom Klassenkonzept und von Sozialstrukturanalyse formuliert: „The concept of social class refers to discrete and durable categories of the population characterized by differential access to power-conferring resources and related life chances (...) The common advantage of class analysis, both classic and contemporary, is its focus on the causes of inequality and poverty and not just its surface manifestations, as commonly done in standard official publications. Classes are also central for understanding the long-term strategic relations of power and conflict among social groups and the forms in which these struggles shape the relative life chances of its members." (Portes/Hoffman 2003: 42f.)

Zu der zeitlich differenzierenden Perspektive muss sich auch die räumliche hinzugesellen. Sozialstrukturen schlagen sich immer nieder in räumlichen Gliederungen, territorialen und interregionalen Austauschprozessen, baulichen und siedlungsmäßigen Verdichtungszonen, unterschiedlichen sozialen Vierteln in urbanen Zentren u.v.a.m. Die Großgruppen, Subgruppen oder Fraktionen innerhalb solcher Großsegmente sind aber nicht nur nach unterschiedlichen Ressourcenausstattungen, Formen und Möglichkeiten der Machtausübung, sondern selber noch einmal nach den weiter differenzierenden Kriterien der ethnischen, Geschlechter- und Alterszugehörigkeit zu betrachten. Diese Differenzierungskriterien können ebenso eine sozial sehr prägende und politisch hoch relevante Artikulation in bestimmten Phasen von Gesellschaften entfalten.

Die Kunst der Klassen- und Sozialstrukturanalyse besteht darin, dieses vielfältige und scheinbar ungeordnete Mosaik von sozialen Klassen, Gruppen, Milieus, Organisationen und Bewegungen derart zueinander in ein Verhältnis zu setzen, dass daraus die über Tagesereignisse und kurzfristige Konjunkturen hinausweisenden mittel- oder längerfristigen Entwicklungstendenzen deutlich werden. Sozialstrukturanalysen in diesem Sinne müssen mehrdimensional angelegt sein. Vor dem Hintergrund objektiver und ökonomischer Tendenzen sind die wesentlichen gesellschaftlichen Institutionen, Regeln und die sie tragenden und verändernden Einflussgruppen zu identifizieren. Die Macht- und Kräfteverhältnisse in einer jeweiligen Gesellschaft während bestimmter Perioden können auf solche Weise zunächst umrissen werden. Aber diese weisen Momente von relativer Stabilität und Veränderung zur gleichen Zeit auf. Eine differenziertere – aus der Sozialstrukturanalyse erwachsende – Bestimmung dieses Wechselverhältnisses und der spezifischen Dynamik der jeweiligen Gesellschaft muss weiter auf sichtbarere und konkretere Ebenen der Artikulation von solchen Großgruppen (evtl. Allianzen oder Koalitionen innerhalb der Gesellschaft) rekurrieren; z.B. auf den Grad ihrer Organisierung, Mobilisierung und die mediale Präsenz, die Art ihrer Diskurse und deren Resonanz etc. – kurz, die jeweilige politische Praxis und die Interaktionen der Hauptkräfte der Gesellschaft. Damit werden die Möglichkeitsspielräume politischen Handelns und der gesellschaftlichen Veränderungen weiter eingegrenzt und analysierbar. Eine derart konzipierte Sozialstrukturanalyse bietet zum einen ein Erkenntnismedium, welches sowohl deterministisch-objektivistische wie auch voluntaristisch-subjektivistische Erklärungsmodelle zu vermeiden hilft; zum anderen stellt sie die Grundlage für detailliertere und ereignisbezogene Analysen politischer Konstellationen bereit.

Grundzüge der Sozialstrukturentwicklung in Lateinamerika

Die Tatsache, dass für Lateinamerika die Einbindung in kapitalistische Produktionsverhältnisse und Produktionsdynamiken im Laufe des 19. Jahrhunderts durch den sich entfaltenden Weltmarkt zustande kam, war nicht nur wesentlich für die verschiedenen Phasen der ökonomischen Entwicklung, sondern ebenso prägend für die Entfaltung und Differenzierung der Sozialstrukturen (Faletto 1993). Unabhängig von den einzelnen Besonderheiten der jeweiligen Gesellschaften dieses Subkontinents können für die allgemeine Entwicklung der Sozialstrukturen im wesentlichen vier große Phasen der Differenzierung seit der Unabhängigkeit bis heute unterschieden werden:

a) die Post-Unabhängigkeitsperiode von ca. 1825 bis 1860/70
b) die Phase des „Export-Import-Systems" von ca. 1870/80 bis 1930
c) die Periode der „Importsubstituierenden Industrialisierung" (ISI) von ca. 1930 bis 1980
d) und die „neoliberale Phase" von ca. 1982 bis heute bzw. bis etwa 2000.

Ad a) Die Post-Unabhängigkeitsperiode von ca. 1825 bis 1860/70

In der ersten Phase nach der Unabhängigkeit erlitten die meisten Nachfolgestaaten des spanischen Kolonialreichs ökonomische Rückschläge; sie mussten zudem um die territoriale Integration im Inneren und um die Behauptung der Souveränität nach außen kämpfen. Im Inneren waren sie zu Schauplätzen von regionalen und lokalen Rivalitäten zwischen Caudillos um die staatliche Kontrolle bzw. jeweilige Machterweiterung geworden. Damit waren De-Urbanisierungsprozesse und ein wachsendes Gewicht der Großgrundeigentümer verbunden. Diese waren Herren von an die Hacienda gebundenen Campesinos, von Saisonarbeitern und Kleinpächtern; die ländlichen Teile der Sozialstruktur bildeten vermutlich 80 bis 90% der Gesamtbevölkerung, die auch zu einem ähnlich großen Teil als Analphabeten zu bezeichnen waren. Die indigenen Bevölkerungsteile erlebten in der Phase der sogenannten „Anarchie" und Wirren der Nach-Unabhängigkeitsperiode eine relative Besserstellung in ökonomischer und sozialer Hinsicht, da eine zentralstaatliche politische Herrschaftsinstanz weitgehend fehlte (vgl. Katz 1993: 98).[4] Die Spitzen der kolonialspanischen Gesell-

---

[4] „Diese zwei Merkmale jedoch – die Schwächung der alten Zentren und die regionale Autonomie – die von den Kreolen und den Mestizen als eine Katastrophe angesehen wurde, scheinen für viele der indianischen Bauern Lateinamerikas ein goldenes Zeitalter eingeleitet zu haben. Noch waren die neuen zentralistischen Staaten nicht ausgebildet, was es den indianischen Bauern ermöglichte, nicht

schaft, hohe Beamte und Vertreter des Klerus sowie Grundbesitzer, die auf Seiten der spanischen Krone gestanden hatten, waren geflüchtet oder entmachtet. Ein städtisches Handels- und Finanzbürgertum war erst im Entstehen begriffen. Verwaltungspersonal und öffentliche Infrastrukturbetreuung war infolge der politischen und militärischen Auseinandersetzungen während des über 15-jährigen Bürgerkrieges nur noch rudimentär vorhanden.[5] Urbane Lohnabhängigengruppen bildeten sich in den wenigen Manufaktur- und gewerblichen Handwerksbetrieben sowie im Bereich von Dienstleistungen, auch in den Haushalten des verbliebenen und sich zögernd herausbildenden städtischen Bürgertums. Die Sklaverei war in den jungen Republiken, die dem spanischen Kolonialreich nachfolgten, aufgehoben worden. Die Präsenz von ausländischen Handels- und Kapitalvertretern kündigte sich erst in den späten 30er und zu Beginn der 40er Jahre in Ländern wie Argentinien und Venezuela, teilweise auch in Brasilien an. Brasilien hatte sich zwar von Portugal losgelöst, war aber Kaiserreich geworden, in welchem die Sklaverei bis 1888 legal fortexistierte: Mit der Unabhängigkeit waren in Brasilien noch weniger Sozialstrukturveränderungen verbunden als im spanischen Teil der ehemaligen iberischen Kolonialreiche in Amerika.

Insgesamt war die ökonomische Einbindung in den Weltmarkt noch schwach, die prägende Kraft der ländlichen Herrschaftsstrukturen kaum gebrochen und eine nicht eindeutige, zentrale und hierarchische Herrschaftsstruktur mit deutlich entgegengesetzten Klassenpolen etabliert. Die Hauptlinien der politischen Auseinandersetzungen – soweit sie nicht ausschließlich machtpolitisch und regionalistisch begründet waren, was sehr häufig der Fall war – lagen zwischen den Konservativen und den Liberalen, wobei erstere in der Regel stärker mit einem föderalistisch dezentralen und pro-kirchlichen Weltbild und einer vorsichtigeren Außenpolitik gegenüber den europäischen Monarchien sympathisierten, während die liberalen Kräfte meistens einen einheitlichen Zentralstaat laizistischer Prägung und einer republikanischen Idealen verpflichteten Außenpolitik zuneigten (Miller Bailey/ Nasatir 1975: 443ff.). Während die Konservativen überwiegend aus dem ländlichen Milieu und dem Großgrundbesitz stammten, entfalteten sich die liberalen Kräfte im urbanen Bereich und waren vor allem im städtischen Handelsbürgertum präsent.

---

nur erfolgreich den Forderungen von Großgrundbesitzern zu widerstehen, sondern vielfach ihre Macht dadurch zu stärken, dass regionale Führer versuchten, sie im Kampf gegen andere Rivalen zu mobilisieren. Die so bewaffneten Indianer konnten in manchen Fällen weitgehende Konzessionen erreichen." (Katz 1993: 98)
[5] „Die erfahrenen spanischen Beamten hatten ihre Posten verlassen, Steuern wurden nicht eingezogen, die öffentlichen Arbeiten blieben unerledigt, Regierungsverpflichtungen unbezahlt. Selbst die Organisationen der Kirche waren zusammengebrochen, da die meisten Bischöfe und Erzbischöfe die Partei des Mutterlandes ergriffen und damit auf lange Zeit hinaus eine antiklerikale Haltung der neuen Regierung provoziert hatten." (Miller Bailey/Nasatir 1975: 427)

Ad b) Die Phase des „Export-Import-Systems" von ca. 1870/80 bis 1930

In fast allen Ländern Lateinamerikas setzte in den 50er und 60er Jahren des 19. Jahrhunderts eine deutliche wirtschaftliche Prosperitätsphase ein, die vor allem durch die gesteigerte Nachfrage nach lateinamerikanischen Rohstoffen in Europa angestoßen und durch die modernen Transportmittel (transatlantische Dampfschifffahrt und Eisenbahnbau) ermöglicht wurde. Die Ausweitung des Banken- und Finanzsektors und der Beginn von Auslandsinvestitionen im Hafenausbau, im Straßenbahn- und Eisenbahnverkehr sowie in den Bergbaubereichen waren tragende Elemente dieser neuen Entwicklungsphase, die sich rasch ab 1870 und 1880 in fast allen Ländern Lateinamerikas fortsetzte und intensivierte.

Mit der Vervielfachung des Außenhandelsvolumens in wenigen Jahrzehnten konnte der Zentralstaat über erhebliche Zoll- und Export-/Importabgaben beträchtliche Ressourcen einnehmen, die für den Ausbau des Staatsapparats, Verwaltung, Polizei, Streitkräfte (später Gesundheits- und Bildungsbereiche) genutzt werden konnten. Dieser Ressourcenfluss machte die sich konsolidierende zentrale Staatsgewalt von lokalen und regionalen Großgrundeigentümern und Caudillos unabhängig und konnte ihrerseits dazu eingesetzt werden, notfalls machtpolitisch und mit Gewalt gegen deren eventuelle Unbotmäßigkeit vorzugehen.

Ein weiteres wichtiges Moment in der Art der Weltmarkteinbindung Lateinamerikas jener Periode bestand darin, dass Großbritannien im Laufe des 19. und vor allem zu Beginn des 20. Jahrhunderts von den USA als dominanter wirtschaftlicher und politischer Macht verdrängt wurde. „Die Expansion der Vereinigten Staaten trug neue und markante Züge. Die US-Investitionen waren offenbar weniger eng mit den Konsumbedürfnissen der metropolitanen Macht verquickt und stärker auf die lokalen Märkte ausgerichtet als es die britischen Investitionen gewesen waren. Dies minderte keineswegs die Bedeutung der Investitionen in Branchen, die mit dem nordamerikanischen Markt verwoben waren, z.B. der Bergbau und der Plantagenanbau von Südfrüchten. Ein weiteres Moment, das hervorgehoben zu werden verdient, war der monopolistische und oligopolistische Charakter der großen US-Unternehmen, die die Produktionszentren zu okkupieren begannen. Häufig war die verfügbare Finanzmasse eines dieser Großunternehmen um ein Vielfaches größer als der Etat vieler lateinamerikanischer Staaten. Überdies unterstützte die Außenpolitik der USA die Interessen der nordamerikanischen Firmen." (Cardoso/Faletto 1976: 79f.)

Ergänzend muss aber hinzugefügt werden, dass im Verlauf dieser Periode in einigen großen Ländern wie z.B. Brasilien, Argentinien, teilweise Mexiko die – durch die Eigentumsverhältnisse vermittelte – nationale Kontrolle über wesentliche Produktionsbereiche erhalten bleiben konnte, während in anderen Fällen – in der Regel bei kleineren Ländern – die für den Export zentralen Ressourcen von ausländischen Kapitalen beherrscht wurden. Dies hatte natürlich für das jeweilige Sozialstrukturgefüge und das politische System in den respektiven Ländertypen entscheidende Auswirkungen (ebd.: 81ff.).

Bezüglich der Sozialstrukturentwicklung kann generell festgestellt werden, dass die außenorientierten Teile der herrschenden Klasse überall in dieser Periode zur dominanten Fraktion aufstiegen, da von ihrem Wirken und ihren Außenkontakten in letzter Instanz die wirtschaftliche Prosperität abhing. Das heißt keineswegs, dass diese Gruppierungen schlicht „Befehlsempfänger" oder „Brückenköpfe" für *die* metropolitanen Interessen (die ihrerseits auch in Konkurrenzbeziehungen zueinander standen) gewesen sind, sondern durchaus über eigene Handlungsspielräume verfügten. In manchen Gesellschaften allerdings war die nationale Kontrolle über wesentliche Exportressourcen verloren gegangen und die ausländischen Kapitale und Kapitalvertreter waren quasi direkt zu Teilen der einheimischen herrschenden Klasse aufgestiegen und spielten häufig eine entsprechend zentrale Rolle in den politischen Entscheidungen. Natürlich gab es auch Differenzierungen zwischen den einzelnen Abteilungen dieser Gruppe, je nach den Bereichen, in denen sie vornehmlich tätig waren (Landwirtschaft, Transport, Dienstleistungen, Handel, Banken, Versicherungswesen etc.). Die Ausweitung der Staatstätigkeiten und des Staatsapparats sowie die Tendenz zur Institutionalisierung des politischen Systems (Wahlrechtssystem, Professionalisierungstendenzen im Militär z.B. etc.) hatten eine ebenso große Bedeutung für die Differenzierung der Sozialstrukturen. Zum einen nahm die Urbanisierung in jener Periode stark zu, in Ländern mit großem potentiellen Binnenmarkt entstanden bereits einzelne, elementare Industriezweige, und es entwickelte sich eine selbständige und eine abhängige Mittelschicht (vor allem im öffentlichen Bereich). Deren Berufs- und Laufbahnverständnis verband sich zunehmend mit dem Wunsch nach Erhöhung der politischen Partizipation und Bildung, so dass gerade von dieser Seite wichtige Impulse in Richtung auf Institutionalisierung und partielle Demokratisierung des politischen Systems ausgingen. Je nach Bedeutung des Staatssektors und der Größe der im Lande selbst verbliebenen Mehrproduktanteile entfaltete sich stärker oder schwächer ein derartiges Mittelschichtssegment.[6]

Analog zur fortschreitenden Aufgliederung der Oberklassen kam es zur Auffächerung der subalternen Gruppierungen in den meisten lateinamerikanischen Gesellschaften. In exportorientierten Plantagen wurden vermehrt Lohn-,

---

[6] Daher ist der Umfang und die politische Bedeutung von Mittelschichten in Ländern wie Argentinien/Uruguay einerseits oder in Ländern wie Bolivien, Ecuador oder Honduras andererseits völlig verschieden.

Wander- und Saisonarbeiter eingesetzt; vielfach kam es zur Verschlechterung der Pachtbedingungen für kleine Bauern, die auf Pachtland angewiesen waren. Besonders die indigenen/bäuerlichen Bevölkerungsteile erlebten in dieser Periode eine Schlechterstellung insofern, als sie im Zuge der liberalen Bodenreformen von Ländereien vertrieben werden konnten, für die sie keine privatrechtliche Besitzurkunde vorweisen konnten. Vielfach wurden die so „freigesetzten" indigenen Gruppierungen einem sehr rigiden Arbeitszwang unterworfen. Nicht vergessen werden darf, dass in diese Periode die internen Kriege zum Beispiel der argentinischen oder chilenischen Regierung gegen ihre indigene Bevölkerung um 1880 fielen, die zu deren erheblicher Dezimierung führten (Miller Bailey/Nasatir 1975: 147f., 569).

Auch Kirchenländereien wurden privatisiert und reduziert. Das Vorrücken von auf den Weltmarkt ausgerichteten Großgrundeigentümern oder ausländischer Gesellschaften zu ungunsten von freien Dorfgemeinden erhöhte den Konfliktstoff erheblich und führte nicht zuletzt in Mexiko 1910 zum Beginn der agrarrevolutionären Bewegungen als einem maßgeblichen Teil der Mexikanischen Revolution.

Ein wesentliches Element der sich entfaltenden und differenzierenden Sozialstruktur bildeten die insbesondere aus Europa kommenden ImmigrantInnenströme vor allem in die Cono Sur-Staaten (Argentinien, Uruguay, Chile, Südbrasilien) seit den 80er und 90er Jahren des 19. Jahrhunderts. Zeitweise stellten sie in den jeweiligen Hauptstädten und den ökonomischen Anlaufzentren der Empfangsländer bis zu einem Drittel oder mehr der Bevölkerung. Dieser durch relative Arbeitskräfteknappheit bedingte Bevölkerungszuwachs ging zu wesentlichen Teilen auf die von den Regierungen geförderten Einwanderungsprozesse zurück. Diese starken Immigrationsströme und ihre Bedeutung für die Sozialstrukturentwicklung im späten 19. und dem ersten Drittel des 20. Jahrhunderts unterstreichen noch einmal die beiden grundlegenden und relativ dauerhaften Spezifika in der lateinamerikanischen Gesellschaftsentwicklung: Außenbestimmung und hohe Heterogenität.

Die mit der dynamischen Entfaltung des Export-Import-System verbundene Erweiterung der Unterschichten bezog sich auf die nun entstehende urbane Arbeiterschaft bzw. auf ein Bergbauproletariat. Eisenbahn- und Hafenarbeiter waren neben Bergarbeitern und Arbeitern in der nahrungsmittelverarbeitenden und Textilindustrie die ersten neuen Lohnabhängigengruppierungen, die sich zunächst in Selbsthilfegemeinschaften, dann in Gewerkschaften zusammenschlossen. Einen erheblichen Anteil an dieser frühen Entstehung der jeweiligen Arbeiterklasse und –bewegung Lateinamerikas hatten gerade die europäischen Einwanderer, die zumeist nicht – wie häufig in Aussicht gestellt – ein Stück Land erhielten, sondern vom dynamischen Arbeitsmarkt des Export-Import-

Systems aufgesogen wurden. Da diese Arbeiter häufig in „strategisch" wichtigen Sektoren tätig wurden, erlangten sie ein – gegenüber ihrem quantitativen Anteil – weit überproportionales ökonomisches und politisches Gewicht (Bergquist 1986: 8).[7]

Trotz zunehmender Polarisierung der Sozialstruktur bezüglich der Macht- und Ressourcenverfügung und trotz ungleicher sozio-ökonomischer Entwicklung (z.b. sehr partikulare Industrialisierungsprozesse) blieben die gesellschaftlichen Verhältnisse in den lateinamerikanischen Ländern bis zum Jahrhundertende relativ stabil, da die liberale Hegemonie unter der scheinbar natürlichen Freihandels- und Fortschrittsideologie praktisch ohne gedankliche (und erst recht reale) Alternative klar obsiegt hatte. Der entscheidende Grund, weshalb bis in die 30er Jahre des 20. Jahrhunderts die Industrie relativ vernachlässigt blieb und keine staatliche und systematische Förderung erfuhr, besteht vor allem darin, dass das vorhandene Export-Import-System bis in die 20er und 30er Jahre des vorigen Jahrhunderts eine sehr hohe Attraktivität und Effizienz demonstrierte und gegenüber diesem exportorientierten Wachstumsmodell eine eveutuelle Korrektur der Wirtschaftspolitik als abwegig erscheinen musste. Gerade der große Erfolg dieses Entwicklungs- und Wirtschaftsmodells und die dadurch vermittelte Plausibilität der Freihandelstheorien, die die „natürliche" Ressourcenverteilung scheinbar legitimierte (Rohstoffe in Lateinamerika, Industriegüter in Europa), führte dazu, dass der ideologische Wirkungsgrad dieser Orientierung alle Gesellschaftsschichten ähnlich stark durchdrang. Das heißt, dass nicht nur die unmittelbar und am meisten von diesem Wirtschaftsboom profitierenden Segmente der Exportoligarchie und ihre einheimischen und ausländischen Verbündeten das Export-Import-System priesen und vehement verteidigten, sondern dass auch die wachsenden Mittelschichten und sogar die urbanen Arbeiter (und ihre Organisationen) im Wesentlichen den hegemonialen Diskursen dieses Systems keine grundlegende Alternative entgegenzusetzen vermochten. Unter anderem aus diesem Grund fehlten in der wirtschaftlichen und gesellschaftlichen Entwicklung Lateinamerikas die typischen Konflikte zwischen einer Agrarelite und einem Industriebürgertum, wie sie z.B. für die englische, teilweise französische und deutsche Wirtschaftsgeschichte im 18. und 19. Jahrhundert charakteristisch waren. „Die lateinamerikanischen Industriellen vor den 30er Jahren (waren) noch zu schwach, um das vorherrschende Modell eines 'Wachstums

---

[7] „It is these workers, a class formed in response to the expansion of an evolving world capitalist system in case after 1880 who did the most to make the Latin American labour movements. It is these workers, and those in transport and export processing linked to them in the export-production complex who struggles most deeply influenced the modern trajectory of the various national labour movement of the region (...) The fate of workers' early struggles thus powerfully influenced the pattern through which their post-war successors have affected the political and institutional life of various nation-states of the region." (Bergquist 1986: 8)

nach außen' grundsätzlich in Frage zu stellen, andererseits waren Landwirt-
schafts-, Handels-, Finanz- und Industrieinteressen häufig innerhalb desselben
Familienclans vertreten, was mögliche Interessenkonflikte abschwächte."
(Bernecker/Tobler 1996: 16)
    Erste Risse in dem scheinbar natürlichen und alternativlosen Wirtschafts-
und Gesellschaftsmodell entstanden durch Krisen und Erschütterungen kurz vor,
während und nach dem Ersten Weltkrieg, in deren Gefolge sich mit Gewerkschaften und sozialistischen und dann kommunistischen Parteien Gruppierungen
konstituierten, die auf der nationalen politischen Bühne allerdings in den meisten Ländern während jener Phase kaum Bedeutung erlangen konnten.

*Ad c) Die Periode der „Importsubstituierenden Industrialisierung" (ISI) von ca.
1930 bis 1980*

Bekanntlich bedeutete die Weltwirtschaftskrise von 1929ff. für die meisten
lateinamerikanischen Länder eine tiefe Zäsur in der wirtschaftlichen, sozialstrukturellen und teilweise politischen Entwicklung. Aufgrund des Zerfalls der
weltwirtschaftlichen Verbindungen, die erst nach dem Zweiten Weltkrieg, im
Laufe der 50er Jahre wieder das Niveau der 20er Jahre erreichten, mussten fast
alle Regierungen in Lateinamerika eine neue wirtschaftspolitische Orientierung
suchen. Diese bildete sich in den meisten Ländern im Laufe der 30er und 40er
Jahre heraus; das alsbald sich abzeichnende „nach innen gerichtete Entwicklungsmodell" bedeutete: Schutzzölle, Binnenmarktentwicklung, Importsubstituierende Industrialisierung (ISI), dauernde und vermehrte Staatseingriffe in den
Wirtschaftsprozess usw. Diese zur Strategie entfaltete neue Linie wurde mit
verschiedenen Modifikationen und unter sehr unterschiedlichen politischen
Regimes bis Anfang der 80er Jahre, also bis zum offenen Einsetzen der Verschuldungskrise 1982 im Prinzip beibehalten.[8]
    Das neue Wirtschafts- und gesellschaftspolitische Paradigma stieß neue
Tendenzen der Sozialstrukturentwicklung an, wobei im Einzelnen nicht klar zu
unterscheiden ist, ob langfristige Entwicklungsmuster nur beschleunigt realisiert
oder gänzlich neu inauguriert wurden. Mit der ISI nahm die Urbanisierung stark
zu und die internationale Migration (die im Prinzip Immigration war) brach
zugunsten der internen Land-Stadt-Migration ab. Waren 1930 ca. 20 bis 30%
der lateinamerikanischen Bevölkerung Stadtbewohner, so hatte sich diese Relation zu Beginn der 80er Jahre praktisch umgekehrt: ca. 70% der lateinamerikanischen Bevölkerung lebte Ende der 70er Jahre in urbanen Zentren oder Agglomerationen (Oliveira/Roberts 1994: 257). Die vom Land und teilweise von den

---

[8] Mehr Einzelheiten hierzu u.a. bei Boris 2001: 27-68.

Bergbaugebieten freigesetzten bäuerlichen Existenzen füllten die Reihen der städtischen Arbeiter auf. Das rasche Wachstum der urbanen Arbeiterschaft in handwerklichen Betrieben, in kleinen und mittleren Industrieunternehmen, später in staatlichen Infrastrukturbetrieben, aber auch im Handels- und Transportsektor war ein zentrales neues Moment der Sozialstrukturentwicklung in dieser Periode. Allerdings war die Bandbreite in der städtischen Arbeiterschaft bezüglich des Qualifikationsniveaus, der Einkommenshöhe, der sozialen Sicherung, der Organisationsfähigkeit etc. sehr unterschiedlich; hinzu kamen die ständigen Versuche der politischen Führungen – zumindest in Gestalt der populistischen Regierungen –, diese neuen urbanen Massen in das bestehende Politik- und Entwicklungsmodell zu integrieren.

Daher wies die urbane Arbeiterklasse und Arbeiterbewegung während der gesamten Periode eine geringe Homogenität und einen – von der Regierungsseite bestimmten – politischen Zusammenhalt auf, was sich als Mangel politischer Autonomie in vielen Fällen auswirkte. Im Rückblick kann man feststellen, dass es sich zwischen 1960 und 1980 um die Periode gehandelt hat, in der die Industriearbeiter absolut und anteilsmäßig das größte Gewicht in der neueren Geschichte Lateinamerikas erlangt hatten. Auch bezüglich ihrer gewerkschaftlichen Partizipation und ihrer politischen Präsenz kann – im Vergleich zu vorangegangenen und folgenden Dekaden – von einem Zenit gesprochen werden. Dennoch war auch dieser Zeitraum von einer starken Transformation der Beschäftigungs- und Sozialstrukturen in Richtung einer noch stärker regressiven Einkommensverteilung gekennzeichnet. „Im Allgemeinen gab es in der Periode bis Mitte der 70er Jahre einen Anstieg der Realeinkommen in allen Schichten der städtischen Bevölkerung – ein genereller Trend, der in manchen Fällen durch ökonomische Zyklen und durch politische Konjunkturen unterbrochen wurde. Trotzdem erhöhte sich zur selben Zeit die Einkommenskonzentration in Lateinamerika. Die obersten 10% aller Haushalte erhielten 1975 einen größeren Anteil am Einkommen als 1960." (Oliveira/Roberts 1994: 294)

Das Wachsen eines kleinen und mittleren Unternehmertums in der industriellen Produktion, im Handel und Transport, das auf den Binnenmarkt hin ausgerichtet war, bildete ein weiteres zentrales Moment der durch die ISI angestoßenen Sozialstrukturentwicklung. Dies war naturgemäß in jenen „Gesellschaften des Enklaventypus mit ausländischer Produktionskontrolle" in wesentlich geringerem Umfang der Fall, als in „Gesellschaften mit nationaler Produktionskontrolle" (Cardoso/Faletto 1976). Vielfach organisierten sich die neuen kleinen und mittleren Kapitalbesitzer in eigenen Industrieverbänden und anderen Unternehmensorganisationen, da sie mit den alten Verbänden der Agrar- und Handelsoligarchie (auch wenn diese teilweise neuerdings in industriellen Branchen investierten) wenig gemein hatten. Gerade diese Segmente der Gesellschaft (gewissermaßen die subordinierten Teile der herrschenden Klasse) waren oft die aktivsten Unterstützer der die neuen populistischen Regimes tragenden ambivalenten Klassenallianzen. Auch die städtischen Mittelschichten – selbständige wie abhängige – konnten sich zumindest bis weit in die 50er und 60er Jahre positiv entwickeln, wobei allerdings ihr Auftreten in der Politik naturgemäß – je nach Periode und Land – extrem unterschiedlich ausfiel.[9]

Die traditionelle Agraroligarchie und die Grundeigentümer (ebenso wie Teile des Handelskapitals) verloren in dieser Periode an politischem Einfluss, konnten aber in der Regel aufgrund ihrer (im Prinzip unangetasteten) ökonomischen Position und der hohen Bedeutung für die Reproduktion der Gesellschaften eine zentrale Rolle in vielen Fragen weiter spielen; zum Beispiel gelang es ihnen eine Besserstellung der ländlichen Unterschichten durch die staatliche Politik (wie z.B. die Zulassung von ländlichen Gewerkschaften) bis weit in die 60er und 70er Jahre zu hintertreiben. Mit der Öffnung der Regimes gegenüber dem Auslandskapital im Laufe der 50er Jahre konnte dieses seine Rolle als externes Segment der herrschenden Klasse festigen. Mit Ausnahme der früher fortgeschrittenen Länder wie Argentinien, Uruguay und Chile, in denen sich Stagnationstendenzen bereits in den 50er und 60er Jahren deutlich artikulierten, war die wirtschaftliche Dynamik in den meisten übrigen Ländern durchaus höher und damit auch eine Grundlage gegeben für eine gewisse Aufwärtsmobilität für Zuwanderer vom Land und innerhalb des urbanen Bereichs. In Mexiko, Brasilien, Kolumbien und Venezuela beispielsweise war bis in die 70er Jahre hinein aufgrund höherer wirtschaftlicher Wachstumsraten ein relativ hohes Absorptionsniveau dieser zunächst randständigen Gruppierungen in dem formellen Arbeitsmarkt durchaus noch gegeben. Anders sah es in den zuerst genannten Ländern aus, wo – keineswegs zufällig – die sozialwissenschaftliche Diskussion um Marginalität bzw. den informellen Sektor als dauerhaftes und sogar wachsendes Phänomen in den 60er Jahren bereits begann.[10] In den 1950er und 60er Jahren stieg die weibliche Erwerbsquote in Lateinamerika insgesamt nur relativ schwach an (1950: 14%; 1970: 18,5%). Dies änderte sich erst seit den 70er Jahren, als innerhalb einer Dekade die weibliche Partizipation im Erwerbspro-

---

[9] Während z.B. Teile der städtischen Mittelschichten die sozialen Proteste gegen die zentralamerikanischen Militärdiktaturen in den 40er Jahren anführten (so in Guatemala und in El Salvador) waren in Argentinien erhebliche Teile der Mittelschichten antiperonistisch orientiert und sympathisierten nicht selten mit den Militärdiktaturen, was ebenso in Brasilien der Fall war, wo im Vorfeld des Militärputsches von 1964 nicht unbeträchtliche Teile der Mittelschichten diese Entwicklung postulierten.
[10] Vgl. hierzu die Darstellung der entsprechenden Diskussion und Entwicklung der sozialwissenschaftlichen Behandlung bei Quijano (1977): 7ff. und die Schwerpunkt-Nummer der *Revista Latinoamericana de Sociología*, No. 2 (1969).

zess auf über 30% anstieg, wobei diese sich im nachfolgenden Jahrzehnt noch einmal im selben Ausmaß erhöhte und in den 90er Jahren bei über 40% angelangt war. Generelle Anhebung des Bildungsniveaus (auch weiblicher Jugendlicher), andauernde Urbanisierungsprozesse sowie die Häufung von ökonomischen Krisenkonstellationen, die während der 80er und 90er Jahre zur vermehrten Erwerbsarbeit in den Haushalten zwang, waren offenkundig als die Hauptdeterminanten dieses langfristigen Prozesses zu identifizieren. Auch eine verstärkte und reale politische Artikulation und Partizipation von Frauen lässt sich – trotz Einführung des Frauenwahlrechts in den meisten Ländern während der 40er und 50er Jahre – erst in den 70er und 80er Jahren – zumeist im Zusammenhang mit Protesten gegen diktatorische Regimes – feststellen (Lavrin 1994).

Die indigenen Bevölkerungssegmente wurden in den meisten Gesellschaften Lateinamerikas in dieser Phase als bäuerliche und rückschrittliche Sektoren angesehen, die es (kulturell) zu assimilieren gelte, um dann bzw. dadurch eine entsprechende gesellschaftliche und politische Integration dieser Gruppierungen zu realisieren. Nicht selten kontrastierte hierbei der „indigenistische" und nationalistische Diskurs (der eine gewisse Überhöhung und Heroisierung der Ureinwohner implizierte) stark mit der faktischen Exklusions- und Diskriminierungspolitik gegenüber den indigenen Bevölkerungsteilen. Nicht zuletzt aus der kritischen Verarbeitung derartiger Widersprüche gewannen die neuen indigenen Bewegungen seit den 80er Jahren zunehmend Profil und politische Präsenz in einigen lateinamerikanischen Gesellschaften (Scheuzger 2004).

Ad d) Die „neoliberale Phase" von 1982 bis heute bzw. bis etwa 2000

Die nach Eintreten der Verschuldungskrise und der Umsetzung der sogenannten Strukturanpassungsprogramme in den meisten Ländern Lateinamerikas begonnene neoliberale Wende implizierte eine mehr oder minder radikale Abkehr vom bisherigen ISI-Modell: Öffnung der Ökonomie, Rückzug des Staates aus der Wirtschaft, Privatisierung öffentlicher Funktionen und Unternehmen, Liberalisierung der Preise, Flexibilisierung der Arbeitsverhältnisse usw. Die tiefen Einschnitte in die Ökonomie und die durchaus ambivalenten Wirkungen auf die weitere Wirtschaftsentwicklung seit den 80er Jahren waren von erheblichen Veränderungen der Sozialstrukturtendenzen begleitet. Grob kann festgestellt werden, dass gerade die in der ISI-Periode relativ begünstigten sozialen Gruppen und Segmente jetzt ins Hintertreffen gerieten. Mit der fast vollständigen Öffnung der Grenzen und dem weitgehenden Abbau der Zölle, waren selbstverständlich die kleinen und mittleren Unternehmen negativ betroffen; viele konnten dem Konkurrenzdruck nicht standhalten und trugen damit zur Erhöhung der Arbeitslosigkeit bei. Die Privatisierung der öffentlichen Unternehmen ging

ebenso mit Entlassungswellen und einer erheblichen Schwächung der Gewerkschaften des öffentlichen Dienstes und der Staatsbeschäftigten einher. Die Tendenz zum „Outsourcing", die von großen einheimischen und ausländischen
Unternehmen zunehmend praktiziert wurde, trug ebenfalls zur Dekonzentration
von Arbeitskräfteagglomerationen in großen Betrieben bei. Die informell-
prekären Arbeitsverhältnisse bzw. die Überlebensarbeiten, die sogenannten
Mikro-Unternehmen, die Mehrfachbeschäftigungen von ein und derselben Person nahmen nun erheblich zu. Begleitet war dies alles von einem Anstieg der
Arbeitslosigkeit über mehrere Jahre hinweg, einem Verfall des durchschnittlichen Reallohnniveaus und einer zunehmenden sozialen Polarisierung. In fast
allen Ländern Lateinamerikas stieg im Laufe der 80er und teilweise sogar noch
in den 90er Jahren die Armutsquote deutlich an. Der Verkleinerung der urbanen,
formellen ArbeiterInnenschaft entsprach der Anstieg der informell Tätigen, die
Grenzen zwischen formeller und informeller Tätigkeit wurden zunehmend flie-
ßend, da der formelle Sektor seine Schutzmechanismen durch Veränderung der
Arbeitsgesetze teilweise einbüßte. Die urbanen Mittelschichten polarisierten
sich in den meisten Gesellschaften Lateinamerikas während der 80er und 90er
Jahre in einen kleineren Teil, der seine Stellung halten konnte oder sogar aufstieg und in einen anderen – häufig größeren – Teil, der deutliche Abstiegs- und
Degradierungsprozesse hinnehmen musste. Diejenigen Gruppierungen der urbanen Mittelschichten, die mit dem Export-Import-Sektor, den Finanzdienstleistungen, dem Immobiliengeschäft und dem Versicherungswesen verbunden waren, konnten häufig zu den Aufsteigern zählen. Große Segmente der Mittelschichten, vor allem im öffentlichen Sektor wie z.B. Lehrer, Ärzte usw. mussten
deutliche Einbußen in ihrer sozialen Position und ihrem sozialen Status hinnehmen. Analog wurden die mittleren und kleineren Unternehmen in der Produktion und im Handel deutlich geschwächt, während die großen einheimischen
ökonomischen Gruppen (ohnehin teilweise mit dem Auslandskapital verbunden)
und die ausländischen Unternehmen einen klaren Zuwachs an ökonomischer
Verfügungsmacht und politischem Einfluss verzeichnen konnten. Die Gesellschaftsstrukturen insgesamt trugen Züge wachsender Atomisierung, Individualisierung und der Zersplitterung, da große Kollektive und ihre entsprechenden
Interessensorganisationen von der neoliberalen Konkurrenzpolitik, der Deregulierung und Liberalisierung tendenziell aufgelöst oder wesentlich verkleinert
wurden (Klein/Tokman 2000). Die Kapitalseite vermochte nun, ihre noch mehr
zum Trumpf gewordene hohe Mobilität für eine weitere Verschiebung der a-
symmetrischen Machtstrukturen gegenüber den Arbeitnehmern zu ihren Gunsten zu nutzen. Verstärkte Konkurrenz unter den ArbeiterInnen und Angestellten
um die knappen Arbeitsstellen, wachsende gesellschaftliche Exklusion und
Prekarisierungsprozesse gingen mit einer noch größeren Konzentration des

gesellschaftlichen Reichtums auf dem anderen Pol der Gesellschaft einher. So stiegen auch aus der lateinamerikanischen Region viele Top-Magnaten – wie z.b. der mexikanische Tycoon Carlos Slim – zu den reichsten Menschen des Globus auf. Erst die inneren Widersprüche und zunehmenden Krisenmomente scheinen den neoliberalen Gesellschaftsentwurf seit der Jahrtausendwende wieder vermehrt in Frage gestellt zu haben.

Es ist von Interesse, wie die lateinamerikanische Sozialwissenschaft die Metamorphosen der Sozialstrukturen, ihre Kontinuitäten und Brüche, ihre Spezifika und politischen Ausdrucksformen im Laufe der letzten Dekaden theoretisch und empirisch verarbeitet hat. Der nachfolgende Abschnitt skizziert einige wichtige Entwicklungslinien.

Zur Entwicklung und zum aktuellen Stand der Sozialstrukturanalyse in Lateinamerika

Historischer Rückblick

Der eingangs referierte Eindruck von einer weitgehenden Absenz aktueller Sozialstrukturanalysen in Lateinamerika ist an dieser Stelle zum einen wenigstens skizzenhaft in eine historische Perspektive zu rücken, zum anderen zu konkretisieren und zu qualifizieren.

Die ersten Sozialstrukturanalysen aus den 40er und 50er Jahren, die vor allem von argentinischen, uruguayischen, mexikanischen und chilenischen Sozialwissenschaftlern – zumeist am Beispiel ihrer Herkunftsländer – durchgeführt wurden, bewegten sich in einem modernisierungstheoretischen Rahmen und waren stark von der damals die Soziologie dominierenden strukturell-funktionalen Theorie (T. Parsons, R.K. Merton, N. Smelser u.a.) geprägt.[11]

Während der 60er Jahre entfaltete sich das dependenztheoretische Denken in fast allen Ländern Lateinamerikas und wurde vor allem in den 70er Jahren zu einer sehr einflussreichen sozialwissenschaftlichen Strömung, die natürlich auch

---

[11] Siehe z.B. die verschiedenen Sozialstrukturanalysen von Gino Germani, Pablo Gonzalez Casanova, Arturo Gonzalez Cosio, Melvin Tumin u.a. in dem damals repräsentativen Sammelband: Kahl, Joseph A. (Hrsg.) (1965/1974): *La industrialización en América Latina*, Mexico, D.F.; um 1950 löste die Soziologie und die Politologie die bis dahin bestehende Dominanz von Anthropologen, die Lateinamerika erforschten, ab. Bahnbrechend war die von der „Panamerikanischen Union" geförderte komparative Studie über Mittelschichten in Lateinamerika, die fast alle Länder Lateinamerikas einschloss: Crevenna, Theo (Hrsg.) (1950/51): *Materiales para el estudio de la clase media en América Latina*, 6 Vols., Washington, Unión Panamericana. Siehe als Gesamtüberblick über die bis zur Mitte der 60er Jahre erschienenen Arbeiten zur Sozialstruktur Lateinamerikas: Iutaka, S. (1965): *Social stratification research in Latin America*, in: Latin American Research Review 1 (1): 7-34.

die Zugänge zur Sozialstrukturanalyse stark prägte, obwohl diese nicht im Zentrum der dependenztheoretischen Arbeiten stand. In diesem Bereich sind vor allem die Analysen von Fernando Henrique Cardoso/Enzo Faletto, von Osvaldo Sunkel und Aníbal Quijano u.a. zu nennen, die als Soziologen die gesellschaftlichen Segmente nach Art und Intensität ihrer Verbindung zum Weltmarkt, die daraus resultierende „strukturelle Heterogenität" sowie die neue Qualität der „dauerhaften Überschussbevölkerung" (Marginalität) in das Zentrum ihrer Analysen stellten.[12] Gleichzeitig entwickelte sich – im Kontext der weltweiten Bewegung zu einer Neu-Rezeption Marxscher Theorieelemente – auch in Lateinamerika eine relativ breite und intensive Debatte über viele Themen der marxistischen Theorie, die natürlich auch Klassentheorie, soziale Bewegungen und Politik/Staat einbezog. Diese bedeutenden Beiträge sowohl von lateinamerikanischen wie europäischen Marxisten wurden außerhalb Lateinamerikas kaum wahrgenommen.[13] Freilich blieben die Vorstöße dependenztheoretischen Denkens und der marxistischen Ansätze (bei manchen Autoren vermischten sie sich) schon in den 70er Jahren nicht unwidersprochen. Mangelnde Präzision der sozialstrukturellen Konzepte, deren geringe Operationalisierbarkeit und das Fehlen empirischer Forschung in Bezug auf dependenztheoretisch inspirierte Sozialstrukturanalysen wurden als Hauptmängel aufgewiesen (McDaniel 1977; Imbusch 1991). Ähnliche Kritik erfuhren marxistische Ansätze gerade durch lateinamerikanische Soziologen, die sich von Marx'schem Denken inspiriert fühlten, die allerdings „die mechanische und zuweilen dogmatische Übertragung der Schemata des orthodoxen Marxismus" (Stavenhagen) ablehnten, da sie eine theoretisch flexible, empirisch gesättigte und den Spezifika der jeweiligen lateinamerikanischen Gesellschaften Rechnung tragende Vorgehensweise postulierten (Werz 1991: 186f.).

Wie immer diese Beiträge zum sozialstrukturellen Denken in und über Lateinamerika ausgesehen haben mögen (eine detaillierte Aufarbeitung steht immer noch aus), mit den tiefgreifenden politischen Veränderungen im Laufe der 70er Jahre, die in fast allen Ländern Lateinamerikas äußerst repressive Militär-

---

[12] Cardoso/Faletto (1969/1976), Sunkel (1972), Quijano (1977).

[13] Die beiden Sammelbände, jeweils herausgegeben von dem mexikanischen Soziologen Raúl Benitez Zenteño („*Las clases sociales en América Latina. Problemas de conceptualización*", 1973 sowie der zweite Band mit dem Titel „*Clases sociales y crisis política en América Latina*", 1977, enthielten nicht nur bedeutende Analysen von führenden Dependenztheoretikern und Marxisten Lateinamerikas, sondern auch wichtige Beiträge von Nicos Poulantzas, Alain Touraine, Manuel Castells, Ernest Mandel u.a. Es ist bemerkenswert, dass diese beiden für die Entwicklung der Klassentheorie und der Frage der Übertragbarkeit und Anwendbarkeit von Klassenanalyse auf Lateinamerika sehr wichtigen Bände in dem sonst informativen Überblicksband über „Das neuere politische und sozialwissenschaftliche Denken in Lateinamerika" von Nikolaus Werz (Freiburg 1991) überhaupt nicht erwähnt werden.

diktaturen an die Macht brachten, rissen diese Debatten weitgehend ab.[14] Spätestens seit Ende der 70er, Anfang der 80er Jahre dominierten in den lateinamerikanischen Sozialwissenschaften andere Themen, da die Hoffnung auf eine sozialrevolutionäre Umwälzung in allen Gesellschaften Lateinamerikas in weite Ferne gerückt war und zudem die Attraktivität der kubanischen Revolution inzwischen erheblich nachgelassen hatte. Die Probleme des Demokratieverständnisses, die Bedeutung von Menschenrechten, die Frage des Übergangs von Diktaturen zur Demokratie, die Relevanz von Zivilgesellschaft und sozialen Bewegungen rückten in den sozialwissenschaftlichen Diskursen der 80er Jahre – nicht selten auch unterstützt von ausländischen Stiftungen und Stipendien aus dem Ausland – in das Zentrum der Debatte. Damit ging mehr oder minder deutlich auch eine Distanzierung von marxistischen (bzw. als marxistisch angesehenen) Ansätzen und die wieder verstärkte Rezeption europäischer und nordamerikanischer Autoren einher. Parallel zum Einflussverlust der marxistischen Ansätze verloren auch dependenztheoretische Arbeiten an Bedeutung (z.B. Lechner 1977).

Die nun einsetzenden und als Antwort auf die reale Entwicklung Lateinamerikas zu begreifenden Arbeiten über Diktaturen, das Militär, Demokratisierungsprozesse, Strukturanpassungsprogramme, soziale Ungleichheit, Armut usw. waren kaum noch von theoretisch-begrifflichen Debatten früherer Jahre inspiriert, so dass beispielsweise der chilenisch-mexikanische Soziologe Francisco Zapata und seine Kollegin Cecilia Montero in einem Sammelband über Klassen im Jahre 1986 daran erinnern mussten, dass die Begriffe Klasse, Schichten, Sektoren, soziale Gruppen aus verschiedenen „Theorieheimaten" stammen (Montero/Zapata 1986: 14). Die Distanzierung von Marx'schen Kategorien und von klassentheoretischen Ansätzen verdankte sich nicht nur dem Wechsel des Gegenstandes (von der Analyse der Klassen zur Untersuchung sozialer Bewegungen), sondern ging auch mit Veränderungen der wissenschaftlichen und methodischen Herangehensweise im Vergleich zur vorangegangenen Phase einher. Vor allem gab es in dieser neuen Periode – ähnlich wie zuvor, wo theoretische Entwürfe dominierten – nun aus anderen Gründen keine ausgeführten, die gesellschaftliche Totalität einbeziehenden Sozialstrukturanalysen: von Strukturansätzen zur Handlungstheorie, von makro- zu mikrotheoretischen Vorgehensweisen, von Klassen zu Akteuren oder Subjekten, von der ökonomischen Analyse zur Kulturanalyse vollzog sich die Akzentsetzung bei der Mehrheit der sozialwissenschaftlichen Arbeiten; die jeweiligen kollektiven Akteure und sozi-

---

[14] Sieht man von einigen wenigen Weiterentwicklungen vor allem von im Exil befindlichen Chilenen, Argentiniern, Uruguayern und Brasilianern an mexikanischen Universitäten in den 70er Jahren ab.

alen Bewegungen wurden häufig ohne deren Einbindung in einen strukturellen
gesellschaftlichen Rahmen analysiert (Girola/Olvera 1994: 102ff.).
Dieser Wechsel fand aus vielen Gründen in den 1980er Jahren statt. Mit
dem Einzug der Militärdiktaturen machte sich häufig eine Enttäuschung gegenüber den Erklärungsschwächen „großer Theorien" breit, die Relevanz einzelner
sozialer Bewegungen im Kampf gegen die Militärdiktaturen trat nicht selten in
den Vordergrund, da diese offensichtlich eine besondere Bedeutung gewonnen
hatten. Der internationale Trend zu anti-strukturalistischen und postmodernen
Gedanken sowie Theoriekonstrukten setzte sich natürlich auch in Lateinamerika
fort (hierzu vor allem Chilcote 1990: 3-24). Mikroanalysen, Alltags- und Le-
bensweltbetrachtungen sowie die Problematisierung kultureller Teilphänomene
und diskursanalytische Ansätze dominierten vor der Erforschung der Gesamt-
entwicklung und makrotheoretischen Entwürfen. Mit dieser handlungs- und
kulturtheoretischen Wende, die von bestimmten europäischen Autoren maßgeblich mitbeeinflusst wurde (z.b. A. Touraine 1987) verband sich nicht nur eine
Vernachlässigung von gesamtgesellschaftlichen Analysen und von makro-
sozialstrukturellen Betrachtungen. In den Vordergrund traten nun soziale Bewegungen und Akteure, ohne dass dabei jeweils die objektiven Strukturen, die
Arbeits- und Produktionsverhältnisse, in denen sie handelten, genügend heraus-
gearbeitet wurden (Vilas 1996).

Aktuelle Tendenzen

Mit der vor allem in den 80er und 90er Jahren durch den neoliberalen Globali-
sierungsprozess verstärkten Trendwendung zur Zersplitterung gesellschaftlicher
Verbände und sozialer Kollektive schien die Sozialstrukturanalyse herkömmli-
cher Art weiter an Relevanz abzunehmen. M.A. Garretón hat dieser Überzeugung, die in den lateinamerikanischen Sozialwissenschaften nun weitgehend
dominierte, deutlich Ausdruck verliehen: „Die Organisation der kollektiven
Aktion und die Vereinheitlichung der sozialen Akteure gestaltet sich weniger in
Ausdrücken der strukturellen Position der Individuen und mehr in Begriffen von
Sinn-Leitlinien dieser Handlungen." (Garretón 2002: 14) Versuche, die struktur-
und handlungstheoretischen Ansätze miteinander zu vereinen, um damit eine
angemessene Analyse sozialer Entwicklung herbeizuführen, waren relativ selten
(vgl. Durand Ponte/Cuéllar Vázquez 1990). Erst die starken Erschütterungen der
neoliberal fragmentierten Gesellschaft ließen die Frage nach dem Zusammenspiel von objektiven und subjektiven Determinanten gesellschaftlicher Entwicklungstendenzen wieder verstärkt aufkommen. Möglicherweise ist seit Ende der
1990er Jahre auch eine gewisse Renaissance von Sozialstrukturanalysen in Lateinamerika zu registrieren (siehe z.B. die Veröffentlichungen der CEPAL-

Review und der CEPAL-Serie „*Políticas Sociales*"). Bis zu diesem Zeitpunkt waren aber gesamtgesellschaftliche Sozialstrukturanalysen absolut selten. Die bedeutendsten Einzelarbeiten, die jenseits des sozialwissenschaftlichen Mainstreams in den 80er und 90er Jahren erschienen, sollen hier kurz skizziert werden.

Der in dieser Hinsicht bedeutendste Autor war (und ist) der kubanisch-us-amerikanische Soziologe Alejandro Portes, der Mitte der 1980er Jahre einen singulär bleibenden, aber dennoch viel rezipierten und diskutierten Artikel über die Klassenstrukturen in Lateinamerika im Allgemeinen verfasste (Portes 1985). Ausgehend von einem neomarxistischen, teilweise an Erik Olin Wright ange-lehnten theoretischen Ansatz sind die Hauptunterscheidungskriterien der objek-tiven Klassenposition von Individuen und Kollektiven nicht nur im Eigentum oder Nicht-Eigentum an Produktionsmitteln, sondern auch in der Kontrolle bzw. Nichtkontrolle über die Arbeitsprozesse und die Produktion sowie in der Art der Vergütung zu suchen, wobei auch die peripheriespezifischen Formen von „Ge-winn" und „Lohn" beispielsweise zu berücksichtigen seien. Nur wenn die be-grifflichen Konzepte die Hauptgegensätze und die entsprechenden kollektiven Zusammenschlüsse zu fassen vermögen, sei eine angemessene Sozialstruktur- und Klassenanalyse zu erreichen. Auf dieser Basis der dargelegten Kriterien gelangt Portes zu fünf verschiedenen Hauptklassen: herrschende Klasse, büro-kratisch-technische Klasse, das formale Proletariat, das informelle Kleinbürger-tum sowie das informelle Proletariat. Während die ersten drei Klassen zwar eine besondere Färbung in peripheren Gesellschaftsverhältnissen erhalten, aber prin-zipiell von den analogen Klassenstrukturen in entwickelten Ländern nicht grundsätzlich unterschieden sind, verhält es sich nach Portes vor allem bei den beiden zuletzt genannten Kategorien anders, insofern als sie spezifische Aus-drucksformen der lateinamerikanischen Klassengesellschaften sind. Das infor-melle Kleinbürgertum ist zwar nach äußeren Kriterien mit Unternehmern häufig identisch (Produktionsmittel besitzend, Verfügung über Arbeit, Profiterzielung), aber dies übersieht ihre reale Position (vorwiegend in Kleinbetrieben, unsichere, schwankende Einnahmen, vielfach mit prekären Arbeitskräften arbeitend), die sie in die Lage versetzt, zwischen einem formell-modernen und einem infor-mell-rückständigen Sektor zu vermitteln. „The existence of a petty bourgeoisie dependant almost exclusively on this type of labour relations constitutes one of the distinct features of the Latin American class structure. It is also the reason for labelling the fourth class as 'informal'. The economic role of the informal petty bourgeoisie is essentially that of intermediary between the modern sector and the mass of unskilled and unprotected labor at the bottom of the class struc-ture." (ebd.: 14). Entsprechend ist das – ebenfalls für Lateinamerika (und andere Regionen der Dritten Welt) typische – „informelle Proletariat" eines, das häufig

keinen Geldlohn erhält, keine Sozialversicherung hat und nicht durch Tarifver-
träge abgesichert ist und vor allem „Selbstbeschäftigte", abhängig Beschäftigte
inferiorer Positionen, mithelfende Familienangehörige und Hausangestellte
umfasst. Nach der Beschreibung dieser Hauptsegmente der lateinamerikanischen Sozialstrukturen und dem Versuch, ihren Umfang empirisch zu operationalisieren und zu erfassen (mittels Statistiken der ILO und der CEPAL), versucht er, die Einkommensverteilung und die jeweilige Klassenlage dieser großen Gruppen im Zeitverlauf zu bestimmen. Zwischen 1950/60 und 1975 oder
sogar 1980 stellt Portes eine Einkommenspolarisierung zwischen den obersten
zehn Prozent (die die herrschende Klasse und die technokratisch-bürokratische
Gruppierung enthalten) einerseits und den untersten Segmenten der 60 bzw. 40
ärmsten Prozent der Bevölkerung andererseits fest, wobei zu letzteren natürlich
das Gros der informellen Arbeiter sowie zu einem großen Teil auch die informellen kleinbürgerlichen Gruppierungen zu rechnen sind. Allerdings ist diese
Verschiebung der Anteile nicht zu Lasten der „intermediären Kategorien" gegangen, die ihre Anteile halten bzw. leicht ausdehnen und vor allem wesentlich
höhere absolute Pro-Kopf-Einkommenssteigerungen realisieren konnten (ebd.:
25f., Tab. 3). Dies betrifft die nach den ersten 10% und damit dem reichsten
Dezil der Bevölkerung nachfolgenden drei Dezile, also die mittleren Gruppierungen zwischen den ersten 10 und den unteren 60%, wobei innerhalb dieser
30% sowohl die Mittelklassen als auch Teile der formellen Arbeiterklasse anzu-
siedeln sind.[15] Vor allem die relative Konstanz des „informellen Proletariats"
über mehrere Dekaden hinweg verweist auf die z.b. gegenüber den USA völlig
andersartige Entwicklung in Lateinamerika, da eine rasche Absorption dieses
Sektors auf dem Arbeitsmarkt offenbar nicht erfolgte. Andererseits kann diese
Rückständigkeit nicht mit einem bloß vormodernen oder vorkapitalistischen
Charakter erklärt werden, da die kapitalistische Dynamik indirekt auch den
informellen Sektor erfasst; und Wechselbeziehungen zwischen dem informellen
und formellen Sektor zu den strukturellen Notwendigkeiten der lateinamerikanischen Wirtschaftsdynamik zu zählen sind.

Die Krise der 1980er Jahre und die Auswirkungen der neoliberalen Wende
auf die Sozialstrukturtendenzen Lateinamerikas konnten in diesem Artikel nur

---

[15] „These results indicate that the process of surplus extraction and appropriation that underlies the
growing income inequality in Latin America did not come at the expense of the organized working
class during the period examined. Along with informal entrepreneurs, formal wage workers appear
to have benefited to a limited extent from accelerated industrial growth in the region during these
two decades. This trickle-down effect did not reach the majority of the population concentrated in
the bottom class, however. Instead of benefiting significantly from the increased wealth, the informal proletariat bore the brunt of rapid income concentration to the advantage of all other classes,
particularly the top ones." (ebd.: 26)

am Ende sehr knapp und durch Formulierung einiger Vermutungen gestreift werden, stehen aber im Zentrum des fast 20 Jahre später gemeinsam mit Kelly Hoffman verfassten Artikels von Alejandro Portes (Portes/Hoffman 2003). Dieser Artikel soll als Erweiterung und Aktualisierung des früheren gelesen werden. In der neuesten Version wird die Verfügung über knappe intellektuelle Fähigkeiten zu den traditionellen Kriterien (Kontrolle über materielle Ressourcen, die Arbeit etc.) hinzugefügt, was den mittlerweile verfeinerten Datenbeständen und den Veränderungen während der letzten Jahrzehnten geschuldet sei. In der neuen Nomenklatur wird neben den Kapitaleignern/Unternehmern das bürokratisch-technokratische Segment von vormals in zwei Untergruppen: Manager von großen und mittleren privaten/öffentlichen Firmen einerseits und professionale, akademisch gebildete Top-Angestellte andererseits aufgeteilt. Alle drei zusammen werden als zur herrschenden Klasse gehörig begriffen, da ihre Kernfunktionen ähnlich seien, wenngleich die jeweilige Art der Ressourcenkontrolle und des Einkommenstyps etwas unterschiedlich beschaffen seien. Für Lateinamerika insgesamt schätzen Portes/Hoffman diese Gruppe auf etwa 10% der erwerbstätigen Bevölkerung, die zugleich das oberste Dezil der Einkommensempfänger repräsentieren dürften. Das „Kleinbürgertum" als nächste Hauptgruppe umfasst in der Regel Kleinunternehmen, die zwischen dem formellen und informellen Sektor vermitteln; dieses Segment (1985 noch als „informelles Kleinbürgertum" bestimmt) war während der 1990er Jahre das Auffangbecken für ehemalige (und entlassene) öffentliche Angestellte, abhängig beschäftigte Professionale (Freiberufler) und andere qualifizierte Arbeitnehmerkategorien, die durch die neoliberalen Anpassungsmaßnahmen freigesetzt worden waren. Die Mikro-Unternehmen bildeten in den 1990er Jahren mit Abstand die größte Quelle neuer Arbeitsmöglichkeiten. Das formelle Proletariat (sozialversicherungsmäßig abgesichert und tarifvertraglich beschäftigt) wird von Portes/Hoffman in zwei Untergruppen (nicht-manuelle formale Arbeiterklasse und manuelle formale Arbeiterklasse) aufgeteilt, wobei hier vor allem die Art der Arbeit, die Lohnhöhe und die Qualität der Sozialversicherungssysteme, denen die jeweiligen Untergruppen angehören, wichtige Unterscheidungskriterien bilden. Während das Kleinbürgertum ca. 8,5% der Erwerbstätigen umfasst, wird die formelle Arbeiterklasse insgesamt auf ca. 35% der ökonomisch aktiven Bevölkerung Lateinamerikas um das Jahr 2000 taxiert. Das „informelle Proletariat" (prekäre und gelegentlich Beschäftigte, nicht entlohnte mithelfende Familienangehörige, nicht tarifvertraglich und sozialversicherungsmäßig abgesicherte Personen etc.) scheint unter neoliberalen Bedingungen (neben den kleinbürgerlichen Mikrounternehmen) die Kategorie gewesen zu sein, die das höchste Wachstum zu verzeichnen hatte; es wird für Lateinamerika insgesamt im Jahre 2000 auf fast 48% aller Erwerbstätigen geschätzt. Gleichzeitig fand in den letzten beiden Dekaden eine weitere Akzentuierung der Einkommenspolarisierung statt, die durch verschiedene Indikatoren und Berechnungsarten bestätigt wird (ebd.: 55ff. u. 65f.). Als „Auswege" aus dieser Tendenz, die die soziale Lage von großen Mehrheiten der Bevölkerung in den letzten Dekaden verschlechtern ließ, analysieren Portes/Hoffman unter der Rubrik: andere Formen von „Unternehmertum" das Ansteigen der Kriminalität (66ff.) und die zunehmende Tendenz zur Migration ins Ausland (70ff.).

Die politische Artikulation dieser Sozialstrukturtendenzen (ein Problem, das Portes schon am Ende des ersten Artikels selbstkritisch als weitgehend unbearbeitet und ungelöst bezeichnet hatte) wird auch am Ende dieser Studie nur en passant und widersprüchlich aufgegriffen. Trotz wachsender Klassenpolarisierung seien nur ideologisch diffuse Parteien aufgestiegen, und es seien nur „eratische Formen von Basismobilisierung" zu verzeichnen, die dann allerdings wieder als „Konsolidierung alternativer Formen von Gemeinschafts-/Gemeinde-Formen popularer Mobilisierung" bezeichnet werden; wobei diese als Resultat der ökonomischen und sozialstrukturellen Tendenzen des Neoliberalismus anzusehen seien. Neben diesem Mangel werden die abwesenden Gender-Perspektiven (siehe den Beitrag von Bellone Hite/Viterna 2005 in diesem Band) sowie die relativ geringe Aufmerksamkeit gegenüber den ländlichen Sozialstrukturtendenzen als Manko verzeichnet; auch die Charakterisierung des formellen Proletariats als relativ homogener Gruppierung, die in den politischen Auseinandersetzungen eher die Rolle einer „Arbeiteraristokratie" spiele, wurde mit Hinweis auf Studien, die zu entgegengesetzten Resultaten gelangen, kritisiert. Die Vermittlung von objektiven und strukturellen Tendenzen mit Dimensionen des Handelns und der politischen Mobilisierung sei nur unzureichend geleistet (Imbusch 1991: 75f.).

Im Jahre 2001 legte der uruguayische Soziologe Carlos Filgueira (Filgueira 2001) – im Auftrag der Abteilung „Gesellschaftliche Entwicklung" der CEPAL – eine Studie über den Stand der Sozialstrukturanalysen in Lateinamerika vor. Gegenüber manchen Ansätzen der 60er und 70er Jahre ist ihm zufolge eine Abkehr von Gesamtanalysen zugunsten der Bearbeitung spezieller Aspekte (wie z.B. der Armut) seit den 1980er Jahren zu verzeichnen. Für die Wiederaufnahme der Totalitätsdimension plädiert Filgueira, wobei eine Analyse der „Gelegenheitsstrukturen" in einer Gesellschaft, welche sich immer dynamisch entwickelten und die über die ökonomischen, demographischen und migratorischen Aspekte der Sozialstrukturentwicklung insofern hinausgingen, als sie erlaubten, andere – ebenso relevante – Faktoren und Mechanismen der Erlangung gesellschaftlicher Positionen (wie z.B. das Ausmaß der Verfügung über „Sozialkapital", den erreichten Status im sozialstaatlichen Geflecht etc.) besser bzw. überhaupt zu erfassen. Die Öffnung der Sozialstrukturanalyse zu stärker handlungs-

theoretischen Konzepten wie dem des „sozialen Milieus", des „Lebensstils"
wird seiner Ansicht nach durch diese begrifflich-analytischen Erweiterungen
möglich (ebd.: 22). Gerade durch die Einbeziehung von Kategorien der Forschungen zu sozialen Bewegungen (z.b. die der „Gelegenheitsstrukturen") wird
eine Dynamisierung und größere „Lebensnähe" sozialstruktureller Analysen
angestrebt.

Schließlich hat der deutsche Politikwissenschaftler Heinrich W. Krumwiede
(Krumwiede 2002) einen knappen Überblick über die wichtigsten aktuellen
Sozialstrukturmomente vorgelegt, um dadruch besser die „politischen Chancen"
zur „Korrektur des Ungleichheitsproblems" abschätzen zu können (ebd.: 57).
Ob allerdings der von ihm gewählte schichtungsanalytische Ansatz in der Lage
ist, die Hauptspaltungs- und Konfliktlinien der lateinamerikanischen Gesellschaften auszumachen, darf bezweifelt werden. Welche der von ihm erwähnten
„unmittelbaren" und „mittelbaren" Determinanten der Sozialstruktur („Modernisierungsprozesse" einerseits, „vertikale Ungleichheiten" andererseits) wie
und in welchem Maße wirksam werden, bleibt ebenso unbeantwortet wie die
Frage, in welcher Weise die neoliberale Orientierung seit den 1980er bzw. 90er
Jahren auf die neueren Tendenzen der Sozialstruktur eingewirkt hat. Die ab-
schließenden Spekulationen über „politische Implikationen der lateinamerikanischen Sozialstruktur" (ebd.: 74ff.) gelangen zu wenig erhellenden Aussagen: die
hohe Diffusität der sozialen Unzufriedenheit werde etwas verändern: ob dies mit
Koalitionen oder ohne, ob mit autoritären Formen oder mit demokratischen
Mitteln, ob ohne oder mit sozialen Bewegungen (deren deutlich gewachsene
Präsenz während des Untersuchungszeitraums nicht einmal erwähnt wird) geschehen kann, lässt der Autor offen.

Eine in der letzten Zeit wachsende Zahl von Studien im Umfeld der CEPAL
beschäftigt sich mit Sozialstrukturtendenzen in einzelnen Ländern, wobei nicht
selten ganz unterschiedliche theoretische Konzepte und Ansätze zugrunde gelegt werden und dadurch die Vergleichbarkeit der Resultate sich schwierig gestaltet (für Brasilien z.B. die Analyse der Veränderung von Ungleichheitsstruk-
turen und der Mobilität zwischen Beschäftigungspositionen, Silva 2004 und die
mit dem neomarxistischen Analysemodell E.O. Wrights arbeitende Studie von
Figueiredo Santos 2002). Die kontinuierliche Ausweitung der lohnabhängigen
qualifizierten Mittelschichten während der letzten Jahrzehnte (bei relativ geringer Krisenbetroffenheit) sowie die Fortdauer bzw. Verschärfung von „rassisch-
ethnisch" begründeten Einkommensdifferenzen (bei gleicher Qualifikation) im
mittleren und höheren Bereich sozialer Positionen (Figueiredo Santos 2005: 58)
stellen ebenso interessante Einzelbefunde dar wie die knappe Analyse der Veränderungen der Klassenbeziehungen in Brasilien unter neoliberalen Bedingungen (Boito 2007) zur Aufhellung der wechselnden sozialen Basis der letzten

Regierungen beiträgt. Hiernach teilen sich – auch unter der Regierung „Lula" da Silvas – die bedeutendsten Gruppen der einheimischen industriellen und agrarischen Bourgeoisie mit dem nationalen und zunehmend dem internationalen Finanzkapital jeweilige Einflusssphären innerhalb des „Blocks an der Macht". Innerhalb dieser Gesamtkonstellation geht die qualifizierte urbane Arbeiterklasse und ihre gewerkschaftlichen Vertretungen seit Mitte der 90er Jahre eine Allianz mit dem einheimischen industriellen Kapital gegen das Bank- und Finanzkapital ein (was zu ständigen Spannungen im „Block an der Macht" führt); zum anderen haben sich die ärmsten und unorganisierten Teile der Arbeiter und informell Tätigen – nach Boito – von Unterstützern der konservativen neoliberalen Regierungen Collar/Cardoso zur wichtigen Wählerbasis der „sozialneoliberalen" Regierung Lula's (auch außerhalb von dessen „Partei der Arbeiter") transformiert.

Ähnliche Arbeiten existieren zur Sozialstrukturentwicklung Chiles und Argentiniens. Während die Studie von León/Martínez (2001) den qualitativ neuen Typus von sozialer Ungleichheit und die durch Privatisierung und „Vermarktwirtschaftlichung" nahezu aller Arbeits- und Lebensbereiche geschaffenen neuen Klassendifferenzen[16] (vor allem durch die Zugangschancen zur Bildung zementiert) fokussiert, konzentriert sich die Arbeit von Torche/Wormald (2004) zum einen auf die Besonderheiten der chilenischen Sozialstrukturentwicklung im Vergleich zum übrigen Lateinamerika und zum anderen auf die sehr differenzierten Mobilitätsprozesse. Die hohen Anteile der formalen Arbeitsverhältnisse und die Dienstleistungsbeziehungen sowohl im mittleren wie unteren Teil der gesellschaftlichen Hierarchie sowie die relativ hohen Anteile von Prozessen der Aufwärtsmobilität – bedingt durch Besitz und Bildung der Herkunftsfamilie, aber auch durch Ausweitung und Nutzung der Bildungsmöglichkeiten durch mittlere und in geringem Umfang auch „Unterschichtenangehörige" – seien die beiden Elemente, die die Perzeption einer starren Klassengesellschaft – trotz zunehmender sozioökonomischer Polarisierung zwischen der „gesellschaftlichen Spitze" und den untersten Einkommensdezilen – zu relativieren vermochten.[17]

---

[16] Der starken Reduzierung der ArbeiterInnenklasse in der industriell-urbanen Produktion (von nahezu 26% – 1971 – auf ca. 13% der Erwerbstätigen im Jahre 1995) entsprach die starke anteilsmäßige Zunahme vor allem der privaten, qualifizierten ArbeitnehmerInnen, die zu den Mittelschichten zu zählen sind (um eine ca. 10-prozentige Anteilssteigerung im selben Zeitraum). Gleichzeitig ist die Einkommensdistanz zwischen ArbeiterInnenklasse und Mittelschichten gewachsen, was vor allem durch die sehr unterschiedlichen Zugänge zur Bildung für Angehörige der ArbeiterInnenklasse und der „Marginalen" im Vergleich zu Mittelschichtsangehörigen bedingt sei (León/Martínez 2001: 29f.).

[17] „Diese sozialen Segmente (Angehörige der ‚oberen Dienstklasse', der qualifizierten, abhängig Beschäftigten sowie die Angehörigen eines neuen Kleinbürgertums) entfalten sich in den Beschäfti-

Die der Entwicklung der argentinischen Sozialstruktur gewidmeten Arbeiten stammen zum einen aus der Feder des seit langer Zeit vor allem durch seine Wahl- und Marktanalysen bekannten argentinischen Soziologen Manuel Mora y Araujo (2002), und zum anderen handelt es sich um eine auf Buenos Aires bezogene Mobilitätsstudie von Gabriel Kessler/Vicente Espinoza (2003). Während Mora y Araujo eine sozioökonomische Schichtungsanalyse mit der aus der Marktforschung stammenden Milieu- und Lebensstilanalyse zu einer Erforschung der „ökonomischen Kulturen" verschiedener sozialer Segmente verdichten möchte, um auf diese Weise die wichtigsten neuen Tendenzen der argentinischen Sozialstruktur begreifen zu können (Verringerung und hohe innere Differenzierung der argentinischen Mittelschichten sowie eine enorme Zunahme der Armutssegmente), konzentrieren sich Kessler und Espinoza auf Mobilitätsprozesse in Buenos Aires während der 90er Jahre. Ähnlich wie im Falle Chiles sehen die beiden Autoren einerseits eine Aufwärtsmobilität wirken, die mit der Erhöhung des Gewichts von technischen Berufen und freiberuflichen Kategorien verbunden ist, allerdings teilweise auch nur oberflächlich oder dem Scheine nach vonstatten geht, andererseits konstatieren sie eine Abwärtsmobilität, die mit der Reduktion der industriellen Arbeiterklasse und der öffentlich Beschäftigten während der neoliberalen Periode zusammenhängt und die teilweise in ein starkes Wachsen der informell und prekär Beschäftigten mündet.

Andere Studien behandeln systematisch und länderübergreifend verschiedene Einzelaspekte der lateinamerikanischen Sozialstruktur, wie z.B. Camilo Sémbler R. (2006), der einen neuen Zugang zur Analyse der Mittelschichten postuliert und begründet, während Raúl Atria (2004) auf bislang vorhandene Schwachstellen der Sozialstrukturanalysen in Lateinamerika hinweist (keine differenzierte Analyse des Tertiärsektors, noch zu geringe Berücksichtigung der Gender-Perspektive, fehlender Einbau ethnisch-sozialer Gliederungsaspekte, mangelnde Einbeziehung der regionalen Dimension).

Die Sichtung, detaillierte Auswertung und Zusammenführung dieser Arbeiten steht – auch in Lateinamerika, noch mehr natürlich hierzulande – bislang aus. Möglicherweise könnten sich viele Impulse für die weitere Erforschung der Sozialstrukturtendenzen entfalten, wenn eine entsprechende systematische Forschung, vor allem auch den Vermittlungsmomenten zwischen den „objektiven" Klassen- und Sozialstrukturmomenten und ihren jeweiligen „subjektiv-kollektiven" politischen Artikulationen mehr Aufmerksamkeit schenken würde. Dadurch könnte der Sozialstrukturanalyse ein Erklärungspotential zuwachsen,

---

gungsarten des tertiären Sektors, was seine Differenzierung und interne Heterogenität begünstigt. In diesem Sinne sieht die neue Klassenstruktur ihre ‚klassenmäßige' Komponente geschwächt." (Torche/Wormald 2004: 69)

welches ihre Attraktivität für Forscherinnen und Forscher, aber auch für die interessierte politische Öffentlichkeit insgesamt erheblich steigern würde.

Dass Sozialstrukturanalysen nicht per se als universelle Erklärungsinstrumente für alle langfristigen Gesellschaftstendenzen oder für kurzfristige Ereignisse missverstanden werden dürfen, ist oben angedeutet worden. Aber ohne sie bleiben ökonomische und politologische Beschreibungen der lateinamerikanischen Realität notwendigerweise verkürzt, da ökonomische und politische Prozesse letztlich immer von kollektiven sozialen Akteuren, die gesondert als solche herauszuarbeiten sind, getragen werden.

Die Beiträge des Bandes

Der erste Block des Sammelbandes, in welchem Grundlinien der Klassenstrukturveränderungen während der beiden letzten Dekaden im Zentrum stehen, wird durch einen Beitrag über die Metamorphosen der herrschenden Klasse in Argentinien eröffnet. Er stammt aus der Feder von Maristella Svampa, einer der führenden SoziologInnen dieses Landes, die u.a. eine Professur an der Universidad Nacional de General Sarmiento inne hat. Sie beschreibt die historische Entfaltung und die Spezifika der „dominanten Sektoren" Argentiniens sowie ihre ökonomische Basis und ihre wesentlichen politischen Orientierungen. Das überraschende Bündnis dieser relativ homogenen und traditionsreichen Gruppierung mit den bis in die 90er Jahre hinein extrem verachteten Peronisten während der Regierungsperiode des peronistischen Präsidenten Carlos S. Menem (1989-1999) ist der Hauptgegenstand der Analyse. Die erneuerten, teilweise dynamisierten und noch stärker von ausländischen Kapitalen bestimmten Teile der klassischen Agrar- und Industrieoligarchie werden von ihr ebenso thematisiert wie die teilweise neuen kulturellen und alltäglichen Verhaltensweisen dieses vom „gesellschaftlichen Durchschnitt" oder gar von den Unterklassen sich immer weiter entfernenden Segments der argentinischen Gesellschaft.

Im zweiten Beitrag erörtert Patricio Silva, ein chilenischer und seit vielen Jahren in den Niederlanden (Universität von Leiden) lehrender Soziologe, die Rolle der Technokratie in Lateinamerika und besonders in Chile; in beiden Fällen kann von ihm eine ansteigende objektive Bedeutung dieses sozialen Segments festgestellt werden, wobei damit allerdings die allgemeine Aufmerksamkeit, die dieser Gruppe zugewandt wird, stark variiert. Dieses Phänomen erklärt Silva mit jeweiligen Charakteren der Regierungen, und in diesem theoretischen Rahmen wird deutlich, warum gerade unter neoliberal-konservativen Regimes überproportional viel über die herausragende Bedeutung „der Technokraten" geforscht und diskutiert wurde. Als vor allem aus den Mittelschichten kommendem Segment korreliert die politische Positionierung der Technokratie – trotzt mancher autoritärer Züge – stark mit dem jeweiligen Verhalten dieser Mittelschichten. So hat nach Auffassung Silvas auch nach dem Ende der Diktatur Pinochets dieses den herrschenden Kräften relativ nahstehende Klassensegment wesentlich zur Stabilisierung einer technokratisierten und entpolitisierten Demokratie in Chile beigetragen.

Gabriel Kessler und Maria Mercedes di Virgilio, beide argentinische SoziologInnen an der Universidad Nacional de General Sarmiento analysieren die neuesten Entwicklungstendenzen der lateinamerikanischen und besonders argentinischen Mittelschichten, in denen sich während der letzten Dekaden das Phänomen der „neuen Armut" in extremer Schärfe – beschleunigt durch ein besonders erfolgloses neoliberales Modell – ausbreitete. Die sozialen, kulturellen und habituellen Mechanismen dieses Abstiegs großer Segmente der Mittelschichten Argentiniens werden vor allem mit dem Kategoriensystem des französischen Soziologen Pierre Bourdieu in subtiler Weise analysiert.

Francisco Zapata, chilenischer Soziologe, der seit 1974 am Colegio de México in Mexiko forscht, gibt einen komparativen und analytischen Überblick über die Auswirkungen der neoliberalen Deregulierungspolitik auf die objektive Lage sowie die organisatorischen und bewusstseinsmäßigen Implikationen für die urbane Arbeiterklasse in Mexiko, Chile, Argentinien und Brasilien. Die Reduktion der öffentlichen Beschäftigung, die Feminisierung der Arbeit, zunehmende Informalisierung und Verlagerung der Arbeitsprozesse aus den Betrieben und/oder in andere räumliche Zonen sind Zapata zufolge die wichtigsten Konsequenzen für die gravierende Situationsänderung auf den jeweiligen Arbeitsmärkten. Gleichzeitig sieht Zapata in der Abkehr von staatszentrierten, korporatistischen Einbindungen der jeweiligen städtischen Arbeiterklasse auch die Chance und die Notwendigkeit zu alternativen, autonomen gewerkschaftlichen Organisationsformen, die allerdings Bündnisse mit anderen subordinierten Klassen und Schichten und entsprechende Allianzen mit politischen Parteien einschließen müssten.

Im nachfolgenden Artikel der mexikanischen Soziologin María Cristina Bayón (UNAM, Mexiko) wird diese Diskussion fortgesetzt und vertieft. Die neoliberale Deregulierungspolitik – vor allem auf den Arbeitsmärkten und im Arbeitsrecht – hat die Grenzen zwischen formellen und informellen Beschäftigungsverhältnissen in den letzten Jahren zusätzlich relativiert. Generell ist die Arbeitskräfteabsorption im Übergang vom ISI-Modell zur neoliberalen Exportorientierung deutlich rückläufig und die soziale (Aufwärts-)Mobilität wesentlich geringer geworden als die faktisch gewachsene Abwärtsmobilität. In detaillierter Analyse zeigt Bayón auf, dass sich trotz großer Unterschiede in den Sozialstrukturen Mexikos und Argentiniens noch in den 1980er Jahren diese sich in den letzten zwanzig Jahren neoliberaler Wirtschaftspolitik stark verringert haben, aber dennoch nationalspezifische Artikulationsformen von gewachsener Ungleichheit und Zunahme von Armut weiterbestehen.

Der zweite Block im Sammelband vereinigt Beiträge über gesellschaftliche Segmente, die auf eher horizontalen sozialen Beziehungen, sozialen Milieus bzw. nicht primär klassenmäßigen Strukturierungskriterien beruhen. Die beiden us-amerikanischen Soziologinnen Amy Bellone Hite und Jocelyn S. Viterna (Xavier University of Louisiana und Tulane University) zeigen in ihrem theoretisch und empirisch wohlfundierten Beitrag die Notwendigkeit sowie Fruchtbarkeit der genderspezifischen Analysezugänge für Sozialstrukturforschungen über Lateinamerika auf. Teils in Anlehnung, teils in Kritik an den Beiträgen von Portes und Portes/Hoffman (siehe oben) entwickeln sie die These, dass die objektive Klassenposition von männlichen und weiblichen Beschäftigten (vor allem lohnabhängig Beschäftigten, aber auch informell und selbständig „Tätigen") sich dadurch angeglichen habe, dass die bis vor kurzem noch vorhandenen „männlichen Privilegien" durch die neoliberale Anpassungspolitik abgeschmolzen wurden. Mit dieser quantitativ und qualitativ neuen Tendenz der Feminisierung der Arbeit haben sich ihnen zufolge auch die Machtverhältnisse zwischen den Hauptklassen zuungunsten der abhängig Beschäftigten verändert.

Die besondere Bedeutung indigener Bevölkerungsteile in vielen lateinamerikanischen Gesellschaften (in Guatemala und Bolivien beispielsweise bilden sie weit mehr als die Hälfte der Einwohnerschaft) ist erst in den letzten Jahren manchen Beobachtern bewusst geworden. Indigene Bewegungen, Parteien, Präsidenten und Regierungsmitglieder in diesem Umfang hat es in der über 500 Jahre währenden Niederwerfungs- und Unterdrückungsgeschichte gegenüber den Ureinwohnern nie gegeben. Die mexikanische Soziologin Fabiola S. Escárzaga (Universidad Metropolitana de México, UAM, Xochimilco) unternimmt eine vergleichende Analyse des Aufbruchs indigener Bevölkerungsteile in Bolivien, Ekuador und Mexiko einerseits, und untersucht die spezifischen Gründe dafür, dass in Peru andererseits – obwohl ebenfalls große indigene Bevölkerungsteile aufweisend – bislang keine Steigerung der politischen Einflussnahme indigener Organisationen verzeichnet werden konnte. Diese Unterschiede führt sie auf die differierenden Vorgeschichten, historischen Traditionen und Formen der Einführung der neoliberalen Politik zurück. Ein gemeinsames Moment aller aktuellen Versuche von indigenen Bewegungen, ihre politische Artikulation zu verstärken, sieht Escárzaga in der Zunahme der Repression ihnen gegenüber.

Im nächsten Beitrag, der einem der letzten Jahres-Sozialberichte der UN-Regionalorganisation (CEPAL) entnommen ist, wird der seitens der Forschung und Politik am meisten vernachlässigte soziale Sektor Lateinamerikas, die Jugend, in einigen ihrer Facetten thematisiert. Obwohl sie nahezu die Hälfte der

Bevölkerung Lateinamerikas bildet und wesentlicher Akteur der Zukunft sein wird, sind soziologische Studien zur Lage und den Milieus von Jugendlichen in Lateinamerika extrem rar. Erst mit den seit einigen Jahren in Zentralamerika auftauchenden großen und kriminellen Jugendbanden (*maras*) scheint dieses Gesellschaftssegment wieder mehr Aufmerksamkeit zu finden. Vorliegender Text beschreibt und analysiert einige allgemeine Aspekte der Lage, der Ausbildung, der Arbeitsmarktchancen und des Bewusstseins von Jugendlichen, und differenziert diese Aspekte je nach Klassen- und Einkommenssituation wenigstens ansatzweise. Eine stärkere Verbindung dieser Befunde zu einer die Jugendlichen insgesamt einbettenden Sozialstruktur wäre für die weitere Forschung wünschenswert. Wichtig scheint die generelle Feststellung zu sein, dass wachsende Spannungen und Widersprüche zwischen den höheren Erwartungen von Autonomie und Wohlstand seitens der Jugendlichen zu den sich eher verschlechternden Bedingungen, diese zu realisieren, abzeichnen.

Der dritte Teil des Sammelbandes enthält Beiträge, die die räumlichen Dimensionen der jüngsten Sozialstrukturveränderungen fokussieren. Im ersten Artikel befasst sich die an der Universität in El Salvador (und am dortigen FLACSO) lehrende und forschende Soziologin Katharine Andrade Eekhoff mit der transnationalen Migration in Zentralamerika und ihren lokalen Auswirkungen. Dabei behandelt sie systematisch ökonomische, sozio-kulturelle und politische Aspekte bezüglich der Ursachen und Rückwirkungen der Wanderungsprozesse. Schließlich gelangt sie zu der Hypothese, dass die Austauschprozesse eine besondere Qualität erreicht haben, da neue soziale Akteure auftreten und transnationale sowie subnationale Entscheidungszentren wesentlich an Gewicht gewonnen haben.

Der an der Hamburger Universität lehrende Sozialgeograph Christoph Parnreiter befasst sich mit den Veränderungen der urbanen Sozialstrukturen in Lateinamerika und ihrem räumlichen Niederschlag. Im Übergang von der Strategie der ISI zur exportorientierten, neoliberalen Wirtschaftspolitik ist es seiner Auffassung nach in vielen Ländern Lateinamerikas zu einer Bedeutungsverringerung der großen Städte und insbesondere der hervorgehobenen Rolle der Hauptstadt in Bezug auf ihre Anteile am BIP und der industriellen Beschäftigung, des relativen Wohlstands (gemessen im Pro-Kopf-Einkommen) und hinsichtlich der Absorptionsfähigkeit des Arbeitsmarkts gekommen. Die partielle Deindustrialisierung in großen Städten ging ihm zufolge mit fast überall zu beobachtenden Polarisierungs-, Verarmungs- und Informalisierungstendenzen sowie mit einer veränderten Rangordnung zwischen den Städten einher. Die Tendenz zu kleinräumigeren Segregationsmustern innerhalb der Städte und die wachsende Inhomogenität von städtischen Teilräumen erklärt er mit dem Anstieg der intra-urbanen Mobilität, die wiederum als Resultat von verstärkter

Suche nach Arbeitsplätzen anzusehen sei. Auch die wachsende Zahl geschlossener Wohnanlagen lässt räumliche Nähe und gleichzeitig krassere soziale Trennung oder Abschließung relativ nebeneinander bestehen. So seien die Abschottungstendenzen infolge der neoliberalen sozio-ökonomischen Polarisierung noch sichtbarer geworden.

Im letzten Beitrag dieser Abteilung analysiert der chilenisch-britische (seit einigen Jahren an der Universität Den Haag lehrende) Agrar- und Entwicklungssoziologe Cristóbal Kay die ökonomischen Entwicklungstendenzen der lateinamerikanischen Landwirtschaft nach der neoliberalen Wende. Sodann analysiert er detailliert – vorwiegend an chilenischen, mexikanischen und brasilianischen Beispielen orientiert – die mit den ökonomischen Entwicklungen einhergehenden neuen Elemente der ländlichen Sozialstrukturen, wie z.b. den Anstieg der temporären und saisonalen abhängigen Arbeit, der Feminisierung der ländlichen Lohnarbeit sowie die Tendenz zur „Urbanisierung der LandarbeiterInnen" etc. Die Perspektive vieler bäuerlicher Existenzen auf einen Status als „dauerhaftes Semi-Proletariat" führt ihn zur Problematik der nationalen und transnationalen Migrationsprozesse, der zunehmenden Verbindung urbaner und ländlicher Arbeitsmärkte und zu den weiteren Perspektiven der Veränderung der Machtverhältnisse auf dem Land im Kontext neuer Campesino-Bewegungen, die aktuell häufig unter indigenen und ökologischen Einfärbungen bzw. Diskursen auf den Plan treten.

Die Schlussbemerkung der HerausgeberInnen verfolgt das Ziel, wichtige durch die neoliberale Wende bedingte oder beschleunigte Sozialstrukturveränderungen in Lateinamerika zu resümieren. Zugleich geht es ihnen darum, auf die Relevanz und Fruchtbarkeit von Sozialstrukturanalysen hinzuweisen, insofern durch sie Konfliktpotenziale und Entwicklungsrichtungen der lateinamerikanischen Gesellschaften besser begriffen werden können. So z.B. seien die in den letzten Jahren – seit der Jahrhundertwende – verstärkten kritischen Diskurse und reale Oppositionsbewegungen gegenüber den bis dahin klar dominanten neoliberalen Politiken nicht zuletzt durch die sozialstrukturelle Polarisierungstendenz und deren direkte und indirekte politische Ausdrucksformen zu erklären.

Literatur

Ariza, Marina/Oliveira, Orlandino de (2006): Families in transition. In: Wood, Charles H./Roberts, Brian (Hrsg.): Rethinking development in Latin America. Pennsylvania State Univ. Press: 233-247

Atria, Raúl (2004): Estructura ocupacional, estructura social y clases sociales. In: Serie Políticas Sociales. No. 96. Santiago de Chile: CEPAL

Bailey, Helen/Nasatir, Abraham P. (1975): Lateinamerika. Von iberischen Kolonialreichen zu autonomen Republiken. Essen: Kindler Verlag

Becker, Joachim u.a. (2007): Einleitung: Variationen kapitalistischer Entwicklung, in: Dies. (Hrsg.): Kapitalistische Entwicklung in Nord und Süd. Handel, Geld, Arbeit, Staat. Wien: Mandelbaum Verlag: 7-62

Bellone Hite, Amy/Viterna, Jocelyn S. (2005): Gendering class in Latin America: how women effect and experience change in the class structure. In: Latin American Research Review 40 (2): 50-82

Benítez, Zenteño Raúl (Hrsg.) (1973): Las clases sociales en América Latina. Problemas de conceptualización. México D.F.: Siglo XXI

Benítez, Zenteño Raúl (Hrsg.) (1977): Clases sociales y crisis política en América Latina. México D.F.: Siglo XXI

Bergquist, Charles (1986): Labour in Latin America. Comparative essays on Chile, Argentina, Venezuela and Colombia. Stanford Univ. Press

Bernecker, Walther L./Tobler, Hans-Werner (1996): Staat, Wirtschaft, Gesellschaft und Außenbeziehungen Lateinamerikas. In: Dies. (Hrsg.): Lateinamerika im 20. Jahrhundert. Handbuch der Geschichte Lateinamerikas. Bd. 3., Stuttgart: Klett-Cotta: 4-227

Boris, Dieter (2001): Zur politischen Ökonomie Lateinamerikas. Der Kontinent in der Weltwirtschaft des 20. Jahrhunderts. Hamburg: VSA-Verlag

Boris, Dieter/Imbusch, Peter (1991): Grundsätzliche Probleme der Klassen- und Sozialstrukturanalyse lateinamerikanischer Gesellschaften. In: Dies. (Hrsg.): Sozialstrukturveränderungen und Krise im Lateinamerika der 80er Jahre. Marburg: Institut für Soziologie: 7-20

Cardoso, Fernando H./Faletto, Enzo (1976): Abhängigkeit und Entwicklung in Lateinamerika, Frankfurt/M.: Suhrkamp

Chilcote, Ronald H. (1990): Post-Marxism: the retreat from class in Latin America. In: Latin American Perspectives 17 (2): 3-24

Cortes, Fernando/Escobar Latapi, Agustin (2005): Movilidad social intergeneracional en el México urbano. In: Revista de la CEPAL. No. 85: 149-167

Crevenna, Theo (Hrsg.) (1950/51): Materiales para el estudio de la clase media en America Latina. Vol. 6, Washington: Unión Panamericana

Durand Ponte, Victor Manuel/Cuéllar Vázquez, María Angelica (1989): Clases y sujetos sociales: Un enfoque crítico comparativo. México D.F.

Faletto, Enzo (1993): The history of the social stratification of Latin America. In: CEPAL Review. No. 50: 163-180

Figueiredo Santos/Alcides, José (2002): Estructura de posições de classe no Brasil. Mepeamento, mundanças e efeitos na renda. Rio de Janeiro: Belo Horizonte

Figueiredo Santos/Alcides, José (2005): Uma classificação socioeconômica para o Brasil. In: Revista Brasileira de ciencias socias 20 (58): 27-45

Filgueira, Carlos (2001): La actualidad de viejas temáticas: sobre los estudios de clase, estratificación y movilidad social en América Latina. In: Serie Políticas Sociales. No. 51. Santiago de Chile: CEPAL

Filgueira, Carlos H./Filgueira, Fernando (2002): Models of welfare and models of capitalism: the limits of transferability. In: Huber, Evelyne (Hrsg.): Models of capitalism. Lessons for Latin America. Pennsylvania State Univ. Press: 127-157

Garretón, Manuel Antonio (2003): La transformación de la acción colectiva en América Latina. In: Revista de la CEPAL. No. 76: 7-24

Girola, Lidia/Olvera, Margarita (1994): Cambios temáticos conceptuales en la sociologia mexicana de los ultimos veinte años. In: Sociologica 9 (24): 91-121

Imbusch, Peter (1991): Klassenstrukturen in Lateinamerika. Eine komparative Studie zu den sozial-strukturellen Folgen der Wirtschaftskrise der 80er Jahre in Argentinien und Mexiko. Münster: LIT

Iutaca, S. (1965): Social stratification research in Latin America. In: Latin American Research Review 1 (1): 7-34

Johnson, Dale L. (1985): Local bourgeoisies. Intermediate strata and hegemony in South America. In: Ders. (Hrsg.): Middle classes in dependent countries. Beverly Hills u.a.: 223-239

Kahl, Joseph A. (Hrsg.) (1965): La industialización en América Latina. México D.F.

Katz, Friedrich (1993): Zum Werdegang der Nachkommen von Azteken, Inka und Maya seit der spanischen Eroberung. In: Zeitschrift für Lateinamerika, 44/45: 91-101

Kessler, Gabriel (2002): Der Abstieg der argentinischen Mittelschicht. In: Bodemer, Klaus u.a. (Hrsg.): Argentinien heute. Politik, Wirtschaft, Kultur. Frankfurt/M.: Vervuert: 271-295

Kessler, Gabriel (2003): Redefinición del mundo social en tiempos de cambio. Una tipología para la experiencia de empobrecimiento. In: Svampa, Maristella (Hrsg.): Desde abajo. La transforma-ción de las identidades sociales. Buenos Aires: 25-50

Kessler, Gabriel/Espinoza, Vicente (2003): Movilidad social y trayectorias ocupacionales en Argen-tina: rupturas y algunos paradojas del caso de Buenos Aires. In: Serie Políticas Sociales. No. 66. Santiago de Chile: CEPAL

Klein, Emilio/Tokman, Victor (2000): La estratificación social bajo tensión en la era de globalizaci-ón. In: Revista de la CEPAL. No. 72: 7-30

Krais, Beate (2007): Der soziale Raum und das Revival des Klassenkonzepts. In: Böhlke, Ef-fi/Rilling, Rainer (Hrsg.): Bourdieu und die Linke. Berlin: Dietz: 130-145

Krumwiede, Heinrich W. (2002): Soziale Ungleichheit und Klassenstruktur in Lateinamerika. In: Bendel, P./Krennerich, M. (Hrsg.): Soziale Ungerechtigkeit. Analysen zu Lateinamerika. Frankfurt/M.: Vervuert: 57-80

Küpper, Klaus: Bücher zu Lateinamerika (2001), (2002), (2004 u. 2006). Köln

Lavrin, A. (1994): Women in the 20th century Latin American society. In: Bethell, L. (Hrsg.): The Cambridge History of Latin America. Vol. VI. Part 2. New York u.a.: 483-544

Lechner, Norbert (1977): La crisis del estado en América Latina. Caracas

León, Arturo/Martínez, Javier (2001): La estratificación social chilena hacia fines del siglo XX. In: Serie Política Sociales. No. 52. Santiago de Chile: CEPAL

McDaniel, Tim (1977): Class and dependency in Latin America. In: Berkeley Journal of Sociology 21: 51-88

Minujin, Alberto/Anguita, Eduardo (2004): La clase media. Seducida y abandonada. Buenos Aires

Montero, Cecilia (1986): Crisis del empleo y relaciones sociales. In: Zapata, F. (Hrsg.): Clases sociales y acción obrera en Chile. Mexico, D.F.: 31-72

Montero, Cecilia/Zapata, Francisco (1986): Introducción. In: Zapata, F. (Hrsg.): Clases sociales y acción obrera en Chile. México D.F.: 9-27

Mora y Araujo, Manuel (2002): La estructura social de la Argentina: Evidencias y conjeturas acerca de la estratificación actual. In: Serie Políticas Sociales. No. 59. Santiago de Chile: CEPAL

Muñoz, Humberto/Oliveira, Orlandina de/Stern, Claudio (1982): Mexico City: Industrialization, Migration and the Labour Force 1930-1970. Paris

Nun, José (1968): A Latin American phenomenon. The middle-class military coup. In: Petras, James/Zeitlin, Maurice (Hrsg.): Latin America. Reform or Revolution? Greenwich Conn.: 145-185

Oliveira, Orlandina de/Roberts, Brian (1994): Urban growth and urban social structure in Latin America 1930-1990. In: Bethell, Leslie (Hrsg.): Latin America since 1930. Economy, society and politics (The Cambridge History of Latin America, Vol. 6). Cambridge: 253-324

Portes, Alejandro (1985): Latin American class structures: Their composition and change during the last decades. In: Latin American Research Review 20 (2): 7-39

Portes, Alejandro/Hoffman, Kelly (2003): Latin American class structures: Their composition and change during the neoliberal era. In: Latin American Research Review 38 (1): 41-82

Quijano, Anibal (1977): Imperialismo y "marginalidad" en América Latina. Lima

Revista latinoamericana de Sociología (1969): Marginalidad en América Latina (Schwerpunktthema). 5 (2)

Reyna, José Luis (Hrsg.) (1995): America Latina a fines de siglo. México, D.F.

Roberts, Bryan R./Wood, Ch. H. (2006): Introduction: Rethinking development in Latin America. In: Dies. (Hrsg.): Rethinking development in Latin America. Pennsylvania State Univ.: 1-23

Salman, Ton (1998): Habitus und Zeit. Die chilenischen Pobladores zwischen marginaler Masse und sozialer Bewegung. In: Bader, Veit u.a. (Hrsg.): Die Wiederentdeckung der Klassen. Berlin

Scheuzger, Stephan (2004): Die Re-Ethnisierung gesellschaftlicher Beziehungen – neuere indigene Bewegungen. In: Kaller-Dietrich, Martina u.a. (Hrsg.): Lateinamerika. Geschichte und Gesellschaft im 19. und 20. Jahrhundert. Wien: Promedia: 153-173

Sémbler R., Camilo (2006): Estratificación social y clases sociales. Una revisión analitica de los sectores medios. In: Serie Políticas Sociales. No. 125. Santiago de Chile: CEPAL

Silva, Nelson do Valle (2004): Cambios sociales y estratificación en el Brasil contemporaneo (1945-1999). In: Serie Políticas Sociales. No. 89. Santiago de Chile: CEPAL

Sunkel, Osvaldo (1972): Transnationale kapitalistische Integration und nationale Desintegration: Der Fall Lateinamerika. In: Senghaas, Dieter (Hrsg.): Imperialismus und strukturelle Gewalt. Analysen über abhängige Reproduktion. Frankfurt/M.: Suhrkamp: 258-315

Svampa, Maristella (2005): La sociedad excluyente. La Argentina bajo el signo del neoliberalismo. Buenos Aires

Tarrés, María Luisa (1987): Crisis and political opposition among the Mexican middle classes. In: International Sociology 2 (2): 131-150

Torche, Florencia/Wormald, Guillermo (2004): Estratificación y movilidad social en Chile: entre la adscripción y el logro. In: Serie Políticas Sociales. No. 98. Santiago de Chile: CEPAL

Touraine, Alain (1987): El regreso del actor, Buenos Aires

Vilas, Carlos (1996): Actores sujetos, movimientos: ¿Donde quedaron las clases? In: Revista de Ciencias Sociales 4 (2): 113-142

Werz, Nikolaus (1991): Das neuere politische und sozialwissenschaftliche Denken in Lateinamerika. Freiburg: Arnold-Bergstraesser-Institut

Werz, Nikolaus (2005): Lateinamerika. Eine Einführung. Baden-Baden: Nomos

Maristella Svampa

Kontinuitäten und Brüche in den herrschenden Sektoren

Einführung

Im Allgemeinen betrachtet die Gesellschaftstheorie herrschende Sektoren als jene sozialen Akteure, die eine privilegierte Stellung – sowohl in ökonomischer wie politischer Hinsicht – innerhalb des Modells kapitalistischer Akkumulation einnehmen, welche eng verknüpft ist mit der Kontrolle über Unternehmen unterschiedlichster Art (national, verbunden mit internationalem Kapital oder auch von multinationalem Kapital getragen). Viele Dekaden nahm die Frage nach dem Charakter dieser herrschenden Sektoren einen wichtigen Raum in der Reflexion lateinamerikanischer Sozialwissenschaften ein. Ein großer Teil dieser Analysen, die aus der Ökonomie oder der politischen Soziologie stammten, artikulierten sich im Umfeld von drei zentralen Fragen. Erstens setzten die Studien – innerhalb einer historischen Analyse der Klassenbeziehungen – den Akzent auf die interne Zusammensetzung des Akteurs und dessen Beziehungen nach außen, wobei insbesondere gefragt wurde, welches die Bande der Kooperation (der Allianzen) und welches die Strukturen der Konflikte (der Opposition und der Widersprüche) zwischen den verschiedenen Fraktionen der Bourgeoisie und den übrigen sozialen Akteuren waren. Zweitens wurden vor dem Hintergrund der ökonomischen Einbindung Lateinamerikas in den Prozess der internationalen Arbeitsteilung die Analysen gezielt auf die Untersuchung der Niveaus der Abhängigkeit und Unterordnung der lokalen Bourgeoisie gegenüber dem internationalen Kapital gerichtet. Drittens stellten diese Studien die Frage, ob eine herrschende Klasse existiere oder nicht, wobei diese durch ihre Fähigkeit der Kontrolle und Lenkung der allgemeinen Entwicklung der Gesellschaft definiert wurde. Die letzte Frage, in Gramscianischer Terminologie, erschien quasi als natürliches Nebenprodukt der ersten beiden Fragen: Entweder dadurch, dass sie sich in der Analyse mit den Prozessen der Bildung von Klassenallianzen beschäftigten oder dadurch, dass in diesen Analysen eine genauere Reflexion der Möglichkeiten der lokalen Bourgeoisie, sich als autonomes Subjekt zu konstituieren, vorgenommen wurde.

Ein großer Teil der lateinamerikanischen Literatur schien mehr den Charakter der „Herrschaft" – gegenüber der „Führung" – der Bourgeoisie zu unterstreichen.[1] Dies geschieht auch in jenen Studien, die den Begriff „Machtelite" (C. Wright Mills, 1987) benutzten.[2] So nimmt z.b. eine der wenigen Studien, die es über die Zusammensetzung der Elite gibt, „Los que mandan" (Diejenigen, die befehlen) von José Luis de Imaz,, aus dem Jahre 1964, für den Fall Argentiniens Abstand von dem Gebrauch der Kategorie „führende Elite". Für andere Autoren schien dieser Mangel in der Abwesenheit eines „tatsächlich unternehmerischen Verhaltens" der Eliten widergespiegelt zu werden, was schließlich verhinderte oder ausschloss, dass sich die Gesellschaft in Richtung einer endogenen kapitalistischen Entwicklung orientierte. Wie Carlos Acuña (1995) unterstreicht, besteht das Spezifische dieser Ansätze darin, kulturalistische Erklärungen anzubieten (den rückschrittlichen und antimodernen Charakter der lokalen Unternehmer), in einigen Fällen kombiniert mit Argumenten, die die Dependenztheorie als größeren Rahmen benutzen.[3]

---

[1] Diese von A. Gramsci übernommene Terminologie bezieht sich auf die Unterscheidung von „Herrschaft" (Dominación) im Sinne von Unterdrückung/Ausbeutung einerseits und „Führung" (Dirigencia) im Sinne von Anleiten, Lenken bei zumindest partieller Zustimmung der Beherrschten andererseits. (Anm. d. Übers.)

[2] Wenngleich der Begriff der „Elite" aus einer ideologischen Tradition herstammt, die von der des Begriffs „soziale Klasse" abweicht (jener wurde durch konservative Theoretiker wie Gaetano Mosca und Vilfredo Pareto geprägt), wurde er von C. Wright Mills wieder aufgenommen, um jene zu bezeichnen, die „eine mehr oder weniger kompakte gesellschaftliche und psychologische Einheit bilden und das Bewusstsein haben, einer solchen Klasse anzugehören. Diese Personen werden als Teil jener Klasse betrachtet oder nicht, und es ist eine qualitative Differenz und nicht bloß eine Frage der numerischen Skala, welche diejenigen, die nicht zur Elite zugehören von jener trennt. Sie haben ein mehr oder minder deutliches Bewusstsein von sich selbst als Klasse, und sie verhalten sich entsprechend unter sich, heiraten untereinander und tendieren dazu – wenn nicht gemeinsam – so doch auf ähnliche Weise zu arbeiten und zu denken." (C. Wright Mills 1987: 18).

[3] Erinnern wir uns, dass die Dependenztheorie, wie sie in den 60er Jahren ausgearbeitet wurde, behauptete, dass die Hindernisse der Entwicklung ein inhärentes Moment des globalen Kapitalismus seien, da sie aus der asymmetrischen Verknüpfung zwischen Zentrum und Peripherie resultieren. Wie wir gesagt haben, impliziert diese Abhängigkeit somit die Anerkennung, dass die lateinamerikanische Wirklichkeit sich auf verschiedenen Ebenen abspielt: auf der einen Seite auf der lokalen oder nationalen und auf der anderen Seite auf der internationalen Ebene. In extremen Formen war die tatsächliche Analyseeinheit dann letztendlich das internationale System, da vorausgesetzt wurde, dass es die Position im ökonomischen Weltsystem war (gebunden an die späte Industrialisierung und eine Art von Abhängigkeit), die den Grad der Entwicklung und den Typ der existierenden Herrschaft (in dem die Unterordnung der lokalen Bourgeoisie gegenüber den transnationalen Akteuren hervorstach) bestimmte. Jedoch war die Theorie der Dependenz, in ihren dynamischeren Versionen weit davon entfernt ein eindeutiges und lineares Entwicklungsmuster für alle Länder anzubieten. Vielmehr sollte die Verbindung zwischen der Politik und der Ökonomie in den verschiedenen nationalen Gesellschaften analysiert werden. In der Konsequenz gibt es verschiedene Lesarten, dass die nationalen Differenzen auf verschiedene Weisen der Entwicklung hindeuten und dies zugleich begleitet wird von unterschiedlichen Varianten der internen Herrschaft in jedem Land.

Jenseits der verschiedenen Niveaus der Anhängerschaft einer gewissen dependenztheoretisch-marxistischen Perspektive, die den intellektuellen lateinamerikanischen Raum zu anderen Zeiten besetzte und trotz des Mangels an Studien über die herrschenden Sektoren, sind in Argentinien stets diese drei Fragen in den Analysen über die Klassenbeziehungen in der gegenwärtigen Gesellschaft von verschiedenen AutorInnen zu ihrer Zeit artikuliert worden. Hierzu gehören unter anderem von Juan Carlos Portantiero (1973) und vor allen Dingen von Guillermo O'Donnell (1977), um nur einige der Wichtigsten zu nennen. Eine ähnliche Artikulation findet sich in der brillanten historischen Studie von Jorge Sabato (1988), wenngleich er sich auf den Prozess der Bildung der herrschenden Klassen im modernen Argentinien konzentriert.

Aber dergleichen gibt es nicht in der aktuellen Epoche, in der zu der notorischen Knappheit der Studien zu dem Thema, auch noch eine gewisse Apathie oder Misstrauen gegenüber Kategorien wie jener der „sozialen Klasse" oder, noch einfacher, gegenüber einer Gesamtvision der verschiedenen Dimensionen der beteiligten Akteure hinzukommt. Abgesehen von der Bezugnahme auf die „dominanten Sektoren", die heutzutage ein Gemeinplatz in den Sozialwissenschaften darstellt, ist es sicherlich so, dass diese Studien darauf verzichtet zu haben scheinen, eine Analyse vorzulegen, in der die verschiedenen oben genannten Problemebenen enthalten sind, die, wie Carlos Acuña (1994) feststellt, die Ebenen des Strukturellen, des Organisatorischen und des Politischen umfassen. Die wenigen vorhandenen Studien haben sich darauf konzentriert, sektorale Analysen vorzunehmen, ausgehend von einigen der repräsentativen Organisationen jener Akteure, wie z.B. der „Argentinischen Agrargesellschaft" (*Sociedad Rural Argentina*) (Palomino 1988), der „Argentinischen Industrie-Union" (*Unión Industrial Argentina*) (Schvarzer 1991) und am aktuellsten, der „Assoziation der Argentinischen Banken" (*Asociación de Bancos Argentinos*) (Heredia 2003). Auf der anderen Seite zielten die Forschungsarbeiten der 80er Jahre darauf ab, die Verbindungen der ökonomischen Gruppen zum demokratischen, politischen Regime in den Blickpunkt zu rücken (Ostiguy 1990; Acuña 1995; Beltran 1999), wobei in einigen Fällen die politisch-institutionelle Dimension hervorgehoben wurde.

In der Gegenwart gibt es, abgesehen von wenigen Ausnahmen, kaum eine Studie über die Dynamik der herrschenden Sektoren, die nicht auf den ökonomischen Raum oder die Wirtschaftssoziologie begrenzt bleibt. Unter den bedeutendsten Arbeiten befinden sich jene, welche auf systematische Weise die wirtschaftssoziologische Gruppe des FLACSO[4], zusammengesetzt durch Daniel

---

[4] Abkürzung für *Facultad Latinoamericana de Ciencias Sociales*, eine länderübergreifende Forschungsorganisation für Sozialwissenschaften in Lateinamerika (Anm. d. Übers.).

Azpiazu, Eduardo Basualdo und Hugo Notcheff (1998) und in jüngster Zeit durch Ana Castellani und Martín Schorr vorgelegt haben. Diese Forschungsgruppe entwickelt ein Bild der herrschenden Klassen in den Begriffen der „ökonomischen Spitze", einer Definition, die sowohl die ökonomischen Konglomerate mit ausländischer Herkunft wie auch die lokalen ökonomischen Gruppen (charakterisiert durch eine ökonomische Diversifizierung) einschließt, aber auch die transnationalen Unternehmen und unabhängige lokale Unternehmen (soweit diese in einer dieser Unternehmenskategorien aktiv werden). Diese Analysen haben sich zu einer weit gespannten und reichhaltigen Literatur entfaltet, die auf das Studium der, ökonomischen Kernfraktionen gerichtet ist, die wiederum mit der Art und Weise der Privatisierungsprozesse, wie sie zu Beginn der 90er Jahre durchgeführt wurden, zusammenhängen.[5]

Im Lichte dessen kann der Lesende sich vorstellen, dass unsere Darlegung über die Transformationen der dominanten Sektoren nur fragmentarisch und zwangsweise unvollständig sein kann. Diese Schwierigkeit ergibt sich vor allen Dingen aus der geringen Forschungsdichte, die über die gegenwärtigen Transformationen der herrschenden Sektoren existiert, insbesondere bezüglich ihrer sozialen und kulturellen Dimensionen. Vorliegender Beitrag wird zu einem großen Teil die Beiträge aufnehmen, die durch die FLACSO-Gruppe vorgelegt worden sind und außerdem auf einige punktuelle Forschungen über die repräsentativsten Sektoren der Elite (*Unión Industrial Argentina, Sociedad Rural Argentina, Associación de Bancos Argentinos*) zurückgreifen. So versuchen wir einige Fragen bezüglich der ökonomischen Akteure zu entwickeln, die in die neuen produktiven Zweige eingebunden sind und die heute assoziiert mit dem neuen agrarischen und biotechnologischen Paradigma auftreten. Zuallerletzt und ohne dabei eine tatsächliche Analyse der soziokulturellen Klassenbeziehungen vornehmen zu können, suchen wir einige Einblicke bezüglich der sichtbaren Veränderungen in den Lebensstilen jener zu erörtern, die wir sehr allgemein als „dominante Sektoren" bezeichnet haben.

---

[5] Die einzige Studie über die gegenwärtige (argentinische) Gesellschaft, die darauf abzielt, die verschiedenen Dimensionen der Analyse – wie wir sie eingangs dieses Kapitels benannt haben – einzubeziehen, ist die von Eduardo Basualdo, mit dem Titel „Politisches System und Akkumulationsmodell in Argentinien" (2002). Man vergleiche auch die interessanten Kommentare dazu von José Nun, Guillermo O'Donnell und Claudio Lozano, die in dem Buch enthalten sind. Ein Blick auf die ökonomischen Gruppen als politische Akteure wird auch in der Studie von Ana Castellani und Martín Schorr (2004) geworfen.

Vom sozialen Gleichgewicht zur großen Asymmetrie

Zwischen 1880 und 1930 waren die dominanten Klassen in Argentinien durch eine starke soziale und ökonomische Dynamik gekennzeichnet, die in engem Zusammenhang mit den komparativen Vorteilen in Produktion und Export von Fleisch und Getreide stand, die durch die internationale Einbindung zustande gekommen waren. In der Tat setzten in jener Etappe der großen Prosperität die dominanten Sektoren ein Modernisierungsprojekt in Gang, das die sozioökonomische Integration weiter Teile der Gesellschaft mit sich brachte. Jedoch war diese integrative Dimension, die für Argentinien ein hohes Niveau an sozialer Homogenität einschloss (und dies nicht nur im Vergleich zu anderen lateinamerikanischen Ländern), von einer Tendenz der politischen Exklusion begleitet, die von einer sehr restriktiven Demokratiedefinition ausging, von der nicht nur die ImmigrantInnenbevölkerung, sondern auch breite Teile der Mittelklassen und der einheimischen *sectores populares* „Volksklassen"[6] betroffen waren.

Nach der Durchsetzung des universellen und obligatorischen Wahlrechtes (1912) bestand eines der großen Probleme für die herrschende Elite in der Schwierigkeit, auf nationaler Ebene eine konservative Partei zu konsolidieren.[7] Daher waren die privilegierten Wortführer der Eliten auf der einen Seite die traditionalen Vereinigungen, paradigmatisch repräsentiert in der traditionellen *Sociedad Rural Argentina* (SRA) und in der *Unión Industrial Argentina* (UIA); und auf der anderen Seite das Militär, dessen Auftritt in der Politik sich im Gefolge des Staatsstreichs von 1930 abspielte. So begann der Prozess der Herausbildung einer oligarchisch-militärischen Elite, deren Vorreiterrolle in der argentinischen Gesellschaft sich – jenseits aller ideologischen Spaltungen in einigen Perioden –über 50 Jahre hinweg erstreckte.

In den ersten Dekaden des Jahrhunderts begannen sowohl das auf Agroexport basierende ökonomische Entwicklungsmodell wie auch die politischen Herrschaftsformen Zeichen der Erschöpfung zu zeigen. Dies lag an der Komplexität der wechselhaften internationalen Szenarien (was den Bedingungen des Handelsaustausches schadete und damit das Ende einer Epoche der leichten

---

[6] Als Volkssektoren (*sectores populares*) werden in Lateinamerika die Gesamtheit der Unterklassen und Teile der Mittelschichten bezeichnet. Wir bezeichnen sie hier auch als subalterne bzw. subordinierte Klassen (Anm. d. Übers.).
[7] Diese Hypothese hat einen überaus institutionalistischen Ausdruck bei Torcuato Di Tella (2004) gefunden, der das Fehlen einer wahlmäßig starken konservativen Partei als Beleg für ein unvollständiges politisches System in Argentinien ansieht. Aber wie Inés González Bombal dagegenhält beweist die Niederlage der „Union des Demokratischen Zentrums" (*„Unión de Centro Democrático"*), die als die wichtigste Partei der Rechten in den letzten Jahrzehnten angesehen wurde und alsbald vom Peronismus in den 90er Jahren absorbiert wurde, die Hinfälligkeit dieser Hypothese.

Prosperität einläutete) wie auch an der Vielzahl der Konflikte, die die erschütterte und modernisierte argentinische Gesellschaft kennzeichnete (u.a. die Entstehung einer modernen politischen Partei mit starkem plebejischem Charakter;
die Entwicklung von kämpferischen Gewerkschaften mit einer hohen Mobilisie-
rungskraft oder auch die hohe Rate der ImmigrantInnenbevölkerung). Gegenüber diesen neuen Herausforderungen sollte die oligarchische Elite bald den
Weg des institutionellen Reformismus verlassen und ihre autoritären Verhaltensweisen verstärken.

So kristallisierten sich während der 30er Jahre zwei Kernmomente der Identität der herrschenden Sektoren klar heraus: der ökonomische Liberalismus und
der politische Konservatismus. Wie es viele AutorInnen aufgezeigt haben,
brachte der Einbruch des Peronismus (wie vorher des *Yrigoyenismo*[8]) mit seinen
neuen Formen demokratisch plebejischer Organisation und seinen charisma-
tischen Führern einen dritten identitätsstiftenden Charakterzug mit sich: den
kämpferischen Antiperonismus. Ohne Zweifel war der Übergang zu einem nati-
onal-populären Modell mit wichtigen Wandlungsprozessen der ökonomischen
Struktur des Landes verbunden, was sich zum einen in einem Abstiegsprozess
des agro- und viehwirtschaftlich orientierten Bürgertums niederschlug – des
bisherigen Trägers des sozioökonomischen Fortschritts – und zum anderen begleitet war von der Herausbildung eines neuen nationalen Unternehmertums im
Prozess der Importsubstituierung. Die CGE[9] als repräsentative Verbandseinheit
des neuen ökonomischen Akteurs versinnbildlichte die Allianz zwischen einem
Sektor des Bürgertums (dem „nationalen" Unternehmertum) und den Volkssektoren, vertreten durch die großen Gewerkschaften und gefördert vom Staatsapparat durch Juan Domingo Perón.

Hinzuweisen ist hier auch auf die Rolle der UIA („Union der argentinischen
Industriellen"), einer weiteren repräsentativen Organisation einer Fraktion der
herrschenden Klasse. Wie vor allem Jorge Schvarzer bemerkt, gelang es der
UIA seit Beginn der 20er Jahre eine Gruppe mit ökonomischer Macht und starkem politischen Einfluss zu konsolidieren, die sich bis zur (politischen) Kollisi-
on mit dem Peronismus aufrecht erhielt. Nach dem Staatsstreich von 1955 erfolgte eine Erneuerung ihrer Eliten, was allerdings keine wesentlichen Veränderungen in ihrer ökonomischen Orientierung bedeutete. Die UIA formierte sich
aus Großunternehmern der traditionellen argentinischen Elite die, ohne dem
protektionistischen Glauben verschrieben zu sein, durch die Schließung des

---

[8] nach H. Yrigoyen, reformorientierter Präsident Argentiniens der „Radikalen Bürgerunion" (1916-
1922 sowie 1928-1930 (Anm. d. Übers.).
[9] *Conféderación General de Empresarios* – Allgemeiner Dachverband der Unternehmer (Anm. d.
Übers.).

Marktes während dem Zweiten Weltkrieg, begünstigt worden waren (Schvarzer 1991: 265).

Wie die Dinge standen, hat das Programm der Importsubstitutions-industrialisierung der agrarischen Elite ökonomische Dynamik geraubt, auch wenn diese eine zentrale ökonomische und politische Rolle bewahrte. Tatsächlich hielten diese Sektoren, wie Guillermo O'Donnell bemerkt, die Möglichkeit aufrecht, Druck auszuüben und offensive Strategien zu entwickeln, die nach der Zahlungsbilanzkrise darauf ausgerichtet waren, massive Einkommenstransfers zu ihren Gunsten zu erzielen (O'Donnell 1977: 542). Aber ihre Zentralität sollte auch bezüglich der Kultur weiter bestehen. Denn obwohl die Bezugnahmen auf die Agrarbourgeosie als Kern der herrschenden Elite immer mehr auf die Vergangenheit verwiesen, übte diese weiterhin durch das Landeigentum (die mystische Vorstellung von der Weite der Pampa) eine faszinierende soziale Macht aus, als paradigmatische Verkörperung sowohl der glorreichen Vergangenheit wie auch des konsolidierten Reichtums.

Der Eintritt in eine Periode eingeschränkter Demokratie nach 1955 ging auch einher mit dem Fortschreiten der Internationalisierung des Kapitals. Die spätere Situation offenbarte nicht nur das beständige Scheitern der etablierten Klassenallianzen, sondern auch die wachsende Fragmentierung im Inneren der herrschenden Sektoren. Mehr noch, das neue Szenario beschleunigte die Dynamik der politischen Polarisierung, die dazu führen sollte, die soziale Basis für jegliches mittelfristige politisch-ökonomische Projekt zu untergraben. Dieses Bild eines „gesellschaftlichen - " (Portantiero 1973) oder eines „hegemonialen Patts" (O'Donnell 1977) enthüllte die wechselhafte Orientierung der herrschenden Sektoren und das politische Vakuum, das der Sturz des Peronismus hinterlassen hatte sowie auch den Beginn einer Periode, die durch immer wiederkehrende institutionelle Instabilität gekennzeichnet war. Letztere wiederum ist Folge der politischen Polarisierung und der starken intersektoralen Kämpfe gewesen. Der erste Versuch, dieser Situation ein Ende zu bereiten, fand während der Regierung von Onganía[10] statt, als Krieger Vasena das Amt des Wirtschaftsministers ausübte. In diesem Moment entstand eine Allianz zwischen einem Flügel des Militärs und den mit großen ökonomischen Gruppen verbundenen, bürokratischen Eliten. Das Ergebnis war die Einführung eines „bürokratisch-autoritären Staates" (O'Donnell 1972), in welchem scheinbar paradoxerweise das ökonomische Wachstum mit dem politischen Autoritarismus kombiniert war.

---

[10] J. C. Onganía war von 1966-1970 diktatorisch regierender Präsident Argentiniens (Anm. d. Übers.).

Schließlich sollte während der letzten Militärdiktatur, unter der Amtsführung des Ministers Martínez de Hoz (der aus einer der bekanntesten Familien der Viehzuchtoligarchie stammt), das Ende des sozialen Gleichstands markiert und die Basis für ein neues ausschließendes Regime geschaffen werden. Wie verschiedene Arbeiten zeigen (Azpiazu u.a. 1986; Nun 1987), begann der Konzentrationsprozess in den 70er Jahren; also in jener Epoche, in der die Substitutionsindustrialisierung unterbrochen wurde und zur gleichen Zeit ein Transfer des Überschusses vom Staat an die großen ökonomischen Gruppen erfolgte. Ebenso markiert dieser Prozess die Ersetzung der nationalen Unternehmen als führende Kräfte durch die ausländischen diversifizierten und/oder integrierten Unternehmen.

In der Tat bedeutete die Wirtschaftspolitik der Militärdiktatur den Eintritt in eine erste Etappe der Konzentration zugunsten der ökonomischen Gruppen (was den Zusammenbruch anderer großer Unternehmen einschloss), eine Tatsache, die sich nach der Hyperinflation von 1989 weiter verstärken sollte. In anderen Worten, die enge Verbindung zwischen den ökonomischen Gruppen und der Militärregierung war Voraussetzung und Impulsgeber für die Konsolidierung der ökonomischen Gruppen als zentraler Akteur in der argentinischen Politik, zu einer Zeit in der die Situation, die als „gesellschaftliches Gleichgewicht" oder „hegemonialer Gleichgewichtszustand" bezeichnet worden war, zu Ende ging. So hat das Programm, welches von der Militärdiktatur durchgeführt wurde, den dominanten Sektoren erlaubt, sich den Wandlungsprozessen anzupassen, ohne dabei zentrale Elemente ihrer Kernidentität (nämlich Liberalismus, Konservatismus und Antiperonismus) aufgeben zu müssen.

Die endgültige Auflösung des gesellschaftlichen Gleichgewichts nach dem stürmischen radikalen[11] Zwischenspiel markierte nun den Beginn einer neuen Periode, die durch große Asymmetrien zwischen den immer stärker internationalisierten, ökonomischen Machteliten und den stets stärker fragmentierten und verarmten Volks- und mittleren Sektoren gekennzeichnet war.

Ökonomische Konzentration und Internationalisierung des Kapitals

Die Regierung von Carlos Menem öffnete die Tore für die Bildung einer Allianz zwischen den herrschenden Sektoren, im Kern den großen ökonomischen Gruppen, und der politischen Führung des Peronismus. Tatsächlich war es – auch wenn das neue Akkumulationsmodell seinen konstitutiven Gründungsmoment

---

[11] gemeint ist die post-diktatorische zivile Regierungsperiode des Präsidenten Raúl Alfonsin (UCR) von 1983-1989 (Anm. d. Übers.).

während der letzten Militärdiktatur hatte – die peronistische Regierung von Menem, welche schließlich ohne Umschweife die Beseitigung aller Hindernisse vornehmen sollte, die bis zu diesem Moment eine tatsächliche Konsolidierung dieses Modells behindert hatten. Dabei wurde die Ausgestaltung und die Ausführung der Wirtschaftspolitik zunächst den großen ökonomischen Gruppen (wie Bunge und Born) und später den Experten aus den anerkanntesten ideologischen Fabriken des Neoliberalismus übertragen.

Das ökonomische Korrelat dieser neuen Allianz war die Art und Weise der Privatisierung der öffentlichen Unternehmen. Diese ermöglichte die positive Neu-Positionierung jener nationalen ökonomischen Gruppen, die ihre Aktivitäten auf den Dienstleistungssektor ausrichteten. Erinnern wir uns noch einmal an die grundsätzlichen Faktoren, die die Privatisierung charakterisierten (vgl. Azpiazu 2002): die Schnelligkeit des Privatisierungsprozesses, die Unterbewertung des Vermögens der privatisierten Unternehmen, der hohe Improvisationsgrad in den Verhandlungen und schließlich die Defizite bezüglich der Normen und der regulativen Rahmenbedingungen. Mehr noch, das Ergebnis dieser Restrukturierung öffnete die Türen zu einer Epoche der großen Gewinne, einschließlich einer „Differentialrentabilität" (Notcheff 1998), die in dem Kontext der Monopole entstand, zu denen sich viele privatisierte Unternehmen entwickelt hatten.

Schließlich war die Verwandlung des unternehmerischen Profils vom Verschwinden der staatlichen Unternehmen begleitet, was den Weg für eine noch größere Führerschaft der Tochterfirmen ausländischer transnationaler Unternehmen (charakterisiert durch eine größere Präsenz und eine stärkere Integration zwischen verschiedenen Gruppen) und einiger weniger lokaler ökonomischer Gruppen (mit der Kapazität sich international zu verorten) ebnete, und zur gleichen Zeit mit einem Bedeutungsverlust der mittleren und kleinen Unternehmen einherging (Bisang u.a. 1996: 205).

Wir dürfen nicht vergessen, dass die ökonomische Deregulierung die desindustrialisierende Dynamik verstärkte, die die Ökonomie Argentiniens seit Mitte der 70er Jahre charakterisierte und die Konzentrationstendenz ebenso akzentuierte wie den Prozess der Internationalisierung. Tatsächlich war diese Dynamik von einem Kollaps und der Schließung vieler kleiner und mittlerer Unternehmen begleitet, die nach der Öffnung der Märkte nicht konkurrenzfähig waren. In Wirklichkeit war in der ersten Hälfte der 90er Jahre nur ein Teil des industriellen Sektors – etwa 400 Unternehmen, die 40% der industriellen Produktion repräsentierten – in der Lage, „Strategien der offensiven Rekonversion" im Prozess der Anpassung an die neuen Spielregeln zu entwickeln. Dagegen waren etwa 60% des industriellen Sektors, welche ungefähr 25.000 Unternehmen umfassten, lediglich in der Lage defensive Strategien einzuschlagen, (Bi-

sang u.a. 1996) oder wie es Alberto Barbeito (1996: 217) treffend darstellt, nur
eine Überlebensstrategie zu verwirklichen.

Die Begründung einer Allianz mit dem Peronismus und davon ausgehend
die Eröffnung neuer ökonomischer Möglichkeiten, begünstigt durch den internationalen Kontext, hat eine neue Epoche eröffnet. So entschieden sich Anfang
der 90er Jahre verschiedene argentinische Unternehmen, Teile des Finanzkapitals, das im Ausland angelegt war, wieder zu repatriieren, um es in Anlagekapi-
tal zu investieren. Allerdings begann diese Tendenz sich ab Mitte der Dekade
umzukehren, als die lokalen ökonomischen Gruppen einen Teil ihrer Aktiva an
ausländische Konzerne verkauften. Wie Eduardo Basualdo (2001) aufzeigt,
bedeutete dies keineswegs, dass die lokalen Gruppen nicht als Aktionäre der
gleichen Unternehmen weiter präsent waren. In Wahrheit investierte ein Teil
dieser Gruppen zu dieser Zeit in die traditionellen Sektoren (wie die ackerbau-
lich-viehwirtschaftliche Produktion), die seither eine hohe Rentabilität boten.
Zur gleichen Zeit begann auch die Kapitalflucht erneut. In diesem Sinne lohnt es
sich daran zu erinnern, dass im Moment der Krise von 2001 der Betrag der von
argentinischen BürgerInnen oder Unternehmen im Ausland angelegt war, fast
gleich hoch war wie die gesamten Auslandsschulden (115 Mrd. Dollar).

So ist diese Periode durch eine starke Konzentration von Reichtum und der
Produktion und zur gleichen Zeit durch einen wachsenden Prozess der Internationalisierung der argentinischen Ökonomie charakterisiert. Dieser letztere
Prozess spiegelt sich in den Zahlen von Indec[12] wieder, welche schon 1997
anzeigten, dass 71% der Aktiva der großen lokalen Unternehmen aus ausländischem Kapital stammte (Aronskind 2001: 76). Außer den direkt in den Prozess
der Privatisierung eingeschlossenen Bereichen, waren die am meisten begünstigten Sektoren die kommerziellen und finanziellen Dienstleistungen. Während
der 90er Jahre erhöhten diese ihren Anteil am BIP von 64,9 auf 66,8% (Aronskind 2001: 68). Hervorzuheben ist indes der Konzentrationsprozess, beispielhaft
und paradigmatisch zu sehen an den großen Firmen und Ketten im Handelssek-
tor, die durch eine Vervielfältigung von Großmärkten und Shoppingcentern
einen spürbaren Schaden gegenüber den kleinen Handelshäusern auslösten, die
in einem großen Umfang vom Markt verdrängt wurden. Wie Daniel Contartese,
Marcelo Gómez und Daniel Rúfulo (2003: 2) bemerkten, besaßen die traditionellen Geschäfte 1984 auf dem Nahrungsmittelmarkt noch einen Anteil von
56,6%, im Jahre 2001 nur noch 17,2%. In der gleichen Periode erhöhten die
Supermärkte ihren Anteil von 26,6 auf 53,3%. Jedoch erreichte die Dynamik der
Konzentration alle Teile des gesellschaftlichen und ökonomischen Lebens, ein-

---

[12] *Instituto Nacional de Estadisticas y Cuentas* - Nationales Statistisches Amt Argentiniens (Anm. d.
Übers.)

schließlich auch des Kommunikationssektors, in dem sich gegen Ende der 90er mächtige Multimediakonzerne bildeten.

Die Unternehmerschaft, Privatisierungen und der Finanzsektor

Die vorherigen Ausführungen können dazu dienen, einige gegenwärtige Wesenszüge der dominanten, ökonomischen Gruppen besser zu verstehen. Der erste bezieht sich auf den Charakter der Abhängigkeit der großen Unternehmer gegenüber dem Staat; der zweite auf die Verstärkung einer „kurzfristigen" Perspektive, die in Verbindung mit der Vorherrschaft des Finanzkapitals steht. Betrachten wir kurz jede einzelne der beiden Charakteristika.

Viel Kritik wurde an der Figur des nationalen Unternehmers geäußert, der unter dem Schutz des vorherigen Akkumulationsmodells heranwuchs und vom Staat unterstützt und behütet wurde. Andererseits wurde die Verzerrung dieses Modells (für einige, in Wahrheit, seine unvermeidliche Begleiterscheinung) durch einen Typ von Nebeneinkünfte bzw. Pfründe erzielenden Unternehmer dargestellt, der durch die Gewährung spezieller Dienste eng mit dem Staat verbunden schien. Beide Modelle des nationalen Unternehmertums sollten – wie man annehmen kann – von der auf dem Wettbewerb im Markt basierenden neoliberalen Ordnung zum Verschwinden gebracht werden. Trotz allem ist sicher, dass ein bedeutender Teil der großen, nationalen Unternehmer sich erfolgreich an die neuen Zeiten anpassen konnte, während die kleinen und mittleren Unternehmer zerbrachen oder von großen Firmen absorbiert wurden. In Wahrheit wechselten diese Gruppen von einer Beziehung der Unterstützung seitens des Staates zur Bildung einer vom Typ her patrimonialen Beziehung zum neoliberalen Staat (wobei sie eine hohe Rentabilität dank der ihnen zugesicherten Märkte realisieren konnten). Einmal mehr wurden die Privatisierungen zum idealen Rahmen, um den Zugang und die Plünderung des Staates seitens privater Gruppen abzusichern. Jenseits aller Differenzen der strukturellen Kontexte, scheint das neue Profil der Unternehmer, vor dem Hintergrund der stärkeren Internationalisierung des Kapitals und der Bildung von Konglomeraten und neuen Gesellschaften, schließlich eher eine Kontinuität als einen Bruch aufzuweisen (auch wenn die Formen und Konditionen des Zugangs zum Staates sich geändert haben).[13]

---

[13] Zu anderen Zeiten war die typische, auf Pfründen beruhende Beziehung zum Staat durch die Unternehmen der Gruppe Fortabat illustriert worden; in den 90er Jahren ist dies beispielhaft repräsentiert durch die Unternehmen der Gruppe Macri, deren Aktivitäten sich vom industriellen zum Dienstleistungssektor umorientierten.

Auf der anderen Seite ist es nicht weniger gewiss, dass der strukturelle externe Kontext die Konsolidierung eines neuen „abwesenden Unternehmers"
gemäß der von Zygmunt Bauman geprägten Kategorie (1999) begleitete. Wie es
Ricardo Sidicaro – Bauman aufnehmend – bekräftigt, tendierten die neuen Regeln des Kapitalismus dazu, eine Beziehung der „Außenbestimmung" dieser
„neuen Unternehmen der Globalisierung, die zugleich interne und internationale
Akteure im Verhältnis zu den nationalen Gesellschaften sind" (Sidicaro 2001:
52-53), zu festigen.[14]

Ohne Zweifel hat die größere Verbreiterung dieses neuen Unternehmertums
sich im Rahmen von abhängigen peripheren Gesellschaft abgespielt. Wie es der
argentinische Fall zeigt, zielte der Übergang zu dem neuen Modell auf ein Szenario ab, das eine starke Verringerung der Ungewissheit für die erstrebte Mobilität des Kapitals dank der Deregulierung und dank des Defizits staatlicher Kontrollen bot. Mehr noch, die Regierung von Menem hat nicht gezögert, alle zur
Verfügung stehenden, institutionellen Werkzeuge einzusetzen (von Notdekreten
und Eilmaßnahmen bis zu „außerordentlichen Gewalten"), um auf entscheidende Weise zugunsten des Kapitals zu intervenieren. Dabei wurden bewusst die
Kontrollen und die Formulierung von Rahmenrichtlinien, sowohl bezüglich der
Kapitalbewegungen als auch bezüglich der Privatisierungen der Unternehmen
vernachlässigt.[15]

So haben sich die besonderen, instabilen Charakteristika, die das argentinische Modell annahm, zunächst durch die Finanzkrise in anderen aufstrebenden
Ländern (Mexiko), dann durch die Abwertung der Währung in Brasilien, mit
immer schärfere Rezessionsmomenten im eigenen Land verbunden. Dies verstärkte bei der unternehmerischen Elite die Tendenz, in sehr kurzfristigen Begriffen zu handeln und zu denken.[16]

---

[14] Zygmunt Bauman behauptet, dass „die neue Freiheit des Kapitals an die abwesenden Großgrundbesitzer von einst erinnert, die eine traurige Berühmtheit erlangt hatten, weil sie die dringendsten
Bedürfnisse der Menschen, die sie ernährten, vernachlässigten und damit großen Groll verursachten.
Das einzige Interesse, das der abwesende Großgrundbesitzer an seinem Boden hatte bestand darin,
den ‚Produktionsüberschuss' einzuheimsen. Zweifellos besteht hier eine Ähnlichkeit, aber der
Vergleich wird nicht der Befreiung von Sorgen und Verantwortlichkeiten, die das mobile Kapital
gegen Ende des 20. Jahrhunderts erfuhr, gerecht; ein Zustand den der abwesende Großgrundeigentümer nie erreichen konnte" (Bauman 1999: 17-18).

[15] Zu Beginn der Regierungszeit Menems war diese Art der „Überaktivität" Teil einer politischen
Strategie, um Kapital anzuziehen und die Furcht vor der Rückkehr des Populismus zu vertreiben.
Doch diese Überaktivität überschritt die symbolische Ebene, um voll in ökonomische Ausdrucks-
formen übertragen zu werden.

[16] Nach Ana Castellani und Martin Schorr (2004) mündete die Krise des Modells der Konvertibilität
(Fixierung des argentinischen Peso an den US-Dollar, Anm. d. Übers.) zwischen 1999 und 2001 „in
den Bruch, der ‚Gemeinschaft der Geschäfte', die sich zwischen den einzelnen lokalen und ausländischen ökonomischen Gruppen in der ersten Hälfte der 90er gebildet hatte" (10f.). Dies führte zur
„Konsolidierung von zwei unterschiedlichen strukturellen Situationen innerhalb der lokalen herr-

Darüber hinaus stießen die politisch-ökonomischen Optionen der menemistischen Regierung die Radikalisierung eines Merkmales an, das schon in der vorhergehenden Periode erkennbar war: Die Aufwertung des Finanzkapitals, dessen Bedeutung in der argentinischen Ökonomie (und gegenüber anderen Fraktionen des Kapitals) ohne Zweifel schon im Anstieg begriffen war. Dieser Prozess ist jedoch nicht ausschließlich auf die Dynamik der Globalisierung zurückzuführen, sondern auch auf die spezifischen politischen Vereinbarungen und letztlich auf die neu errichtete Struktur der politisch-ökonomischen Allianzen.

Begünstigt durch die Währungs- und Geldstabilität hat der Finanzsektor es geschafft, seine Dienstleistungen auszudehnen, sein Angebot zu modernisieren und das Volumen der Kredite zu erhöhen. Wie in anderen Sektoren auch, hat sich diese Expansion im Rahmen einer Konzentration und einer Konsolidierung der Position der größten Banken und ihrer zunehmenden Internationalisierung abgespielt. So hat sich während der 90er Jahre die Gesamtheit der finanziellen Unternehmen von 213 auf 119 verringert (Aronskind 2001: 76). Auch wurden im Jahr 2000 50% der argentinischen Banken und 51% der Gesamtheit der Aktiva von ausländischen Unternehmen kontrolliert (M. Bleger 2000, zit. nach Heredia 2003).

In diesem Expansionsszenario konnte das Finanzkapital mit verschiedenen institutionellen, akademischen oder medialen Fürsprechern rechnen, verteilt auf Interessensgruppen, Stiftungen und Privatuniversitäten. De facto befanden sich unter den Fabriken der neoliberalen Ideendiffusion private Stiftungen wie die *„Fundación Mediterranea"*, das *„Centro de Estudios Macroeconomicos"* (CEMA) und die *„Fundación de Investigaciones Economicas Latinoamericanas"* (FIEL)[17], aus denen ein großer Teil der technischen Belegschaften für die Umsetzung des Prozesses der strukturellen Reformen hervorging.

Eine der Interessengruppen, die diese neuen Koordinaten – sowohl in ökonomischer wie ideologischer Hinsicht – veranschaulichen sollte, war ADEBA

---

schenden Sektoren: auf der einen Seite die großen ausländischen Unternehmen mit großem Besitz an Fixkapital; auf der anderen Seite die wichtigen, lokalen, ökonomischen Gruppen und einige ausländische Konglomerate, die grundsätzlich liquide Aktiva bevorzugten (vor allem im Ausland) und die hauptsächlich im Außenwirtschaftsbereich und im Export aktiv waren (Nahrungsmittel, Erdöl und abgeleitete Produkte und einige Rohstoffe für industrielle Zwecke)" (S. 15f.). Die AutorInnen meinen, dass sich in diesem strukturellen Kontext die Auseinandersetzung darüber entsponnen hat, wie man von der Konvertibilität wegkommen könnte, wobei die Erstgenannten eine Dollarisierung vorschlugen, während die zweite Gruppe eine Abwertung bevorzugte. Wie die AutorInnen unterstreichen, „handelte es sich um Projekte, die auf unterschiedliche ökonomische und soziale Interessen zurückgehen, aber beide darin übereinstimmten, dass die Anpassung auf die Lebensbedingungen der breiten Masse zurückfallen würde."

[17] „Mittelland-Stiftung", „Zentrum für Makro-ökonomische Studien", „Stiftung für ökonomische, lateinamerikanische Studien" (Anm. d. Übers.)

(*Asociación de Bancos de la Argentina*)[18]. Wie Mariana Heredia festhält, „widersetzte sich die ADEBA im Gegensatz zu den anderen Assoziationen, die die kooperativen Banken und die öffentlichen Banken repräsentierten, nicht der Internationalisierung und Öffnung gegenüber ausländischem Kapital. Im Gegenteil: Diese Assoziation von Banken entschied sich, ihre Statuten zu verändern, um auch die ausländischen Banken repräsentieren zu können. So akzeptierte diese Organisation 1998 die Eingliederung der City Bank. Gleichzeitig und unter dem Druck der Mitglieder begannen die Leiter der ADEBA und der Mutterorganisation, von der sie sich getrennt hatte, eine Verschmelzung zu verhandeln. Diese konkretisierte sich 1999 mit der Schaffung der „*Asociación de Bancos de la Argentina*" (ABA). Während andere Repräsentanten des Finanzsektors verschwanden oder geschwächt wurden, konnte sich die neue Assoziation als Sprecher von 93 der 96 Banken, die in dem Land operierten und die ca. 80% der Depositen des Finanzsystems kontrollierten, etablieren."

Zusammenfassend erscheint diese Vereinigung von Akteuren wie die Demonstration eines Ethos, d.h. einer Gesamtheit von ethischen und ideologischen Koordinaten, die als Orientierung für die Handlungsweise von Gruppen oder Individuen dienen; also eines Ethos, der für die neue Etappe der Kapitalakkumulation und besonders für die Anforderungen des Finanzkapitals, im Kontext der neuen Abhängigkeit steht. Letztlich führte dieser in seiner übertriebenen Ausdrucksweise nicht nur zur Autonomie der Ökonomie, sondern förderte auch die Entwicklung unternehmerischer Praktiken ohne Bezug zum nationalen Kontext.

Das agrarische Modell und neue Unternehmerprofile?

Ab Mitte der 90er Jahre können wir eine Entwicklung von neuen produktiven Zweigen in der argentinischen Landwirtschaft verfolgen, die das lokale Organisations- und Produktionsmodell einschneidend verändert haben. Dieses neue Modell, charakterisiert durch den intensiven Gebrauch der Biotechnologie, gemäß den internationalen Standards (transgenetisches Saatgut über die direkte Aussaat), machte Argentinien nicht nur zu einem der weltweit größten Exporteure von genveränderten Kulturen, sondern auch zu einem der Länder mit den besten Voraussetzungen in technologischer Hinsicht. Diese Innovationen führten zu einer starken Entwicklung des Landwirtschafts- und Nahrungsmittelsektors, wobei vor allen Dingen seine relative Bedeutung in der argentinischen Ökonomie zunahm. Zuletzt breiteten sich diese Kulturen nicht nur in der Pam-

---

[18] „Vereinigung der Banken Argentiniens" (Anm. d. Übers.)

paregion aus, sondern ebenfalls in den sogenannten Randgebieten wie unter anderem Entre Rios oder Santiago del Estero. Nach Roberto Bisang (2003) zeigt die wachsende Entwicklung der Agroindustrie – die neben der Produktion von Soja und Ölfrüchten verbunden mit den neuen Biotechnologien auch andere Produkte wie sehr gute Weine, Zitrusfrüchte, Tabak und „nicht-traditionelle" Fleischwaren umfasste – die „Tendenz der Veränderung des unternehmerischen Profils, entsprechend den Anforderungen des Weltmarkts".[19] Es handelte sich hier um eine Unternehmerfigur, weit davon entfernt von staatlicher Unterstützung abhängig zu sein, die sich im Rahmen eines offenen, auf Wettbewerb beruhenden und höchst rentablen Marktes (trotz der Abschöpfungen von bis zu 20%) durch die Nutzung der neuen Technologien konstituiert hat. Dieses Modell sollte verschiedene ökonomische Akteure miteinander verbinden: Während einerseits im Sektor der Saatgutproduktion die großen multinationalen Unternehmen (wie Monsanto und Novartis) sowie einige wenige große lokale ökonomische Gruppen erscheinen, tauchten im Produktionskreislauf andere ökonomische Akteure auf, die gleichermaßen zentral sind, u.a. die sogenannten *Terceristas*[20] (die über die technologische Ausrüstungen verfügen), die sogenannten *Contratistas*[21], eine Art „Produzenten ohne Boden", die Boden pachten, um ihn zu bearbeiten bzw. bearbeiten zu lassen und schließlich die Renten beziehenden, verpachtenden Eigentümer.

So unterstellt eine optimistische Hypothese, dass aufgrund dieser Heterogenität der Akteure, die auf der neuen Karte der Landwirtschaft entstanden sind, dieses Modell die Besonderheit entfalten würde, die Dynamik von „Gewinnern und Verlierern" der 90er Jahre abzustreifen. Mehr noch, in dieser Vision wird der neue produktive Sektor als Grundlage für das Entstehen einer neuen Unternehmerklasse, einer Art „neuer Reicher", angesehen, welche nicht nur aus den großen ökonomischen und finanziellen Schaltstellen stammen, sondern auch aus gewissen (mittleren) Unternehmen und Produzenten der Landwirtschaft. Diese Akteure hatten Erfolg in ihrem Bemühen um eine „Diversifizierung", mittels der sehr verbreiteten Praxis der 90er Jahre: der Praxis der Subkontraktschließung (*tercerismo*) und der Unternehmerpächter (*contratismo*). Miguel Murmis hatte bereits 1998 aufgezeigt, dass die Zunahme der Unternehmenspachtung nicht nur für die großen Aussaatpools zu beobachten war, sondern auch für den Fall jener Unternehmen, die ihren Maschinenpark auszudehnen und zu modernisieren suchten und die dann begannen, Tätigkeiten außerhalb ihres Landbesitzes zu übernehmen. Dennoch, so fügt er hinzu, war das verbreitetste Modell das des

---

[19] Interview mit der Autorin, 2005.
[20] wörtlich: „die Dritten" (Anm. d. Übers.)
[21] wörtlich: „die Vertragschließenden" (Anm. d. Übers.)

reinen Pachtens (*contratista puro*). Er verweist hier auf die zunehmende Ausdehnung des reinen Pachtmodells in verschiedenen landwirtschaftlichen Regionen Argentiniens (Murmis 1998: 219). Eine plausible Hypothese wäre also, dass
das Modell des ‚*contratismo*' ab der Einführung des neuen Agrarmodells, das
eng mit den Biotechnologien verbunden war, andere Möglichkeiten (und Gele-
genheiten) fand. Noch einmal Roberto Bisang aufnehmend, spiegelten die
„*contratistas*" und „*terceristas*" eine neue Tendenz wieder, die sich im Extrem-
fall in einem eher schumpeterianischen Unternehmerprofil ausdrückte, das die
modernen Technologien mit der Suche nach neuen Marktnischen verband.
Letztlich handelte es sich um ein Modell, das eine wechselseitige Beziehung
zwischen Forschung und Produktion im Rahmen der sogenannten „Wissensgesellschaft" darstellte. Dies schlug sich in der Durchführung von Experimenten
und der Anwendung der neuesten Fortschritte der Biotechnologie nieder.

Ein anderes neues Element ist die Entstehung von mit dem agroindustriellen
Sektor verbundenen Unternehmensorganisationen. Hervorzuheben sind hier
AAPRESID (*Asociación Argentina de Productores de Siembra Directa*), AAC-
REA (*Asociación Argentina de Consorcios Regionales de Experimentación
Agrícola*) sowie andere Assoziationen aus verschiedenen Sektoren (*Maizar*,
Asagir u.a.). Letztere weisen im Unterschied zu den traditionellen Assoziationen
(SRA, *Federación Agraria Argentina* oder *Coninagro*) eine vertikale Integration
auf, die von der Primärproduktion bis zu den Dienstleistungen in den neuen
produktiven Sektoren reicht. Diese Unternehmen, die vom Staat nun als neue
Referenzpunkte der agrarischen Welt[22] angesehen werden, befinden sich im
Prozess der Bildung; viele von ihnen besitzen enge Verbindungen zu Stiftungen,
die über eigene Teams von „organischen Intellektuellen" (in der eher unternehmerischen Sprache, ihre „think tanks") verfügen, unter ihnen bekannte Ökonomen wie z.B. Juan José Llach. Ähnlich wie auch ABA, veranstalten diese Organisationen viele Seminare und Kongresse, auf denen die unterschiedlichen beteiligten Akteure zusammenkommen und ihre Sorgen in technischer, ökonomischer und politischer Hinsicht artikulieren können.

Jedoch hat sich die Diskussion um das neue agrarische Modell und seine
Konsequenzen noch nicht besonders entfaltet. Tatsächlich hat die Einführung
neuer Technologien und organisatorischer Innovationen im Agrarsektor einige
Debatten angestoßen, in denen sich nicht nur SpezialistInnen zu Wort melden,

---

[22] Man vgl. die Supplemente „Rural" in den beiden größten Tageszeitungen des Landes. In ihnen
erschien kürzlich ein Artikel, der ausführte, dass der Agrar- und der Wirtschaftsminister sich mit den
zehn größten Exporteuren getroffen habe. Nicht weniger als acht von ihnen gehörten zum neuen
agrarindustriellen Komplex (La Nación v. 2.7.2005).

sondern auch Nichtregierungsorganisationen und bäuerliche Bewegungen.[23] Die optimistischsten Hypothesen müssen in einen größeren Kontext gestellt und darin auch evaluiert werden. So gibt es Elemente, die andeuten, dass die schwindelerregende Entwicklung der Agroindustrie eine Zerlegung der lokalen produktiven Systeme mit sich gebracht hat, obwohl diese vor allem Organisationsformen mit geringen Verbindungen zum lokalen Kontext begünstigte (unter ihnen sind die Aussaatpools und die Investitionsfonds).

In der Arbeit von Eduardo Trigo u.a. (2002: 99) heißt es: Nach einer Studie von Manuel Mora y Araujo reduzierte sich die Zahl der Produktionseinheiten zwischen 1992 und 1999 um 32% (von 176.000 auf 116.000) bei gleichzeitiger Zunahme der durchschnittlichen Landfläche von 243 auf 357 ha. Ebenso ging der Bedarf an Arbeitskräften durch die Techniken der direkten Aussaat um 28 bis 37% zurück (GER, 2001/2004), was nicht nur viele vermeintliche Rentiers hervorrief, sondern auch eine Landflucht oder eine freiwillige Abwanderung vom Land. Hier muss noch Vertreibungswelle hinzugerechnet werden, die vor allem in bestimmten Randprovinzen, der so genannten „neuen agrarischen Front" auftrat, wie z.B. Santiago del Estero oder Salta, die zu den bekanntesten Fällen gehören. In diesen Regionen scheint die Erhöhung der Rentabilität bei den transgenetischen Kulturen mit dem Fortschreiten der Entwaldung und der Tendenz zu einer intensiven Monokultur einherzugehen, mit der entsprechenden Gefahr einer Degradierung und Verringerung der Biodiversität. Genauso darf auch nicht vergessen werden, dass die Kontrolle der sogenannten „agrotechnologischen Pakete" sich in den Händen von einigen wenigen multinationalen Unternehmen befindet. Als letztes sprechen auch die Daten über die Konzentration der Produktion für sich: So waren es in Argentinien nur fünf große Gesellschaften, die 78% des Weizens, 79% des Mais und 71% des Sojamehls, 95% des Sojaöls und 99% des Sonnenblumenöls exportierten (Pengue 2004).

Insgesamt scheint es noch zu früh zu sein, um auszumachen, wie stark oder wie verletzlich die unterschiedlichen Akteure in den neuen produktiven Bereichen sind. Sicher scheint jedoch, dass die Expansion dieses Modells – und seine aktuelle hohe Rentabilität – eng mit konjunkturellen Fragen zusammenhängt (u.a. die günstigen Preise auf dem Weltmarkt). In den nächsten Jahren wird sich zeigen, welche Dynamiken sich zwischen den verschiedenen ökonomischen

---

[23] Man vgl. die optimistische Sichtweise in dem Buch von Eduardo Trigo, Daniel Chudnovsky, Eugenio Cab u. Andrés López, *Los transgénicos en la agricultura argentina. Una historia con final abierto*, 2002 (Die transgenetischen Mittel in der argentinischen Landwirtschaft. Eine Geschichte mit offenem Ende). Für eine kritische Sichtweise kann man die Forschungen der GER (Gruppe von ländlichen Studien) und die Schriften von dem ökologisch-politischen Forum (vor allem von Walter Pengue) heranziehen.

Akteuren entwickeln und welche Rolle der Staat annimmt.[24] Erst dann wird sich wirklich abschätzen lassen, wieweit das neue landwirtschaftliche Paradigma, das mit der biotechnologischen Revolution verbunden ist, fähig sein wird, einen Entwicklungsprozess zu generieren – wie die meisten seiner enthusiastischen Verteidiger versichern. Oder, ob es sich nicht nur um eine weitere Luftblase handelt, einen kurzen und immer stärker begrenzten Einschub innerhalb einer langen Geschichte von Stagnations- und Rezessionsperioden, der am Ende einen weiteren Saldo von (wenigen) Gewinnern und (vielen) Verlierern hinterlassen wird.

Die Marken der kulturellen Nachahmung

Wir möchten jetzt, auch wenn dies ebenso nur fragmentarisch geschehen kann, einige Aspekte der kulturellen Transformation in den herrschenden Sektoren aufzeigen, die sich vor allen Dingen bestimmte Veränderungen in den traditionellsten Fraktionen der herrschenden Klasse beziehen. Dies sind nicht die einzigen, vielleicht auch nicht die wichtigsten Aspekte; es sind aber diejenigen, die aus bestimmten Gründen in den 90ern am sichtbarsten wurden. Die Analyse dieser Veränderungen wurde im Wesentlichen vom Aufklärungsjournalismus und von der Soziologie geleistet.

In allgemeinen Termini und ähnlich wie in anderen Gesellschaften sind die herrschenden Sektoren Argentiniens durch die Entwicklung einer kommunitären Vergesellschaftung gekennzeichnet. Obwohl sie einen individualistischen Diskurs, der den Wettbewerb ins Zentrum rückt, führen, haben die herrschenden Klassen, wie es Monique und Michel Pincon (2000) bekräftigen, sich dadurch charakterisiert, dass sie eine „kollektive Praxis" entwickelten: Praktiken und soziale Strategien, die darauf abzielen, bestimmte Positionen und soziale Reproduktionsweisen innerhalb des sozialen Raums zu erhalten. In Argentinien definierten diese Praktiken seit dem Beginn der modernen Republik die verschiedenen Kreise der Zugehörigkeit, die von gemeinsam ausgeübten exklusiven Sportarten (wie Polo oder Golf) über gesellschaftliche Treffpunkte der „Abschottung" reichten und eine Art „sozialen Ostrakismus" [25] erlaubten (ausgewählte Clubs wie der „Jockey-Club" oder der „Club des Fortschritts"; später bestimmte

---

[24] Sicher interveniert der Staat vermittels unterschiedlicher Organe, unter ihnen das Agrarministerium, die Regulierungsinstitution des Sektors (Conabia) und schließlich über INTA. Auch muss man die Intervention der Wissenschaftsorganisationen, wie der nationalen Agentur der Wissenschaft und Technik, CONICET und die CEPAL u.a. beachten.

[25] Ostrakismos, altathenisches Scherbengericht, das Verbannungen aussprach, hier metaphorisch für „soziale Abschließung" (Anm. d. Übers.)

Countries wie „*El Tortugas*"). Diese Praktiken umfassten letztlich auch die Auswahl der Erziehungsinstitutionen, also die Schulen der „Eliten". Die unvermeidliche Begleiterscheinung dieses Lebensstils wäre ohne Zweifel eine intensive homogene Vergemeinschaftung mit einem extravaganten Charakter und kommunitären Zügen, die in der Nachbarschaft und der wechselseitigen Durchdringungen der verschiedenen sozialen Kreise sichtbar wird.

Jedoch fand die zweifellos kommunitäre Soziabilität der oligarchischen Elite eine sichtbare Grenze im „sozial offenen" Charakter (Sabat: 1988) der argentinischen Gesellschaft. Obwohl die Romane des 19. Jahrhunderts, von Miguel Cané bis Eugenio Cambaceres, sich damit beschäftigten, die „degenerativen" Konsequenzen dieses Phänomens zu zeigen (des Arriviertseins bzw. des Aufstiegsstrebens der ImmigrantInnen), verhinderte der offene und auf MigrantInnenzustrom angelegte Charakter der argentinischen Gesellschaft eine solche Abschließung. Dieses schlug sich in der Zusammensetzung der Elite nieder, die selbstredend auch durch neue Reiche konstituiert war, viele von ihnen mit Immigrantennamen. Wie auch immer, über lange Zeit gelang es der Elite, die Exklusivität bestimmter Soziabilitätsräume zu erhalten und den Zugang von Neureichen zu dosieren.

Im Rahmen der neuen Prozesse der Artikulation zwischen dem Lokalen und dem Globalen, verursachte der Aufbau einer Allianz mit dem triumphierenden Peronismus in den argentinischen Eliten, die traditionellerweise liberal und zutiefst antiperonistisch waren, wichtige Neuordnungen. Aus politischer und kultureller Sichtweise war das Wichtigste der 90er Jahre, dass die Oberschichten die Sicherheit ihrer Existenz stärken, d.h. ihr Klassenbewusstsein stabilisieren konnten, indem sie in ihrem historischen Gegner, dem Peronismus nun einen unerhofften Verbündeten fanden. Dieses Zusammentreffen mit dem Peronismus fand gleichzeitig und im Kontext der Modernisierung der Eliten und der Schaffung neuer sozialer Räume, die mit dem Vorrücken der Privatisierung des Sozialen einhergingen, statt.

Die Elite musste jedoch, im Kontext der hohen ökonomischen Rentabilität und der starken politischen Bestätigung, von einigen Kriterien zur Bestimmung des sozialen Niveaus Abstand nehmen, um den Einzug jener „Neureichen" zu ermöglichen, die das menemistische Regime, ihr wichtigster Verbündeter, nun hervorbrachte. Aber im Gegensatz zu anderen Perioden, in denen große Wechsel stattfanden, war dieser Übergang dank der errichteten Machtallianz viel mehr charakterisiert durch die euphorische Suche nach Momenten der Ähnlichkeit, als durch eine arrogante Bekräftigung der Unterschiede, wie sie in anderen Epochen immer wieder stattgefunden hatte. Das Ergebnis dieser Erfahrung war eine Art Erweiterung der Räume der Sozialität und der Sozialisierung, die den Kontakt und die Verbindung zwischen der politischen Klasse und den aufstei-

genden „Neureichen" ermöglichte. Außerdem entstand die Allianz mit dem
Peronismus in seiner neoliberalen Ausrichtung in einem Kontext der Modernisierung und der Globalisierung der Eliten (sichtbar in der stärkeren Amerikani-
sierung), was wahrscheinlich den Übergang zu einer maßlosen Selbstdarstellung
und einem ausufernden Exhibitionismus erleichterte.

Schon früh im Jahr 1989, hat die Unternehmerin Amalia Lacroze de Fortabat die während des Menemismus[26] zwischenzeitlich zur Botschafterin ernannt
wurde, bestätigt: „Jetzt sind wir von der Oberschicht alle Peronisten" (zit. bei
Mirta Palomino, 2003). Sogar die „*Sociedad Rural Argentina*", deren Gewicht
in der argentinischen Ökonomie immer geringer wurde, hat sich in die Atmo-
sphäre ständiger Feste und der Frivolität eingefügt, die jene Epoche prägte.
Dabei gab sie große Teile des Konservatismus auf, welcher gemeinsam mit dem
Liberalismus und dem militanten Antiperonismus zu den Säulen der Klassen-
identität geworden war. Außerdem waren die Gesten des Menemismus für die
traditionellen Elitesektoren deutlich sichtbar, reichten sie doch von einem Ver-
söhnungsdiskurs (die Umarmung mit dem Admiral Isaac Rojas) bis zur Anerkennung der Forderungen des SRA, eingeschlossen die Preisliberalisierung und
die Abschaffung von Kontrollen, die Aufhebung der Exportsteuern und der
Verkauf eines Grundstückes in Palermo zu einem lächerlich geringem Preis.[27]
Schließlich war der Gesamtheit der Mitglieder dieser traditionellen Gruppierung
trotz aller Vorbehalte, die in ihrem Innern immer wieder aufkamen, klar, dass
sie sich einer Regierung gegenüber sahen, die man wirklich „nicht nicht unterstützen konnte" (Heredia 2003).

Es ist jedoch notwendig, eine wesentliche Differenz bezüglich der kulturellen Transformation der politischen Klasse der Peronisten und den traditionellen
Fraktionen der herrschenden Sektoren hervorzuheben. Für einen Teil der politischen Klasse war diese kulturelle Neuausrichtung mit einem großen ideologischen Bruch verbunden, ausgehend von dem Verlassen des traditionellen Peronismus und dem Übertritt zum Neoliberalismus. Nicht wenige von jenen, die bis
gestern heftige „Verteidiger des Volkes" waren, verwandelten sich in Neurei-
che, Motiv genug um schnell jegliche Referenz zu einer Staatsbürgerethik oder
einer vorgeblichen kollektiven Moral hinter sich zu lassen, um überschwänglich
die Verbindung zwischen Markt und Individuum, zwischen *res publica* (öffentlicher Sphäre) und privaten Angelegenheiten zu feiern. Mehr noch, im Rahmen
des Zusammenkommens mit den herrschenden Klassen wurde das traditionell
zum Peronismus gehörende Element des Plebejertums gereinigt (d.h. von seiner

---

[26] Regierungszeit des Präsidenten Carlos S. Menem von 1989-1999 (Anm. d. Übers.)
[27] „Während die Immobilienagenturen den Wert des Eigentums zwischen 70 und 200 Mio. Dollar
schätzten, akzeptierte der argentinische Staat die von der SRA angebotenen 20 Mio. und verkaufte
das Eigentum dafür." (Mariana Heredia 2003, Anm. 10)

ursprünglich volkstümlichen und gegenkulturellen Ausrichtung, und seinem antagonistischen politischen Potential gelöst) und in die Funktion eines neuen Stils, des Kitsch und des prahlerischen Konsums umgewandelt. So stellte die beklagte und gleichzeitig gefeierte „Transgression"[28], die von der führenden politischen Klasse und ihren Neureichen vorgeführt wurde, letztlich die Einbindung des veränderten, also von jedem politischen Antagonismus entblößten Plebejischen, in den Raum herrschenden Klassen dar.

Umgekehrt verweist die Feierstimmung in der Elite, sichtbar in der obszönen Prahlerei und der Öffnung der vorher exklusiven Orte (z.B. der Zutritt zu den elitärsten „Countries", den Festen in Punta del Este, die Banalisierung des Golfs u.a.) weniger auf einen ideologischen Bruch als vielmehr auf eine Angleichung an die neue politische Klasse, die so sicher und so stolz auf den Erfolg ihrer „Transgression" war.

Auf jeden Fall ließ ein großer Teil der Elite – zunächst überrascht von der neoliberalen Wende ihres historischen Gegners, dann befriedigt angesichts einer Vielzahl von Beweisen des guten Willens von dessen Seite und sogar angezogen vom festlichen Charakter des neuen plebejischen Stils, wie er in Gesellschaftsseiten der Wochenblätter und vom Untersuchungs- und Enthüllungs-Journalismus ausgiebig aufbereitet wurde – schließlich den Antiperonismus weit hinter sich, um mit Wohlgefallen die Banalisierung und Verflachung der Geschmäcker zu konstatieren, ohne dabei dem Kitsch oder noch viel weniger der vorherrschenden Maßlosigkeit, auszuweichen.[29]

Die Marken der Distinktion

Die kulturelle Nachahmung („*mimetismo cultural*") der Eliten während der 90er Jahre bedeutete keineswegs das völlige Auslöschen der bisherigen Distinktionsmarken. So kann die Reformulierung der Absetzungsstrategien anhand von zwei sichtbaren Aspekten in den Räumen der Vergemeinschaftung im Rahmen der neuen privaten Wohnkomplexe illustriert werden: auf der einen Seite die Flexibilisierung der Zugehörigkeitscodes; auf der anderen Seite die Bestätigung des Lebensstils der Elite als Symbol der Distinktion. Wir werden nun, um dieses Kapitel zu beenden, jeden dieser beiden Aspekte behandeln.

---

[28] Der Schlüsselbegriff dieser Epoche, vor allem der Handlungsstil in der Politik, der von Menem und dem Menemismus repräsentiert wurde, wurde naturalisiert und mystifiziert in der alles erklärenden Kategorie des „Überschreiters" (Sarlo 1990; Luciana Vázquez 2000: 77).

[29] Es folgt im Text ein Unterkapitel mit dem Titel „Der Elitismus, die homogene Sozialisierung und die Sichtweisen der Armut", worin u.a. eine knappe Beschreibung der räumlichen bzw. städtebaulichen Veränderungen im Kontext der jüngsten Sozialstrukturveränderungen während der neoliberalen Ära vorgenommen wird (Anm. d. Übers.).

Der erste bezieht sich auf die unterschiedlichen Strategien der Anpassung
der Elite gegenüber der unvermeidlichen Flexibilisierung der Zugangsbeding-
ungen zu den traditionellen Räumen des Zusammentreffens. Inmitten der ökonomischen Transformationen hat die atemberaubende Ausdehnung des
„Country"-Lebensstils die Zutrittsbedingungen und damit auch die Regeln der
Zugehörigkeit beeinflusst. Erinnern wir uns, dass der Eintritt in diese exklusive
Räume normalerweise die Zahlung eines Betrags erforderte (der in den 90er
Jahren bis zu 25.000 $ erreichen konnte); im Falle der exklusivsten Zirkel sind
jedoch die Restriktionen des Eintritts, sichtbar in den Bedingungen der Aufnahme,[30] noch wichtiger. Genauso führte der Ausdehnungsprozess der 90er
Jahre zu entscheidenden Veränderungen in den „Countries"; er führte dazu, den
vormals auf das Wochenende beschränkten Raum der Erholung als einen permanenten und stark geschützten Lebensstil anzusehen. In der Folge entwickelten nicht wenige der alten und prestigereichen „Countries", obwohl sie nicht im
Zentrum der Immobilienexpansion lagen, gegen Ende der 90er eine Expansi-
onspolitik, für die sie immer wenn es möglich war benachbarte Grundstücke
erwarben, die schnell parzelliert und verkauft wurden. So löste der Immobilien-
boom eine „Flucht nach vorne" aus, die die Notwendigkeit der Schaffung eines
Gleichgewichtes zwischen den kommerziellen Strategien und den (sozialen)
Distinktionsstrategien hervorrief. Zum Beispiel haben einige elitäre „Countries",
um sich an die neue Welle anzupassen, ihre Eintrittsquote flexibilisiert. In anderen Fällen wurde der Betrag verringert; in wieder anderen wechselte sich
schließlich die Abschwächung der Zulassungsbedingungen mit einer Verschärfung und erneuten Schließung nach der Konsolidierung der kommerziellen Strategie ab. In den exklusivsten „Countries" führte die Notwendigkeit, das „gesellschaftliche Niveau" aufrechtzuerhalten schließlich dazu, sich mit dem unver-
meidbaren, wenn auch dosierten Eintritt der neuen Reichen abzufinden, Personen, die fast immer aus der Unternehmerwelt, der Politik, des Showbusiness
oder aus dem Sport kamen. Dennoch trug jede Ablehnung dazu bei, das Gefühl
der Zugehörigkeit zu bestätigen. Nachdem sich diese Tendenz schließlich verfestigt hat, scheint alles darauf hinzudeuten, dass die Kennzeichen der Exklusivität sich zu einigen neueren „Countries" hin verschoben haben; viele von ihnen

---

[30] Dieser Codex der Bedingungen, der im Allgemeinen nicht in geschriebener Form existiert, aber
hinreichend unter den Interessierten bekannt ist, zielt darauf ab, die Geschichte und Identität der
sozialen Bezugsgruppe wiederzuspiegeln und zwar durch gemeinsame soziale und kulturelle Maß-
stäbe. So sind es vielmehr die Bedingungen der Zulassung, als explizite Regeln, die das soziale
Niveau und schließlich die Konturen der Gruppe der Zugehörigkeit bestimmen. In den exklusivsten
oder traditionellsten „Countries" existierte wie in den englischen Clubs das gefürchtete System der
„bolilla negra", in dem eine einzige Vetostimme eines Clubmitglieds die Aufnahme eines Kandidaten ohne Diskussion ausschließt.

noch luxuriöser als ihre Vorgänger, und vor allen Dingen weniger zugänglich für die Sektoren der aufsteigenden Mittelklasse (Professionelle und Mittelklassen aus dem Dienstleistungsbereich).

Der zweite oben genannte Faktor war, dass trotz der registrierten Wandlungsprozesse in den dominanten Sektoren, die Distinktion, also dessen was als „legitim" betrachtet wird (Bourdieu 1979), weiterhin über den Bezug auf den traditionellen ländlichen Lebensstil der oligarchischen Elite ablief. In diesem Sinne ließ der Werbediskurs der privaten Wohnanlagen der 90er Jahre bezüglich keine Zweifel offen: Eine überschlägige Analyse der existierenden Angebote erlaubt mindestens zwei Formate klar zu differenzieren: auf einem ersten breiteren Niveau findet man einen „grünen Lebensstil", welcher die höheren Mittelklassen Nordamerikas nachahmt und der auf die Mittelklassen und gehobenen Mittelklassen abzielt; auf einem zweiten Niveau erscheint ein ausgewählter und „exklusiverer" Lebensstil, derjenige einer „ruralen Idylle", der auf die ländliche Vergangenheit des Landes anspielt.

Dieses Modell der idyllischen Ländlichkeit ist das Symbol der Distinktion, in welchem sich die neuen Fronten nicht so sehr an der Ausbreitung des „Grünen" als vielmehr an der der ländlichen Lebenswelt festmachen, was sich vor allem an das Zielpublikum der Oberklassen und konsolidierten gehobenen Mittelklassen richtet. Seine klarste Ausdrucksform waren die neuen großflächigen Viertel, die darauf abzielten, einen Teil des Lebensstils der traditionellen Elite abzubilden: Hier verknüpft sich die Weite des Landes mit der kreolischen Vergangenheit, der Ökologie und der Verbundenheit mit einem Lebensstil, der nur für einige wenige reserviert ist. Dieser Stil wurde von jenen „Countries" übernommen, die bestimmte Elemente der Distinktion vorweisen konnten – wie ein Clubhaus nach dem „erforderlichen Stil", in einigen Fällen einen alten Landsitz einer *estancia*[31]. In einigen Fällen schloss dies die Nähe zu einem Dorf, das den Charme der alten Epoche bewahrt hatte, ein, was erlaubte, den ökologischen Tourismus mit dem kulturellen zu kombinieren, d.h. die ländliche Lebenswelt mit einem „Stück Museum".

Genauso konnten bestimmte Elemente der idyllischen Ländlichkeit über einige sportliche Aktivitäten berührt werden, die auf eine kongeniale Art und Weise mit der kreolischen Vergangenheit verbunden waren, wie z.B. Polo, der aristokratischste Sport von allen. Als letztes konnte das Modell der idyllischen Ländlichkeit, wie in dem Fall der Großunternehmungen (beispielhaft die Urbanisation Nordelta, gelegen in dem Bezirk Tigre) die ersehnte Ausdehnung mit den weitschweifigen und herausgeschnittenen Bildern von den typischen Plätzen und Gärten der Wohnvororte in Nordamerika kombinieren, also mit den

---

[31] Großes Landgut in Argentinien (Anm. d. Übers.)

Symbolen der Modernität der ersten Welt. Aber die neue Exklusivität von Ende der 90er Jahre erscheint vor allem durch den ständigen Genuss der „Ruhe" repräsentiert, der durch die Größe des Grundstücks, die Sicherung der Privatheit über das Bild der Pampa und ihrer Ausdehnung garantiert wurde.

Schluss

Aufgrund der schon erwähnten geringen Zahl der Untersuchungen zu diesem Thema, zielt dieses Kapitel nur darauf ab, eine eher sondierende Annäherung an die allgemeinen Transformationsprozesse und die neuen soziokulturellen Züge vorzunehmen, welche die dominanten Sektoren in Argentinien darbieten.

Während der 90er Jahre machte die argentinische Ökonomie einen Prozess der Konzentration und der Transnationalisierung durch, der die schwächeren Fraktionen des Kapitals (kleine und mittlere Unternehmen) am meisten unter Druck setzte, gleichzeitig den großen ökonomischen Gruppen zur Expansion und Konsolidierung verhalf und wieder anderen noch neueren Akteuren als Sprungbrett diente. Diese neuen Bedingungen akzentuierten auch die Bedeutung des Finanzkapitals in der produktiven Struktur Argentiniens. Dies alles führt zur Frage der Reichweite der Neubildung des unternehmerischen Profils und seiner Unterschiede zum Profil vorhergehender Etappen des Modells national-populärer Entwicklung. Auf der anderen Seite haben wir die Ausbreitung eines neuen landwirtschaftlichen Paradigmas ab Mitte der 90er Jahre festgestellt. Gegenüber jenen, die von der Entstehung eines neuen unternehmerischen Profils sprechen, welches mit der technologischen Revolution und der Wissensgesellschaft verbunden ist, versuchen wir den Realitätsgehalt dieser These zu hinterfragen, und zur gleichen Zeit diese Problematik in ein Szenarium einzufügen, welches durch eine starke Konzentration der Macht gekennzeichnet ist.

Wir haben außerdem die kulturellen Transformationsprozesse erforscht und die Praktiken der Akteure analysiert. Aus kultureller Sichtweise bedeutete für die herrschenden Sektoren, die historisch definiert sind als Liberale im Ökonomischen und als Antiperonisten im Politischen, die Allianz mit der Regierung von Menem eine einzigartige Möglichkeit. Diese unerwartete Wendung hat eine Art kulturelle Angleichung zwischen der Elite und der regierenden politischen Klasse beschleunigt, eine Faszination für das Plebejische, das nun von seiner antagonistischen und gegenkulturellen Dimension befreit war und das in einer Dynamik, in der sich eine Ethik der Zurschaustellung und das Gefühl der Straflosigkeit, von Luxuskonsum und der Lust der Grenzüberschreitung mischten und zusammenflossen.

Auch wenn sie gewöhnt waren, die soziale Distanz zu bewahren und in vielen Fällen die Vorteile der geschützten Orte zu nutzen, war die Veränderung des sozialen Raumes von bedeutenden Konsequenzen hinsichtlich der Sozialisierung und der Vergemeinschaftung für die oberen Klassen begleitet. In diesem Sinne war es uns wichtig, auf das Vorhandensein neuer privater Interventionen in das Soziale, im Rahmen der großen Asymmetrie, hinzuweisen.

Letzteres Thema begründete die Notwendigkeit, einige Dimensionen der homogenen Vergemeinschaftung und der neuen Räume der Sozialisierung zu bedenken, die sich die alten und die neu angekommenen Teile der Elite teilen. Tatsächlich war diese Periode von der Entstehung eines Lebensstils geprägt, der zur sozialen Homogenität neigte; ein Element, das die Elite zunehmend – allerdings mit Differenzierungen – mit anderen sozialen Sektoren, nicht nur den gehobenen Mittelklassen, sondern auch mit einem erfolgreichen Randsektor der Mittelklassen teilt. Gegen Ende haben wir versucht, die Distinktionsmerkmale in den neuen Lebensstilen aufzuzeigen, die in den Bezügen auf die „idyllische Ländlichkeit", als Symbol der sozialen Veredelung, sichtbar werden.

Als letztes ist festzustellen, dass, wenn sich der Triumph des Neoliberalismus auf die Herausbildung von begrenzten Staatsbürgermodellen stützt, – als zentrale Figuren der Konsument und der Eigentümer – so waren sicherlich die herrschenden Sektoren diejenigen, die in sehr ausgeprägter Form beide Rollen vermittels des maßlosen Konsums und der Privatisierung des Sozialen übernahmen. Wenn das Fest, die Frivolität und der Exzess in ihrer elitären Version die Figur des Konsumenten heiligten, endete die Verbreitung bestimmter Lebensstile in einigen überschäumenden Momenten – wie in der Entwicklung der 90er Jahre in den „Countries" und den privaten Vierteln, wo die Refugien der sogenannten Gewinner des Modells lagen – in der Erhöhung und Verbreitung der Figur des „staatsbürgerlichen Eigentümers".

Übersetzung: Dieter Boris und Robert Gather

Literatur

Acuña, Carlos (1995): Intereses empresarios, dictadura y democracia en la Argentina actual. In: La nueva matriz política argentina. Buenos Aires: Nueva Visión

Acuña, Carlos (1994): La burguesía como actor político. In: Realidad Económica 128

Aronskind, Ricardo (2001): ¿Más cerca o más lejos del desarrrollo? Tansformaciones económicas en los '90. Buenos Aires: Libros de Rojas?

Azpiazu, Daniel (Hrsg.) (2002): Privatizaciones y poder económico. Buenos Aires : UNQui-Flacso-IDEF

Azpiazu, Daniel/Khavisse, Miguel/Basualdo, Eduardo (1986): El nuevo poder económico. Buenos Aires: Hyspamérica

Barbeito, Alberto (1996): Commentario de trabajo. La transformación industrial en los noventa. Un proceso con final abierto. In: Desarrollo Económico. Número especial. Vol. XXXVI (verano)

Basualdo, Eduardo (2001): Concentración y centralización del capital en la Argentina durante la década del noventa. Buenos Aires: UnQui-Flacso, IDEP

Basualdo, Eduardo (2002): Sistema político y modelo de acumulación en la Argentina. Buenos Aires: UnQui-Flacso-IDEP (mit Kommentaren von José Nun, Guillermo O'Donnell und Claudio Lozano)

Bauman, Zygmunt (1999): En busca de la política. México: Fondo de Cultura Económica

Bisang, Roberto u.a. (1996): La transformación industrial en los noventa. Un proceso con final abierto. In: Desarrollo Económico XXXVI (número especial): 187-216

Bisang, Roberto (2003): Apertura económica, innovación y estructura productiva: la aplicación de biotecnología en la producción agrícola pampeana argentina. In: Desarrollo Económico XLIII (171): 413-442

Bourdieu, Pierre (1979): La distinction. Critique social du jugement. París: Minuit

Castellani, Ana/Schorr, Martín (2004): Devaluacionistas y dolarizadores. La construcción social de las alternativas propuestas por los sectores dominantes ante la crisis de la convertabilidad. Argentina, 1999-2001. Buenos Aires: mimeo

Contartese, Daniel/Gómez, Marcelo/Rúfulo, Daniel (2003): La desinstitucionalización de las relaciones laborales. Organización empresaria y acción sindical de la Federación de Empleados de Comercio y Servicios de la República Argentina, ponencia presentada en Asociación Latinoamericana de Sociología del Trabajo. IV. Congreso. Havanna: 3. September 2003

Di Tella, Torcuato (2004): Historia de los partidos políticos en America Latina. Siglo XX. Buenos Aires: Fondo de Cultura Económica

GER (Grupo de Estudios Rurales) (2001): El encuentro por la tierra, la vivienda, el hábitat y el desarrollo. Una plaza, muchos países. In: Giarracca, Norma (2001) (Hrsg.): La protesta social en Argentina. Transformaciones económicas y crisis social en el interior del país. Buenos Aires: Alianza

GER (2004): 17 de Abril: Día Internacional de la Lucha Campesina. Desalojos y arrinconamientos de campesinos y de comunidades indígenas en la Argentina. In: Realidad Económica, Mai

Heredia, Mariana (2003): Reformas estructurales y renovación de las elites económicas en la Argentina: estudio de los portavoces de latierra y del capital. In: Revista Mexicana de Sociología 65 (1)

La Nación v. 11.04.2003

Mills, C. Wright (1987): La élite en el poder. Buenos Aires, Fondo de Cultura Económica. (Dt. Die amerikanische Elite: Gesellschaft und Macht in den Vereinigten Staaten. Hamburg: Holsten-Verlag 1962)

Murmis, Miguel (1998): Agro Argentino: algunas problemas para su análisis. In: Giarracca, Norma/ Cloquell, Silvia, Las agriculturas del Mercosur, el papel de los actores sociales. Buenos Aires: La Colmena

Notcheff, Hugo (Hrsg.) (1998): La economía argentina a fin de siglo: fragmentación presente y desarrrollo ausente. Buenos Aires: Flacso-Eudeba

Nun, José (1987): Vaivenes de un régimen social de acumulación en decadencia. In: Nun, José/Portantiero, Juan Carlos (Hrsg.): Ensayos sobre la transición democrática en Argentina. Buenos Aires: Puntosur

O'Donnell, Guillermo (1972): Modernización y autoritarismo. Buenos Aires : Paidós

O'Donnell, Guillermo (1977): Estado y alianzas en la Argentina, 1956-1976. In: Desarrollo Económico 64 (1)

Ostiguy, Pierre (1990): Los capitanes de la industria. Buenos Aires: Legasa

Palomino, Mirta (1988): Tradición y poder. La Sociedad Rural Argentina (1955-1983). Buenos Aires: Cisea-Gel

Palomino, Mirta (2003): Las visiones elitas de la pobreza, Versión Preliminar, presentada en Power in the Streets? Social and Political Protest in Contemporary Argentina. 20th Annual Latin American Labor History. Conferencia. (September bis Oktober). Duke University: 20

Pengue, Walter (2004): La transnacionalización de la agricultura y la alimentación en América Latina. Resumen del Informe desarrollado como Coordinador Reginal junto a Resources Agricultural International Network Grain entre 2001 y 2003, en el marco del proyecto Transnacionalización de la agricultura y la alimentación en América Latina. Publicado por Grain. Biodiversidad: Seedling

Pincon, Michel/Pincon-Charlot, Monique (2000): Sociologie de la bourgeoisie. Paris: Editions La Découverte

Portantiero, Juan Carlos (1973): Clases dominantes y crisis política en la Argentina actual. In: Braum, Oscar (Hrsg.): El capitalismo en crisis. Buenos Aires: Siglo XXI: 73-117

Sabato, Jorge (1988): La clase dominante en la Argentina moderna. Buenos Aires: Cisea-GEL

Sarlo, Beatriz (1990): "Menem, cinismo y exceso". In: Punto de Vista 39

Schvarzer, Jorge (1991): Empresarios del pasado. La Unión Industrial Argentina. Buenos Aires: Cisea-Imago Mundi

Sidicaro, Ricardo (2001): La crisis del Estado y los actores políticos y socioeconómicos en la Argentina (1989-2001). Buenos Aires: Libros del Rojas. Serie Extramuros, No. 1

Trigo, Eduardo u.a. (2002): Los transgénicos en la agricultura argentina. Una historia con final abierto. Buenos Aires: Libros de Zorzal

Patricio Silva

Die Technokratie in der chilenischen Politik

Einleitung

Die Studien über die Funktionsweise und die Natur des politischen Systems in Chile waren stets durch ihren Fokus auf die Rolle der Parteien geprägt. Diese Besonderheit hat herausragende Wissenschaftler wie Manuel Antonio Garretón (1989: XVI) dazu geführt, zu verkünden, dass Parteien traditionell das Rückgrat der chilenischen Gesellschaft gebildet haben. Eine vergleichbare Position nimmt die argentinische Politikwissenschaftlerin Liliana de Riz (1989: 57) ein, wenn sie zum Schluss kommt, „dass die chilenische Gesellschaft sich im Gegensatz zu den anderen Nachbarländern *durch* die politischen Parteien entwickelt habe." Schließlich haben die Anthropologinnen Larissa Lomnitz und Ann Melnick (2000) gezeigt, dass die Parteien einen so starken Einfluss ausübten, dass diese die politische Kultur in Chile entscheidend geprägt und sogar geformt haben.

Auch wenn es nicht meine Intention ist, den großen Einfluss der Parteien zu hinterfragen, entspricht das Bild, dass diese praktisch das politische Handeln monopolisieren, nicht vollkommen der politischen Realität Chiles im 20. Jahrhundert. So stellt Alan Angell (1988) beispielsweise die Interpretation einer „Parteiokratie" in der politischen Geschichte in Frage. Er hebt zutreffend den starken „*antipartidismo*" – eine ablehnende Haltung gegenüber Parteien – hervor, der auch eine Konstante in der chilenischen Politik ab den 1920er Jahren war. Von der Regierung Arturo Alessandri (1924-1925) über die beiden Regierungen Carlos Ibáñez (1927-1931 und 1952-1958) bis zur Regierung Jorge Alessandri (1958-1964) zeichnete sich diese durch eine ablehnende Haltung gegenüber Parteien aus. Auf dieser Liste müsste die kaum zu leugnende Unterstützung von verschiedenen gesellschaftlichen Sektoren für General Pinochet durch ihre „Politik der Antipolitik" (Loveman/Davies 1997) hinzugefügt werden. Etwas zeitnäher lässt sich das so genannte „Phänomen Lavín" vorfinden. Lavín[1] hatte in den 1990er Jahren eine breite Unterstützung der Bürger für seinen rein apolitischen Diskurs erhalten (vgl. Silva 2001b).

---

[1] Joaquím Lavín war Mitglied der rechten *Union Demócrata Interpendiente* und unterlag im Jahr 2000 mit einem stark apolitischen Wahlkampf nur knapp dem späteren Präsidenten Lagos (Anm. d. Übers.).

Dieser Artikel verfolgt drei Ziele. Erstens wird die lange historische Herausbildung der technokratischen Klasse in Chile beschrieben sowie ihre langjäh-
rige Bedeutung in der Verwaltung und der ideologischen Orientierung verschiedener politischer Projekte, die das Land im 20. Jahrhundert geprägt haben.
Zweitens werden eine Reihe von konzeptionellen Grundannahmen zum Unterschied zwischen Technokraten, Politik und Bürokratie analysiert. Dabei wird die
Art und Weise des Zusammenspiels dieser strategischen Akteure im Laufe der
Zeit untersucht. Zuletzt werden drei analytische und thematische Achsen beschrieben, die zentral für die Debatte um das Verhältnis zwischen Technokratie
und Politik waren. Sie sind zudem von großer Bedeutung, um die Rolle der
Technokraten im politischen Prozess Chiles zu verstehen. Es handelt sich um
das Verhältnis zwischen Technokratie und Industriegesellschaft, Technokratie
und gesellschaftlichen Klassen sowie Technokratie und dem politischen Regime.

Technokratie, Bürokratie und Politik

Eine kurze Chronologie der Geschichte Chiles im 20. Jahrhundert verdeutlicht
den Einfluss der technokratischen Klasse auf die politische, wirtschaftliche und
soziale Entwicklung Chiles. Die Technokratie spielte eine zentrale Rolle in den
Reformen von 1920 nach dem Triumph von Arturo Alessandri, die im Zeitraum
von 1927 bis 1931 durch die Regierung Oberst Carlos Ibáñez weiter ausgebaut
wurden. Die besagten Reformen bedeuteten nicht nur das Ende des oligarchischen Staates, sondern brachten auch eine starke Modernisierung des Staatsapparats mit sich (vgl. Ibáñez Santa María: 1984, 2003). Die Technokraten spielten auch eine vorherrschende Rolle im Industrialisierungsprozess, der durch den
Staat ab 1939 mit der Gründung der *Corporación de Fomento de la Producción*
(CORFO) vorangetrieben wurde. Das Staatsunternehmen wurde zum zentralen
Instrument, um die Strategie der industriellen Entwicklung umzusetzen und zu
gestalten (Pinto 1985, Muñoz 1986).
    In den 1960er Jahren bis zum Militärputsch 1973 – ein Zeitraum der stark
von einem keynesianisch-planerischem Denken gekennzeichnet war – weitete
sich der Einfluss der Technokraten gemeinsam mit der Expansion des Staatsapparates aus. Dies geschah durch die Schaffung neuer Institutionen wie der *Corporación de la Reforma Agraria* (CORA), dem *Oficina de Planificación* (Ode-
plan) und der Verwaltungsstrukturen, die aufgrund der Nationalisierung des
Kupfers Ende der 1960er Jahre entstanden waren. Zu diesem Zeitpunkt nahmen

die Technokraten eine ideologische Funktion ein, indem sie Reformen zur Förderung der importsubstituierenden Entwicklung propagierten. In der CEPAL[2] und den Universitäten befürworteten sie den so genannten Strukturalismus, der ein aktives staatliches Handeln unterstützte (vgl. Ahumada 1958, Pinto 1958, Kay 1989, Hira 1999).

Nach dem Militärputsch im September 1973 waren die „Chicago Boys" die Vordenker der neoliberalen Wirtschaftspolitik und Ideologie. So war ihr Anführer Sergio de Castro für einen langen Zeitraum gleichzeitig der unangefochtene Kopf innerhalb des Kabinetts der Militärregierung (Huneeus 2001). Während des Übergangs zur Demokratie im Zeitraum von 1985 bis 1990 trug das Handeln der Privatinstitute (CIEPLAN[3], FLACSO[4], etc.) und das technische Personal der Opposition entscheidend zur Annäherung an die Verwaltung des Regimes bei und erleichterte so die Verträge, die der Machtübertragung vorangingen (Puryear 1994).

Nach der Wiederherstellung der Demokratie im Jahr 1990 lässt sich eine Stärkung der Position der Technokratie in den vier Regierungen der Concertación im Zeitraum von 1990 bis 2006 beobachten. Hier verwandelten sich Ökonomen mit starker technopolitischer Prägung wie Alejandro Foxley, Eduardo Aninat, Nicolás Eyzaguirre und Andrés Velasco in Schlüsselfiguren der Regierungen Aylwin, Frei, Lagos und Bachelet. Schließlich kann festgehalten werden, dass das gleiche Projekt der Modernisierung und Internationalisierung der chilenischen Ökonomie und Gesellschaft, das durch die Regierungen der *Concertación* vorangetrieben wurde, die Technokraten als zentrale Akteure für die folgenden Jahre etablierte (Silva 1997). Diese waren nicht nur federführend bei der Umsetzung der Politikinhalte, sondern beschafften oftmals auch den sozialen Bewegungen die notwendigen Mittel, um ihre gesellschaftlichen Projekte umzusetzen. Eines der Hauptmerkmale der Technokraten war deren dauerhafte Präsenz in den Staatsapparaten. Dadurch gewährten sie die Stabilität der Verwaltung in Momenten großer politischer Instabilität (wie im Zeitraum von 1931 bis 1938), erleichterten Verträge und Übereinkünfte (wie im Fall des Zeitraums von 1988 bis 1990) und stärkten die Demokratie durch eine erfolgreiche Internationalisierung der chilenischen Wirtschaft und Gesellschaft (von 1990 bis 2006).

Im zwanzigsten Jahrhundert herrschte eine Schlammschlacht zwischen Parteien und Kräften des „*antipartidismo*". Letztere unterstützten in der Regel

---

[2] *Comisión Económica para América Latina y el Caribe*, dt. Wirtschaftskommission für Lateinamerika und die Karibik (Anm. d. Übers.)
[3] *Corporación de Estudios para Latinoamérica*, dt. Studiengesellschaft für Lateinamerika (Anm. d. Übers.)
[4] *Facultad Latinoamericana de Ciencias Sociales*, dt. Lateinamerikanische Fakultät für Sozialwissenschaften (Anm. d. Übers.)

technokratische Lösungen. Allerdings nutzten auch die Parteien Modelle und Projekte der Technokratie. Von der Industrialisierung durch CORFO und der „Revolution in Freiheit" von Eduardo Frei Montalva über den „Chilenischen Weg zum Sozialismus" von Salvador Allende und der „Revolution des Schweigens" von Augusto Pinochet bis zum „Wachstum mit Gerechtigkeit" der *Concertación* stellt sich die Frage, warum die Technokraten vergleichsweise wenig Aufmerksamkeit bei den Studien über die Funktionsweise des politischen Systems Chiles seit den 1920er Jahren bis heute erhalten haben?

Zweifellos trugen sie selbst zu ihrer Abwesenheit in den Studien über das chilenische politische System bei. Die Wahrnehmung ihrer politischen Rolle wurde dadurch erschwert, dass sie dazu neigten, sich von den Parteien und insbesondere den Medien fernzuhalten. Außerdem ist bekannt, dass faktisch kein Technokrat sich als solcher definiert, da der Begriff eine negative Konnotation in der öffentlichen Meinung hat. Technokraten werden klassisch mit kaltblütig berechnenden und sozial unsensiblen Menschen gleichgesetzt. So verwendet Jean Meynaud (1968: 29) eine Minimaldefinition der Technokratie, mit der er eine „politische Situation, in der die effektive Gewalt von Spezialisten ausgeübt wird, die als Technokraten bezeichnet werden." Im Anschluss an diese Minimaldefinition liefert Meynaud eine tief greifende Analyse verschiedener Merkmale der Technokratie und der Technokraten. Dabei wird der Technokrat als ein Individuum mit einer wissenschaftlich-technischen Orientierung dargestellt, dem es gelungen ist, politischen Einfluss in den höchsten Regierungskreisen zu gewinnen. Dies ist auf seine speziellen Fähigkeiten und seine Expertise im Bereich der Wirtschafts- und Finanzpolitik und der staatlichen Verwaltung zurückzuführen. Allerdings zeigt er, dass die politische Macht der Technokraten nicht dauerhaft ist und immer derer der Politiker untergeordnet ist, die die Ausrichtung der Regierung bestimmen. Es handelt sich dabei weniger um politische Macht an sich, als vielmehr um „politischen Einfluss", der über die Entscheidungsträger durch Ratschläge über komplexe ökonomische Themen und öffentliche Politik ausgeübt wird (Meynaud 1968: 21-70). Im Gegenzug macht Giovanni Sartori (1984) treffend darauf aufmerksam, dass die relative Zunahme der Macht der Technokraten, die sich in modernen Gesellschaften beobachten lässt, nicht notwendigerweise ein Wachstum der Macht der Technokratie an sich impliziert. Dies ist auch im Fall der Wissenschaftler gültig. Wenn diese regieren, bedeutet dies nicht notwendigerweise, dass sie als Wissenschaftler regieren. In diesem Fall bleibt die Regierung eine Regierung von Politikern, selbst wenn sie sich in eine Regierung umwandelt, die immer stärker von Experten „geführt und verstärkt wird" (1984: 328-9). Frank Fischer (1990) hingegen hebt hervor, dass die Technokratie sich auf die Ausarbeitung von wissenschaftlicher Expertise für die unmittelbaren Regierungsaufgaben beschränkt und daher eine apolitische Position besitzt. Auf diese Weise rechtfertigen die Technokraten ihre eigene Existenz, indem sie argumentieren, dass sie technische Lösungen für politische Probleme liefern können (1990: 18). In diesem Artikel wird die Definition der Technokratie von David Collier übernommen, der diese als „Personen mit einem hohen Grad an spezialisierter akademischer Bildung" definiert, „die das Hauptkriterium dafür bildet, dass sie für Schlüsselpositionen bei Entscheidungsfindungen oder Beratungstätigkeiten in großen und komplexen öffentlichen und privaten Organisationen eingesetzt werden" (1979: 403).

Ein immer wiederkehrendes Thema in der Debatte war die bestehende Unterscheidung zwischen Technokraten, Spezialisten (*técnicos*), Bürokraten, Intellektuellen und Politikern, vor allem über die Natur ihrer Interaktion innerhalb des politischen Systems. Für Meynaud war der Unterschied zwischen einem Spezialisten (*technician*) und einem Technokraten eine Frage der Hierarchie und wurde durch die Ebene der Entscheidungsfindung bestimmt, auf der sie teilnehmen und in ihrem großen Einfluss gegenüber den politischen Führungskräften. Meynaud (1968: 30-31) weist darauf hin, „dass der Sprung vom technischen Berater zum Technokraten erreicht ist, wenn dieser selbst das Vermögen zur Entscheidungsfindung oder das größte Gewicht bei der Entscheidungsfindung der Person, die offiziell verantwortlich für sie ist, besitzt. (...) Die überwiegende Mehrheit der Spezialisten erreicht niemals die Ebene der Technokratie." Frühere Studien, die die Beziehung zwischen technischen Beratern und Technokratie darstellen, widmeten größere Aufmerksamkeit auf die verschiedenen öffentlichen Bereiche, in denen beide Kategorien sich bewegten sowie auf die Charakteristika ihrer Studien, das Niveau und die Ausrichtung ihrer Ausbildung (Camp 1980). So beobachten Centeno und Maxfield am mexikanischen Fall, dass sich die technischen Berater (*técnicos*) traditionell im Gesundheitswesen und der Landwirtschaft spezialisieren. Oftmals profitieren sie von einer Arbeitsversicherung und bleiben lange in traditionellen öffentlichen Behörden beschäftigt. Ferner wurden sie mehrheitlich in technologischen Zentren oder staatlichen Universitäten ausgebildet. Die Technokraten hingegen operieren meist in spezialisierten Planungsinstitutionen und interdisziplinär angelegten Think Tanks. Es handelt sich oftmals um Experten mit einem akademischen postgraduiertem Titel, den sie an ausländischen Universitäten erworben haben. Sie arbeiten sowohl in öffentlichen und privaten Institutionen und haben oftmals eine gewisse Arbeitserfahrung im Ausland (1992: 62-67).

Die Unterscheidung zwischen Bürokraten und Technokraten ist weniger problematisch. Doch auch hier existieren Grauzonen von Gemeinsamkeiten und Unterschieden. Nach einer weberianischen Lesart gilt die allgemeine Ansicht, dass der Bürokrat lediglich gesetzliche Richtlinien befolgt und umsetzt, die von oben kommen, ohne deren Legitimität oder Effektivität zu hinterfragen. Im lateinamerikanischen Kontext ist das Niveau seiner Berufsausbildung traditionell ziemlich niedrig. Manchmal hat er nur die Sekundarschulreife und die berufliche Erfahrung in jahrelanger Arbeit in öffentlichen Behörden erlangt (vgl. Cleaves 1974). Für den Technokraten verkörpert der Bürokrat ein Individuum mit einem eingeengten und altmodischen Weltbild: Der Bürokrat bremst und boykottiert die großen Verwaltungs- und Wirtschaftsreformen des Technokraten. Deshalb sieht sie sich als Feind der traditionellen Bürokratie. Nicht selten versuchen die Technokraten sogar, die Anzahl der Staatsämter zu reduzieren und die größtmöglichste Anzahl der Bürokraten weg zu rationalisieren (Camp 1983).

Allerdings wirken viele Technokraten dennoch in einem bürokratischen Umfeld (Ministerien, öffentliche Behörden etc.) und müssen eng mit Bürokraten zusammenarbeiten, um ihre Politik erfolgreich umzusetzen. Gleichzeitig hat die zunehmende Professionalisierung der Geschäftsführung vieler Bürokraten in einer Fülle lateinamerikanischer Ländern in den letzten Jahren dazu geführt, dass sich diese ein stückweit an die Weltanschauung der Technokraten angenähert haben. Dies hat sogar bewirkt, dass diese Einstellungen übernommen haben, die als rein technokratisch angesehen werden könnten (vgl. Bresser-Pereira/Spink 1999).

Die Beziehung zwischen Technokraten und humanistischen Intellektuellen war sicherlich komplexer und von offenen Konflikten um die Durchsetzung ihrer Hegemonie in modernen Gesellschaften geprägt (vgl. Goulder 1979). Die humanistischen Intellektuellen sind in der Regel Soziologen, Politikwissenschaftler und Philosophen, die traditionell kritische Deutungsmuster der soziopolitischen und kulturellen Entwicklung in ihren jeweiligen Ländern erarbeiten und alternative Konzepte anbieten. Sie kritisieren die Technokratie für ihre offensichtliche Entkoppelung von der gesellschaftlichen und kulturellen Realität und den Bedürfnissen der Bevölkerung sowie für ihr Beharren eine rationalistische Wirtschafts- und Finanzpolitik mit einer technischen Ausrichtung umzusetzen, die ausländischen theoretischen Modellen folgen. Die Technokraten wiederum misstrauen und missachten die humanistischen Intellektuellen, die sie als Hauptschuldige der politischen Radikalisierung und der wirtschaftlichen Krise der 1960er und 1970er Jahren in Lateinamerika ansehen.

In diesem Zeitraum befanden sich die lateinamerikanischen Technokraten meist in einer subalternen Position. Nicht die Ökonomen, sondern die Soziologen hatten großen Einfluss in der Regierung und gaben den Weg vor, dem vor allem aus politischen und ideologischen Gründen zu folgen war. Seit dem Beginn der 1970er Jahre übten die humanistischen Intellektuellen großen Einfluss innerhalb der politischen Eliten vieler lateinamerikanischer Länder aus – auch wenn sie als Opposition agierten. Sie waren gewichtige Akteure, die ideologische Deutungsmuster der nationalen Realität durch ihre Anbindung an die Universitäten und Kommunikationsmedien anbieten konnten.

Der Ausnahmezustand unter den Militärdiktaturen in den 1970er Jahren schwächte die traditionelle intellektuelle Klasse, die eines der Hauptopfer der Repressionen war. Nach der Wiederherstellung der Demokratie in den 1980er Jahren hörten die humanistischen Intellektuellen dennoch nicht auf, sich mit lauter Stimme Gehör zu verschaffen (Petras 1990). Allerdings lässt sich seit diesen Jahren beobachten, dass ein Teil der humanistischen Intellektuellen dazu überging, technokratische Attitüden zu entwickeln. So widmeten diese in den vergangenen zwei Jahrzehnten den Aspekten der Transparenz und Effizienz der Regierung immer mehr Aufmerksamkeit. Dies ist meines Erachtens mit einer wachsenden Internationalisierung, Akademisierung und Professionalisierung der Sozialwissenschaft und der lateinamerikanischen Intellektuellen allgemein verbunden. Während der letzten Jahrzehnte wurde die meritokratische Orientierung vieler Intellektueller durch eine Reihe von Faktoren verstärkt. Dazu zählen die wachsende Abhängigkeit von ausländischen Geldgebern zur Finanzierung ihrer Untersuchungen, die wachsende Bedeutung, die dem Erwerb von postgraduierten Titel im Ausland zugemessen wird, die Teilnahme an internationalen Kongressen und die zunehmende Akzeptanz des „*publish or perish*"-Prinzips (Brunner/Barrios 1987).

Zuletzt wurde die Beziehung zwischen Politikern und Technokraten auch von Konflikten belastet, bei denen erstere versuchten, dem Aufstieg der Technokratie entgegenzuwirken, den sie als direkte Herausforderung für ihre Machtposition im politischen Systems wahrnahmen. Zusätzlich wurde dieser durch den Profilverlust der politischen Parteien in der neuen Demokratie in Lateinamerika ab den 1980er Jahren begünstigt. Die Parteien, die früher als Mechanismen zur sozialen Mobilisierung *par excellence* funktionierten, hatten ihre Funktion als Repräsentations- und Anhörungsinstanz eingebüßt. Gleichzeitig waren die Parteien in der Vergangenheit einer der Hauptkanäle für den Zugang zu hohen Regierungsämtern. Ihre derzeitige Schwächung öffnete in einigen Ländern einen größeren Raum für die Rekrutierung von Kabinettsmitgliedern und Personen für andere wichtige Verwaltungsposten, anhand meritokratischer Kriterien. Diese bezeichnen sich selbst als „Unabhängige" oder sogar als „Apolitische".

In den 1960er Jahren wurden in der wissenschaftlichen Diskussion die großen Unterschiede zwischen Technokraten und Politikern und die Unterordnung der ersteren unter die letzteren hervorgehoben, die eine starke Kontrolle der Regierung und der staatlichen Bürokratie ausübten (Vernon 1963). Cochrane (1967) stellt klar, dass die Technokraten und Politiker unterschiedliche Wahrnehmungen haben, wie die Legitimität einer Regierung bewahrt werden kann.

Während die Technokraten glauben, dass die höchste Legitimität sich durch professionelle Verwaltung und durch die Nutzung von technischen Kriterien bei der Entscheidungsfindung erreichen lässt, glauben die Politiker, dass die Legitimität des Regimes durch das alte nationale Gedankengut und die Entscheidungsfindung nach politischen Kriterien hergestellt wird.

Die ursprüngliche Dichotomie zwischen Politikern und Technikern, die Vernon (1963) aufzeigt, war jedoch nicht geeignet, um die aktuelle Entwicklung der politischen Eliten in Lateinamerika zu verstehen. Dies liegt nicht zuletzt daran, dass die Trennlinie zwischen Politikern und Technokraten immer unschärfer wurde. Im Laufe der Zeit hat der Aufstieg der Technokraten in wichtige Regierungspositionen einen bedeutenden Wechsel der erforderlichen Fähigkeiten und des spezifischen Wissens hervorgebracht. Sie müssen sowohl die technischen und praktischen Fähigkeiten von Technokraten als auch von Politikern besitzen. Folglich kann ein neuer Typ des Technokraten identifiziert werden. Dieser hat unterschiedliche Namensgebungen wie „*técnico-político*" (Grindle 1977), „*tecnócrata político*" (Camp 1985) oder „*Technopols*" (Domínguez 1994) erhalten. Der Topos des „*tecnopolítico*" war bereits seit den 1920er Jahren in der chilenischen Politik präsent und seitdem war seine Bedeutung für das Funktionieren des politischen und administrativen Systems des Landes ausschlaggebend.

Das Studium der Technokratie in Chile: Eine Rückschau

Das Phänomen der Technokratie in Chile hat sich insbesondere in der Ära Pinochet bemerkbar gemacht, als die so genannten Chicago Boys sich in die Architekten der Wirtschafts- und Sozialpolitik und in die Hauptideologen des Militärregimes verwandelten. Die Chicago Boys und ihre neoliberale Wirtschaftspolitik waren vor allem nach dem Beginn der 1980er einer der Hauptkritikpunkte des Militärregimes (vgl. O'Brien/Roddick 1983). Nach dem Ende des Militärregimes im Jahr 1990 verschwanden nicht nur die Chicago Boys aus den Zeitungen und dem öffentlichen Diskurs, sondern es wurde allgemein nicht mehr über das Phänomen der Technokratie gesprochen. Aber wie tot war die Technokratie nach dem Ende des Pinochet-Regimes und der Wiederherstellung der Demokratie wirklich? Sämtliche Indizien zeigen, dass das Phänomen der Technokratie in Chile, das sich deutlich in der autoritären Periode verstärkt hatte, perfekt den Wechsel vom autoritären zum demokratischen politischen System überlebt hatte (vgl. Silva 1991). Schon während der Regierung Aylwin (1990-1994) gab es tatsächlich klare Hinweise, dass die Technokraten eine zentrale Rolle in der neuen Demokratie spielen würden.

Dabei muss im Hinterkopf behalten werden, dass die Technokratie nicht nur nicht mit dem Ende des Regimes Pinochet verschwand, sondern das Phänomen der Technokratie sehr viel älteren Datums als die Militärdiktatur ist. Der erste Punkt führt zu folgender Frage: Welche Faktoren sind dafür verantwortlich, dass die Technokratie in Chile als Thema der politischen und akademischen Debatten, die im Land stattfinden „erscheint" oder „verschwindet"? Es lässt sich feststellen, dass das Thema der Existenz des technokratischen Phänomens in Chile plötzlich während der Regierung Jorge Alessandri (1958-1964) erschien, um danach unter den Regierungen Eduardo Frei Montalva (1964-1970) und Salvador Allende (1970-1973) beinahe wieder von der Bildfläche zu verschwinden. Das Thema kehrte unter dem Regime von General Pinochet (1973-1990) erneut zurück, um sich nachher unter den drei Regierungen der *Concertación* (1990-2005) totzulaufen. All das geschah, obwohl eine Analyse des Phänomens zeigte, dass es keinen Bedeutungsverlust der Technokratie ab 1958 bis heute gab. Im Gegenteil: Die Aufmerksamkeit für die Technokratie kam und ging, während das Wachstum des technokratischen Einflusses in den staatlichen Institutionen Chiles eine Kontinuitätslinie darstellte, die von den 1950er Jahren bis heute verlief (Silva 1993).

Es scheint, als ob die Zyklen des „Todes und der Wiederauferstehung" der öffentlichen Diskussion über die Technokratie direkt damit verbunden sind, ob eine Mitte-Links-Regierung amtiert oder nicht. Rückblickend lässt sich zeigen, dass die öffentliche Diskussion über die Technokratie nur an Bedeutung während der Präsidentschaft von Jorge Alessandri (das heißt, im Vorfeld der Regierungsübernahme der christdemokratischen Technokraten) und während des Pinochet-Regimes gewinnt (das heißt, als die christdemokratische und linksorientierte Technokratie aus den staatlichen Institutionen entfernt wurde). Andererseits endet die Diskussion über die Technokratie während der Regierungsperioden Frei und Salvador Allende (während die Mitte-Links-Technokratie an der Macht ist), und nach der Wiederherstellung der Demokratie unter den Regierungen von Patricio Aylwin, Eduardo Frei Ruiz-Tagle und Ricardo Lagos (als die Mitte-Links-Koalition die Kontrolle über die staatlichen Institutionen wiedererlangt hat).

Die geringe Anerkennung für die Position, die die Technokraten in der wirtschaftspolitischen Entwicklung Chiles einnahmen, steht im Zusammenhang mit der Rolle, die die politischen Parteien spielten. Diese ordneten ihr aus ideologischen, prinzipiellen und wahlstrategischen Motiven einen Platz in der offiziellen Geschichtsschreibung zu. Bei demokratischen Regimes wurden technokratische Elemente schlichtweg übersehen.

Alles Vorangehende verpflichtet zur Suche nach den „Ursprüngen" der Technokratie in Chile. Wann „entstand" sie und unter welchen Bedingungen?

Bei dieser Suche wird man schnell mit dem relativ wenig bekannten technokratischen Projekt konfrontiert, das von Oberst Carlos Ibáñez del Campo im Zeitraum von 1927 bis 1931 durchgesetzt wurde (vgl. Silva 1994, Ibáñez Santa
María 2003) und für ein Verständnis der darauf folgenden Entwicklung des
Phänomens der Technokratie zu verstehen. Bis zum heutigen Zeitpunkt war die
Periode Ibáñez ein Tabu für Sozial- und Geschichtswissenschaftler in Chile, da
sie aufgrund ihrer autoritären Wurzeln als ein Schandfleck für die lange demo-
kratische Tradition des Landes angesehen wird. Deshalb wurde beinahe kein
Aspekt der ersten Regierung Ibáñez – ihre technokratische Orientierung eingeschlossen – genauer untersucht. Dies gilt trotz der vielen Gemeinsamkeiten, die
unter Voraussetzung gewisser Änderungen (*mutatis mutandis)* zwischen dem
frühen technokratischen Projekt und dem von Pinochet fünfzig Jahre später
existieren, vor allem für die Entstehung einer Allianz zwischen Militärs und
Technokraten in beiden Regimes (vgl. Silva 2001a). Die Forschung über das
Regime Ibáñez und die anschließende Periode legt zudem die Vermutung nahe,
dass eine starke Kontinuität, in der Rolle, die die Technokraten in der Staatsfüh-
rung und der Verwaltung infolge dieser autoritären Erfahrung bis zum Ende der
1950er Jahre inne hatten, bestand. Die junge Generation von Ingenieuren, die
unter Ibáñez Eingang zu den Staatsapparaten fanden, waren die gleichen, die
viele Jahre später die Kontrolle der *Corporación de Fomento* (gegründet im Jahr
1939) und der bedeutendsten Staatsunternehmen übernahmen, die im staatlich
geförderten Industrialisierungsprozess in den folgenden Jahrzehnten entstanden
(vgl. Muñoz 1993). Direkte Folge ist die „*longue durée*" technokratischen Handelns in Chile seit den 1920er Jahren bis zur heutigen Epoche. Heute wird es
von der *Concertación* dominiert.
　　Eine Rückschau ermöglicht, die intellektuellen Ursprünge zu untersuchen,
die als ideologische Basis für die Entstehung der ersten Generation von Technokraten in den 1920er Jahren dienen. Dies führt uns zu den großen chilenischen
Intellektuellen, deren Einfluss bei der Entstehung pro-technokratischer Politik-
konzepte grundlegend war, die (vorher) unter dem Regime von Oberst Ibáñez
Gestalt annahmen. Ich beziehe mich auf José Victorino Lastarria (1817-1888)
und Valentín Letelier (1852-1919), die aus einer positivistischen Perspektive die
Notwendigkeit einer „wissenschaftlichen Politik" in Chile verkündigten. Es
wurde von der Idee ausgegangen, dass die wissenschaftlichen Erkenntnisse über
die Natur und die Funktionsweise der Gesellschaft – basierend auf Comte und
Spencer – die Basis des Entscheidungsprozesses auf der politisch-
administrativen Ebene der Nation bilden. Das Studium des Werks und des Lebens beider Autoren zeigt uns eine Reihe von Merkmalen des technokratischen
Denkens in Chile wie z.B. seine positivistischen, demokratischen und liberalen
Ursprünge. Dies hilft dabei, die Entwicklung der Technokratie während des

zwanzigsten Jahrhunderts zu verstehen. Es ist sogar möglich, einen Bezug der Ideen von Lastarria und Letelier zur Herausbildung des technokratischen Umfelds von Ibáñez Ende der 1920er Jahre herzustellen. Denn Valentín Letelier, der wichtigste Schüler von Lastarría, sammelte im Inneren der Radikalen Partei – teilweise durch Freimaurerlogen – eine ganze Gruppe von jungen Politikern (wie Armando Quezada, Luis Galdames und Pablo Ramírez), die nachher eine bedeutende Rolle in der Regierung Ibáñez einnahmen. Vor allem Ramírez förderte aktiv den Aufstieg von Technokraten in strategische Machtpositionen (Silva 1998).

In den folgenden Abschnitten werden verschiedene Argumente zur Entwicklung und Bedeutsamkeit dieses Akteurs aufgeführt. Dies geschieht vor dem Hintergrund der Debatte der vergangenen vierzig Jahre zum Verhältnis zwischen Technokratie und Politik. Es werden drei zentrale analytische Strömungen dieser Debatte aufgeführt: das Verhältnis von Technokratie und Industriegesellschaft; von Technokratie und sozialer Klasse und zuletzt von Technokratie und politischem Regime.

Technokratie und entwickelte Industriegesellschaften

Die Mehrheit der klassischen Studien über das Phänomen der Technokratie legte implizit oder explizit nahe, dass die Technokratie und ihr Vordringen in das politische Feld direkt mit der Konsolidierung der entwickelten Industriegesellschaften (Galbraith 1967, Meynaud 1968, Putnam 1977, Gouldner 1979, Fischer 1990) oder sogar von postindustriellen Gesellschaften verbunden sei (Ellul 1965, Bell 1973, Lindberg 1996). Man behauptete, dass der Industrialisierungsprozess und die wachsende gesellschaftliche, politische und technologische Komplexität der Industriegesellschaften zur Stärkung der Technokratie im Prozess der Entscheidungsfindung gegenüber traditionellen Berufspolitikern führen würden. Fischer stellt z.B. fest, dass „die Theorie und Praxis der Technokratie historisch politische und ideologische Antworten auf die Industrialisierung und den technischen Fortschritt gegeben hat" (1990: 17). Dies ist nicht notwendigerweise der Fall in Lateinamerika, wo der Import von Ideen, Doktrinen, Ideologien und Gesellschaftsprojekten ausländischer Herkunft eine Konstante seit der Entstehung der lateinamerikanischen Republiken in den ersten Jahrzehnten des 19. Jahrhunderts war. Anderseits könnte nicht der mexikanische Fall erklärt werden, bei dem die so genannten *„científicos"* bereits Ende des 19. Jahrhunderts positivistische Vorschläge technokratischer Ausrichtung in das Innere des Regimes von Porfirio Díaz einbrachten (Zea 1970). Im chilenischen Fall begann die technokratische Klasse bereits ab den 1920er Jahren durch den Aufstieg des mesokratischen Regimes im Staatsapparat an Macht zu gewinnen. Sie planten mehr als zehn Jahre die Gründung der *Corporación de Fomento* (CORFO), die später den staatlichen Industrialisierungsprozess entscheidend prägen sollte. Zusätzlich forcierten genau diese Technokraten den Industrialisierungs- und Modernisierungsprozess der folgenden Jahrzehnte.

Neben den systemischen Zwängen der Modernisierung und der wachsenden Komplexität der Gesellschaft, die den Industrialisierungsprozess begleiten, sind vor allem politische Faktoren für die Entstehung des technokratischen Regimes verantwortlich. In Ländern mit einer vergleichbaren wirtschaftlichen, gesellschaftlichen und industriellen Entwicklung kann die Technokratie im Inneren der Regierung und der staatlichen Verwaltungsstrukturen unterschiedlich starken Einfluss haben. Ferner sind die gesellschaftlichen Kräfte, die den Aufschwung von technokratischen Gruppen fördern, nicht nur unter den Machthabern vorzufinden, sondern oft wird dieser Boom von der Gesellschaft eingefordert. Die Entstehung von Unbehagen und Misstrauen gegenüber der traditionellen Politik kann zum Ruf nach einem „apolitischen" Führer beitragen. Dies war offensichtlich beim Ibáñez-Regime am Ende der 1920er Jahre, während der Regierungen der Radikalen Partei zur Zeit des Wohlfahrtsstaats, bei der Pinochet-Diktatur und in gewisser Weise auch während der neueren Regierungen der *Concertación* der Fall.

Technokratie, Ideologie und Klasse

Ein weiterer zentraler Aspekt in der Debatte über das technokratische Phänomen war die Bemühung, die Beziehung zwischen Technokratie, politischen Ideologien und gesellschaftlichen Klassen darzustellen. Die eigentliche Frage lautet: „Wie „apolitisch" und frei von Ideologien sind diese Technokraten wirklich, wie sie sich mehrheitlich selbst definieren?" Von der klassischen Studie von Meynaud geht ein (nicht vollkommen inkorrektes) Bild aus, dass die Technokraten mehr oder weniger die Exekutoren der Politiken sind, die lediglich die Ziele des Blocks an der Macht verfolgen. Sie propagieren per Definition eine Ideologie, die die Industrialisierung und Staatsintervention befürwortet.

Dabei war die Technokratie ein Phänomen, das bereits eine universelle Präsenz in Regierungen und politischen Regimes verschiedenster Couleur erreicht hat; von den deutschen Nazis und der berühmten französischen Technokratie über die Staaten des ehemaligen Ostblocks bis aktuell zu Ländern wie der Volksrepublik China. In anderen Worten: bis zum heutigen Tag haben die technokratischen Gruppen sich in den Dienst der unterschiedlichsten Ideologien und Doktrinen gestellt. Im spezifischen chilenischen Fall – unabhängig von den

Orientierungen der Linken oder Rechten – sind diese oft revolutionär gewesen, da sie ökonomische, administrative oder gesellschaftliche Konzepte verfochten haben, die tiefe Transformationen nach sich zogen. Falls eine ideologische Gemeinsamkeit bei den chilenischen Technokraten seit Beginn des 20. Jahrhunderts existiert hat, war es seine Vergötterung für den Fortschritt und die Moderne – die selten von ihnen näher bestimmt wurde – und ihr Versuch, diesen trotz aller Kosten zu erreichen. Dies stellt vielleicht nur ein Spiegelbild der gemeinsamen Faszination für die Moderne dar, die ohne Ausnahme alle chilenischen Regierungen seit den 1920er Jahren bis zum heutigen Tag in ihren Bann zog.

Der zweite Aspekt in der Diskussion bezieht sich auf die gesellschaftlichen Vorgänger oder die Klasse der technokratischen Gruppen: Haben wir es mit einer Gruppe mit eher vagen gesellschaftlichen Wurzeln und Klassenidentifikation zu tun und sollte sie vielmehr als eine „gesellschaftlich losgelöste" Elite oder eine *Freischwebende Intelligenz*[5] definiert werden, auf die sich Karl Mannheim (1976) bezog? Meynaud, der sich vor allem mit dem französischen Fall beschäftigte, gibt wieder ein klares elitäres Bild der technokratischen Eliten ab, die die *crème de la crème* der gesellschaftlichen Kreise darstellen, die von den prestigeträchtigen Hochschulen stammen.

Für andere Autoren sind die Technokraten keine bloßen Repräsentanten einer traditionellen gesellschaftlichen Klasse, sondern sie sind vielmehr auf dem Weg sich als eine „neue Klasse" herauszubilden, die die Macht der traditionellen industriellen und politischen Eliten herausfordert (vgl. Goulder 1979, Kellner/Heuberger 1992). Diese Perspektive legt eine mögliche Machtübernahme nahe, um sich in eine wahrhafte Technokratie zu verwandeln, d.h. in eine neue politische Ordnung, die durch eine Minderheit von Technokraten beherrscht wird. Allerdings sollte die Technokratisierung des politischen Systems nicht so gesehen werden, als ob die Technokraten selbst die Macht wahrnehmen, sondern vielmehr, dass der „*tecnocratismo*" sich in eine legitime Machtbasis umwandelt. Ich teile daher die These von Sartori (1994), dass die Technokraten nicht direkt regieren, sondern dies mittels der Politiker tun.

Es ist offensichtlich, dass in Gesellschaften wie den lateinamerikanischen, in denen der Zugang zu höheren Bildungssystemen und postgraduierten Studiengängen im Ausland Luxus sind, der nur einer Minderheit zur Verfügung steht, man nicht so schnell zum Schluss kommen kann, dass die Mehrheit der Technokraten Teil der gesellschaftlichen Elite der betreffenden Länder sind. Im chilenischen Fall bestand seit den republikanischen Anfängen immer ein gewisser Zugang von Sektoren der Mittelschichten zu dem Bildungsbürgertum. Lastarria, Letelier und viele andere chilenische Fachmänner stammten aus den

---

[5] Deutsch im Original (Anm. d. Übers.)

Mittelschichten, die in öffentlichen Schulen ausgebildet wurden und mittels Talent und persönlicher Anstrengung die Kommandohöhen der Politik, Kultur und Wissenschaft eroberten. Sie erreichten Positionen als Senatoren, Minister, Botschafter, Rektoren etc. Dieser Durchmarsch von Mittelschichtangehörigen in Politik und Wissenschaft existiert in Chile bis zum heutigen Tage. Der größte Stolz des Präsidenten Lagos besteht schließlich darin, zu besagten Sektoren der Mittelschicht dazuzugehören, die unter prekären finanziellen Bedingungen studierten und ihre Universitätsausbildung durch ein Stipendiensystem erreichten.

Die chilenische Technokratie hat sich dabei im Umfeld der Mittelschicht herausgebildet, anstatt eine Klasse „an sich" zu konstituieren. Die Hauptelemente der technokratischen Ideologie in Chile stimmen allgemein mit den Hauptprinzipien der Mittelschichten überein. Diese sind von einem starken antioligarchischen und meritokratischen Charakter gekennzeichnet, in dem die Bildung und der Erwerb von wissenschaftlichen Kenntnissen eine privilegierte Stellung einnimmt. Diese Verbindung zwischen Mittelschichten und dem technokratischen Gedankengut ist in der Amtszeit von Lastarria und Letelier besonders offensichtlich. Diese übernahm ihre ideologischen Hauptlinien aus dem Gedankengut der Radikalen Partei als der Partei der chilenischen Mittelklasse *par excellence* und von der darauf folgenden aufsteigenden staatlichen Technokratie Chiles seit den 1920er Jahre. Allerdings spiegelt sich der hauptsächlich mesokratische Charakter der Technokratie auch in seiner Position gegenüber dem Autoritarismus und der Demokratie wider.

Technokratie, Autoritarismus und Demokratie

Die dritte und letzte Diskussion, auf die ich mich hier beziehen möchte, ist die konfliktreiche Beziehung zwischen Technokratie und Demokratie. Dies war bereits bei den ersten Vordenkern der technokratischen Ideologie wie Henri de Saint Simon und August Comte, offensichtlich, die die Begründung eines „Verwaltungsstaats" durch eine Wissenschaftselite, Experten und Unternehmern förderten. Aus ihren Schriften wird schnell offenkundig, dass sie kurzerhand die Aufrechterhaltung der gesellschaftlichen Ordnung und die „positive" oder wissenschaftliche Verwaltung der Staatsaufgaben den individuellen Freiheitsrechten, der Volksbeteiligung und der Demokratie überordnen (vgl. Jones 1998). Eine Reihe von technokratischen Erfahrungen in Europa und den Vereinigten Staaten während des 20. Jahrhunderts bestätigten auch die enge Beziehung zwischen Technokraten und autoritären Regimes und Ideologien. Hierbei ist als erstes auf die Erfahrungen Nazideutschlands (Herf 1984), der technokratischen Bewegung der 1920er Jahre in den Vereinigten Staaten, die zu Beginn der dreißiger Jahre in eine Bewegung faschistischer Prägung mündete (Bell 1960), und der Erfahrung des Realsozialismus in Osteuropa und der Sowjetunion hinzuweisen (Konrad/Szeleny 1979, Rowney 1989). Ein weiterer Fall mit besonderer Bedeutung für Lateinamerika – insbesondere für Chile – war die Franco-Diktatur in Spanien. Franco nutzte ab dem Ende der 1950er Jahre eine ausgewählte Gruppe von Technokraten von Opus Dei, um seine Industrialisierungs- und Modernisierungspolitik mittels eiserner Repression gegenüber seinen Gegnern umzusetzen (vgl. Fernández de la Mora 1986).

Im lateinamerikanischen Kontext verfestigt sich das Image der „Wahlverwandtschaft", das zwischen ziviler Technokratie und den autoritären Regimes während der 1960er und 1970er Jahre herrscht, als sich eine Reihe von „bürokratisch-autoritären" Regimes im Cono Sur etabliert. In seinem Erstlingswerk über diesen Regimetyp identifiziert O'Donnell (1973) die zivile Technokratie als einen der Hauptverbündeten der Militärs in der Putschkoalition und als Schlüsselfigur in der Umsetzung der Wirtschaftspolitik der autoritären Regierungen.

Während der Militärdiktaturen in Argentinien, Chile und Uruguay erlangte eine ausgewählte Gruppe von Ökonomen und Finanzexperten nahezu uneingeschränkte Machtpositionen bei der Umsetzung der radikalen ökonomischen und finanziellen Reformen (Ramos 1986). Aber in der Praxis war es der paradigmatische Fall der berühmten chilenischen Chicago Boys unter dem Pinochet-Regime seit Mitte der 1970er, der das Bewusstsein für eine Allianz zwischen Militärs und Technokraten in Lateinamerika schuf (vgl. Vergara 1985, Valdés 1995). Zuletzt und von einem allgemeineren theoretischen Ausgangspunkt ausgehend, warnen viele Stimmen vor den antidemokratischen Tendenzen der Technokraten (Meynaud 1969, Putnam 1976, 1977, Fischer 1990). Dies war das Resultat der festen Überzeugung vieler Technokraten, dass die gesellschaftlichen Probleme technische Lösungen erfordern, die von Experten und nicht von unsteten Politiken, die vom Druck der Volksmassen auf den Staatsapparat beeinflusst werden.

Die Technokratie kann sehr unterschiedliche, ja fast entgegengesetzte Rollen in unterschiedlichen historischen und politischen Situationen spielen. Auch wenn die Technokraten in einigen historischen Epochen effektiv die autoritären Lösungen unterstützt haben, kann auch festgestellt werden, dass sie sich unter anderen Umständen direkt oder indirekt in zentrale Akteure bei der Aufrechterhaltung und Funktionsweise des demokratischen Regimes verwandelten. Die Haltung der Technokratie zur Demokratie und zum Autoritarismus im 20. Jahrhundert in Chile folgte vielmehr den klassischen Mustern des politischen Verhaltens der Mittelschichten. Auf diese Weise war die Demokratie von der ständigen Furcht vor den Massen und dem Chaos sowie ihrem Ordnungsbedürfnis abhängig, aber wurde auch durch das Bedürfnis nach sozialer Gerechtigkeit und nach Bewertung individueller Leistung beeinflusst. So verwandelten sich die Technokraten vor dem Untergang des oligarchischen Regimes in eine emanzipatorische Kraft der aufstrebenden Mittelschichten, die dezidiert feudale Privilegien ablehnten und das Banner der Meritokratie und des personellen Nutzens hoch hielten. Dies führte – als eine von verschiedenen progressiven Maßnahmen – seit Beginn des Jahrhunderts zur Forderung nach der Ausweitung der Schulpflicht und der Zusammensetzung einer Regierung der Besten und nicht der aristokratischen Mittelmäßigkeit.

Nachdem die Mittelschichten sich bereits an der Macht behauptet hatten, entwickelte sich die Technokratie zu Beginn der 1930er Jahre zu einem Faktor des Kräftegleichgewichts zwischen den geschwächten oligarchischen Sektoren einerseits und den aufstrebenden Volkssektoren andererseits. Die Technokratie schränkte nicht nur den Einfluss des Volks ein, sondern garantierte auch, dass die Staatsgeschäfte gut geführt werden und die Wirtschaftspolitik nicht politisiert wird. Dies war insbesondere der Fall in der Periode der radikalen Regierungen von 1938 bis 1945. So nahmen die staatlichen Technokraten eine Vermittlerrolle zwischen den eingeschüchterten und misstrauischen Rechten und den Mitte-Links-Kräften ein, um das Kapital des Landes und der Staatsunternehmen zu verwalten: CORFO ist das Symbol dieser Politik.

Die chilenischen Technokraten mussten in einer sehr politisierten Gesellschaft operieren. Deshalb war die vermittelnde Rolle eines der wichtigsten Charakteristika ihrer Funktionsweise. Tatsächlich waren der hohe Grad der Polarisierung und der fehlende Konsens charakteristisch für die chilenische Demokratie vor 1973. Als Ergebnis dieses Schwachpunkts der chilenischen Demokratie und der beständigen Veränderungen sah man sich genötigt, einen Stab an Technikern zur Hilfe zu rufen. Dies war auch das Ergebnis von mangelndem Vertrauen zwischen Gesellschaft und Politik. In diesem Kontext bildeten die Technokraten eine Puffer- oder Zwischenzone zwischen den Gruppen, die um die Macht kämpften, und gewährten minimale Garantien für die gegnerischen Hauptparteien (wegen ihrer technischen Fähigkeiten, ihrer scheinbaren Neutralität, ihres „Apolitizismus" etc.).

Als das mesokratische System in eine Existenzkrise geriet, wie es der Fall am Ende der 1950er war, begannen Technokraten (der Fall CEPAL) ökonomische und gesellschaftliche Reformen (Agrarreform, etc.) zu formulieren. Diese hatten emanzipatorische Auswirkungen auf die benachteiligten Sektoren der Gesellschaft, wie die Bauernschaft und die urbanen marginalen Sektoren. Auch wurden die Technokraten zu zentralen Akteuren, die die ökonomische Integrati-

on *(Mercado Común Centroamericano[6]*, ALALC[7] etc.) und nachher die Globalisierung befürworteten. In semi-technischer und entpolitisierter Form versuchte
man, die untergeordneten gesellschaftlichen Sektoren vor den Karren der Moderne zu spannen, um auf diese Weise neue Konsumenten zu schaffen und die
Wirtschaft des Landes zu stärken.

Der Verbleib von Technokraten in Schlüsselpositionen hat sich auch als
Merkmal der neuen Demokratien der 1980er Jahre herausgestellt. Im chilenischen Fall verpflichtet sich die Technokratie gegenüber mächtigen ökonomischen Gruppen, der politischen Rechten und den Militärs. Der wirtschaftliche
Bereich (vor allem nach dem Trauma zu Beginn der 1970er Jahre) „entmilitari-
sierte" sich, während gleichzeitig die Verantwortlichen der Wirtschaftspolitik
von dem direkten Druck verschiedener politischer und gesellschaftlicher Sektoren verschont blieben (vgl. Haggard/Kaufman 1992).

Schlussfolgerung

Es ist offensichtlich, dass die Stellung der Technokraten alleine nicht die gesellschaftliche und politische Stabilität garantiert. Diese wird durch die wirtschaftlichen Ergebnisse der ökonomischen Gruppen bestimmt und vor allem durch die
Form gesellschaftlicher und politischer Forderungen. Die bloße ökonomische
Entwicklung und der antipolitische Diskurs haben anscheinend keine dauerhafte
politische Legitimität schaffen können. Die Bevölkerung hat von dem kühlen
und farblosen technokratischen Diskurs, der seinen Höhepunkt unter der Regierung Eduardo Frei Ruiz-Tagle Ende der 1990er Jahre erreicht hatte, genug (I-
UNDP 2002). Interessanterweise erfolgen daraus jedoch keine Einforderungen
von politischen Formeln seitens der Bevölkerung. Vielmehr hat die (konsumori-
entierte) Massengesellschaft, die durch das neoliberale Modell in Chile geschaffen wurde, eine öffentliche Nachfrage nach vermarkteten politischen Botschaf-
ten, in der das Apolitische mit Werte- und Partizipationsthemen verbunden wird
(Tironi 2005).

Folglich besteht das zentrale Argument dieser Studie darin, dass die Technokratie, anstatt eine Gefahr für die Demokratie zu bilden, einer der bedeutenden Akteure in deren Konsolidierung ab der Krise der 1930er Jahre war. Diese
Rolle übernahm sie vor allem bei der Entstehung des so genannten „Wohlfahrtsstaats" vom Ende der 1930er Jahre bis zum Beginn der 1970er. Darüber hinaus
war sie ein zentraler Akteur in den Wirtschafts- und Sozialreformen im so ge-

---

[6] Gemeinsamer Zentralamerikanischer Markt (Anm. d. Übers.)
[7] *Asociación Latinoamericana de Libre Comercio*, dt. Lateinamerikanische Freihandels Vereinigung
(Anm. d. Übers.)

nannten „Jahrzehnt der Reformen" unter Frei Montalva und Allende (1964 -
1973).

Es ist sogar möglich zu argumentieren, dass es die Technokraten der Militärregierung (die Chicago Boys) waren, die das Regime institutionalisierten. Sie
sahen die Notwendigkeit, internationale Verträge einzuhalten, eine Verfassung
und Auswegstrategien (*exit*) zu haben und schufen so den „weichen" Sektor
(O'Donnell/Schmitter/Whitehead 1986). Auf der Suche nach einem Ausgang
zur *„transición"* sollte daran erinnert werden, dass Büchi, ein Kandidat der
Technokratie, nicht einmal eine Auseinandersetzung suchte und seelenruhig
seine Niederlage in den Wahlen hinnahm. Diese verhältnismäßig einfache Akzeptanz der neuen Realität könnte in seinem Glauben am neoliberalen Credo
liegen. Die neoliberalen Technokraten gingen von folgender Annahme aus:
Sobald die Massen endgültig das neoliberale Rezept von Privateigentum und
uneingeschränktem Konsum akzeptieren werden, wäre das Regime Pinochet
nicht mehr notwendig – und zu dieser Überzeugung waren die Technokraten
bereits Ende der 1980er Jahre gekommen. Klarer wird die positive Beziehung
der Technokratie in Chile sowohl in der Periode der *„transición"* als auch in den
Jahren der *Concertación* seit den 1990er Jahren. Die technokratischen Gruppen
(sowohl der Regierung als auch der Opposition) traten als Sprecher und Ver-
mittler bei der Herstellung des Dialogs zwischen Sektoren der Militärdiktatur
und moderaten Gruppen auf. Dabei hatten die Privatinstitute eine Rolle von
einzigartiger Bedeutung inne. Sie begrenzten das Misstrauen der Politiker und
übersetzten deren Differenzen und Übereinkünfte in eine technische Sprache
(vgl. Puryear, 1994). Die ähnliche Fachsprache (Gouldner) zwischen Gleichge-
sinnten (vor allem zwischen Ökonomen a la Foxley, Büchi, etc.) erleichterte die
sichtbare Verringerung von Drohungen und Ängsten.

Es wird deutlich, dass sich ab den 1990er Jahren die technokratische Ideologie mit demokratischen Ideen in Chile vermischt hat. Deshalb hat sich eine
zunehmend „technokratisierte" Demokratie herausgebildet. In ihr werden die
sozialen Probleme in technische Termini übersetzt und die Depolitisierung hat
sich als ein zentrales Merkmal des chilenischen Modells etabliert.

Übersetzung: Stefan Schmalz und Kristy Schank

Literatur

Angell, Alan (1988): Some Problems in the Interpretation of Recent Chilean History. In: Bulletin of Latin American Research 7 (1): 91-108

Ahumada, Jorge (1958): En vez de la miseria. Santiago: Editorial del Pacífico

Bell, Daniel (1960): The end of ideology. Glencoe, IL: The Free Press

Bell, Daniel (1973): The Coming of Post-Industrial Society. New York: Basic Books.

Bresser-Pereira, Luiz Carlos/Spink, Peter (Hg.) (1999): Reforming the State: Managerial Public Administration in Latin America. Boulder: Lynne Rienner

Camp, Roderic Ai (1980): Mexico's Leaders: Their Education and Recruitment. Tucson: The University of Arizona Press

Camp, Roderic Ai (1983): El tecnócrata en México. In: Revista Mexicana de Sociología 45 (2): 579-599

Camp, Roderic Ai (1985): The Political Technocrat in Mexico and the Survival of the Political System. In: Latin American Research Review 20 (1): 97-118.

Cleaves, Peter (1974): Bureaucratic Politics and Administration in Chile. Berkeley: University of California Press

Cochrane, James (1967): Mexico's New Científicos: The Díaz Ordaz Cabinet. In: Inter-American Economic Affairs 21 (1): 61-72

De Riz, Liliana (1989): Política y partidos. Ejercicio de análisis comparado: Argentina, Chile, Brasil y Uruguay. In: Cavarozzi, Marcelo/Garretón, Manuel Antonio (Hrsg.): Muerte y resurrección. Los partidos políticos en el autoritarianismo y las transiciones del Cono Sur. Santiago: FLACSO, 35-78

Domínguez, Jorge I. (Hg.) (1996): Technopols: Freeing Politics and Markets in Latin America in the 1990s. University Park, PA: Penn State University Press

Donoso, Ricardo (1946): Las ideas políticas en Chile. Mexico-City: Fondo de Cultura Económica

Edwards, Alberto/Frei, Eduardo (1949): Historia de la los partidos políticos chilenos. Santiago de Chile: Editorial del Pacífico

Ellul, Jacques (1964) [1954]: The Technological Society. New York: Alfred A. Knopf

Fernández de la Mora Gonzalo (1986):: El crepúsculo de las ideologías. Madrid: Espasa-Calpe

Fischer, Frank (1990): Technocracy and the Politics of Expertise. Newbury Park: Sage

Galbraith, John Kenneth (1967): The New Industrial State. New York: A Mentor Books

Garretón, Manuel Antonio: (1989) The Chilean Political Process. Boston: Unwin Hyman

Góngora, Mario (1986) [1981]: Ensayo histórico sobre la noción del Estado en Chile en los siglos XIX y XX. Santiago: Editorial Universitaria

Gouldner, Alvin W. (1979): The Future of Intellectuals and the Rise of the New Class. London: Macmillan

Grindle, Merilee S. (1977): Power, Expertise, and the 'Técnico': Suggestions from a Mexican Case Study. In: Journal of Politics 2 (39): 399-426

Haggard, Stephan y Robert R. Kaufman (Hrsg.) (1992): The Politics of Economic Adjustment. Princeton: Princeton University Press

Herf, Jeffrey (1984): Reactionary Modernism: Technology, Culture, and Politics in Weimar and the Third Reich. Cambridge: Cambridge University Press

Hira, Anil (1999): Ideas and Economic Policy in Latin America: Regional, National, and Organizational Case Studies. Westport: Praeger

Huneeus, Carlos (2001): El régimen de Pinochet. Santiago: Editorial Sudamericana.

Ibáñez Santa María, Adolfo (1984): Los ingenieros, el Estado y la política en Chile. Del Ministerio de Fomento a la Corporación de Fomento, 1927-1939. In: Estudios Históricos 7. Instituto de Historia. Universidad Católica de Chile

Ibáñez Santa María, Adolfo (2003): Herido en el ala: Estado, oligarquías y subdesarrollo en Chile, 1924-1960. Santiago. Editorial Biblioteca Latinoamericana.

Jones, H.S. (Hrsg.) (1998): Comte; Early Political Writings. Cambridge: Cambridge University Press
Kay, Cristóbal (1989): Latin American Theories of Development and Underdevelopment. London: Routledge
Kellner, Hansfried/Heuberger, Frank W. (Hg.) (1992): Hidden Technocrats: The New Class and New Capitalism. New Brunswick: Transaction Publishers
Konrad, Georg/Szelenyi, Ivan (1979): The intellectuals on the Road to Class Power. Brighton: Harvester Press
Lindberg, Leon B. (1976): Politics and the Future of Industrial Society. New York: David McKay Company, Inc.
Lomnitz, L.A./Melnick, A. (2000): Chile's Political Culture and Parties: An Anthropological Explanation. Notre Dame: Notre Dame University Press
Loveman, Brian/Davies, Thomas M. (Hg.) (1997): The Politics of Antipolitics: The Military in Latin America. Wilmington, Delaware: Scholarly Resources
Mannheim, Karl (1976) [1936]: Ideology and Utopia. London: Routledge & Kegan Paul
Meynaud, Jean (1968) [1964]: Technocracy. London: Faber and Faber
Molina, Sergio (1972): El proceso de cambio en Chile: La experiencia 1965-1970. Santiago: Editorial Universitaria
Muñoz, Oscar (1986): Chile y su industrialización: pasado, crisis y opciones. Santiago: CIEPLAN
Muñoz, Oscar (Hrsg.) (1993): Historias personales, políticas públicas. Santiago: Editorial los Andes
O'Brien, Phil/Roddick, Jackie (1983): Chile: The Pinochet Decade, The Rise and Fall of the Chicago Boys. London: Latin American Bureau
O'Donnell, Guillermo (1973): Modernization and Bureaucratic? Authoritarianism. Studies in South American Politics. Berkeley: Institute of International Studies, University of California
O'Donnell, Guillermo/Schmitter, Phillipe/Whitehead, Laurence (Hrsg.): 1986. Transitions from Authoritarian Rule. Baltimore: The Johns Hopkins University Press
Petras, James (1990): Metamorphosis of Latin America's Intellectuals. In: Latin American Perspectives 17 (2): 102-112
Pinto, Aníbal (1959): Chile, un caso de desarrollo frustrado. Santiago. Editorial Universitaria
Pinto, Aníbal (1985): Estado y gran empresa: de la precrisis hasta el gobierno de Jorge Alessandri. In: Colección Estudios CIEPLAN 16: 5-40
Puryear, Jeffrey M. (1994): Thinking Politics: Intellectuals & Democracy in Chile, 1973-1988. Baltimore: Johns Hopkins University Press
Putnam, Robert D. (1977): Elite Transformation in Advanced Industrial Societies: An Empirical Assessment of the Theory of Technocracy. In: Comparative Political Studies 10 (3): 383-412
Ramos, Joseph R. (1986): Neoconservative Economics in the Southern Cone of Latin America, 1973-1983. Baltimore: The Johns Hopkins University Press
Rowney, Don K. (1989): Transition to Technocracy: The Structural Origins of the Soviet Administrative State. Ithaca, NY: Cornell University Press
Sartori, Giovanni (1984): La política: lógica y método en las Ciencias Sociales. Mexico D.F.: Fondo de Cultura Económica
Scott, Robert E. (1966): The Government Bureaucrats and Political Change in Latin America. In: Journal of International Affairs 20 (12): 289-308
Scully, Timothy R. (1992): Rethinking the Center: Party Politics in Ninetieth-and Twentieth-century Chile. Stanford, CA: Stanford University Press
Silva, Patricio (1987): Estado, neoliberalismo y política agraria en Chile, 1973-1981. Amsterdam: CEDLA
Silva, Patricio (1993): Intellectuals, Technocrats and Social Change in Chile: Past, Present and Future Perspectives. In: Alan Angell/Benny Pollack (Hrsg.): The Legacy of Dictatorship: Political, Economic and Social Change in Pinochet's Chile. Liverpool: The University of Liverpool Monograph Series No. 17: 198-223

Silva, Patricio (1994): State, Public Technocracy and Politics in Chile, 1927-1941. In: Bulletin of Latin American Research 13 (3): 281-297

Silva, Patricio (1995): Intellectuals and Technocrats in the Third World: Towards a Convergency? In: Galjart, Benno/Silva, Patricio (Hrsg.): Designers of Development: Intellectuals and Technocrats in the Third World. Leiden: Centre for Non-Western Studies: 269-278

Silva, Patricio (1997): Going Asia: Economic Internationalization and Technocratic Empowerment in Chilean Foreign Policy. Paper presentado en el XX LASA Congress, Guadalajara, México, 17. bis 19. April 1997

Silva, Patricio (1994): State, Public Technocracy and Politics in Chile, 1927-1941. In: Bulletin of Latin American Research 13 (3): 281-297

Silva, Patricio (1998) : Pablo Ramírez, A Technocrat Avant-La-Lettre. In: Angel Centeno, Miguel/ Silva, Patricio (Hrsg.): The Politics of Expertise in Latin America. Basingstoke Macmillan: 52-76

Silva, Patricio (2001a): Forging Military-Technocratic Alliances: The Ibáñez and Pinochet Regimes in Chile. In Silva, Patricio (Hrsg.): The Soldier and the State in South America: Essays in Civil-Military Relations. London/New York: Palgrave: 87-108

Silva, Patricio (2001b):Towards Mass Technocratic Politics in Chile? The 1999-2000 Elections and the 'Lavín Phenomenon. In: European Review of Latin American and Caribbean Studies 70: 25-39

Tironi, Eugenio (2005): El sueño chileno: comunidad, familia y nación en el Bicentenario. Santiago: Aguilar

UNDP (United Nation Development Programme) (2002): Desarrollo Humano en Chile: Nosotros los chilenos, un desafío cultural. Santiago: UNDP/PNUD

Valdés, Juan Gabriel (1995): Pinochet's Economists: The Chicago School in Chile. Cambridge: Cambridge University Press

Valenzuela, Arturo (1989): Chile: Origins, Consolidation and Breakdown of a Democratic Regime. In: Diamond, Larry/Linz, Juan/Lipset, Seymour M. (Hrsg.): Democracy in Developing Countries: Latin America. Boulder, CO: Lynne Reinner: 159-182

Veblen, Thorstein (1965): The Engineers and the Price System. New York. Sentry Press [1921]

Vergara, Pilar (1985): Auge y caída del neoliberalismo en Chile. Santiago: FLACSO.

Vernon, Raymond (1963): The Dilemma of Mexico's Development. Cambridge: Mass. Harvard University Press

Zea, Leopoldo (1970): The Latin American Mind. Norman, OK: University of Oklahoma Press

Gabriel Kessler und María Mercedes Di Virgilio

„Neue Armut" und Mittelschichten in Lateinamerika und Argentinien

Einleitung

Die argentinische Gesellschaft erlitt während der 70er Jahre einen drastischen Verarmungsprozess. Dieser hatte mit der Militärdiktatur (1976-1983) begonnen und forderte in seinem Verlauf die Herausbildung einer neuartigen Armut mit besonderen Charakteristika. Gänzlich unerwartet waren davon vor allem die Mittelschichten betroffen, welchen in der argentinischen Gesellschaft ein enormes ökonomisches und soziales Gewicht zukam. Zwischen 1980 und 1990 nahm der Wert der Einkommen der arbeitenden Bevölkerung insgesamt um etwa 40% ab. Anfang der 90er Jahre war mit der wirtschaftlichen Stabilität von 1991 eine gewisse Erholung von der Krise möglich, in den Jahren 1998 bis 2001 jedoch wiederholte sich der Abwärtstrend, diesmal um 20%. Seitdem ist der Wert der Einkommen hohen Schwankungen ausgesetzt.[1] Die Tiefe und Beharrlichkeit dieser aus den 70er Jahren herrührenden Krise bewirkten, dass Hunderttausende Familien der Mittelklasse und der schon früher Armen, denen ein gewisser Aufstieg gelungen war, mit sinkenden Einkommen konfrontiert wurden, bis sie sich schließlich unterhalb der Armutsgrenze wiederfanden. Im Großraum Buenos Aires, momentan leben dort circa 13 Millionen Menschen, wuchs die Armut während der 80er Jahre um 67%. Innerhalb der armen Bevölkerung hoben sich als abgrenzbare Gruppe die ehemaligen und nun verarmten Angehörigen der Mittelschichten hervor: „die neuen Armen". Auch jene, die von den offiziellen Statistiken nicht zu den Armen gerechnet werden, deren Einkommen aber erheblich gefallen sind und deren Lebensstile sich grundlegend wandelten, sind dieser Gruppe hinzuzurechnen. Mittlerweile hat sich das Phänomen der neuen Armut in der argentinischen Gesellschaft verankert. In den 80er Jahren waren vor allem die Auswirkungen der inflationären und hyperinflationären Prozesse auf die Einkommen ausschlaggebend für die neue Armut. In den 90er Jahren dagegen resultierte sie aus der Arbeitslosigkeit der ersten Jahre dieses Jahrzehnts. Mit der Jahrhundertwende und der Währungs- und Wirtschaftskrise

---

[1] Die höchsten Indices wurden Ende des Jahres 1989 (38,2%) und Oktober 2002 (42,3%) registriert, und zwischen diesen Daten waren die Schwankungen immer zweistellig.

von 2001/02 verschärfte sich das Phänomen: in diesem Zeitabschnitt waren mehr als 40% der argentinischen Bevölkerung von Armut betroffen.

Eine derartige Verarmung weiter Teile der mittleren Gesellschaftssegmente markierte einen nicht revidierbaren Punkt für die argentinische Gesellschaft, welcher dem Ende eines spezifischen Gesellschaftstypus gleichkam. Bisher war Argentinien – zumindest im Vergleich mit der Mehrheit der lateinamerikanischen Länder – eine relativ integrierte Gesellschaft. Aus dem Prozess der aufsteigenden sozialen Mobilität,[2] dessen Kontinuität nicht in Frage gestellt wurde, ging eine bedeutende Mittelschicht hervor. Zum einen verändert die neue Armut das argentinische Selbstbild zum anderen müssen Armutsstudien auf die neuartige heterogene Zusammensetzung des von Armut betroffenen Bevölkerungssektors reagieren. Auch hinsichtlich der Sozialpolitik implizierten diese Veränderungen neue Herausforderungen. Es gab keine speziellen Programme für diese Bevölkerungsgruppe, deren Bedürfnisse, geographische Verortung und kulturelle Parameter, sich von denen der traditionellen Armen unterschieden.

Trotz seiner Besonderheiten kann der argentinische Fall exemplarisch herangezogen werden, um andere Gesellschaften der Region zu analysieren. Schließlich erfolgte die in den 90er Jahren in Lateinamerika stattfindende Einkommenskonzentration größtenteils auf Kosten der mittleren Einkommensschichten (Hoffman/Centeno 2003). Auch wenn das Erscheinungsbild des Verarmungsprozesses von internen Faktoren abhängt, so haben doch die Mittelschichten verschiedener Länder gleichermaßen auf die eine oder andere Weise einen Verarmungsprozess erlitten. Dieses Thema wird noch immer kaum in der akademischen Literatur und in den nationalen Agenden behandelt. Diese Arbeit beschäftigt sich in einem ersten Schritt mit den bereits realisierten Untersuchungen zum beschriebenen Thema in Lateinamerika, um sich dann mithilfe der Analyse verschiedener Dimensionen der Verarmungsprozesse auf den argentinischen Fall zu konzentrieren.

Spezifika der neuen Armut in Lateinamerika

Der Begriff der neuen Armut wird in Lateinamerika nicht mit der gleichen Zentralität behandelt, welche ihm in anderen geographischen Breiten zuteil wird.

---

[2] Das Imaginäre der Aufstiegsmobilität konnte sich auf tatsächlich vollzogene Aufstiegsprozesse berufen. Die klassische Studie mit Daten von 1960 von Germani (1963) über Intergenerationenmobilität zeigt, dass im Großraum Buenos Aires 36,5% der interviewten Arbeiterkinder innerhalb einer Generation eine aufsteigende Mobilität erfuhren, die bis zu Stellen der Mittelschicht und oberen Klasse führten. 77% der Interviewten, deren Eltern zu der untersten Beschäftigungskategorie gehörten – den unqualifizierten ArbeiterInnen – konnten einen Aufstieg zum Niveau von qualifizierten (Fach-)ArbeiterInnen oder Mittelschichtspositionen vorweisen.

Dies liegt unter Umständen daran, dass zum einen weiterhin traditionelle Formen der Armut andauern und zum anderen den Mittelschichten nur ein reduziertes Gewicht zugesprochen wurde.[3] In lokalen Debatten hingegen wurde die Frage nach der Situation und Verwundbarkeit der nationalen Mittelschicht zwar nicht als ein Hauptanliegen behandelt, war aber immerhin präsent. In der Tat waren die Mittelschichten (je nach Land auf unterschiedliche Weise) durch die Schuldenkrise der 80er Jahre und später durch die Strukturanpassungsprogramme, die Prozesse der Einkommenskonzentration, die Verteuerung privater und den Qualitätsverlust öffentlicher Dienstleistungen sowie durch die Arbeitsmarktveränderungen in den 90er Jahren betroffen (Kessler/Di Virgilio 2005). Fasst man diese neuen Phänomene, die seit den 80er Jahren verstärkt zutage treten, in dem Begriff der neuen Armut zusammen, so beschreibt dieser vor allem den starken sozialen Abstieg von Bevölkerungsgruppen, die von einem solchen noch nie betroffen waren und in neuartige Notsituationen geraten.[4] Einheitliche Vorstellungen von Armut werden somit in Frage gestellt und die Notwendigkeit, öffentliche Politiken für eine arme Bevölkerung zu entwickeln, die qualitativ anders ist als die traditionelle, wird offensichtlich.

Eine der ersten sozialwissenschaftlichen Arbeiten zu diesem Thema von Larissa Lomnitz analysiert die Situation der Lehrenden in Chile unter dem Regime Pinochets (Lomnitz/Melnick 1991). Reformen im nationalen Bildungssystem und das Verbot der gewerkschaftlichen Betätigung schwächten die wirtschaftliche und soziale Macht der Lehrer; besonders die materiellen Grundlagen gegenseitiger Kollegialität (*compadrazgo*), ein Austauschsystem von informellen Gefälligkeiten, das von zentraler Bedeutung für die chilenischen Mittelschichten war, wurde dadurch entkräftet. Aufgrund der hauptsächlichen Beschäftigung im öffentlichen Sektor hatten die Angehörigen der Mittelschichten ein System der weitläufigen Reziprozität etabliert. Dieses erlaubte ihnen die Nutzung der besten Gesundheits- und Ausbildungsleistungen, wie auch der Arbeitsmöglichkeiten im öffentlichen Sektor. Fast zwei Jahrzehnte später kehrte in veränderter Form die Sorge über mögliche Verarmungsprozesse nach Chile zurück. Schon im Jahr 2000 ist zu beobachten, dass die ressourcenschwachen gesellschaftlichen Sektoren am stärksten von Stellenabbau und Einkommensreduktion betroffen sind. Der spürbaren Zunahme der offenen Arbeitslosigkeit im gesamten Land und in der metropolitanen Region – vor allem um 1998 – steht „die Fortführung eines

---

[3] Den Gebrauch dieses Konzeptes in Europa und den USA kann man bei Kessler und Di Virgilio 2005 nachlesen.
[4] In dieser Arbeit werden die neuen Armen als die direkten Opfer der Anpassungsmaßnahmen der 90er Jahre definiert. Darunter fallen beispielsweise die entlassenen Arbeiter und Arbeiterinnen aus dem öffentlichen Dienst und die ehemals im privaten Sektor Angestellten, die von Sparmaßnahmen oder Änderungen im Produktionsprozess negativ betroffen sind.

hohen Niveaus an Ungleichheit" gegenüber (Sabatini/Wormald 2005: 233).
Torche (2005) konstatiert zwei Aspekte der besonderen Ausgestaltung der Ungleichheit für Chile: Die Verarmung der unteren Mittelschichten auf der einen
und der Aufstieg der „entstehenden Mittelschichten" auf der anderen Seite.
Folglich kann die Sozialstruktur durch eine bedeutende Beschäftigungsmobili-
tät, eine hohe Konzentration in den obersten Dezilen und eine geringe Differenzierung zwischen den Unterschichten und den unteren Mittelschichten charakterisiert werden. Dabei wird deutlich, dass die beiden zuletzt genannten Schichten
strukturell sehr verwundbar sind: jede Prekarisierung der Arbeitsbedingungen
oder eine leichte Abnahme der Mobilität in Bezug auf das Beschäftigungsver-
hältnis kann den Fall in die Armut zur Folge haben.

Im Kontext eines Arbeitsmarktes, der auf hohe Qualifikationen ausgerichtet
ist, tritt ein neues Phänomen der „harten" Armut auf. Konfrontiert damit sind
Personen und Haushalte, die über keine Ressourcen und nur minimale Möglichkeiten verfügen, um diesen Bedingungen mit eigenen Mitteln begegnen zu können. Dies begünstigt in seiner Entwicklung das gemischte Sozialversicherungssystem und die Warenförmigkeit der Sozialversicherung je nach sozioökonomischem Niveau der Haushalte (Wormald u.a. 2002). Diese Situation
erweist sich als besonders kritisch bezüglich des Zugangs zu Dienstleistungen
wie Bildung (Sabatini/Wormald 2005). Gleichermaßen zeigt die Arbeit von
Torche und Wormald (2004: 70), dass Bildungsausgaben von chilenischen
Haushalten je nach sozialer Gruppe andere Erfolge erzielen können. So profitieren Personen aus der unteren Mittelschicht von Bildungsausgaben heute weniger
als zuvor, da diese im Rahmen eines Arbeitsmarktes stattfinden, der die Reproduktion einer relativ polarisierten und undifferenzierten Lohnstruktur besonders
in den mittleren Segmenten fördert. Betrachtet man den Segmentierungsprozess
auf räumlicher Ebene, so ist besonders der Zusammenhang mit dem staatlichen
Sozialwohnungsbau auffallend. Tironi (2003) zeigt, dass dieser neue prekäre
Lagen hervorruft, welche grundlegend mit Veränderungen in der Beschaffung
des sozialen Kapitals zusammenhängen: In den ursprünglichen Wohngegenden
hatten sich nachbarschaftliche Verbindungen etabliert, die mit dem sozialen
Wohnungsbau zerstört wurden.

Auch in Mexiko weist die Armutsentwicklung Besonderheiten auf. In den
90er Jahren waren die Arbeitslosenquoten niedrig: während 1992 die Arbeitslosenquote 2,8% betrug, wurde 1995 ein Höchststand von 6,2% registriert. 2000
fiel die Quote wieder auf 2,2% ab. Trotzdem verhinderten die niedrigen Arbeitslosenzahlen weder einen starken Lohnabfall noch das Anwachsen des informellen Sektors (Bayón 2006)[5]. Das Gegenstück dieser gesunkenen Quoten der offe-

---

[5] Vgl. hierzu in diesem Band Bayón.

nen Arbeitslosigkeit waren eine hohe Beschäftigungsrate im informellen Sektor, niedrige Löhne und ein geringer Anteil der Löhne am BIP (López 1999). Die für Mexiko Stadt verfügbaren Informationen weisen auf eine Einkommenspolarisierung hin. Innerhalb der arbeitenden Bevölkerung haben sich nur die Einkommen der Führungskräfte und der semi-qualifizierten Fachkräfte über den Zeitraum des Jahrzehnts merkbar verbessert. Gegen Ende der 90er waren ihre Löhne um 25% höher als 1990. Die restlichen Beschäftigungsgruppen, wie Verwaltungsangestellte, Selbstständige, qualifizierte, semi- oder unqualifizierte Arbeiter und niedrig-qualifizierte im Dienstleistungssektor, litten unter dem Einbruch ihres Realeinkommens. Dieses war Ende des Jahrzehnts unter dem Niveau von 1990. Cortés und Escobar Latapí (2005) zeigen in ihrer Analyse zur sozialen Intergenerationen-Mobilität in städtischen Regionen in Mexiko, dass während der Periode der ökonomischen Umstrukturierung (1988-1994) sich die Mobilitätschancen in allen gesellschaftlichen Schichten verringert haben. Allerdings waren die Auswirkungen in den Schichten mit einem niedrigeren Einkommen viel gravierender. Folglich intensivierte sich die Differenz der Aufstiegschancen zwischen den untersten und den höchsten sozialen Schichten unter dem neuen Wirtschaftsmodell. Festzuhalten ist also nicht nur eine Zunahme an Ungleichheit, sondern auch eine zunehmende Verengung und Starrheit der beruflichen Mobilität (ebd.). Dies betrifft vor allem die jüngste Generation. Ein hohes Bildungsniveau stellt auch für sie keine schützende Barriere mehr gegenüber einer Abwärtsmobilität dar (Parrado 2005). Der Bildungsweg als eine Zugangsmöglichkeit zu sozialem Aufstieg muss somit in Frage gestellt werden.

Auch in Uruguay und Costa Rica haben sich Studien den Verarmungsprozessen in den Mittelschichten zugewandt. In Uruguay sind die Ausmaße der Ungleichheit zwar nicht derart tiefgreifend wie in der Mehrheit der lateinamerikanischen Länder oder des regionalen Durchschnitts, dennoch wies Rubén Katzman schon in einer Arbeit von 1989 auf die Ernsthaftigkeit der neuen Armut hin. Auch in jüngeren Arbeiten taucht die Besorgnis über Gründe und Konsequenzen der zunehmenden Ungleichheit auf. Die Verarmungsprozesse scheinen stark mit dem Zustand des Arbeitsmarktes verbunden zu sein. Besonders ein Ansteigen der offenen Arbeitslosigkeit[6] und der informellen Beschäftigung aber auch die Beschäftigungsabnahme im öffentlichen Sektor, welcher bislang die Einkommensunterschiede verringert hatte, sind ausschlaggebend (Katzman/ Filgueira u.a. 2005). Ebenso war die Tendenz auszumachen, dass innerhalb der

---

[6] „1970 lagen die Arbeitslosenquoten bei 7,5% der ökonomisch aktiven Bevölkerung. In der zweiten Hälfte desselben Jahrzehnts kletterten sie auf durchschnittlich 9% und in den 1980er Jahren auf 10%. Zwischen 1990 und 1995 sanken die Quoten langsam auf 9%, um danach eine starke Erhöhung auf fast 16% zu erfahren." (Katzman u.a. 2005: 450).

Lohnabhängigen die Unterschiede der Einkommen – je nach Bildungsniveau und Vorkommen von Arbeitslosigkeit im Haushalt – sich vertieft haben (Bucheli/Furtado 2004). Folglich zentriert sich dieser Verarmungsprozess im Wesentlichen auf die Sektoren der unteren Mittelschichten, die einen vergleichsweise geringfügigen Abstieg erlebten, ähnlich wie die unteren Mittelschichten in Argentinien, wo dieses Segment allerdings nicht so ausgedehnt war wie in Uruguay.

In Costa Rica gestaltet sich dieses Problem auf ähnliche Weise wie in Argentinien. Auch hier ist die Existenz einer starken Mittelschicht zentraler Bestandteil der regionalen Identität des Landes. So scheint es, dass die Diskussion um die Möglichkeit eines Verschwindens dieser Mittelschicht vor dem Hintergrund jeder Krisenperiode auf eine Art und Weise disuktiert wird, als handele es sich um Veränderungen der gesamten Sozialstruktur. Vega Martinez (1999) beschreibt, dass zwar die quantitative Bedeutsamkeit der lokalen Mittelschicht stabil blieb, deren Angehörige aber in ihren qualitativen Lebensbedingungen berührt wurden. Mit dem Rückzug des Staates als Arbeitgeber und dem Qualitätsverlust der öffentlichen Dienstleistungen wird die enge Verzahnung der Mittelschicht mit dem Staat sichtbar. Die Haushalte der mittleren Sektoren müssen sich bezüglich der Gesundheits- und privaten Erziehungsleistungen verstärkt einschränken. Die Autorin schlussfolgert deshalb, dass die costaricensische Mittelschicht dann in einen krisenhaften Zustand verfällt, wenn der Staat von einer Krise betroffen ist, was ebenso wie in Uruguay zu einer Verunsicherung der egalitären Zielvorstellungen führte (Montero/Barahona 2003).

In Brasilien hingegen ist die Diskussion über die Situation der Mittelschichten weniger auf die neue Armut bezogen; vielmehr fokussiert sie sich auf eine an verschiedenen Fronten bedrohte Mittelschicht. Ein wichtiges Thema ist die Unsicherheit in den Städten: die exzellente Untersuchung von Caldeira (1996) beschreibt eine Mittelschicht, die befestigte Mauern um ihre privaten Enklaven herum hochzieht, in denen eine „Sicherheitsästhetik" als „vollkommenes Lebenssystem" vermarktet wird. Andere Arbeiten zeigen auf, wie traditionellere Fraktionen der Mittelschichten durch ökonomische Veränderungen und eine gewandelte Arbeitswelt bedroht sind. Bei O'Dougherty (1999) wird eine Mittelschicht dargestellt, die zwar einen Rückgang ihres Konsumniveaus befürchtet, aber im Unterschied zu ihrem argentinischen Gegenstück nicht das neoliberale Modell für ihre schlechte Situation verantwortlich macht. Stattdessen bleiben die befragten BrasilianerInnen den Prinzipien einer moralischen Ökonomie verhaftet, deren Leitidee auf Kontrolle des globalen kapitalistischen Systems, dessen Vorzüge auf lokaler Ebene zu genießen seien, zielt. Aus ihrer Sicht erlaubten die neoliberalen Regierungs- und

Wirtschaftsreformen die Wiedererlangung des mittelschichtsspezifischen Konsums, von welchem ausgeschlossen zu sein, sie als Bedrohung empfanden. Ausgehend von einer globaleren Perspektive, stellen Arbeiten wie die von Valladares u.a. (2005) die Idee von den „zwei Brasilien" – einem marginalen und dem anderen modernen Brasilien – in Frage. Stattdessen entwerfen sie das Bild eines „komplexen Brasiliens", das in großem Maße durch das wachsende Gewicht der städtischen Mittelschichten bestimmt ist.

Gründe für die Verarmung in Argentinien

Die Verarmung der argentinischen Mittelschichten ist das Resultat einer Reihe von Faktoren, die sich über die letzten zwei Jahrzehnte hinweg kumuliert haben. Möchte man den sozialen Abstieg der neuen Armen zusammenfassen, so muss man mit dem Rückgang der Einkommen der in der sozialen Infrastruktur Tätigen der Mittelschichten während der Militärregierung 1976 beginnen. Im Gegensatz zu Europa, wo die neue Armut primär aus dem Verlust des Arbeitsplatzes resultierte, liegen ihre Wurzeln in Argentinien eher im Rückgang der Einkommen. In den 90er Jahren begann eine zweite Phase der Verarmung, die durch den Anstieg der Arbeitslosigkeit und vor allem seit 1995 durch eine gegen gering qualifizierte ArbeiterInnen gerichtete Einkommensumverteilung hervorgerufen wurde. Diese betraf auch die unteren Mittelschichten. Von der wachsenden Instabilität der Arbeitsplätze wurden zunächst die weniger Qualifizierten negativ beeinträchtigt, später aber breitete sich diese auch auf die gut ausgebildeten Beschäftigten aus. Daraus resultierte ein neuer Verarmungsfaktor.

Im Folgenden wollen wir uns die unterschiedlichen erwähnten Faktoren genauer anschauen: In den 80er Jahren war die Verarmung durch die Entwertung der Einkommen und den Verlust vieler Vorteile gekennzeichnet, die direkt oder indirekt mit den Arbeitsplätzen verbunden waren. Dies geschah, obwohl die Inflation und die geringe Produktivität der verschiedenen Sektoren es ermöglichte, die Arbeitslosenquote relativ niedrig zu halten. Die Hyperinflation von 1989 markiert einen Wendepunkt, von dem an sich der Verarmungsprozess im Zusammenhang mit der zunehmenden Arbeitslosigkeit beschleunigte. Im Großraum Buenos Aires, der wichtigsten Region in Argentinien bezüglich der Bevölkerung und damit als Indikator verwendbar, stieg zwischen 1991 und 2000 die Arbeitslosigkeit von 6 auf 17,9% an. Der

„Plan der Konvertibilität" von 1991[7] war auf die makroökonomische Stabilität und Wirtschaftswachstum ausgerichtet, reichte jedoch weder aus, die Tendenz einer wachsenden Einkommensungleichheit zwischen den Haushalten zu brechen, noch um die Probleme des Arbeitsmarktes zu lösen (Altimir/Beccaria 1999). Die zeitweilige, Anfang der 90er Jahre noch erfahrbare, wirtschaftliche Verbesserung verhinderte vor allem einen weiteren Fall der Einkommen, schaffte es aber nicht, das Niveau der 80er Jahre wieder zu erlangen. Um das Jahr 1994 erfährt die Einkommensentwicklung einen neuen Wendepunkt: Mit der Einkommensverringerung der niedrig-qualifizierten Beschäftigten zeichnete sich ein Anstieg der Ungleichheit ab; im Mai 1999 verdiente eine Person, die zum obersten Dezil gehörte, 25-mal mehr als eine Person aus dem ärmsten Zehntel. Zu Beginn der 90er Jahre betrug das Einkommen das 15-fache und Anfang der 80er Jahre das 8-fache (CELS 2001).

Die Arbeitsmarktkrise und die steigende Ungleichheit zwischen den Haushaltseinkommen beeinflussten die Lebensbedingungen einiger Mittelschichtssektoren nachhaltig und führten zur allmählichen Entstehung einer neuen, mit mangelndem Einkommen verbundenen, Armut. 1980 zählten 3,2% der Bevölkerung zu den Einkommensarmen (Kessler 1998). Ende der 90er erhielten 26,7% der Bevölkerung – die sich in 18,9% der Haushalte vereinten – nicht genügend Einkommen, um auf den Grundwaren- und Dienstleistungskorb zugreifen zu können (INDEC 2003).

Die neue Armut bricht insofern mit der für strukturelle Armut charakteristischen Logik, als dass die soziale Position nicht notwendigerweise mit standardisierten Formen der Wohnraumbesetzung, mit einheitlichem Zugang zu Lebensraum und zu städtischen Dienste korrespondiert, wie es bei den traditionellen Notstandsbehausungen und Elendsvierteln der Fall ist. Indem die neue Armut diffuser und versteckter ist als die strukturelle Armut, modifiziert sie den gewöhnlichen Gebrauch der Stadt und von städtischen Einrichtungen und erzeugt so eine neue Konfliktivität im städtischen Leben (Prevot Schapira 2002). In der metropolitanen Zone von Buenos Aires leben nach Daten von SIEMPRO (2001) 91% der einkommensschwachen Haushalte in Vierteln, die über städtische Infrastruktur verfügen. Nur 9% der armen Haushalte befinden sich in Notunterkünften. Bei der Analyse der Zusammensetzung dieser Siedlungsvarianten, stellt man fest, dass unter den Bewohnern der infrastrukturell erschlossenen Gebiete 26,8% Einkommensarme leben.[8]

Die neue Armut drückt sich verstreut in der Stadt aus und zeigt sich in der allmählichen Verschlechterung und Veränderung der existierenden Wohnanla-

---

[7] Der „Plan der Konvertibilität" war ein Gesetz, durch welches der argentinische Peso fest an den US-Dollar gebunden wurde und folglich auch jederzeit gegen ihn getauscht werden konnte.
[8] In Elendsvierteln angesiedelten Haushalten steigt der Prozentsatz auf 59,1%.

gen.[9] Die Haushalte verbleiben zwar in den angestammten Vierteln der Mittel-schichten und gelegentlich können sie ihren Lebensraum auch als Eigentum behalten; aber für die Verbesserung und Instandhaltung ihrer Wohnräume kön-nen sie keine weiteren Mittel aufbringen. Oftmals werden im Haus oder im Wohnumfeld Änderungen vorgenommen, um kleine produktive Räume, wie zum Beispiel Werkstätten oder kleine Geschäfte, ausbauen zu können.

Hinzu kommen der staatliche Rückzug und damit einhergehend die Ver-minderung gewisser öffentlicher Dienstleistungen, die bis in die 90er Jahre einige Mindeststandards der Lebensbedingungen garantierten. Seitdem und im Zusammenhang mit einem von Umstrukturierungsprozessen betroffenen Staat, erfährt die interne Reproduktionslogik der Städte signifikante Veränderungen. Die massive Privatisierung im Dienstleistungssektor verweist den bisherigen Gebrauch öffentlicher städtischer Einrichtungen auf die Marktsphäre. Mit diesem Privatisierungsprozess geht eine Vermarktung der städtischen Basis-dienste einher, mit der vor allem die Personen und Haushalte konfrontiert sind, welche die Dienste traditionell nachfragen. Solch ein Zugriff aber ist innerhalb des neuen Szenarios fast ausschließlich durch die Kapazitäten der Haushalte geregelt, also auf die Haushalte beschränkt, die über ausreichend Einkommen verfügen, um den Grundwaren- und Dienstleistungskorb abdecken zu können. Die Lebenshaltungskosten in der Stadt sind weitgehend identisch mit den aus den Löhnen der ArbeiterInnen getätigten Ausgaben (Catenazzi/Di Virgilio 2006).

Darauf reagieren die Haushalte mit einer veränderten Benutzung der infra-strukturellen Dienste, wie beispielsweise der Wasser-, Gas-, Elektrizitäts-, Tele-kommunikation- und Transportversorgung. Die Minderung der Kaufkraft der niedrigen Einkommensgruppen spiegelte sich in einer Ausgabendrosselung für Ernährung und Gesundheitsfürsorge wider. Noch mehr wirkt sich diese schwache Kaufkraft auf die Möglichkeiten aus, die Wohnbedingungen zu verbessern und rechtzeitig die notwendigen Mietzahlungen und sonstige Dienstleistungsrechnun-gen zu begleichen.

Die Erfahrungen der Verarmung

Eine derartige Verarmung ohne beruflichen Positionsverlust war offenbar mit sonderbaren Erfahrungen verbunden. Diese unterscheiden sich von der Erfah-rung struktureller Armut und solcher, die aus der Arbeitslosigkeit resultiert.

---

[9] Die Erhöhung der bevölkerungsmäßigen Konzentration ist eine der Ausdrucksformen von Armut in Wohngebieten.

Unsere Arbeiten über die Verarmungserfahrungen (Kessler 1998, 2002; Kessler/Di Virgilio 2005; Kessler/Minujin 1995) verdeutlichen, dass die neuen Armen eine *hybride Schicht* bilden: Auf der einen Seite befinden sie sich in nächster Nähe zu den mittleren Sektoren, da sie mit diesen vielerlei Langzeitfaktoren, wie kulturell-ökonomische Ähnlichkeiten, teilen: z.B. das Bildungsniveau und die Familienzusammensetzung.[10] Andererseits gleichen sie sich bezüglich des Einkommensniveaus, der Unterbeschäftigung und der mangelhaften sozialen Absicherung, also bezüglich kurzfristiger Variablen, die Ergebnisse ökonomischer Krisen sind, den strukturell Armen an. Die verfügbaren Daten verdeutlichen auch die starke Prägung der neuen Armut durch Polarisierung und Heterogenität. Insgesamt sind die Einkommen aller Beschäftigungskategorien während der 80er Jahre spürbar gefallen. Gleichzeitig hat sich in allen Beschäftigungsformen die Distanz zwischen denen, welche darin die bestbezahltesten Anstellungen hatten und jenen, die am nächsten zum Mindesteinkommen standen, vergrößert. Die neue Armut stellt folglich eine heterogene Einheit der Verlierer jeglicher Beschäftigungskategorie dar. Die quantitative Heterogenität hatte ihre qualitative Entsprechung: die Diversität der sozialberuflichen Profile in Verbindung mit verschiedenen sozialen Lebenswegen, die durch unterschiedliche Sozialisationsformen, familiäre Herkünfte, Bildungswege und berufliche Werdegänge hervorgerufen werden. Derartige, der Armut vorgelagerte und voneinander zu unterscheidende Biographien, hatten zur Internalisierung von unterschiedlichen Erwartungen, Werten, Konsumansprüchen und potentiell vorhandenen Ressourcen beigetragen. Diese der Verarmung vorgelagerten und variierenden Lebenswege führten anschließend zu divergierenden Umgangsformen mit der Armut.

Die Verarmung stellt eine generelle Erschütterung dar: Alle Aspekte der familiären Organisierung, die mit ökonomischen Faktoren verbunden sind, müssen revidiert, modifiziert oder gar verworfen werden. Es kann dazu kommen, dass ein Kind von der Privatschule genommen werden muss, zu der seine älteren Geschwister gegangen sind. Die gewohnte familiäre Ernährung muss umgestellt werden. Die Benutzung des Autos oder gemeinsame Reisen werden seltener. Auch die Teilnahme an Festen kann aus Mangel an angemessener Kleidung verhindert sein. Clubmitgliedschaften, Computerkurse, Therapien, sportliche, musikalische und kulturelle Aktivitäten werden abgesagt. Zeitschriften werden abbestellt, die medizinische Versorgung wird vernachlässigt, Steuerzahlungen werden verspätet wahrgenommen. Der Austritt aus einer Versicherung oder das Unterbrechen von Rückzahlungen beinahe beglichener Kredite kann nötig werden,

---

[10] Ihre Familien sind kleiner als die der strukturell Armen.

Essenseinladungen werden nur noch innerfamiliär reguliert ausgesprochen, die Licht- und Telefonbenutzung werden gedrosselt. Insgesamt führen die ökonomischen Umstellungen zur Aussparung eines Teils des sozialen Lebens.

Diese Besonderheiten der neuartigen Verarmung bewirken einen konstanten Zwang zur Veränderung. Der Unterschied zu einer stabilen Situation liegt darin, dass eine gewisse Routine und damit zusammenhängend eine Verselbstständigung von Entscheidungsfindungen fehlt. Stattdessen müssen immer aufs Neue Entscheidungen mit nachhaltigen Konsequenzen getroffen werden. Auch der Prozess der Aufstiegsmobilität ist anders: Zwar ist dieser auch mit vielen Veränderungen verbunden, jedoch sind diese Ergebnis der freiwilligen und bedachten Wahl. Der Prozess der absteigenden Mobilität hingegen bringt eine wachsende Komplexität im alltäglichen Leben der Betroffenen hervor, weil ständig Anstrengungen zur Stabilisierung der Situation unternommen werden müssen. Diese Bemühungen werden für die betroffenen Individuen immer dringlicher, weil sich mit der Abwärtsmobilität nicht nur eine Beeinträchtigung der persönlichen Situation, sondern auch eine Entfremdung von der umgebenden Lebenswelt vollzieht. Von dieser Entwurzelung sind vor allem altbewährte und verfestigte Ansichten betroffen. Alltägliche Gewohnheiten und vorgestellte Lebensentwürfe können unter diesen Bedingungen nicht aufrecht erhalten werden. Folglich wird die Verarmung zum einen als eine persönliche Umstellung und zum anderen als eine Desorganisierung der umgebenden sozialen Welt erfahren. Diese doppelte Wahrnehmung führt dazu, dass eine „Adaptation" im klassischen Sinne des Wortes, also die Anpassung an einen „neuen Kontext, der bereits definiert ist oder definierbar wäre, nicht vollzogen werden kann. Die neuen Armen sind einer Situation ausgeliefert, für deren Erklärung sie keine Antworten, „Vorräte gemeinsamer Erfahrungen einer Gesellschaft"[11] (Schütz 1987) noch Erlebnisse in der eigenen Familiengeschichte parat haben.

Durch diese Lücken in den Wissensvorräten wird die Verarmung eines großen Teils der Mittelschicht zu einem außergewöhnlichen Vorgang in der modernen argentinischen Geschichte. Die Verarmung markiert einen abrupten Bruch mit dem bisher gültigen Generationen- und historisch-kulturellen Modell und verursacht generelles Unverständnis für die neue Situation. Weder die familiäre noch die kulturelle Sozialisation noch die alltäglichsten Strategien konnten auf die definitive und irreversible Verarmung vorbereiten. Gleichzeitig markiert

---

[11] Wir beziehen uns auf das Konzept des *„stock of knowledge"* von Schütz. Er nimmt an, dass „jede Interpretation der Welt auf einem Vorrat früherer Erfahrungen beruht. Seien diese unsere eigenen oder solche, die uns durch unsere Eltern oder Lehrer vermittelt wurden; diese Erfahrungen dienen uns in Form von ´verfügbaren Wissensvorräten´ als Bezugsschemata." (1987: 12). Cefaï bezieht sich auf die Situationen, in welchen diese Erfahrungsvorräte keine Elemente mehr für die Interpretation einer neu auftretenden Situation bereithalten (1994: 112).

der soziale Abstieg das Ende der Generationenmobilität. Die endgültige Verarmung stellt das Ende eines Reproduktionsprozesses im Sinne des sozialen familiären Lebenswerkes dar; dieser Wendepunkt schließt zudem die Sorge über die Zukunft der Kinder und deren möglichen sozialen Abstieg mit ein.

Die Zerstörung des historisch-kulturellen und Generationenmodells erklärt im Zusammenhang mit dem Unvermögen der Betroffenen, die neue Lebenssituation in einen historisch gewachsenen Erfahrungsvorrat einzuordnen und mit Lösungsstrategien darauf zu reagieren (Botana/Waldmann 1988; Sigal/Kessler 1997), die scheinbare Irrationalität vieler neuer Armen. Viele Familien versuchten, ihr gewohntes Konsumverhalten aufrecht zu erhalten, auch wenn dies mit einer Verschuldung einherging. Derartiges Verhalten war oft mit der Annahme verbunden, dass es sich lediglich um eine weitere der zyklisch auftretenden nationalen Krisen handelte. Das Zerbrechen aber des kulturellen Modells führte zu einer Schwächung des Kerngedankens der kollektiven Ideologie. In einer durch ökonomische, politische und soziale Instabilität geprägten Gesellschaft war die mystische Erzählung über den kollektiven Fortschritt ein taktischer und stabilisierender Konsens; vielleicht der einzige Konsens, der sich über eine längere Zeitspanne mit all ihren Veränderungen und erlittenen Krisen auf den Beinen halten konnte. Die Infragestellung von Fortschritt geht mit der Anzweiflung des ideologischen Kerngedankens einher, ohne dass ein neuer an seiner Stelle auszumachen wäre.

Neue Strategien im Umgang mit der neuen Armut: Gebrauch des sozialen und kulturellen Kapitals

Beim Besuchen der Wohnungen der neuen Armen fiel sofort die scheinbare Veränderung klassischer und ehemals hierarchisch geordneter Bedürfnisstrukturen und Konsumgewohnheiten auf. Um den sozialen Abstieg aufzuhalten, wurden die verschiedensten Strategien angewandt. Es gab Personen, die zwar keine ausreichende Gesundheitsversorgung hatten, sich aber trotzdem nicht von den jährlichen Ferien an der Küste abbringen ließen. Andere schickten ihre Kinder weiterhin auf private Schulen, während sie gleichzeitig ihre Gesundheitsversorgung, Garderobe und Freizeitaktivitäten vernachlässigten. Manche wiederum genossen eine qualitativ hochwertige Gesundheitsbetreuung, konnten aber ihre Wohnungen nicht mehr instand halten. Einige Verarmte traten trotz hoher Verschuldung in Sportclubs ein und erneuerten ihre Garderobe regelmäßig. Es kam auch durch einen Umzug in kleinere Wohnungen vor, dass sich in den neuen und engeren Wohnverhältnissen Möbel und elektrische

Haushaltsgeräte stapelten. Es lässt sich also festhalten, dass sich die neue Armut in einem ungewöhnlichen Wohn- und Lebensstil widerspiegelte.

Eine genauere Analyse jedoch zeigt, dass nicht die gesamte hierarchische Anordnung der Konsum- und Bedürfnisstrukturen verändert wurde, vielmehr resultierte die offensichtliche Unordnung aus dem Rückgriff auf verfügbare alternative Ressourcen. Diese gingen aus dem bisher kumulierten kulturellen und sozialen Kapital hervor. Diese Kapitalarten erlauben den Besitzenden im Gegensatz zu monetärem Kapital keine Ausgabenaufteilung und verhindern so eine differenzierte Ausgabenpraxis. Dies zeigt sich auch in den spezifischen und vorbestimmten Zugeständnissen an gewisse Bedürfnisse. Beispielsweise können durch Familienangehörige, die im Gesundheitssektor beschäftigt sind oder mithilfe von bekannten Textilunternehmern nur die Bedürfnisse befriedigt werden, zu denen sie Zugang haben. Andere Wünsche können folglich nicht erfüllt werden. Zudem waren alle in der neuen Situation vorhandenen und benutzten Ressourcen in einer anderen sozialen Lage kumuliert worden und damals für eine andere Bestimmungen gedacht oder unter Umständen auf kein Ziel ausgerichtet gewesen.

Dieser Bedeutungszuwachs des kulturellen und sozialen Kapitals führt auch zu Veränderungen in den Relationen zwischen Armut und politischem Klientelismus. Traditionell war der politische Klientelismus eine informelle Form der Güter- und Dienstleistungsverteilung. Ermöglicht wurde dieser durch die selektive Handhabung assistentialistischer Maßnahmen in Zonen mit hoher Bevölkerungskonzentration, die von besonderer Bedeutung für die Wahlen sind. Gegenüber den neuen Armen lassen sich solche Güterzuweisungen jedoch schwerer durchführen, da die neuen Armen, nicht wie die strukturell Armen, geographisch konzentriert, noch Objekte einer spezifisch auf sie ausgerichteten Sozialpolitik sind. Daraus folgt, dass die neuen Armen selbstständig in Verhandlungen mit den öffentlichen Institutionen treten müssen, sei es für knappe öffentliche Güter oder zusätzliche Vergünstigungen oder auch, um vorhandene Hindernisse und Missstände für deren Benutzung zu verringern. Diesbezüglich erwächst den neuen Armen aus der Verfügung über kulturelles Kapital, als einem verinnerlichtem Habitus[12] (Bourdieu 1979) eine Reihe von Vorteilen, die innerhalb von Institutionen wie der Schule, in Krankenhäusern oder bei der Gewerkschaftshilfe beobachtbar sind. Solche Begünstigungen waren augenfällig, wenn man ihre

---

[12] Für Bourdieu (1979) existieren dreierlei Formen des kulturellen Kapitals. Für uns ist hier besonders eine als verinnerlichter Zustand relevant, d.h. in Form dauerhafter Dispositionen des Organismus. Dispositionen beziehen sich dabei auf „Haltungen, Wahrnehmungsformen, Gefühle, Handlungs- und Denkweisen, die von den Individuen je nach ihren objektiven Lebensbedingungen internalisiert werden und die als unbewusste Handlungs-, Wahrnehmungs- und Reflektionsprinzipien benutzt werden." (Accardo/Corcuff 1986: 229)

Behandlung mit der der strukturell Armen in derselben Institution verglich. In Krankenhäusern ermöglichte die Mobilisierung von kulturellem und sozialem Kapital einen einfacheren Zugang zu Untersuchungen bei Spezialisten, sie wurden eher stationär eingewiesen und erhielten kostenfreie Medikamente. In den renommierteren öffentlichen Schulen hatten sie größere Erfolge, einen Platz für ihre Kinder zu bekommen. Auch die spärlich vorhandenen Plätze in Ganztagsschulen, die von den Familien, in denen beide Elternteile arbeiten, sehr gefragt sind, und in den Kinderkrippen, die nicht für die gesamte Bevölkerung gleichermaßen Plätze bereit halten müssen, weil sie nicht zu den obligatorischen Bildungseinrichtungen zählen, konnten sie eher Plätze ergattern. In den städtischen Verwaltungsbüros drehten sich die Auseinandersetzungen um die Verteilung von ökonomischen Gütern und finanziellen Zuwendungen.

Einigen der neuen Armen gelang es, komplizenhafte Verbindungen mit Verwaltungsangestellten herzustellen, was ihnen eine bevorzugte Behandlung sicherte. Dennoch waren die meisten Verhandlungen von Konflikten geprägt. Zu Diskussionen kam es normalerweise dann, wenn ein unzufriedener Nutzer der öffentlichen Dienste „das Wort ergriff", um deutlich zu machen, dass die Benutzung privater Dienste als ein „Ausweg" und als Alternative zu öffentlichen Dienstleistungen ein Ding der wirtschaftlichen Unmöglichkeit sei (vgl. Hirschman 1970). Die Bittsteller legten dem Verleihenden lautstark dar, welches Verständnis sie von seiner Rolle, den dazugehörigen Verpflichtungen oder den Institutionsverpflichtungen hatten. Manchmal betonten die Antragssteller ihre besonderen „Rechte" und den besonderen „Respekt", der ihnen gezollt werden müßte. Sie nahmen weitere „Überlegungen" der Angestellten in Anspruch, welche ihnen durch ihre soziale Position, berufliche Qualifikation oder andere Attribute zukommen müssten, die sie von den anderen unterscheiden oder über die undifferenzierte Masse der Benutzer heben konnten. Nicht selten drohten sie damit, die Angestellten anzuzeigen, aber nicht indem sie den gewöhnlichen Wegen, wie Beschwerdebüchern, folgen wollten, sondern durch den direkten Zugriff auf übergeordnete Instanzen, innerhalb derer viele versicherten, dort persönliche Bekannte zu haben.

Ungeachtet der bereits unternommenen Anstrengungen, blieb die Wirksamkeit der Mittel für die Bittsteller in jeder neuen Auseinandersetzung ungewiss: Es gab keine feststehenden Kriterien dafür, was dauerhaft als kulturelles Kapital anzusehen war, weil dieses immer neu auf seine Wirksamkeit zu überprüfen war. Eine Stabilisierung der wirkungsvollen Mittel war nicht möglich: jedes Attribut, das in einer Gelegenheit erfolgreich getestet worden war – das Diplom, die berufliche Stellung, eine vage Referenz auf Rechte – konnte sich durch eine erfolgreiche Operation der Inwertsetzung in Kapital verwandeln. Aber in einem folgenden Versuch – in einer anderen Institution oder in derselben aber bei einem/r anderen Angestellten oder sogar bei dem/r selben – konnte dessen Effizienz enden.

Der Gebrauch von sozialem Kapital hingegen war am Gütererwerb und an der Nutzbarmachung gewöhnlicher Dienstleistungen orientiert, auf die ein Zugriff nicht mehr durch einen gängigen Marktaustausch möglich war. Deswegen identifizierten die neuen Armen unter ihren Bekannten potentielle Gönner und bauten so persönliche Netzwerke auf, die ihre Bedürftigkeit beheben konnten. Strenggenommen handelte es sich aber nicht um den Aufbau von Tauschbeziehungen außerhalb des Marktes, wie die klassischen reziproken Beziehungen, die in Studien zu marginalen Sektoren in Lateinamerika behandelt werden (Lomnitz 1975). Vielmehr sollten die herkömmlichen Austauschregeln flexibilisiert werden, indem beispielsweise Sonderpreise erzielt und Zahlungen in unzähligen Raten vorgenommen wurden. Auch gab es professionelle Anbieter von Dienstleistungen, die sich innerhalb des Naturaltauschs spezialisiert hatten. Wie bereits erwähnt, war das, was im Verarmungsprozess in kulturelles oder soziales Kapital verwandelt wurde, schon vorher in einer anderen sozialen Situation und mit anderen Zielen kumuliert worden. Viele dieser Ressourcen waren zuvor nicht einmal als Tausch- oder Zahlungsmittel vorgesehen. Beispielsweise stellt für eine/n nach beruflicher Karriere strebende/n AkademikerIn, eine große Anzahl an KollegInnen ein wertvolles soziales Kapital dar. Bei einer Verarmung aber und dem Versuch die Verminderung eines gewissen Konsumniveaus abzufedern, hat dieses kumulierte Kapital nicht mehr denselben Wert wie zuvor. Diesem Bestreben nützt vielmehr ein in seiner beruflichen Ausgestaltung breit gefächerter Bekanntenkreis, weil dieser einer weiten Palette an eventuellen Leistungen entsprechen kann. Hinzu kommt, dass durch eine veränderte soziale Lage einerseits auch andere Gefälligkeiten erbeten werden und andererseits auch die Reaktionen auf solche Bitten anders ausfallen können.

Zusammenfassend lässt sich festhalten, dass die Theorie des sozialen und kulturellen Kapitals entgegen den beschriebenen Transformationen in den argentinischen Mittelschichten auf einen stabilen Kontext zugeschnitten ist, innerhalb dem die Kumulation beispielsweise sozialer Beziehungen mit einem vorbestimmten Ziel stattfindet. Innerhalb des Verarmungsprozesses verändert sich aber der Kontext und damit wird die Effizienz des kumulierten sozialen Kapitals ungewiss.

Verfall der sozialen Identität

In diesem Kapitel soll der Frage nachgegangen werden, wie sich die neuen Armen selbst in der Sozialstruktur verorten. Werden bisherige soziale Identitäten in Frage gestellt?[13] Die genaue Zusammensetzung der neuen Armen kann nicht mit einer einzigen und sozialstrukturell eindeutigen Antwort dargestellt werden. Im Unterschied zum Positionsverlust durch Arbeitslosigkeit gibt es in den Verarmungsprozessen ohne Arbeitsplatzverlust keinen Amtsenthebungsritus (z. B. eine Verabschiedung), der gleichzeitig einer Aufhebung von bisher existenten Kategorien und der Grundlage für eine neue gesellschaftliche Einordnung entspricht (z.b. von dem/r GeschäftsleiterIn zum/r ausgebildeten Arbeitslosen). Trotzdem war zu beobachten, dass die Verarmung die grundlegende Selbstverortung innerhalb der Mittelschicht in Frage stellte. Damit ist die Definition der argentinischen Identität aufs engste verbunden. Die Umfragen bis zu den 80er Jahren zeigten, dass sich mehr als 70% der Bevölkerung dieser Schicht zuordneten, deren Ausmaß das hauptsächliche Unterscheidungsmerkmal Argentiniens vom Rest Lateinamerikas war. 1989/90 provozierte die Hyperinflation die Angst vor dem „Ende der Mittelschicht" und damit auch des kollektiven Projektes des ganzen Landes (Sigal/Kessler 1997). Es wurde befürchtet, dass sich Argentinien durch das Verschwinden der Mittelschicht in ein zweites Brasilien verwandeln würde und die dreigeteilte und damit in einem relativen Gleichgewicht befindliche Gesellschaftsstruktur sich in eine dichotome Konfrontation zwischen der oberen und der unteren Klasse entwickeln würde.[14]

Die Hyperinflation hatte verheerende Auswirkungen und ließ kaum eine soziale Gruppe unbeschadet. Die allgemeine Betroffenheit führte zur Infragestellung der gesamten Mittelschicht als Klasse. Die Massenverarmung hingegen war ein langwieriger Prozess, der bis zu einem gewissen Zeitpunkt nicht so sehr als ein soziales Problem sichtbar war. Deswegen wurden auch die damit zusammenhängenden Konsequenzen, ob man weiterhin zur Mittelschicht gehört oder aus ihr ausgeschlossen wird, individuell thematisiert. Damit ging eine Kette

---

[13] Wir beziehen uns hier auf die „soziale Selbstklassifizierung", d.h. auf die Zuordnung zu einer bestimmten sozialen Kategorie, wie z. B. Mitglied der „Mittelschicht" oder der „Armen". Diese Selbsteinordnung ist eine imaginäre Verortung in der sozialen Struktur und eine Positionierung in Bezug auf andere soziale Gruppen, die auch in der Gesamtheit der sozialen Strukturen verortet werden: Zum Beispiel setzt die Kategorie „Mittelschicht" voraus, dass auch eine Unterschicht und eine obere Klasse existieren. Daher kann eine Transformation der Selbsteinordnung eine insgesamt veränderte Sichtweise der sozialen Strukturen zur Folge haben.
[14] Brasilien und Argentinien funktionieren als gefürchtete soziale Spiegelbilder. Für Brasilien ist Argentinien das Land der Melancholie und der unablässigen Dekadenz, während in der argentinischen Wahrnehmung das Nachbarland die Kristallisierung einer Gesellschaft ist, die zweifach, nämlich durch das Elend und die Gewalt, zerstört wird.

von Infragestellungen einher, die mit der Identifikation und Idee der „Mittelschicht" verbunden werden. Zuerst setzte die Frage über die Verortung in der Sozialstruktur imaginäre Kriterien der Zugehörigkeit zur Mittelschicht voraus: War die ehemalige berufliche Position ein Einschlusskriterium, waren es Diplome oder das kulturelle Niveau? Dann stellte sich die Frage nach der Tragweite des erlebten Wandels: War es eine individuelle Erfahrung, die einer ganzen Gruppe oder gar die Erfahrung der gesamten Gesellschaft? Schließlich, wenn Klarheit über den Ausschluss aus der Mittelschicht bestand, wurde nach neuen Aufstiegsmöglichkeiten gesucht.

Auch die drastische Einschränkung von mittelschichtspezifischem Konsumverhalten beeinflusste derartiges Anzweifeln der sozialen Position. Eine Selbsteinordnung in die Mittelschicht basierte in dem – realen oder potentiellen – Zugriff auf Güter oder Dienstleistungen, die über solche des reinen Überlebens hinausgingen.[15] Mit dem Verarmungsprozess wurde deutlich, dass sich die Selbstwahrnehmung der Mittelschicht in der Alltäglichkeit der Konsumgewohnheiten manifestierte: diese sind die Basis ihrer großen Popularität in normalen Zeiten aber auch ihrer extremen Zerbrechlichkeit in Zeiten der Verarmung. Die Durchlässigkeit der Mittelschichten in wirtschaftlich stabilen Zeiten kann in Krisenzeiten zu ihrer Achillesverse werden. Da eine Selbsteinordnung zu den Mittelschichten nur in Krisenzeiten Aufnahmekriterien und gewisse Riten erfordert, kann es vorkommen, dass nicht einmal ein Diplom oder eine institutionelle Position zur Absicherung des sozialen Status und des Verbleibs in der Mittelschicht vorhanden ist bzw. ausreicht.

Die Reaktionen auf die neue Situation lassen sich in zwei Hauptströme einordnen: die einen beharrten auf ihrer Zugehörigkeit zur Mittelschicht, während sich die anderen als ausgestoßen betrachteten. Erstere stützten sich auf Attribute wie Auszeichnungen, die berufliche Position, das kulturelle Niveau, Gewohnheiten und die Vergangenheit, welche die Verschlechterung des Lebensstandards kompensieren konnten. Einige davon sahen die Verschlechterung ihrer Lebensumstände durch eine insgesamte „massive Abwertung der Mittelschicht" bedingt. Sie sahen darin also einen kollektiven Wandel. Die eigene Zugehörigkeit zur Mittelschicht und deren Existenz als eigenständige Schicht wurden aber nicht angezweifelt, sondern sie setzten eine dauerhafte Dreiteilung der Sozialstruktur voraus, auch wenn sich ihre Position in absteigender Weise relativ an

---

[15] Dazu gehören eine spezifische Kleiderordnung, das nächtliche Ausgehen, Urlaube, Haushaltsgeräte und Fahrzeuge. Trotz der großen Bedeutung des Bildungsniveaus war doch das Konsumvermögen ausschlaggebend. Denn zum einen konnte man sich auch ohne Diplome zur Mittelschicht zählen und bei einer Krise des Lebensstils konnten zum anderen selbst wichtige Bildungsqualifikationen nicht die Infragestellung der Identität verhindern.

die der unteren Klassen annäherte. Dieses Beharren aber auf die Zugehörigkeit zu den mittleren gesellschaftlichen Sektoren, die durch gewisse hierarchisch strukturierte Merkmale und aufeinander bezogene definitorische Klassengrenzen von der oberen Klasse und den unteren Klassen abgetrennt sind, implizierte zugleich, sich den damit verbundenen Einschränkungen zu fügen. In diesem Sinne kann die ablehnende Haltung vieler Befragter gegenüber Fürsorgemaßnahmen (wie kostenlose Essensverteilung) interpretiert werden. Selbst Familien, die sich in einer Situation intensiver Armut befanden, waren der Meinung, dass „dies nicht für uns war", sondern für die „wirklich Armen". Da die Hilfsmaßnahmen eine direkte Etikettierung zur Folge gehabt hätten, wurde durch eine solche ablehnende Haltung versucht eine Stigmatisierung abzuhalten.

Für die zweite Gruppe, die sich als Ausgestoßene betrachteten, war der Schlüssel zum Verbleib in der Mittelschicht der bisherige „Lebensstil". Ein Selbstausschluss hingegen war bei denen häufiger, die keine Diplome oder qualifizierte Arbeitsstellen vorweisen konnten. Ihnen fiel es deshalb auch schwerer, die Verschlechterung der Lebensbedingungen mit der eigenen Identität zu kompensieren. Trotzdem gab es unter Personen in objektiv relativ ähnlichen Situationen Zuordnungen in die beiden erwähnten Positionen. Dies hing davon ab, ob sie mehr die Verluste oder die fortbestehenden Attribute betonten. („Ich bin trotz allem noch immer ein Akademiker.") Nach einer (Selbst-)Herabstufung folgte dem Ausschluss aus der Mittelschicht die Suche nach einer neuen Verortung in den sozialen Strukturen. Niemand wollte sich den „Armen", den strukturell Armen zurechnen, von denen sie sowohl die Vergangenheit als auch ein gegenwärtiger Lebensstil trennte. Die Mischformen der neuen Armut ermöglichen es, eine Vielzahl an Antworten auf die identitäre Ungewissheit zu entwickeln. Aufgrund der Unmöglichkeit zwischen der Mittelschicht und der „armen Schicht" zu unterscheiden, werden die neuen Armen manchmal in die Arbeiterklasse eingeordnet, was einem Wandel der Klassifizierungskriterien gleichkommt: nicht mehr der Lebensstil, sondern das Einkommen (durch die Lohnarbeit) ist ausschlaggebend.

Die eben beschriebene Situation charakterisierte das Phänomen der neuen Armut Mitte der 90er Jahre. In den Mitte 2002 realisierten Arbeiten sind einige interessante Änderungen zu bemerken. Erstens hat sich bei den Betroffenen ein Verstehen der neuen Situation als ein Ausschluss aus der Mittelschicht fast mehrheitlich durchgesetzt und zum zweiten betrachten sich viele selbst als neue Arme. Diese Bezeichnung war auf den akademischen Raum übergeschwappt und wurde von den eben benannten angenommen. Dies zeigte sich in einer Befragung von 2005 über die Wahrnehmung der sozialen Identität. 33% der Befragten definierten sich als „verarmte Mittelschicht" (Grupo CCR 2005).[16] Der Übergang zu einer neuen Identität erfolgte zeitgleich mit einer Entspannung der Abgrenzungsstrategien von den „wirklich Armen". Darauf deutet vor allem das veränderte Verhalten gegenüber den Hilfsleistungen hin, gegen welche sich die neuen Armen zuvor gerichtet hatten. Dies wird offensichtlich hinsichtlich der Bejahung der Hilfsleitungen *Plan Jefes y Jefas de Hogar Desocupados*[17] durch die neuen Armen. Allerdings war die Inanspruchnahme dieser Sozialhilfe aufgrund der Zulassungsbedingungen für die Mittelklasse eingeschränkt.

Schlussbemerkungen zur neuen Armut heute

Abschließend werden wir die Veränderungen bezüglich der neuen Armut, die sich seit den ersten Studien bis heute beobachten lassen, analysieren. Erstens ist für das heutige Argentinien die neue Armut kein neuartiges soziales Phänomen mehr. Die Krise von 2001 rief eine erneute große Welle der Verarmung hervor, die gewaltigere Formen als die vergangene Krise annahm und jetzt auf ein höheres Bewusstsein gegenüber diesen Vorgängen traf. Viele der Betroffenen erfahren nun schon seit mehr als einem Jahrzehnt eine Verarmung. Damit einhergehend häufen sich die sozialen Probleme. Zum Beispiel ist aufgrund der über die Jahre angehäuften Schulden in den großen Stadtzentren eine Zunahme der Veräußerungen von Möbeln und anderem Eigentum zu beobachten.

Zudem erscheinen viele der zu Beginn der 90er Jahre als soziale Abstiege wahrgenommenen Schicksale heute als instabile Werdegänge. Anhand einer Erhebung von Mitte 2000 zur beruflichen Mobilität in Argentinien (Kessler/Espinoza 2003) lässt sich nachvollziehen, dass einige ArgentinierInnen, die zu Beginn der 90er Jahre verarmt waren, in nachfolgenden Wachstumsphasen ihre soziale Lage erst verbessern konnten und diese sich anschließend wieder verschlechterte. Dies bedeutet, dass im selben Jahrzehnt auch ein Prozess der aufsteigenden strukturellen Mobilität zu verzeichnen war, der ein absolutes und relatives Wachstums von typischen Mittelschichttätigkeiten mit sich brachte (Torrado 1994). Allerdings ging dieses Wachstum mit einer Prekarisierung der Arbeit einher. Folglich gab es in vielen Fällen zwar einen Aufstieg zwischen oder innerhalb der Generationen bezüglich des Qualifikationsniveaus der Ar-

---

[16] 12% stuften sich selbst als Teil der unteren Klassen ein und 55% beharrten auf einer Zugehörigkeit zur Mittelschicht. Dies zeigt die fortdauernde Privilegierung dieser Klasse als Identitätskategorie, denn zum Zeitpunkt dieser Umfrage lag die offizielle Armutsquote bei 43%.
[17] Dieser *Plan Jefes y Jefas de Hogar Desocupados* war eine in der tiefen Krise von 2001/02 entstandene Sozialpolitik, die für arbeitslose Haushaltsvorstehende eine monatliche Hilfe von 50 Euro vorsah (Anm. d. Übers.).

beitsstelle, aber ohne einen realen Gewinn – oder gar inklusive Verlusten – hinsichtlich der ehemaligen Absicherungen. Dieses Phänomen wurde als „unechte Mobilität" bezeichnet (Kessler/Espinoza 2003).

Drittens war die neue Armut Anfang der 90er Jahre ein nach innen gerichtetes und nicht öffentlich wahrgenommenes Phänomen. Dies schloss die Entstehung kollektiver Aktionsweisen und Strategien aus. Hingegen herrschte im Jahr 2000 ein reger Austausch zwischen den verarmten Teilen der Mittelschichten, die sich in kollektiver Weise organisierten. González Bombal (2002) beschreibt dies in ihrer Studie über den *Club del Trueque*, der Versuch eines Güter- und Dienstleistungsaustausches, dem es bis zum Jahr 2001 gelang, zwei Millionen Menschen zu vereinen. In solchen Tauschringen interagierten die verarmten Mittelschichten und die „Volkssektoren"[18]. Letztgenannte erhielten gewisse Dienstleistungen (wie traditionelle und alternative Therapien, etc.), über die die argentinischen städtischen Mittelschichtangehörigen verfügen und diese erhielten im Tausch dagegen Güter (wie selbst zubereiteter Speisen, etc.) und andere Dienstleistungen (wie Haushaltsinstandhaltung und Wartungen, etc.), zu denen eher die subalternen Klassen Beziehungen pflegen. Dieser Tauschhandel beinhaltete jedoch für jede Klasse einen anderen Sinngehalt. Während sich die subalternen Klassen glücklich schätzten, sozialen Zugang zu Sektoren und Praktiken, die mit der Mittelschicht identifiziert wurden, zu haben, war es für die Verarmten eher ein Indikator dafür, dass der so gefürchtete Ausschluss aus der Mittelschicht letztendlich doch stattgefunden hatte (Luzzi 2005). Eine massenübergreifende Erfahrung für die Verarmten, die ihren Austritt aus der Mittelschicht widerspiegelte, war nach der Krise von 2001 die Bildung der Stadtviertelvereinigungen im Großraum Buenos Aires und in einigen Städten im Landesinneren. Svampa (2005) zufolge schufen die Stadtviertelversammlungen Räume zur Organisierung, Beratung und Beschlussfassung, welche im Bruch zu den traditionellen Formen politischer Repräsentation konzipiert wurden und andere Formen der Selbstorganisierung bevorzugten. Diese strebten nach Gleichberechtigung und neigten zur Erprobung direkter Aktionen. Mit diesen Neuerungen betraten die Mittelschichten, vor allem in Buenos Aires, wieder einen wichtigen Ort der politischen Bühne. Die Autorin bekräftigt, dass diese Räume für einen Großteil der Verarmten der größten Städte des Landes auch zur Wiedererlangung der politischen Identität führten: Sie hatten eine zentrale Rolle in den Versammlungen inne. Innerhalb der Treffen war es möglich Händler, Angestellte und Fachkräfte zu finden, Menschen aus dem öffentlichen wie privaten Bereich, Verwaltungsangestellte, Beschäftigte aus dem Bildungs- wie aus dem Gesund-

---

[18] Als „Volkssektoren" (*sectores populares*) werden in Lateinamerika die Gesamtheit der Unterklassen und Teile der Mittelschichten bezeichnet. Wir bezeichnen sie hier auch als subalterne und subordinierte Klassen (Anm. d. Übers.).

heitssektor. Viele von ihnen waren verarmt und einige erlitten einen hohen Grad an beruflicher Instabilität. Es waren viele Arbeitslose verschiedener Herkunft anzutreffen. Trotzdem handelte es sich nur um eine kurz andauernde Erfahrung auf dem Experimentierfeld zur Ausübung staatsbürgerlicher Rechte (*laboratorio de ciudadanía*). Die Versammlungen fielen oftmals den Diskussionen zwischen Gruppen mit verschiedenen Projekten zum Opfer. Auch weil sie keine Befähigung in der Überwindung solcher Interessenskonflikte erhalten hatten, tendierten diese schon mit einer annähernden Stabilisierung der ökonomischen und politischen Situation zur Leerung. Oft lösten sie sich völlig auf, oder aber, wie in manchen Fällen, arbeiteten die Leute in kommunalen Projekten weiter, die auf zugespitzte Fragen konzentriert und effektiver waren. Es ist kaum möglich festzustellen, welches die zurückgebliebenen Spuren dieser Erfahrung sind. Dadurch wurde eine politische und soziale Hauptrolle der neuen Armen sowie eine – vielleicht sehr kurze – Artikulation zusammen mit der Bewegung der Selbstorganisierten und der Arbeitslosen der subalternen Klassen, den sog. *Piquetero*-Bewegungen, möglich, was zehn Jahre zuvor noch undenkbar gewesen wäre.

Die Analyse der Mittelschichten und ihrer neuartigen Situation seit den 90er Jahren darf jedoch nicht den Blick auf die Situation der alten Armen verdunkeln. In diesem Sinn greift eine (Selbst-)Kritik gegenüber jenen, die wie wir die Probleme zur Armut der 90er Jahre studiert haben. Die Neuigkeit dessen, was mit den sozio-professionellen Mittelschichten geschah, absorbierte derart unsere Aufmerksamkeit, dass wir darin scheiterten, darüber hinaus die Implikationen der Verarmung auf die gesamte Sozialstruktur zu analysieren. Konkret bedeutete die Verarmung der mittleren Sektoren und deren Verlust bestimmter Stellen, einhergehend mit einer Vergrößerung der Arbeitslosigkeit, die Zurücksetzung der strukturell Armen auf Arbeitsplätze, die niedrige Qualifikationen erforderten; zudem wurden Stellen, die zuvor von Armen mit niedriger Qualifikation besetzt waren, durch Modernisierungsprozesse verringert. Viele der verbliebenen solcher Stellen werden heute von verarmten Mittelschichtsegmenten besetzt, die eine bessere Ausbildung haben. Es bildete sich auf dem Arbeitsmarkt eine Wettbewerbssituation heraus, die die strukturell Armen weiter einschränkte. Auch am Beispiel der Arbeitslosigkeit im häuslichen Dienstleistungsbereich lassen sich die Auswirkungen der Verarmung der Mittelschicht auf die Ärmsten zeigen (Porcú 2003). In ärmeren Haushalten war es in Krisenzeiten üblich, das Einkommen des männlichen Haushaltsvorstands durch die zusätzliche Beschäftigung der Frau als Haushaltsangestellte aufzubessern. In Zeiten hoher Arbeitslosigkeit konnte die weibliche Anstellung gar die des Mannes ersetzen. Durch die Verarmung der mittleren Sektoren wird dieses Vorgehen aber erschwert.

Zuletzt muss ein weiterer Aspekt hervorgehoben werden: die neue Armut wirft in den verschiedenen Ländern für die öffentliche Politik erhebliche Probleme auf, welche im Fall Argentiniens sogar nach mehr als einem Jahrzehnt nicht zu neuartigen politischen Maßnahmen oder Strategien geführt haben. Diese müssten territoriale Komponenten, wie die städtische Versorgung und Zugänge zu städtischer Infrastruktur mit einbeziehen. Der neue Kontext verlangt ein kreatives Umdenken. Gebräuchliche Kriterien zur Armutsbestimmung, wie zum Beispiel die traditionelle Lokalisierung von Armen innerhalb eines Wohnterritoriums, ist für eine in den städtischen Zwischenräumen zerstreute Bevölkerung nicht mehr brauchbar. Für uns, die wir das Phänomen seit Jahren beobachten, mutet es unbehaglich an, wie trotz einer Verankerung des Themas in der öffentlichen Agenda und in der gemeinsamen Wahrnehmung der Gesellschaft, für die betroffene Bevölkerung keine öffentlichen Politiken generiert wurden. Das Fortbestehen und die Zunahme der härteren Armut in den letzten Jahren, für deren Behandlung die politischen Maßnahmen (seitens des Staates) auch nicht ausreichend sind, sollten dabei nicht vergessen werden. Seit einem Jahrzehnt weisen unsere Arbeiten darauf hin, dass ein Teil der schlechten Situation der Haushalte aus fehlenden präventiven öffentlichen Politiken resultierte. Zwar war dieses Defizit nicht ausschlaggebend für den Verfall, jedoch ist klar, dass eine Reihe von Aktionen – die nicht unbedingt sehr kostenaufwendig hätten sein müssen – den verarmenden Haushalten eine Abfederung der Krisenauswirkungen erlaubt hätten. Vor allem aber hätte dadurch eine Kumulation von unbefriedigten Bedürfnissen verhindert werden können, was einige Zeit später zur Verarmung führte. Aus unseren Studien von Mitte der 90er Jahre an können einige Beispiele zur Veranschaulichung herangezogen werden. Wir beziehen uns auf die fehlende Hilfe für die Zahlung von Miete und Auslagen, welche zu Räumungen und Eigentumsentäußerungen führten; auch Schulden, die anfangs noch bedienbar gewesen wären, verwandelten sich durch die Mittelknappheit in unbezahlbare Schulden; daneben gab es Schwierigkeiten medizinische Behandlungen durch- und fortzuführen, was lebenslange Spuren hinterließ oder bis zu einem Versterben der Patienten führen konnte; auch der Ausbildungsabbruch von Jugendlichen, der durch die Eltern zuerst nur vorübergehend zur Unterstützung des Haushaltsauskommens veranlasst wurde, später aber nicht mehr rückgängig gemacht wurde, ist beispielhaft. Die Nichtwiederaufnahme der Ausbildung verursachte ein Defizit des humanen Kapitals, das nicht korrigierbar war. Auf diese Weise hat sich eine allmähliche Isolation in Bezug auf langwährende Beziehungen zum Gebrauch von Sozialkapital ergeben, da es aufgrund fehlender Reziprozität abschmolz. Dadurch entfernten sich die Betroffenen von ihrer Zugehörigkeitsgruppe gerade in einer Zeit, als sie derer umso mehr bedurft hätten.

Um die These aus der Einleitung wieder aufzunehmen: Die argentinische Erfahrung ist paradigmatisch für ähnliche Prozesse in anderen lateinamerikanischen Ländern. Somit wäre es wünschenswert, dass die Fehler – hervorgerufen durch Handeln oder Nicht-Handeln –, die in Argentinien begangen wurden, dazu dienen, daraus zu lernen und diese in den anderen Ländern der Region zu vermeiden. Damit könnte das übergeordnete Ziel, das soziale Leiden weiter Bevölkerungsteile zu verhindern, erreicht werden.

Übersetzung: Therese Gerstenlauer und Johannes Schulten

Literatur

Accardo, Alain/Corcuff, Philippe (1986): La Sociologie de Bourdieu. Bordeaux: Le Mascaret

Bauman, Zygmunt (2000): Trabajo, consumismo y nuevos pobres. Barcelona: Gedisa

Bayón, Cristina (2006): Precariedad social en México y Argentina: tendencias, expresiones y trayectorias nacionales. In: Revista de la CEPAL. No. 88: 133-152

Beccaria, Luis/Kessler, Gabriel (1999): Heterogeneidad social y fuentes de desventajas: el caso argentino. Ponencia presentada en la III Reunión de la Red de Economía Social, Lima

Botana, Natalio/Waldmann, Peter (1988): El Impacto de la Inflación. Buenos Aires: Universidad Di Tella

Bourdieu, Pierre (1979): Les trois états du capital culturel. In: Actes de la Recherche en Sciences Sociales 30: 2-30

Bucheli, Marisa/Furtado, Magdalena (2004): Uruguay 1998-2002: características de los cambios en el perfil de la distribución del ingreso. Santiago de Chile: CEPAL

Caldeira, Teresa (1996): Fortified enclaves: The new urban segregation. In: Public Cultures 8 (2): 303-328

Catenazzi, Andrea/Di Virgilio, María Mercedes (2006): Habitar la ciudad: aportes para el diseño de instrumentos y la definición de una política urbana. In: Andrenacci, L. (Hrsg.): Problemas de política social (Y la política social en problemas). Buenos Aires: UNGS- Los Polvorines

Cefai, Daniel (1994): Type, typicalité, typification. La perspective phénoménologique. In: Bernard Fradin/Queré, Louis/Widmer, Jean (Hrsg.): L'enquete sur les catégories. Raison Partiques 5. Paris. Editions de l'EHESS: 98-122

CELS (2001): La Protesta Social En La Argentina durante Diciembre de 2001. Documento presentado el 8 de marzo de 2001 en una Audiencia sobre la situación general de derechos humanos en Argentina, ante la Comisión Interamericana de Derechos Humanos (CIDH)

Cortés, Fernando/Escobar Latapí, Agustín (2005): Movilidad social intergeneracional en el México urbano. Santiago de Chile: CEPAL

Di Virgilio, María Mercedes (2003): Hábitat y salud. Estrategias de las familias pobres. Buenos Aires: Ediciones Lumiere

Germani, Gino (1963): Movilidad social en la Argentina. In: Seymour Lipset/Bednix, Reinhardt (Hrsg.): Movilidad social en la sociedad industrial. Buenos Aires: Eudeba: 317-365

Gonzalez Bombal, Inés (2002): Sociabilidad en clases medias en descenso: experiencias en el trueque. In: AA.VV. Sociedad y Sociabilidad en la Argentina de los 90. Buenos Aires: UNGS-Biblos

Grupo CCR (2005): Marcas masivas, mercados fragmentados. Trabajo presentado en el 4° Encuentro del Consumo Masivo, Instituto Argentino de la Empresa. Buenos Aires

Hirschman, Albert (1970): Exit, voice and loyalty. Cambridge: Mass, Harvard University Press

Hoffman, Kelly/Centeno, Miguel Angel (2003): The Lopsided Continent: Inequality in Latin America. In: Annual Review of Sociology 29: 363-390

INDEC (2003): www.indec.gov.ar

Katzman, Rubén (1989): La heterogeneidad de la pobreza en Montevideo: una aproximación bidimensional. In: La Economía de América Latina 18: 89-118

Katzman, Rubén/Filgueira, Fernando/Errandonea, Fernando (2005): La ciudad fragmentada. Respuesta de los sectores populares urbanos a las transformaciones del mercado y del territorio en Montevideo. In: Portes, Alejandro u.a. (Hrsg.): Ciudades latinoamericanas. Un análisis comparativo en el umbral del nuevo siglo. Buenos Aires: Prometeo: 441-507

Kessler, Gabriel (1998): Le processus de paupérisation de la classe moyenne argentine. Tesis de Doctorado, Ecole des Hautes Etudes en Sciences Sociales: Paris

Kessler, Gabriel (2002): Pobreza, vulnerabilidad y riesgo en la comunidad judía uruguaya. Montevideo, America Jewish Joint-Ediciones Banda Oriental

Kessler, Gabriel/Espinoza, Vicente (2003): Movilidad social y trayectorias ocupacionales en Argentina: ruptura y algunas paradojas del capital de Buenos Aires. In: Serie Políticas Sociales No. 66. Santiago de Chile: CEPAL

Kessler, Gabriel/Minujin, Alberto (1995): La Nueva pobreza en la Argentina, Buenos Aires: Temas de Hoy-Planeta

Kessler, Gabriel/Di Virgilio, Mercedes (2005): The New Poverty in Argentina and Latin America. In: Hanley, Lisa/Ruble, Blair/Tulchin, Joseph (Hrsg.): Becoming Global and the New Poverty of cities, Washington, Woodrow Wilson International Center for Scholars-USAID: 79-118

Lomnitz, Larissa (1975): ¿Cómo sobreviven los marginados, México: Siglo XXI

Lomnitz, Larissa/Melnick, Ana (1991): Chile's Middle Class. A struggle for survival in the face of neoliberalism. Boulder, Colo: LACC Studies on Latin America & the Caribbean

López, Julio (1999): Evolución reciente del empleo en México. Santiago de Chile: CEPAL

Luzzi, Mariana (2005): Reinventer le marché? Les clubs de troc face à la crise en Argentina, Paris: L'Harmattan

Montero, Sary/Barahona, Manuel (2003): La estrategia de lucha contra la pobreza en Costa Rica. Institucionalidad – Financiamiento – Políticas – Programas. Santiago de Chile: CEPAL

O'Dougherty, Maureen (1999): The devalued state and Nation: Neoliberalism and the moral economy discourse of the Brazilian middle class, 1986-1994. In: Latin American Perspectives 26 (104): 151-174

Parrado, Emilio (2005): Economic Restructuring and Intra-generational Class Mobility in Mexico. In: Social Forces 84 (2): 733-757

Porcú, Patricia (2003): Proceso de movilidad descendente de los noventa. El impacto de la pérdida del trabajo en los hogares pobres. tesis de maestría en diseño y gestión de políticas y programas sociales: FLACSO-Argentina

Portes, Alejandro/Kelly, Hoffman (2003): Las estructuras de clase en América Latina: composición y cambio durante la época neoliberal. In: Serie Políticas Sociales No. 68. Santiago de Chile: CEPAL

Prevot Schapira, Marie-France (2002): Buenos Aires en los 90, metropolización y desigualdades. In: EURE, Revista de Estudios Urbanos y Regionales. Vol 28. No. 85. Santiago de Chile: Pontificia Universidad Católica

Sabatini, Francisco/Wormald, Guillermo (2005): Crecimiento, modernización y oportunidades de integración social. In: Portes, Alejandro u.a. (Hrsg.): Ciudades latinoamericanas. Un análisis comparativo en el umbral del nuevo siglo. Buenos Aires: Prometeo: 217-298

Schütz, Alfred (1987): Le chercheur et le quotidien. Paris: Méridiens Klincksieck

Sigal, Silvia/Kessler, Gabriel (1997): Comportements et représentations dans une conjoncture de dislocation des régulations sociales. L'hyperinflation en Argentine. In: Culture & Conflits 24/25: 35-72

Svampa, Maristella (2005): La sociedad excluyente. La Argentina bajo el signo del neoliberalismo. Buenos Aires: Taurus

Tironi, Manuel (2003): Nueva pobreza urbana. Vivienda y capital social en Santiago de Chile, 1985-200. Santiago de Chile: Universidad de Chile/ PREDES/ Ril Editores

Torche, Florencia (2005): Unequal But Fluid: Social Mobility in Chile in Comparative Perspective, In: American Sociological Review 70 (3): 422-450

Torche, Florencia/Wormald, Guillermo (2004): Estratificación y movilidad social en Chile: entre la adscripción y el logro. Santiago de Chile: CEPAL

Torrado, Susana (1994): Estructura social de la Argentina: 1945-1983. Buenos Aires: Ediciones La Flor

Ugalde, Pamela/Prieto, José Joaquín (2001): Caracterización de la clase media en Chile durante los noventa. Informe Preliminar. Santiago de Chile. Facultad de Ciencias Sociales. Universidad de Chile

Valladares, Licia u.a. (2005): Río de Janeiro en el viraje hacia el nuevo Siglo. In: Portes, Alejandro u.a. (Hrsg.): Ciudades latinoamericanas. Un análisis comparativo en el umbral del nuevo siglo. Buenos Aires: Prometeo: 149-216

Vega Martínez, Mylena (1999): La clase media en transición: situación y perspectivas al finalizar el siglo veinte. In: Revista de Ciencias Sociales. No. 86/87 (IV-1999 - I-2000): 27-46

Wormald, G./Cereceda, L./Ugalde, P. (2002): Estructura de oportunidades y vulnerabilidad social: los grupos pobres en la Región Metropolitana de Santiago de Chile en los años 90. In: Katzman, R./Wormald, G. (Hrsg.): Trabajo y Ciudadanía. Los cambiantes rostros de la integración y exclusión social en cuatro áreas metropolitanas de América Latina. Universidad Católica del Uruguay/Pontificia Universidad Católica de Chile

Francisco Zapata

Entwicklung und Transformation der städtischen ArbeiterInnenklasse

Das Gewerkschaftswesen spielte in der lateinamerikanischen Geschichte eine bedeutende Rolle. Sowohl in der Organisation der Arbeiter in Bereichen wie der Minen- und der verarbeitenden Industrie als auch im öffentlichen Sektor trugen die Gewerkschaften zur Stabilisierung von Arbeitsstandards und kollektiv verhandelten Arbeitsverträgen bei und waren maßgeblich an der Entwicklung von Institutionen politischer Partizipation und der Demokratie mit beteiligt. Heute befindet sich das Gewerkschaftswesen in Lateinamerika in einer Krise, deren Ausmaß in diesem Beitrag analysiert werden soll.

Die Dimensionen dieser Krise haben ihre Wurzeln in den tiefen ökonomischen und sozialen Transformationen seit 1982, in der Funktionsweise der öffentlichen Systeme und der Neudefinierung der Demokratie. Auch die Veränderungen der Beschäftigungsstrukturen und der enorme Bedeutungszuwachs des privaten Dienstleistungssektors müssen berücksichtigt werden. Als Folge dieser Transformationen hat die lateinamerikanische Arbeiterbewegung aufgehört die Rolle zu spielen, die ihr auf einen Kontinent zukam, welcher stark durch die Charakteristika der im 19. Jahrhundert entstehenden Nationalstaaten und durch die Veränderungen der politischen Strukturen geprägt war, die sich in Ländern wie Argentinien, Brasilien, Mexiko oder Chile Mitte des 20. Jahrhunderts vollzogen haben. Die sozialen Strukturen hörten auf, sich in der politischen Demokratie widerzuspiegeln und die Beschäftigungsstrukturen zentrierten sich nicht mehr auf die verarbeitende Industrie, den öffentlichen Dienstleistungssektor (Strom, Gas und Wasser) und die staatliche Bürokratie. Um die Krise gewerkschaftlicher Vertretung analysieren zu können, schlagen wir vor, diese Entwicklungen zum Ausgangspunkt unserer Untersuchung zu nehmen.

Die Soziologie und die Geschichte lehren uns, dass das Gewerkschaftswesen durch zwei von den Arbeitern in Kraft gesetzte soziale Prozesse entstanden ist: Der erste beruht auf dem Bestreben, den Produktionsprozess, die Arbeitsmärkte sowie den Zugang zur Arbeit und die Dauerhaftigkeit der Beschäftigung zu kontrollieren. Der zweite Prozess bezieht sich auf den Zugang zu politischen Instanzen. Durch Beeinflussung dieser und durch Nutzung des Drucks entsprechender politischer Parteien soll dieses Ziel erreicht werden.

Diese Arbeit widmet sich in erster Linie dem Kontext der lateinamerikanischen Gewerkschaftskrise. Um diesen analysieren zu können, gehen wir zweitens auf die Konsequenzen von Handelsöffnungen, Privatisierungen der staatlichen Unternehmen und der Deregulierung der Arbeitsmärkte für die Beziehungen zwischen den Gewerkschaften und dem Staat ein. Anschließend beleuchten
wir die Entwicklung der Arbeitsmärkte und ihre Wirkung auf die Zusammensetzung der Arbeiterklasse. Bevor wir zur Auswertung kommen, versuchen wir in
einem letzten Schritt, das aktuelle Verhältnis zwischen den Gewerkschaften und
den politischen Parteien anhand der Fälle Argentinien und Chile zu analysieren.

Der Kontext der gewerkschaftlichen Krise in Amerika

Für die Analyse des lateinamerikanischen Gewerkschaftswesens verdienen vor
allem die Prozesse besondere Aufmerksamkeit, die sich nach 1982 auf die beiden oben genannten Quellen gewerkschaftlicher Macht auswirkten: Auf der
einen Seite die Ausrichtung auf die Kontrolle von Arbeitsprozessen und Arbeitsmärkten, auf der anderen Seite der Zugang zum Staat und zur politischen
Macht. Des Weiteren ist es notwendig auf die konjunkturbedingten Aspekte
hinzuweisen, die mit den beiden Transformationen einhergingen, welche diese
Region in den letzten 20 Jahren veränderten: Der Übergang der Akkumulati-
onsmodelle – von der importsubstituierenden Industrialisierung (ISI) zu einem
auf die Transnationalisierung der Binnenmärkte gestützten Modells – und die
Transitionen der Modelle der politischen Herrschaft – von den Militärdiktaturen
zu den *neuen* Demokratien.
    Bei der Betrachtung des Wandels der Entwicklungsmodelle ist es wichtig,
sich vor Augen zu führen, dass sich die zentrale Ausrichtung auf den Binnenmarkt und das nationale Kapital in eine Orientierung auf den Weltmarkt und das
Auslandskapital wandelte. Das bedeutet allerdings nicht, dass während der ISI-
Periode das ausländische Kapital keine wichtige Rolle bei der Finanzierung von
bestimmten Sektoren der Schwerindustrie (bspw. der Stahlindustrie) gespielt
hat. Gleichzeitig war während der Phase der Transnationalisierung der Binnenmärkte das nationale Kapital durchaus in die Privatisierungen der staatlichen
Firmen (wie der Strom- oder das Telekommunikationswesen) involviert.
Nichtsdestotrotz muss die Zentralität des nationalen, privaten oder öffentlichen
Kapitals während der ISI und die Bedeutung des internationalen Kapitals während dem TBM hervorgehoben werden. Ferner sollte in diesem Kontext auch
auf die deutliche Verringerung der Rolle des Staates und seiner finanziellen
Souveränität sowie die Einschränkungen des wirtschaftlichen Wachstums und
der sozialen Mobilität hingewiesen werden. Auf der anderen Seite erfolgte aus

dem politischen Übergang zur Re-Demokratisierung – in den Ländern, die unter einer Militärherrschaft zu leiden hatten – eine Re-Stabilisierung der Repräsentativen Demokratie. Daraus leitet sich die Differenzierung zwischen Zivilgesellschaft, politischem System und Staat ab (Touraine 1995), welche während der autoritären und Militärregime noch miteinander verwoben waren. Unsere Analyse der Krise des lateinamerikanischen Gewerkschaftswesens soll sich (a) in den allgemeinen Rahmen der Quellen der Gewerkschaftsmacht und (b) in den Kontext der genannten Transitionen einfügen.

Handelsöffnung, Privatisierung und Deregulierung der Arbeit

Die Handelsliberalisierung, die Privatisierung der staatlichen Unternehmen und die Deregulierung des Arbeitsrechts hatten entscheidende Auswirkungen auf die Transformation der Arbeitsmärkte. Zwar könnte man diese Transformationen auch mit langfristigen Faktoren, wie beispielsweise dem Wachstum des tertiären Sektors oder der Intensivierung der Urbanisierung etc. erklären. Es steht jedoch außer Frage, dass die tiefgreifenden Veränderungen innerhalb der beschäftigten und arbeitslosen Bevölkerung, der Anstieg der Beschäftigungsquote und der Zugang von Frauen zu nichthäuslicher Arbeit erheblich von den drei oben genannten Prozessen beschleunigt wurden. Ferner trugen sie dazu bei, die Ausweitung der öffentlichen Beschäftigung zu blockieren.

Die sozialen Auswirkungen der Handelsöffnung

Die Implikationen der Handelsliberalisierung gingen über eine einfache Senkung der Zölle hinaus. Sie war auf die Verbesserung der Wettbewerbsfähigkeit des Produktionsapparates ausgerichtet. Hierfür sprachen Maßnahmen, wie die Reduzierung der Arbeitskosten, die Reorganisation der Unternehmen, die Flexibilisierung, die Ausrichtung der Gehälter an denen, die auf dem Exportmarkt gültig sind oder auch die Einschränkung korporatistischer Praktiken sowohl von Seiten der Unternehmen als auch vonseiten der gewerkschaftlichen Führungen und schließlich die strukturellen Veränderungen in der Sozialpolitik (Birch 2000; Covarrubias/Solis 1993; De La Garza 1992). Dabei ging es allerdings nicht lediglich darum, den Zutritt der multinationalen Unternehmen zum Binnenmarkt zu ermöglichen, sondern auch um einen Prozess organisatorischer und institutioneller Umstrukturierung. In diesem Kontext lohnt sich hinzuzufügen, dass durch die Außenöffnung der Freiheit makroökonomische Politiken durchzuführen starke Grenzen gesetzt wurden, da diese immer stärker von Entscheidungen abhängig waren, die außerhalb der nationalen Grenzen getroffen wurden. Mit dem Augenmerk auf die Krise der Gewerkschaften wird jedoch deutlich, dass sich die zentrale Wirkung der Außenöffnung nicht nur auf Handelsaspekte im engeren Sinne beschränkte. Vielmehr beeinflusste sie die Räume innerhalb derer sich gewerkschaftliche Aktionen entfalteten, die Inhalte kollektiver Verhandlungen als auch die Beziehungen zwischen den Gewerkschaften und dem Staat. Auch die Dynamik der Schaffung oder Vernichtung von Arbeitsplätzen, deren geografische Lokalisierung sowie die Beschäftigungsstrukturen standen mit der Marktöffnung in Zusammenhang. Folglich veränderte der Freihandel die Organisationsmechanismen des Produktionsapparates grundlegend. Dies entsprach einem Eingriff in die Kernfelder gewerkschaftlicher Auseinandersetzung: die Verteidigung der Arbeitsplätze, des Binnenmarktes und der Wohlfahrt der Arbeiter innerhalb einer durch protektionistische Regeln geschützten Industrie. Ferner verschärfte der Freihandel durch die Intensivierung der Urbanisierung – die allerdings schon vor der Öffnung existierte – die sozialen Zwänge. Die Senkung der Zölle für Agrarprodukte verstärkt die Migrationsdynamik der Bauern und Bäuerinnen sowohl in Richtung der Städte als auch ins Ausland. Demnach bilden die Zollsenkungen für Agrarprodukte seit Ende der 80er Jahre zwei Seiten einer Medaille: Zum einen tragen sie aufgrund der relativ geringen Arbeitskosten zu einer Steigerung von Wert und Umfanges der Exporte bei, sie sind aber andererseits nicht im Stande, die Schaffung von Arbeitsplätzen in der gleichen Geschwindigkeit zu vollziehen, wie sie diese sowohl auf dem Land wie in der Stadt vernichten (Reinhardt/Peres 2000).

In diesem Sinne konnte auch der bereits 1994 zwischen Kanada, Mexico und den Vereinigten Staaten abgeschlossene Freihandelsvertrag NAFTA, außer den Effekten auf nichtdokumentierte Migration zwischen den beiden letztgenannten Ländern, viele der in ihn gesetzten Erwartungen nicht erfüllen. Dies gilt besonders in Bezug auf das Arbeitsplatzangebot, die Verbesserung der Lebensbedingungen der Bevölkerung und den Zugang zu städtischen Dienstleistungen in den Regionen, in welchen die wirtschaftlichen Aktivitäten durch die neuen Investitionen aus dem Freihandelsabkommen besonders begünstigt wurden (Smith 2002). Außerdem wird befürchtet, dass mit dem Ende der für die Agrarmärkte gesetzten Fristen für eine Liberalisierung, die Agrarproduzenten aus ländlichen Gegenden nicht mehr mit den subventionierten Importen aus Nordamerika konkurrieren können.

In Mexiko sanken z.B. zwischen 1994 und 2000 die unteren realen Löhne im urbanen Raum, während die mittleren Löhne in dieser Periode nur geringfügig und mit vielen Schwankungen stiegen. Sogar in sehr eng auf den Export ausgerichteten Sektoren wie der Automobilindustrie oder im Elektroniksektor konnte die Lohnentwicklung nicht mit dem Anstieg des Wertes der Exporte (bzw. der ihm zugrunde liegenden Arbeitsproduktivität) mithalten, der sich nach 1994 mehrfach vervielfachte. Abgesehen vom Anstieg der ökonomischen Wettbewerbsfähigkeit und der Arbeitsproduktivität waren die Auswirkungen der durch den Freihandel induzierten Restrukturierung auf die Gehälter und Lebensbedingungen der Arbeiter gleich null.

Auch wenn sich die Erhöhung der Wettbewerbsfähigkeit nicht in den Gehältern reflektierte, so trug das NAFTA-Abkommen zwischen 1994 und 2000 jedoch zu einem bescheidenen Wachstum der Arbeitsplätze bei, das sich fast gänzlich auf die Maquila-Industrie bezog. Diese Arbeitsplatzzunahme und ihre starke Konzentration auf die Maquila-Industrie resultiert aus der intensiven Nutzung von Arbeitskraft, welche die Voraussetzung für die Eingliederung in den Weltmarkt dieser Unternehmen ist. Doch seitdem der Wachstumsrhythmus der Exporte in diesem sehr empfindlich auf die Nachfrage der nordamerikanischen Wirtschaft reagierenden Sektor seit Mitte 2001 abgenommen hat, ist auch das Arbeitsplatzwachstum gestoppt, und es setzte eine Welle von Entlassungen ein. Rückblickend auf die ersten acht Jahre seit Bestehen des NAFTA-Abkommens kann der Schluss gezogen werden, dass der Freihandel die Abhängigkeit zwischen diesen Ländern verstärkt hat. Auch wenn Ökonomien dazu neigen, sich derartigen wirtschaftlichen Schwankungen anzupassen, zählt das keineswegs für die Lebensbedingungen der arbeitenden Bevölkerung. Das gilt besonders für ein Land wie Mexiko, dessen Wettbewerbsfähigkeit auf niedrigen Lohnkosten basiert und dessen Städte, in denen der größte Teil der Exporte entsteht, keinerlei Sozialpolitik und Subventionierung von Basisdiensten wie Elektrizität, Wasser, bereitstellen können.

Die ökonomischen und politischen Implikationen der Privatisierung der staatlichen Unternehmen

Ein zweiter Prozess der in Verbindung mit den Transformationen der Arbeitsmärkte steht, ist die Privatisierung der staatlichen Unternehmen (Birch 2000). Diese gingen mit bedeutenden Restrukturierungsprozessen der betroffenen Unternehmen im Bereich ihrer Beschäftigungsstrukturen und ihrer Organisation, der kollektiven Verträge und der Befugnisse von Gewerkschaftsführern in den Fabriken einher. Auch hier beschränkte sich die Bedeutung der Privatisierungsprozesse nicht auf die Erfüllung ökonomischer Zielsetzungen, wie etwa der Suche nach neuen staatlichen Finanzierungsressourcen oder der Erhöhung der Produktionseffektivität der für die Ökonomien zentralen Unternehmen. Dass es bei den Privatisierungen auch um die Zerstörung korporatistischer Verhandlungsformen ging, wird durch den Umstand belegt, dass viele der privatisierten

Unternehmen in Bereichen wie der Telekommunikation, der Erzeugung von Elektrizität oder der Minen- und Stahlindustrie ökonomisch vollkommen effizient waren. In diesem Sinne kam es in Ländern wie Brasilien, Chile oder Mexiko gleichzeitig zu einer Reformulierung der bis dahin stark miteinander verwobenen Beziehungen zwischen Staat, den Unternehmen und den Gewerkschaften sowie zu einem Bruch der korporatistischen Bindungen zwischen öffentlichen Funktionären und Unternehmern. Das bedeutet jedoch nicht, dass das gesamte Artikulationssystem zwischen diesen drei Akteuren zerstört wurde. Vielmehr wurden die Verhandlungsmechanismen zwischen politischem Apparat und den neuen Eigentümern der privatisierten Unternehmen fortgeführt.

Die gewerkschaftliche Macht war von den Privatisierungen vor allem deshalb betroffen, weil die Gewerkschaften gerade in den staatlichen Unternehmen eine größere Stärke entwickelt hatten und somit auch die besten Kollektivverträge erzielen konnten. Gleichzeitig hatten die Privatisierungen aber auch Folgen für die Verhandlungsfähigkeit des Staates, der die korporatistischen Beziehungen benötigte, um seine Wählerbasis zu sichern oder um die Legislative kontrollieren zu können. In Ländern wie Argentinien, Brasilien und Mexiko (Murillo 2001), wo die korporatistischen Strukturen eine zentrale Rolle in der Einbindung der Gewerkschaften in das politischen System gespielt haben und teilweise noch immer spielen, trugen die Privatisierungen dazu bei, diese historisch gefestigten Beziehungen zu modifizieren sowie die Kollektivverträge und die Macht der Gewerkschaften zu schwächen. Es zeigt sich also, dass die Privatisierungsmaßnahmen nicht nur ökonomische, sondern auch bedeutende politische Implikationen mit sich brachten.

Die Deregulierung der Arbeit

Das dritte Element, welches die institutionellen Grundlagen der gewerkschaftlichen Macht entscheidend berührte, besteht in einer Reihe von Maßnahmen, die als das bezeichnet werden können, was generell unter Deregulierung der Arbeit verstanden wird. Diese Maßnahmen werden von der Interamerikanischen Entwicklungsbank und der Weltbank als Reformen der zweiten Generation bezeichnet und sollen die Reformen der ersten Generation (die Außenhandelsöffnung und Privatisierungen), die in den 90er Jahren eingeleitet wurden, fortführen. Diese nachgelagerten Reformen zielen unter anderem auf die Flexibilisierung der Einstellungsbedingungen und Arbeitsverhältnisse, der Arbeitsvergütung und der Disziplinierungsmaßnahmen in den Fabriken und in Büros. Dieses Ziel setze allerdings einen Abbau der Arbeitsrechte voraus, die in vielen Ländern des Kontinents seit den Dekreten von Billinghurst in Perú[1] Anfang des 20. Jahrhunderts bis zu den Arbeitsrechten in Chile und Mexiko im Jahr 1931 verabschiedet wurden. Der im Jahr 1979 von der Militärregierung Pinochet eingeführte *Plan Laboral* ersetzte das seit 1931 gültige chilenische Arbeitsrecht und leitete einen überregionalen Prozess der Arbeitsderegulierung ein, der in Argentinien, während der ersten Regierung von Menem (1989-1994) (Senén González/Bosoer 1999) und in Brasilien, während der ersten Regierung von Cardoso (1994-1998) (von Bülow 2000), weitergeführt wurde.

In anderen Ländern hingegen wurde wie in Mexiko zwischen 1982 und 1991 die Arbeitsderegulierung nicht per Gesetz, sondern über Klauseln in Kollektivverträgen, mit der aktiven Intervention des Ministeriums für Arbeit und Soziales (STPS - *Secretario del Trabajo y Previsión Social*), durchgesetzt (Zapata 1995). Auch im Gefolge der Einführung der sogenannten *codes of conduct* in den Zuliefererfirmen der transnationalen Unternehmen, die sich vor allem in der Karibik und im zentralamerikanischen Raum befinden, kam es zu Arbeitsderegulierungen (Frundt 1998).

In all diesen Fällen trugen die Arbeitsderegulierungen entschieden zur Abnahme gewerkschaftlicher Handlungsspielräume bei und beeinflussten die Kollektivverhandlungen über Gehälter sowie die Lebensbedingungen der ArbeiterInnen negativ. Zudem wurden die verhandelbaren Themen und der Gültigkeitsrahmen der Arbeitsschutzbestimmungen eingeschränkt. Dementsprechend stellen die Deregulierungsmaßnahmen die gewerkschaftliche Einflussnahme in Frage. Davon betroffen sind unter anderem Einstellungs- und Entlassungsverfahren, die Reichweite der Kollektivverhandlungen (ob sich diese auf Unternehmen oder Branchen, auf einzelne Gewerbe oder ganze Unternehmen, auf einzelne Unternehmen oder ganze Regionen beziehen) sowie die Ausgestaltung der individuellen Arbeitsverträge (fristlos, befristet, Teilzeit). Die Streichung aller Vertragsklauseln, die den Gewerkschaften die Möglichkeit zur Mitsprache bei unternehmerischen Entscheidungen über Arbeitszeit oder die Existenz von Mitarbeitervertretungen gegeben haben, kommt einer faktischen Aufhebung des Streikrechts gleich.[2]

In Argentinien, Brasilien, Chile, Peru und Venezuela wurden schon im Laufe der 80er Jahre in allen oder einigen dieser Bereiche bedeutende Veränderungen durchgeführt und während der 90er Jahre zusätzlich modifiziert. Sogar Ende 2002 zählen Themen der Arbeitsmarktregulierung immer noch zu den am meisten debattierten. Beispielsweise wurden in Chile (1990-2002) durch die Ende 2001 beschlossene Arbeitsmarktreform zwar die Entschädigungszahlungen von

---

[1] Guillermo Billinghurst Angulo war von 1912-1914 Präsident von Peru (Anm. d. Übers.).
[2] Für eine Analyse dieses Prozesses in Chile siehe Frank 2000 und 2002.

ArbeiterInnen mit einem Dienstalter von weniger als fünf Jahren erhöht und
somit die freie unternehmerische Entscheidung begrenzt, aber die 1979 mit dem
Plan Laboral eingeführte extrem vage gehaltenen Kündigungsgründe wurden
beibehalten.

Um dennoch die Zustimmung zu den geplanten Reformen zu bekommen,
billigte man den regionalen gewerkschaftlichen Vereinigungen das Existenz-
recht sowie eine gewisse Arbeitsplatzsicherheit zu. Auch gewerkschaftlichen
Repräsentanten wurden Sonderrechte eingeräumt. Die erforderliche Mindestan-
zahl an Mitgliedern für eine Gewerkschaftsgründung reduzierte sich auf acht
ArbeiterInnen. Zwar wurde dadurch die gewerkschaftliche Freiheit aufrechterhalten, aber gleichzeitig die gewerkschaftlichen Handlungsspielräume stark
eingeschränkt. Genauso wenig kam es zu einer Aufhebung des Verbots von
Gewerkschaften im öffentlichen Sektor und auch das Recht auf gewerkschaftliche Zusammenschlüsse der ArbeiterInnen unterschiedlicher Unternehmen wurde stark limitiert. Mit der gesetzlichen Erlaubnis für die Unternehmer, streiken-
des Personal durch LeiharbeiterInnen zu ersetzen, wurde auch das Streikrecht in
seiner Effizienz geschwächt. Kollektive Verhandlungen sollten sich nur noch
mit Gehälterfragen, Zusatzleistungen und Arbeitsbedingungen beschäftigen.
Das Recht auf Mitsprache bei Fragen der Organisation und Finanzierung von
Unternehmen oder Anwesenheit von GewerkschaftsdelegiertInnen in den
Werkshallen wurden verboten.

In Brasilien (1995-2002) blieb das 1943 erlassene progressive *Consolidacao
de Leis do Trabalho* (CLT) Teil der gesetzlichen Arbeitsregelung. Mit der Verfassung von 1988 konnten sogar weitere Verbesserungen des Arbeitsrechts
eingeführt werden. Jedoch haben die seit 1985 demokratisch gewählten Regierungen eine Reihe von Verfügungen eingeleitet, die die institutionelle Verfasst-
heit der Arbeitsverhältnisse tiefgreifend verändert haben. So wurde es Unternehmen erlaubt, bis zu 20% ihrer Belegschaft mit befristeten Verträgen zu besetzen, wobei die einzige Einschränkung darin besteht, dass es sich um Neuein-
stellungen handeln muss. Indem die Nutzung von Überstunden durch Zeitkonten
ersetzt wurde, konnte die Arbeitszeit flexibilisiert werden. Die Arbeitsentgelte
wiederum wurden durch die Einführung von Modellen der Gewinnbeteiligung
flexibilisiert. Folglich implizieren die Arbeitsderegulierungen in Brasilien eine
Modifikation der zulässigen Inhalte der kollektiven Verhandlungen und eine
völlige Restrukturierung der Beziehungen zwischen Staat, den Gewerkschaften
und den Unternehmen (Cardoso 1999, 2001; French 1992; Keck 1992; Von
Bülow 2000). Genau wie in Chile wurden die Deregulierungsmaßnahmen in
Brasilien ohne allgemeine Verhandlungen mit den großen Gewerkschaftskonfö-

derationen (CUT, FS und CGT)[3] durchgeführt. Des Weiteren muss angemerkt werden, dass es sich um eine fragmentierte Reform handelte, der keine allgemeinen Leitlinien zugrunde lagen und die oft nur in Teilaspekten umgesetzt werden konnte. Insgesamt orientierten sich die einzelnen Elemente der Reform stärker an konjunkturellen Problemen, erzeugt durch das Wachstum der offenen Arbeitslosigkeit, als dass eine nachvollziehbare Arbeitsmarktpolitik verfolgt worden wäre (Rodriguez 2002).

Die Deregulierung der Arbeit, so kann zusammenfassend geschlossen werden, war von der Hoffnung geleitet, dass die Unternehmen Arbeitsplätze schaffen würden, ohne dass die intensiven Investitionen in Arbeitskräfte sich negativ auf die Wettbewerbsfähigkeit auswirken würden. Um alle Aspekte, die sich negativ auf die Arbeitskosten auswirken könnten – wie vertikale und horizontale Mobilität, Entlassungen und Neuanstellungen, Organisation und Finanzierung der Unternehmen – aus den kollektiven Verhandlungen auszuschließen, wurde versucht, die gewerkschaftliche Einflussnahme auf den Ablauf der Arbeitsmärkte zu beschränken. Die Deregulierung ermöglichte zudem, dass sich die durch Privatisierungen und die Außenöffnung erreichten Produktivitäts- und Rentabilitätssteigerungen nicht in ihrer Gesamtheit in den Löhnen und Gehältern niederschlugen.

Doch darüber hinaus existieren noch andere Formen der Arbeitsderegulierung, die vor allem in den Ländern in Zentralamerika und der Karibik zur Geltung kommen. Hierbei handelt es sich um die schon erwähnten *codes of conduct*. In Guatemala, El Salvador, Honduras, Nicaragua und der Dominikanischen Republik können multinationale Unternehmen eigenständig Arbeitsregeln für ihre Tochterfirmen festlegen, ohne dass sie die Arbeitsgesetze der Gastgeberländer respektieren müssen und ohne dass gesetzlich anerkannte Gewerkschaften die Möglichkeit haben, Einfluss darauf zu nehmen. Insofern hat sich mit den *codes of conducts* eine parallel zum offiziellen Arbeitsrecht existierende Beschäftigungspraxis etabliert (Frundt 1998). In Guatemala werden diese Verhaltensregeln von den Vertragsfirmen selbst erarbeitet. Sie erlauben ihnen, sich in gewerkschaftliche Aktivitäten einzumischen oder Entscheidungen des Arbeitsministeriums zu widersprechen und können dazu genutzt werden Gesetze zu unterwandern oder ihre Durchsetzung zu behindern. Diese *Codes* besitzen keine gesetzliche Kraft und können gegen das geltende Recht verstoßen. Da die Staaten in hohem Maße von der durch diese Unternehmen bereitgestellten Arbeit abhängig sind, intervenieren sie nicht, um die Arbeitsgesetzgebung durch-

---

[3] *Central Unica dos Trabalhadores* (Ende der 70er am *nôvo sindicalismo* orientierter und heute größter Dachverband Brasiliens), *Força Sindical* (aus der CGT hervorgegangener und heute zweitgrößter Gewerkschaftsverband), *Central Geral dos Trabalhadores* (alte staatskorporatistische Gewerkschaftszentrale) (Anm. d. Übers.)

zusetzen (Comisión de la Industria de Vestuario y Textiles 2001). Es besteht somit ein zwiespältiges Verhältnis zwischen den Ansprüchen der nationalen Arbeitsgesetze und der Wirkung der für die Vertragsunternehmen geltenden *codes of conduct*. Da dieses einer faktischen Privatisierung der Arbeitsstandards gleichkommt, ist die gewerkschaftliche Einflussnahme äußerst begrenzt. Die Art und Weise der kollektiven Verhandlungen wird zunehmend von den Firmen selbst reguliert. Es wird also deutlich, dass sich die Deregulierungsmaßnahmen in der Mehrheit der Länder auf das Verschwinden der gewerkschaftlichen Vertretung auswirken. Damit geht auch das Fehlen eines für die kollektiven Verhandlungen relevanten Akteurs einher und nicht zuletzt schwindet die Partizipation der ArbeiterInnenklasse an bedeutenden Entscheidungen, wie etwa der Außenöffnung. Ein gutes Beispiel dafür ist der Abschluss des NAFTA-Abkommen. Aber auch bei den Gründungsverhandlungen des MERCOSUR konnten, obwohl die diesbezügliche gewerkschaftliche Partizipation höher war, keine nennenswerten Erfolge erzielt werden. Auch in anderen Verhandlungen, die jüngst zwischen Mexiko und der Europäischen Union (2001), zwischen Chile und Canada (1999) oder zwischen den USA und Chile (2002) und zwischen Chile und der Europäischen Union (2002) stattfanden, ist die Abwesenheit gewerkschaftlicher Vertretung notorisch. Vor dem Hintergrund dieser Ausführungen können wir im Folgenden die Transformationen der Arbeitsmärkte und ihre spezifischen Auswirkungen auf die gewerkschaftlichen Handlungsspielräume präziser dokumentieren.

Die Entwicklung der Arbeitsmärkte

Im Folgenden soll die Entwicklung der Arbeitsmärkte angeschnitten werden. Diese, so unsere Prämisse, wirkt sich auf die erste Quelle gewerkschaftlicher Macht aus: die Fähigkeit, den Zugang der Arbeiter zu den Arbeitsplätzen zu kontrollieren und ihre Entlohnung sowie ihre Arbeitsbedingungen zu regulieren. Wenn auch die Kontrolle des Arbeitsmarktes durch die Gewerkschaften in Lateinamerika nie sehr groß war, spricht doch einiges für die Annahme, dass die Entwicklung der Arbeitsmärkte, zumindest partiell zur gewerkschaftlichen Krise beigetragen hat.

Offene Arbeitslosigkeit, Informalisierung der Arbeitsmärkte und Entproletarisierung der Arbeitskraft

Zuerst wollen wir den Auswirkungen nachgehen, welche offene Arbeitslosigkeit und Informalität auf die Möglichkeiten des Gewerkschaftswesens haben, die ökonomisch aktive Bevölkerung an sich zu binden. Die Analyse einer ILO-Studie aus dem Jahr 2001 deutet darauf hin, dass das zentrale Problem der lateinamerikanischen Arbeitsmärkte nicht in der offenen Arbeitslosigkeit liegt, sondern der informellen Arbeit eine sehr viel größere Bedeutung zukommt. Während diese in den 90er Jahren sogar anstieg, belegen die für den Zeitraum von 1985 bis 2000 verfügbaren Daten zur offenen Arbeitslosigkeit einen Durchschnitt von 8,3%. Zwar gibt es Ausnahmen wie Argentinien, Kolumbien, Ekuador und Panama, wo die Raten mehr als 15% betrugen. Aber sogar in diesen Fällen, war der Grund für die überdurchschnittlich hohen Niveaus wohl das immense Gewicht des informellen Sektors. Dieser betrug in den erwähnten Ländern im Jahr 2000 etwa 46% der gesamten, nicht landwirtschaftlichen Erwerbspersonen. In Argentinien (49,3%), Brasilien (47,3%), Kolumbien (55,1%) Ekuador (51,6%), Honduras (60,7%), Peru (59,2%) und Venezuela (50,6%) überstieg der Anteil der informellen Arbeit an der ökonomisch aktiven Bevölkerung sogar den lateinamerikanischen Durchschnitt.

Die Analyse der Entwicklung der offenen Arbeitslosigkeit und der Informalisierung zeigt, dass die ökonomisch aktive Bevölkerung unter Bedingung der Abwesenheit eines dynamischen Arbeitsplatzangebots und ohne Sicherungsmechanismen wie Arbeitslosenversicherung bereit ist, unter jedweden Bedingungen zu arbeiten, nur um ein Einkommen erwirtschaften zu können, das zum Überleben reicht. Somit kann erklärt werden, warum sogar unter den Bedingungen offener Arbeitslosigkeit, die Rate der Partizipation der ökonomisch aktiven Bevölkerung am Arbeitsmarkt während der Dekade der 90er kontinuierlich angestiegen ist. Ausnahmen bilden Chile und Uruguay, wo sie stagnierte sowie Brasilien und El Salvador, wo sie sank. Andere Untersuchungen bestätigen, dass die Anzahl der in einem Haushalt lebenden und zugleich ökonomisch aktiven und Einkommen erwirtschaftenden Personen stark zugenommen haben, obwohl sie keine formellen Anstellungen haben.

Somit kann gefolgert werden, dass das hohe Niveau offener Arbeitslosigkeit ein partikulares Phänomen der Arbeitsmärkte einiger Länder (wie Argentinien) darstellt, während in anderen Ländern mit einem relativ niedrigen, aber sehr beständigen Niveau offener Arbeitslosigkeit (wie in Mexiko und Chile), diese Tendenz zur Informalisierung sich in ein strukturelles Charakteristikum der Arbeitsmärkte verwandelt.

Dieses wiederum erklärt, dass das Vorhandensein von struktureller Arbeitslosigkeit oder hoher Informalisierung durchaus gleichzeitig einhergehen kann mit ökonomischem Wachstum und ansteigenden Minimal- und Durchschnittslöhnen. Für viele Tätigkeiten, die die Charakteristika einer formellen Anstellung, wie beispielsweise einer Wochenarbeitszeit von 40 bis 48 Stunden, Gehälter über dem Mindestlohn und Zugang zu sozialen Sicherungssystemen aufweisen, bedeutet die Arbeitsderegulierung de facto eine Informalisierung. So finden sich im formellen Sektor in der Tat zunehmend Tätigkeiten, deren Bedingungen sich denen im informellen Sektor annähern. Hierunter fallen beispielsweise die Prekarisierung der Arbeitsbedingungen in der sich verbreitenden Teilzeitarbeit, die Auslagerung von Arbeiten, die Beschäftigung von Jüngeren unter dem Mindestlohn und die Einführung einer Reihe von Mechanismen zur Arbeitsflexibilisierung, die zur Informalisierung von ehemals formellen Tätigkeiten beitragen.

Die Entstehung formeller Arbeitsmärkte verschiedener Qualität wird auch durch den Migrationsprozess, vor allem auf internationalem Niveau, gefördert. Beispielhaft hierfür sind die MexikanerInnen und ZentralamerikanerInnen, welche Jahr für Jahr die steigende Arbeitsnachfrage aus verschiedenen Regionen der Vereinigten Staaten abdecken und deren Arbeit höchstens im Bezug auf die Gehälter als formell angesehen werden kann. In Chile wiederum wird der Personalbedarf in personellen Dienstleistungen im Tourismus, in der Hausarbeit und in der Gesundheitsvorsorgung hauptsächlich von PeruanerInnen und KubanerInnen abgedeckt. Zwar befinden sich derartige Tätigkeiten offiziell im formellen Sektor, aber die Beschäftigten sind teilweise in derart prekären Situationen, dass es schwer fällt, diese als formal anzusehen. Die gleiche Rolle kommt in Argentinien Menschen aus Bolivien und Paraguay zu.

Ähnliches gilt für die interne Migration. Die Verlagerung großer Teile der Bevölkerung in Regionen mit höherer Arbeitsnachfrage hat sich in den letzten Jahren intensiviert und ist permanent geworden. In den Zonen kommerzieller Landwirtschaft im Nordwesten von Mexiko, im Süden von Brasilien, in der Zentralregion von Chile, in der ekuadorianischen Küste oder im Amazonasgebiet um Manaos haben sich professionelle Anwerbungsagenturen (*enganches*) organisiert, die die Region mit temporären Arbeitskräften zu geringen Kosten versorgen (Lara 1996).

Die Auslagerung von Arbeit

Ähnliches geschieht mittels Praktiken der Auslagerung von Tätigkeiten. Dieses sog. *outsourcing* ist vornehmlich in Sektoren wie dem Minenwesen, der verarbeitenden Industrie und den Finanzdienstleistungen üblich. Eine Reihe von Arbeiten, die bis vor einiger Zeit noch von Stammbelegschaften ausgeführt wurden, werden zwar weiterhin von den gleichen, nun aber bei Subunternehmen angestellten ArbeiterInnen erledigt (De Laire 1999).

Im privatisierten Bergbau in Chile werden inzwischen beispielsweise die Säuberungsdienste und die Instandsetzungen der Installationen oder der Transport der ArbeiterInnen von ihren Wohnungen zur Arbeit von Subunternehmen übernommen, in welchen die Arbeitsbedingungen sich natürlich erheblich von den diesbezüglichen Vorgaben in der Mutterfirma unterscheiden. Die Aufgabe des Gewerkschaftswesens, den Zugang zum Arbeitsplatz zu kontrollieren, kann somit in keiner Weise realisiert werden. Die Folge dieser Praktiken sind starke Differenzen im Einkommen und in den Sozialleistungen zwischen den Stammbelegschaften auf der einen und den Angestellten der Subunternehmen auf der anderen Seite. Angesichts dieses sowohl im informellen als auch im formellen Sektor sichtbaren Panoramas, verliert das Problem der offenen Arbeitslosigkeit die Zentralität, die ihm ursprünglich in der globalen Dynamik der Arbeitskraft zukam.

Die Feminisierung der Arbeitskraft

Eine dritte Transformation des Arbeitsmarktes, die sich auf die Organisationsmacht der Gewerkschaften auswirkt, hängt mit der wachsenden Feminisierung der Arbeit zusammen. Der Anteil der Frauen, die heute in Bereichen wie der verarbeitenden Industrie, der öffentlichen Verwaltung und im personengebundenen Dienstleistungsbereich (wie Bildung, Gesundheit und Finanzen) arbeiten, hat so stark zugenommen, dass er heute in etwa ihrem Anteil an der Gesamtbevölkerung entspricht (je nach Land knapp 40% der Erwerbspersonen entspricht). Die Vorherrschaft von Frauen im Bildungsbereich, im öffentlichen Gesundheitssektor, in gewissen Bereichen der Fruchtexporte, der Maquila-Industrien und des Finanz- und Handelssektors unterstreicht den Transformationsprozess in den Geschlechterverhältnissen auf dem Arbeitsmarkt.

Auch wenn diese Veränderungen im Bezug auf Arbeitsbedingungen und Entgelte sowie auf die gewerkschaftliche Organisation von Frauen bisher als relativ unzureichend erforscht gilt, sollte jedoch klar sein, dass die traditionellen Gewerkschaften enorme Probleme haben, sich diesen Herausforderungen zu stellen. Obwohl die Berufsqualifikation von Frauen, die im Bildungssektor oder im Gesundheitssektor beschäftigt sind, sich nicht in ihren Arbeitsbedingungen oder der Vergütungen widerspiegeln, gelingt es den Gewerkschaften, in denen sie organisiert sind nicht, ihre Forderungen aufzunehmen. Die zur Verfügung stehenden Informationen weisen darauf hin, dass Löhne in diesen Branchen wenig Zusammenhang mit den individuellen Qualifikationen aufweisen.[4] Gleiches gilt für die Maquila-Industrien. Doch auch wenn die Berufsqualifikationen hier nicht denen der vorherigen Sektoren entsprechen, spiegeln die gewerkschaftlichen Lohnforderungen in keiner Weise die Arbeitsintensität und Ar-

---

[4] Die Gehälter von Lehrerinnen in Primarschulen, Krankenschwestern, ortsansässige Ärztinnen, oder Dienstpersonal aus Krankenhäusern und Schulen übersteigen in Ländern wie Chile oder Mexiko normalerweise nicht den zweieinhalbfachen Mindestlohn (ca. zweihundert Dollar).

beitsdauer sowie die technische Verantwortung der Arbeiterinnen in diesem Sektor wieder.

Der einzige Sektor femininer Arbeit, in dem eine Korrelation zwischen Qualifikationsniveau und Verantwortungsgrad auf der einen und der Sichtbarkeit der Genderproblematik in den Gewerkschaften auf der anderen Seite festgestellt werden kann, ist das öffentliche Verwaltungswesen. Hier können Frauen Arbeitsbedingungen und Gehälter erreichen, die besser/höher sind als die, die sie in anderen Sektoren für die gleichwertige Arbeit erzielen könnten. Nur im öffentlichen Sektor schlägt sich der absolute und relative Anstieg weiblicher Arbeit auch in einem Wechsel des Geschlechterverhältnisses in der Gewerkschaftsstruktur nieder. Der hohe gewerkschaftliche Organisationsgrad hat sich hier direkt auf die Mitgliederstruktur der Gewerkschaften ausgewirkt. In der Maquila-Industrie ist dieses Phänomen nicht ganz so verbreitet, obwohl sich in den größten Unternehmen dieses Bereichs auch Organisationen beachtlichen Umfangs gebildet haben.[5] Der Fall Chile zeigt jedoch, dass beim Export von Früchten und Gemüse die gewerkschaftliche Organisation von Frauen an ihre Grenzen stößt, weil die Deregulierung des Arbeitsmarktes und die Arbeitsrechtsreformen das Verbot Gewerkschaften zu gründen in jenen Bereichen durchsetzten, die – aus der Sicht der Unternehmen und der staatlichen FunktionärInnen – aufgrund von saisonalen Bedingungen durch eventuelle Arbeitskonflikte besonders geschädigt werden könnten (Schurman 2001).

Die Reduzierung der öffentlichen Beschäftigung

Viertens führten die Abmagerungspolitik im öffentlichen Verwaltungswesen und die Entlassungen in den privatisierten Unternehmen (Eisenhütten, Bergbau, Strom, Banken, Telekommunikation etc.) seit 1980 zu einer absoluten und relativen Verringerung der öffentlichen Beschäftigung. Aufgrund der Bedeutung, die diese Sektoren bis zu den Anfängen der 1980er Jahre als gewerkschaftliche Mitgliederbasis hatten, wurde vor allem die gewerkschaftliche Vertretung in der Verwaltung besonders geschwächt. In einigen Ländern wie Argentinien, Chile, Mexiko oder Peru spielten die Gewerkschaften der staatlichen Unternehmen eine wichtige Rolle als Mobilisierungsfaktor in der Unterstützung für staatliche Politik. Wenngleich die LehrerInnen und die Beschäftigten des Gesundheitssektors ihren Organisationsgrad aufrechterhalten konnten und weiterhin Druck auf den Staatsapparat dieser Länder ausüben können, hat ihre Zentralität in der Aktion der ArbeiterInnenbewegung insgesamt stark abgenommen. Außerdem

---

[5] In Mexiko haben sich die gewerkschaftlichen Strukturen der Maquila-Industrie an Orten wie Hermosillo (Sonora), Matamoros (Tamaulipas), Tijuana (Baja California), Ciudad Juárez (Chihuahau), sowohl in ihrer Zusammensetzung als auch in ihrer Führung feminisiert.

wirkte sich diese Abnahme auch negativ auf die Fähigkeit des Staates aus, den öffentlichen Sektor in Zeiten ökonomischer Rezension antizyklisch als Auffangbecken von Arbeitslosigkeit zu nutzen. Das Schrumpfen des staatlichen Handlungsspielraums im öffentlichen Sektor ging folglich mit dem Mitgliederschwund und dem Kapazitätsverlust der Gewerkschaften zur Verhandlung einher.

Das Resultat dieses populistischen Zeitalters lateinamerikanischer Politik, in dem speziell in Argentinien, Brasilien und Mexiko der korporativen Artikulierung zwischen Gewerkschaften und Staat eine entscheidende Rolle bei der Erzeugung von Wahlunterstützung zukam, war ein Mitgliederverlust der Gewerkschaften der öffentlichen Verwaltung und die Erschöpfung ihrer legitimierenden Rolle für staatliche Politiken.

Die Verkleinerung der Unternehmen und deren Auswirkungen auf Arbeitsmärkte und Gewerkschaften

Eine andere Charakteristik der Arbeitsmarktveränderungen hängt mit der Verringerung der durchschnittlichen Größe der Unternehmen zusammen. Diese Verkleinerung, vor allem im verarbeitenden Sektor, stellte die Gewerkschaften, die auf Basis der Organisation der Belegschaften derartiger Unternehmen in der Textil- und Metallindustrie und im Bergbau entstanden waren, vor bisher unbekannte Herausforderungen. Die gesetzliche Festlegung von Untergrenzen für die Gründung von Gewerkschaften in manchen Ländern verstärkte diesen Effekt zusätzlich. Berücksichtigt man weiterhin die Schwierigkeiten gewerkschaftlicher Organisation von ArbeiterInnen aus Klein- und Kleinstbetrieben, welche einem größeren Risiko ihren Job zu verlieren ausgesetzt sind, können wir uns die Schwierigkeiten vorstellen, die dieser Atomisierungsprozess der industriellen Struktur für die Lebendigkeit des Gewerkschaftswesens momentan bedeutet. Zudem hat sich der Beschäftigungsanteil in großen Unternehmen verringert. Angesichts dieser Entwicklung ist es schwer vorstellbar, dass diese Unternehmen in Zukunft Beschäftigungsmöglichkeiten schaffen und dass die Gewerkschaften dieser Unternehmen weiterhin die Rolle spielen werden, die sie einmal für die Förderung der Interessen der ArbeiterInnen gespielt haben.[6] Es ist zusätzlich zu erwarten, dass die Entwicklung der Mikro-Industrien, sowohl in den urbanen wie auch in den ruralen Gebieten und den Armenvierteln) der großen Städte dazu beiträgt, die Beschäftigungsstruktur zu verändern und verhindert, dass die Arbeitsbedingungen Objekt der kollektiven Verhandlungen werden.

---

[6] Im Jahr 2000, beschäftigten die 500 größten Firmen Mexikos mit 1.50.000 Arbeiterinnen weniger als 5% der aktiven Arbeitsbevölkerung des Landes, die etwa 38 Millionen Personen entspricht

Die räumliche Verteilung der ökonomischen Tätigkeit und der Arbeitskraft

Der letzte relevante Aspekt für die Bedingungen der Mitgliederentwicklung und die gewerkschaftliche Fähigkeit, Forderungen aufzustellen, liegt in der durch „das neue ökonomische Modell" hervorgerufenen räumlichen Verschiebung der ökonomischen Aktivitäten.

Die Transformationen der wirtschaftlichen Geografie (in Argentinien, Brasilien, Chile, Mexiko und Zentralamerika) und ihr Zusammenhang mit der Organisationsfähigkeit der Gewerkschaften schränkten genauso die Bedeutung regionaler Traditionen und der sich im Laufe der Zeit herausbildenden industriellen Sektoren, wie auch den Einfluss politischer Ideologien (Anarchismus, Sozialismus, Kommunismus) auf die ArbeiterInnenbewegung ein. Die räumliche Verlagerung ökonomischer Aktivitäten machte die über mehrere Jahrzehnte etablierten Machtfaktoren der Gewerkschaften zunichte. Das Wachstum der Maquiladora-Industrie, die Entwicklung der Exporttätigkeiten in der Landwirtschaft, der Aufbau neuer Hochtechnologieanlagen und das Auftauchen von Kleiderwerkstätten in ländlichen Zonen, formten die gewerkschaftlichen Strukturen um, die sich während des „Prozesses eines Wachstum nach außen" und in der Phase der importsubstituierenden Entwicklung herausgebildet haben. Dadurch wurden die über Dekaden gewachsenen gewerkschaftlichen Strukturen erheblich modifiziert. Die Rückkehr zur Familieneinheit als produktives Zentrum und das Ende der Fabrik, als Ort der Produktion, wirft die Frage nach den Bedingungen für gewerkschaftliche Organisation neu auf.

Auch die Migrationsdynamik wurde von der räumlichen Verschiebung der ökonomischen Zentren beeinflusst. Ihr Ziel bilden nun nicht mehr die traditionellen Produktionszentren, sondern sie orientiert sich nun in Richtung der neuen Industrieregionen, denen es allerdings an gewerkschaftliche Tradition mangelt. Wir können zusammenfassen, dass alle analysierten Prozesse dazu beitragen den Proletarisierungsprozess zu blockieren, der sich seit den Anfängen des 20. Jahrhunderts in fast allen lateinamerikanischen Ländern nachhaltig herausgebildet hatte. Der Rückgang oder die Stagnation der Lohnarbeit und die Ausgrenzung der qualifizierten Arbeitskraft verhindern die Entwicklung einer dynamischen Klassenbildung. Die Verlangsamung des Wachstumsrhythmus der Lohnarbeit und die Dequalifizierung von Arbeit schwächen die Möglichkeiten der gewerkschaftlichen Mitgliederrekrutierung, die historisch auf den qualifizierten Arbeiter der großen Unternehmen ausgerichtet waren. Dies alles könnte erklären, warum, ungeachtet des signifikanten Anstiegs der Partizipation der Bevölkerung auf dem Arbeitsmarkt, es zu keinem parallelen Prozess bei gewerkschaftlicher Organisation gekommen ist.

Die genannten Charakteristika der Arbeitsmarktentwicklung – Informalisierung, Feminisierung, Abnahme der öffentlichen Beschäftigung, Atomisierung der Unternehmen des industriellen Sektors und die räumliche Verschiebung der ökonomischen Aktivitäten – weisen auf eine Krise der grundlegenden Stützen der Gewerkschaften hin. Angesichts dieser Charakteristika fällt es schwer, sich vorzustellen, wie die Gewerkschaften weiterhin ihre angestrebte historische Rolle die Arbeitsprozesse zu kontrollieren und den Zugang zu den Instanzen politischer Repräsentation zu ermöglichen, wahrnehmen können.

Gewerkschaftswesen und politische Parteien

Gemeinsam mit der ökonomischen Transformation erlebten die lateinamerikanischen Länder eine Transition von den Militärdiktaturen oder den autoritären Regimes zu den sogenannten *neuen Demokratien*. Diese beiden Wandlungsprozesse müssen nicht notwendigerweise miteinander in Verbindung stehen. Es existieren im Gegenteil Gründe für die Annahme, dass sie parallel zueinander verlaufen sind und gerade in dieser Parallelität einige der Probleme liegen, die beide Prozesse momentan erleben. Ungeachtet des Erkenntnisinteresses die Charakteristika beider Übergänge in ihrer jeweiligen Beziehung herauszuarbeiten, bezieht sich unsere Aufmerksamkeit auf den Einfluss der Demokratisierung auf die Artikulierung zwischen der ArbeiterInnenbewegung und den politischen Parteien. Das heißt, dass nicht nur der Übergang von einem zum anderen Entwicklungsmodell Einfluss auf diese Artikulation hatte, sondern die politische Tansition mindestens genauso, wenn nicht sogar noch relevanter für die Erklärung der aktuellen Situation der Gewerkschaften ist.

Der Fall Argentinien

Der erste Fall, den es zu diskutieren lohnt, ist die Beziehung zwischen der argentinischen Gewerkschaftsbewegung und der peronistischen Partei während der ersten Regierung von Carlos Menem zwischen 1989 und 1995 (Epstein 2001; Senén Gonzáles/Bosoer 1999, Murillo 2001). Hier kam es als Folge der Spaltung der Gewerkschaftszentrale CGT zu einer direkten Beteiligung eines Teils der Gewerkschaften u.a. an der Modifikation der Lohnpolitik, den Eigentumsveränderungen der Unternehmen, den Einschränkungen des Streikrechts im öffentlichen Sektor und den Reformen der sozialen Sicherungssysteme. Die Institutionalisierung von Verhandlungen wurde dadurch ermöglicht, dass Teile der Gewerkschaften das *Acuerdo Marco para el Empleo, la Productividad y la*

Equidad Social (1994)[7] unterzeichneten. Dadurch konnte es den Gewerkschaften gelingen, ihre Identität zu bewahren, was sie wiederum befähigte ihre ArbeiterInnen zu mobilisieren und die Verhandlungen über Arbeitsmärkte, das Sozialversicherungssystem und die professionellen Qualifikation zu beeinflussen. Die enge Beziehung zwischen dem Präsidenten der Republik und einem Teil der peronistischen Gewerkschaften ermöglichte eine Transformation des Systems der Arbeitsbeziehungen mit gewerkschaftlichem Konsens. Ungeachtet dessen kam es mit dem Beginn von Menems zweiter Regierungsperiode (1995-1999) zu einem Rückgang der gewerkschaftlichen Partizipation. Das erklärt, weshalb die politische Macht der Gewerkschaften in dieser Periode erheblich geschwächt wurde. Dies zeigte sich vor allem dem Anstieg der offenen Arbeitslosigkeit, die sich während des Zeitraums von 1995 bis 1999 zwischen 15 und 16% bewegte, sowie in dem Unvermögen der Gewerkschaften, den Staat und die Unternehmer zur Schaffung neuer Arbeitsplätze zu bewegen. Damit einher ging auch der Rückgang des Einflusses der gewerkschaftlichen Leitung auf die Arbeitenden. Ein guter Indikator für die Schwächung der Einflussnahme ist die Verminderung gewerkschaftlicher Präsenz im Nationalkongress, die von 26 Sitzen (10,2%) während der Legislatur 1987-1989 auf 10 Sitze (3,9%) während der Legislatur von 1993-1995 sank (Senén González/Bosoer 1999). Wenn der Prozess des Rückgangs der Partizipation auch keinen direkten Ausdruck bei den Wahlen fand, wie die Wiederwahl von Menem im Jahr 1995 beweist, besteht kein Zweifel, dass die Kontrolle über den Arbeitsmarkt erheblich geschwächt wurde. Besonders in den Privatunternehmen im Bahnbereich, der Eisenindustrie, dem Kommunikationswesen und der Elektrizitätswirtschaft kam es zu einem erheblichen Rückgang gewerkschaftlicher Repräsentanz. Der Fall Argentinien zeigt den graduellen Prozess der Zerstörung der klassischen Beziehungen zwischen CGT und peronistischer Partei (PJ), wobei letztere durch weitere nichtgewerkschaftliche WählerInnen zunehmend unterstützt wurde. Das soll jedoch nicht heißen, dass die organisatorische Schwächung der Gewerkschaften mit dem Verlust des peronistischen Bewusstseins korrelierte. Denn nur über dieses lassen sich die durch die CGT durchgeführten Mobilisierungen, die Solidarität mit den Arbeitslosen und die Denunzierung der Abhängigkeit Argentiniens vom Ausland verstehen. Dass in Argentinien die Organisation geschwächt ist, heißt somit nicht notwendigerweise, dass auch das von Perón während der zweiten Hälfte der 40er Jahre geschaffene Bewusstsein der Bewegung in der Krise ist, die noch immer seinen Namen trägt.

---

[7] Abkommen für die Beschäftigung, die die Produktivität und die soziale Gerechtigkeit (Anm. d. Übers.)

Die engen Beziehungen zwischen dem Gewerkschaftswesen und der peronistischen Partei müssen somit als Faktor angesehen werden, der im Fall von
Argentinien die Realisierung der ökonomischen Transformation entscheidend
erleichtert hat. Möglich war diese Reartikulierung aber nur, weil die Gewerkschaften immer noch über eine Basis verfügten, die bereit waren, beide (Partei
und Gewerkschaften) in den Wahlen und den ökonomischen Veränderungen zu
unterstützen. Und dieses erklärt sich wiederum durch die Aufrechterhaltung der
repräsentativen Präsenz in den Fabriken und über die Identifikation der Arbeiter
mit dem Peronismus. Laut der Aussage des zwischen 1991 und 1992 amtieren-
den Arbeitsministers von Menem, Rodolfo Díaz, variierte „die Basis der Wäh-
lerschaft der peronistischen Partei zwischen dem 14. Mai 1989 und dem 14. Mai
1995 nur gering; das Wahlverhalten des Peronismus hält sich konstant, sogar in
der Hauptstadt" (Senén González Bosoer 1999).[8] Zwar hat sich Beziehung zwischen dem Gewerkschaftswesen und dem Peronismus erheblich verändert, jedoch bedeutete dieses keineswegs den Bruch in der Verbindung beider. Der Fall
Argentinien verdeutlicht somit beispielhaft den einen Extrempunkt unserer
Analyse, welcher die Knüpfung neuer Beziehung zwischen Gewerkschaften und
Parteien im Zuge der Einführung „des neuen ökonomischen Modells" offen
lässt.

Der Fall Chile

Das andere Extrem stellt der Fall Chile dar. Die politische Exklusion der gewerkschaftlichen Führung, die Schwächung der gewerkschaftlichen Repräsentation sowie das Verschwinden der Artikulation zwischen linken Parteien und den
Gewerkschaften macht deutlich, dass die Implementierung des „neuen ökonomischen Modells" auch mit der vollkommenen Marginalisierung des gewerkschaftlichen Akteurs einhergehen kann (Barrett 2001; Epstein 2001; Frank
2002).
      Sowohl der erfolgreiche Übergang zur Demokratie als auch die Einführung
der Arbeitsmarktreformen und deren Vertiefung in den Jahren 1991, 1995 und
2001 hingen stark von der Unterordnung der Gewerkschaften unter gesetzliche
Bestimmungen ab, die schon von der Militärdiktatur eingeführt und auch während der zwölfjährigen Periode der Regierungen der *Concertación de Partidos
por la Democracia*[9] (1990 bis 2002) nicht außer Kraft gesetzt wurden. Unab-

---

[8] Diesem Umstand muss noch der Erfolg zugefügt werden, den die Regierung Menem mit der
Stabilisierung der Ökonomie mittels der Kontrolle der Inflation hatte.
[9] Die *Concertación* ist Bündnis aus der Christdemokratischen Partei, den Sozialisten, der Partei für
die Demokratie und der kleineren Sozialdemokratischen Partei, das nach dem Ende der Pinochet-
Diktatur alle PräsidentInnen in Chile stellte.

hängig davon, dass die Repräsentationsformen (Legalisierungen von Konföderationen und Flexibilisierung des Prozedere zur Gewerkschaftsgründung) erweitert wurden, beinhaltete die Vertiefung der Arbeitsreformen – die sogenannten Reformen der zweiten Generation, welche die internationale Wettbewerbsfähigkeit der chilenischen Ökonomie verbessern sollten – die Aufrechterhaltung der unternehmerischen Willkür bezüglich Entlassungen. Auch die Bestimmungen, die das Streikrecht auf eine maximale Dauer von 60 Tagen begrenzten wurden nicht gekippt. Genauso wenig wurden die unternehmerischen Vorrechte angetastet, die es erlaubten, aufgrund von Streiks, nicht besetzte Stellen, durch die Einstellung von LeiharbeiterInnen zu ersetzen. Große Teile des Inhalts des *Plan Laboral*[10] von 1979 blieben weiterhin gültig, unabhängig von der politischen coleur der Kräfte die ihn eingeführt haben (Escobar 1999; Humeres 2001).

Um die Kritik am Verhalten der *Concertación*-Regierungen zu den Gewerkschaften bei der Implementierung der Reformen zu entschärfen, wird regelmäßig auf die positive Entwicklung der Reallöhne, sowohl im Hoch- als auch im Niedriglohnbereich, verwiesen. Auf der Basis von 100 im Jahr 1980, stiegen die Löhne im Niedriglohnsektor zwischen 1990 und 2000 von 73,3 auf 122,2, während die mittleren Löhne in derselben Periode von 105,8 auf 255,5 stiegen (OIT 2001). Diese Daten unterstützen die Ansicht, nach welcher die chilenischen ArbeiterInnen nicht auf Gewerkschaften angewiesen waren, um ihre Entgeltniveaus zu erhöhen. Dementsprechend wird argumentiert, dass der Rückgang der gewerkschaftlich organisierten Bevölkerungsteile sowohl ein Reflex auf die Lohnerhöhungen ist, die von den Unternehmen zur Steigerung der Produktivität gewährt wurden, als auch auf die staatlichen Politiken, die Löhne der unteren Lohnsegmente in den Sektoren zu erhöhen, in denen eine derartige Unternehmerpolitik nicht realisiert wurde. Diese Ansicht vergisst aber, dass wenn auch die Entgelte angestiegen sind, die Niveaus der offenen Arbeitslosigkeit während den gesamten 90er vergleichsweise hoch geblieben sind, besonders bei Frauen (11,9%) und bei Jugendlichen zwischen 20-24 Jahren (15,2%) (OIT 2001). Die Existenz von offener Arbeitslosigkeit (Escobar 1999) von derartigem Ausmaß unter den Bedingungen eines BIPs, das zwischen 1990 und 2000 durchschnittlich um 6,4% gestiegen ist, beweist, dass dieses Phänomen mit der Abwesenheit eines gewerkschaftlichen Akteurs verbunden sein kann.

Wenn wir das Verhältnis zwischen der Entwicklung der offenen Arbeitslosigkeit und der Dynamik der realen Niedriglöhne in Chile und Mexiko miteinander vergleichen, können wir in der Tat ein gegenteiliges Phänomen beobachten. In Mexiko stagnierten in der gleichen Periode und einer Wachstumsrate von

---

[10] 1979 von der Regierung Pinochet verabschiedete Arbeitsgesetzgebung, die vor allem gewerkschaftliche Rechte massiv einschränkte (Anm. des Übers.).

3,7% die Reallöhne, Mindestlöhne und Industriegehälter, während die offene Arbeitslosigkeit bei durchschnittlich 3,5 % lag. Eine mögliche auf dieser Analyse basierende Schlussfolgerung könnte lauten, dass das Fehlen des gewerkschaftlichen Akteurs in Chile die Beibehaltung eines derartigen Niveaus offener Arbeitslosigkeit ermöglichte, welches sich in Mexiko durch die Artikulation der Gewerkschaften im korporatistischen System korrigierte. Man könnte also annehmen, dass die politische Marginalisierung des gewerkschaftlichen Akteurs in Chile negative Auswirkungen auf die Beschäftigung hatte. Scheinbar tendiert dieses Phänomen in den letzten Jahren (2000-2001) dazu, sich zu verstärken, so dass in Zeiten sinkender BIPs die Gehälter weiter wachsen, während die sich die offene Arbeitslosigkeit bei ca. 9% hält. Aus all diesem kann geschlossen werden, dass die Schwächung des chilenischen Gewerkschaftswesens Auswirkungen auf die Fähigkeit die Beschäftigung konstant zu halten, oder sie zu erhöhen, hat, unabhängig von der Erhöhung der realen, niedrigen und mittleren Löhne.

Das Ende 2001 verkündete Arbeitsreformpaket – das weiter oben analysiert wurde – zielte auf eine Lösung des Problems der offenen Arbeitslosigkeit mittels der Flexibilisierung der Arbeitsbedingungen ab, ohne dass jedoch eine empirische Evidenz über den Zusammenhang bestand. Im Gegenteil, die Erklärung dafür, warum die Arbeitslosigkeit sich in ein konstitutives Element des „neuen ökonomischen Modells" verwandelt hat, dessen am weitesten entwickelter Ausdruck sich in Chile befindet, liegt vielmehr in dem Verlust des Zugangs der Gewerkschaften zum politischen System.

Der Vergleich zwischen den Fällen Argentinien und Chile zeigt auf, dass mit der Implementierung des „neuen ökonomischen Modells" – ob über einem partiellen Konsens mit Gewerkschaften (Argentinien) oder über deren Marginalisierung in der Produktionssphäre (Chile) – eine Situation kreiert wurde, in der Investitionen nicht zur Schaffung von Arbeit führen. Jedoch beweist der an anderer Stelle analysierte Fall Mexiko (Zapata 2002), dass auch das Gegenteil möglich ist. Hier konnte durch die Aufrechterhaltung bestimmter Machtressourcen durch die Gewerkschaften dazu beitragen werden, besagtes Modell mit geringeren Raten offener Arbeitslosigkeit wettbewerbsfähig zu machen. Das soll heißen, dass eine Transnationalisierung der Binnenmärkte nicht automatisch bedeutet, dass die Arbeitslosigkeit so in die Höhe schießen muss, wie in Argentinien oder in geringerem Maße in Chile.

Schlussfolgerungen

Die bisherigen Überlegungen haben sich auf die Analyse der Arbeitsmärkte im Kontext der Handelsöffnung, der Privatisierung der staatlichen Unternehmen und der Deregulierung der Arbeits(markt)institutionen zentriert. Des Weiteren wurden die Effekte der Desartikulation zwischen Arbeiterbewegung und den politischen Parteien im Rahmen der politischen und ökonomischen Transformation behandelt. Ausgehend hiervon, können wir einige Herausforderungen ableiten, denen sich die lateinamerikanischen Gewerkschaften über kurz oder lang stellen sollten. Zu diesen Herausforderungen gehören Fragen der Gewerkschaftsorganisation, die Bildung von strategischen Aktionszentren, die Wiederherstellung der Beziehungen zwischen ArbeiterInnenbewegung mit den politischen Parteien sowie die ideologische Frage.

Die Transformation der Arbeitsmärkte und die Restrukturierung des Produktionsapparates im Allgemeinen, machen deutlich, dass die traditionellen Formen gewerkschaftlicher Organisation ernsthafte Schwierigkeiten haben die neuen ArbeiterInnen zu binden. Die Größe der Unternehmen, die Form der Anstellungen, die Flexibilisierung der Arbeitszeiten und viele andere Faktoren blockieren die Möglichkeit, die ArbeiterInnen in den Unternehmen in dauerhafter Weise zu organisieren.

Alternativen hierzu könnte das brasilianische Modell bieten. Basierend auf einem professionellem Gewerkschaftswesen mit territorialer Ausrichtung, ermöglicht die brasilianische Organisationsalternative sowohl die räumliche Konzentration von Arbeitskämpfen mit Belegschaften als auch sich den neuen Formen der unternehmerischen Organisation an Orten, an denen es bis dahin noch keine Gewerkschaften gegeben hat, entgegenzustellen. Die neuen Sektoren, die als Folge der Handelsliberalisierung an Orten ohne gewerkschaftliche Tradition entstanden sind, könnten Objekte einer Offensive zur Organisation der dort Beschäftigten werden. Auch weitere soziale Subjekte wie Frauen und Jugendliche, die besonders unter prekären Beschäftigungsbedingungen leiden, könnten mit solchen Offensiven organisiert werden. Die Gewerkschaften sollten derartige Alternativen ausarbeiten, um die Charakteristika des neuen Produktionsapparat und des neuen institutionellen Rahmens an die Erfordernisse der kollektiven Repräsentation anzupassen.

Die zweite Herausforderung der ArbeiterInnenbewegung, die Errichtung von strategischen Zentren gewerkschaftlicher Aktion, muss mit erster nicht im Gegensatz stehen. In vielen der neu entstandenen Sektoren existieren entweder keine Gewerkschaften oder sie spielen nicht die Rolle, die sie angesichts der Zentralität dieser Sektoren im ISI-Modell spielen sollten. Anstatt die Aufmerksamkeit auf die traditionellen Unterstützungsbasen zu richten, sollte sich die ArbeiterInnenbewegung angesichts dieser neuen Realität auf diejenigen Sektoren konzentrieren, die sich aufgrund ihres strategischen Platzes in der Ökonomie das Potential hätten, sich in gewerkschaftliche Aktionszentren zu verwandeln und so die Art und Weise in Frage stellen könnten, mittels welcher die Exportstrategien bis heute implementiert wurden. Die Förderung der Fähigkeit dieser strategischen Sektoren in der neuen Ökonomie bestimmte Forderungen durchzusetzen, könnte als Anreiz für eine Erneuerung gewerkschaftlicher Organisations- und Aktionsformen dienen.

Eine dritte Herausforderung besteht in der Wiederherstellung der Beziehungen zwischen ArbeiterInnenbewegung und den politischen Parteien. Die strenge Unterordnung unter die Imperative der Parteien, sowohl in der korporatistischen als auch in der klassistischen Version hat zu einer Ausgrenzung spezifisch gewerkschaftlicher Interessen im politischen Bereich geführt. Abgetreten und ohne signifikative Mitsprache, wird, mit Ausnahme der Fälle Argentinien und Brasilien, mit Mühe und Not versucht, Räume im Rahmen der kollektiven Verhandlungen zu verteidigen, in vollem Bewusstsein darüber, dass diese ohne politische Verbindungen ineffizient sind. Die Veränderung der Organisationsform und die Konzentration auf strategische Sektoren im TMI stellen demnach Wege dar, über welche ein gewisser Grad an Einfluss auf die Zieldefinierungen politischer Parteien wieder hergestellt werden könnte. Diese wiederum könnten in den Gewerkschaften einen Verbündeten finden, der sie sowohl mit seinen Stimmen als auch mit seinen Ideen bei der Demokratisierung des Entscheidungsprozesses im Entwicklungsmodell der Transnationalisierung des Binnenmarktes unterstützen könnte.

Schließlich stützt sich die Verantwortung des Gewerkschaftswesens als Form der kollektiven Repräsentation der ArbeiterInnen auch auf die Formulierung von einem oder mehreren Projekten, die die Berechtigung ihrer Forderungen unterstreichen. Glaubhafte Alternativen zur Informalisierung der Arbeitsmärkte, der Stagnation der Gehälter und des Ausschlusses der gewerkschaftlichen Organisationen aus den Instanzen, die über die Sozialversicherung und das Gesundheitswesen entscheiden, müssen und können nur unter Einbeziehung der ArbeiterInnenschaft entwickelt werden.

Übersetzung: Johannes Schulten und Therese Gerstenlauer

Literatur

Barrett, Patrick (2001): Labour policy, labour business relations and the transition to democracy in Chile. In: Journal of Latin American Studies 33 (3): 561-597

Birch, Melissa (Hrsg.) (2000): The impact of privatization in the Americas: Coral Gables Fl. North South Center Press

Cardoso, Adalberto (1999): Sindicatos, trabalhadores e a coqueluche neoliberal. Aera Vargas acabou? Río de Janeiro: Editora Fundacao Getulio Vargas

Cardoso, Adalberto (2001): Determinantes da densidade sindical no Brasil entre 1988-1998. trabajo presentado en el XXIII Congreso LASA 2001, Washington D.C., 6. bis 8. September

Comisión de la Industria de Vestuario y Textiles (AGEXPRONT) (2001): Código de conducta, herramienta para mejorar la productividad. sin editor. Guatemala

De La Garza, Enrique (1992): El Tratado de Libre Comercio de América del Norte y las relaciones laborales en México: en Centro de Estudios Sociológicos, Ajuste estructural, relaciones laborales y libre comercio. El Colegio de México

De Laire, Fernando (1999): La trama invisible o los claroscuros de la flexibilidad (producir, construir y proveer) servicios bajo jornadas excepcionales en la minería privada y en sus eslabonamientos de subcontratación. Dirección del Trabajo, Gobierno de Chile. Santiago: Cuadernos de Investigación No. 8

Escobar, Patricio 1999, Trabajadores y empleo en el Chile de los noventa. Santiago: Ediciones Lom, Colección Sin Norte

Epstein, Edward (2001): Organized labor under neo-liberalism in recent Argentina and Chile. trabajo presentado en la reunion de la Latin American Studies Association (LASA) 2001, XXIII Congress Washington D.C. 6. bis 8. September

Frank, Volker (2000): El movimiento sindical en la nueva democracia chilena. Perspectivas de los dirigentes sindicales de base: ¿hechos o ficción? In: Revista Universum (Universidad de Talca-Chile) No. 15 (2000): 73-100

Frank, Volker (2002): The elusive goal in democratic Chile: reforming the Pinochet labor legislation. In: Latin American Politics and Society. Spring 2002: 35-68

French, John (1992): The Brazilian worker's ABC. Class conflict and alliances in modern Brazil. Chapel Hill: The University of North Carolina Press

Frundt, Henry (1998): Trade conditions and labor rights. US initiatives, Dominican and Central American Responses. University Press of Florida

Humeres, Hector (2001): Reforma laboral. Ley núm. 19759. Santiago. Editorial Jurídica de Chile

Keck, Margaret (1992): The worker's party and democratization in Brazil. New Haven. Yale University Press

Lara, Sara (Hrsg.) (1996): Jornaleros, empresarios y boias frias: el rostro femenino del mercado de trabajo en América Latina. Caracas: Editorial Nueva Sociedad

Murillo, Victoria (2001): Labor unions, partisan coalitions and market reforms in Latin America. New York: Cambridge University Press

Reinhardt, Nola/Peres, Wilson (2000): Latin America's new economic model: micro responses and economic restructuring. In: World Development. Special Issue

Rodriguez, Patricia (2002): Labor movement at a crossroads in Brazil: the CUT and flexibilization. Final Paper. Graduate Seminar on Labor process and labor conflict in Latin America. Department of Sociology. University of Notre Dame

Schurman, Rachel (2001): Uncertain gains: labor in Chile's new export sectors. In: Latin American Research Review 36 (2): 3-29

Senén González, Santiago/Bosoer, Fabián (1999): El sindicalismo en tiempos de Menem. Buenos Aires: Editorial Corregidora

Touraine Alain (1995): Qu'est-ce que la démocratie? Paris: Editions Fayard von Bülow, Marisa (2000): O movimento sindical brasileiro nos anos 90. Trabajo presentado al Congreso de LASA 2000, realizado en Miami (marzo)

Zapata, Francisco (1995): El sindicalismo mexicano frente a la reestructuración. México: El Colegio de México

Zapata, Francisco (2002): Salarios mínimos y empleo. Con énfasis particular en los casos de Argentina, Chile y México. In: Papeles de Población No. 32. Universidad Autónoma del Estado de México: 122-139

María Cristina Bayón

Konturen des informellen Sektors in Mexiko und Argentinien

Einleitung

Für große und wachsende Teile der Bevölkerung Lateinamerikas hat der Arbeitsmarkt nicht nur sein Potenzial zur Integration und sozialen Mobilität verloren, sondern sich in einen der Hauptmechanismen zur Schaffung von sozialer Verwundbarkeit und Exklusion verwandelt. Steigende Arbeitslosenzahlen zeigen zusammen mit der Ausweitung von Arbeitsunsicherheit und dem Verschwinden sozialer Sicherheitsnetze nicht nur eine fortschreitende Schwächung der Verbindung zwischen ökonomischem Wachstum und Beschäftigung auf, sie stellen außerdem die Fähigkeiten des neuen wirtschaftlichen Modells, sowohl Arbeitskräfte zu absorbieren als auch Armut sowie anhaltende und wachsende Ungleichheiten zu reduzieren, ernsthaft in Frage.

Das Globalisierungsprojekt hat, wie Pérez Sainz (2003) zeigt, keine integrative Intention. Auch der Arbeitsmarkt zeigt stärker als früher Dynamiken sozialer Desintegration. Zusammen mit der Erosion früherer Integrationsmechanismen enthüllen größere Disparitäten in der Chancenverteilung, an den Vorteilen der gegenwärtigen Prozesse teilzuhaben, eine immer starrer werdende Gesellschaftsstruktur. Die Ausgangsbedingungen spielen eine immer entscheidendere Rolle für das Schicksal von Individuen. In einem für die Verlierer des neuen sozialen Spiels deutlich ungünstigen Kontext, werden ererbte Nachteile schwer bestraft.

Der Zusammenhang von ungleicher Einkommensverteilung und sozialem Ausschluss ergibt sich aus der Funktionsweise sozialer, politischer und wirtschaftlicher Institutionen. Diese Institutionen begünstigen oder beschränken die Möglichkeiten gemeinsamer gesellschaftlicher Erfahrung, die eben Basis jeder gesellschaftlichen Aktivität ist.[1] In Lateinamerika drücken sich die Prozesse sozialer Exklusion gerade in den Bedingungen der Einbeziehung bestimmter

---

[1] Ähnlich hohe Ungleichheit kann unterschiedliche Auswirkungen auf soziale Exklusion haben, je nachdem, wie sehr die Möglichkeiten, Dinge zu tun und zu erreichen, vom Einkommen abhängen (Barry 1998). So ist das individuelle Einkommen weniger relevant, wenn staatliche Gesundheitsdienste und Bildungsangebote einheitlich und qualitativ so hoch sind, dass sie von einer Mehrheit der Bevölkerung genutzt werden.

gesellschaftlicher Gruppen aus: in ihren Integrationsmustern (Faria 1995), die
eine nachteilige Inklusion (Sen 2000), eine Bürgerschaft zweiter Klasse (Roberts 2004) auslösen. Die Nachteile entstehen nicht einfach daraus, „draußen"
zu sein, sondern genau in der von staatlichen Institutionen produzierten Segmentierung, also einer differenzierten Einbeziehung in die Sozialsysteme. Diese
Segmentierung, durch die sich die lateinamerikanischen Wohlfahrtssysteme
historisch auszeichnen, tritt angesichts des zunehmenden Abbaus und der
Kommerzialisierung der sozialen Dienste mit größerer Härte hervor. Sie resultiert in einer dramatischen Vertiefung der gesellschaftlichen Distanzen, nicht
nur im Zugang zu Beschäftigung, Bildung, Gesundheit oder Wohnraum, sondern auch hinsichtlich der Qualität der Möglichkeiten, zu denen man Zugang
hat.

Die Muster der beschriebenen Einbeziehung haben in verschiedenen sozialen Kontexten besondere Ausprägungen. Damit vereinfachende und zu allgemeine Diagnosen über die Formen, welche soziale Unsicherheit auf der neuen
wirtschaftlichen Bühne annimmt, verhindert werden, ist als Ausgangspunkt das
Erkennen von Heterogenität in den Sozialstrukturen lateinamerikanischer Länder und den unterschiedlichen Erwartungen von Wohlstand und Gleichheit – je
nach Urbanisierungsmustern, sozialer Schichtung, Traditionen in der Arbeitswelt und wohlfahrtsstaatlichen Mechanismen – notwendig.[2] Es ist gerade der
kumulative Charakter von nachteiligen Kontexten (Paugam 1995), verbunden
mit Beschäftigungsunsicherheit und anderen Dimensionen des wirtschaftlichen
und sozialen Lebens (Familie, Einkommen, Lebensbedingungen, soziale Kontakte), der bewirkt, dass bestimmte Gruppen anfälliger für Prozesse sozialer
Exklusion sind. In dieser Hinsicht haben Erfahrungen in Mexiko und Argentinien besondere Bedeutung. Beide Länder weisen wichtige Unterschiede auf: im
Zustand von Ungleichheit und Armut Anfang der 1990er Jahre, in der Wichtigkeit von Mittelklassen in ihrer jeweiligen Sozialstruktur, in ihren Arbeitstraditi-
onen und der Höhe sozialen Schutzes, in den Mechanismen der Anpassung des
Arbeitsmarktes und in der Art der Eingliederung in die internationale Wirtschaft. Jedoch haben die beiden Gesellschaften heute größere Gemeinsamkeiten
in Bezug auf Verteilungsungleichheit als zu Anfang des Jahrzehnts:[3] Gründe

---

[2] Das Konzept der „sozialen Unsicherheit" umfasst sowohl die Lebens- wie auch Arbeitsbedingungen und die wechselseitigen Implikationen. Das Konzept „unsicherer Lebensbedingungen" bezieht
sich auf unzureichende Einkommen über bestimmte Zeiten, und dessen Effekte auf die Wohnungssi-
tuation, die Erosion sozialer und familiärer Netzwerke etc. Das Konzept der „prekären Arbeitsbedingungen" bezieht sich auf die Art und Qualität des Arbeitsverhältnisses und dessen Bedeutung im
Zusammenhang mit Zufriedenheit, Aufstiegsmöglichkeiten, Ausbildung und persönlicher Entwicklung (Gallie/Paugam 2002).
[3] In der ersten Hälfte der 90er Jahre zählte man Argentinien – seinem Gini-Koeffizienten entsprechend – zu den Ländern der Region mit mittlerer Einkommensungleichverteilung. Gegen Ende des

dafür liegen in der enormen Verschlechterung von Beschäftigungsbedingungen und den bisher ungekannten Ausmaßen von Armut und Ungleichheit, verschärft noch durch die Krise von 2001, in Argentinien in diesem Jahrzehnt; und in der Fortdauer und Vertiefung einer hochgradig segmentierten und ungleichen Sozialstruktur in Mexiko.

Dieser Artikel untersucht aus einer multidimensionalen und vergleichenden Perspektive die Haupttendenzen und Ausprägungen der sozialen Verschlechterung beider Länder in den 1990er Jahren, mit einem besonderen Augenmerk auf die Beziehungen zwischen Arbeit, Arbeitslosigkeit, Armut und Ungleichheit im jeweiligen Kontext. Zunächst werden die integrativen wie exklusiven Dynamiken des Entwicklungsmodells der importsubstituierenden Industrialisierung (ISI) analysiert, das zwischen 1950 und 1990 in beiden Ländern in unterschiedlicher Intensität vorherrschend war. Daran anschließend werden einige Dimensionen hervorgehoben, die für das Verständnis der unterschiedlichen Formen, die die Transformationen des Arbeitsmarktes annehmen, nützlich sein können. Unterschiedlich sind beispielsweise die Einbettung in die internationale Ökonomie und Traditionen in der Arbeitswelt. Diese bestimmen mit, was unter „Arbeit" und Arbeitslosigkeit verstanden wird. Auch die Beziehungen zwischen Beschäftigung, Arbeitslosigkeit, Informalität und Armut sind je nach Land verschieden. Im darauffolgenden Teil wird die Verfestigung der Sozialstruktur in zwei Kerndimensionen analysiert: die Ungleichheit in den Bildungsmöglichkeiten und die Schwächung sozialer Aufstiegsmöglichkeit durch Arbeit. Zuletzt werden im Fazit einige der zentralen Dilemmata und Herausforderungen für Forschung und Politik herausgestellt.

Strategien von Entwicklung, Beschäftigung und sozialer Integration: unerfüllte Erwartungen, vergessene Versprechen

Ungleichheit und Armut sind keine neuen Phänomene in Lateinamerika. Untersucht man allerdings die Auswirkungen verschiedener Entwicklungsstrategien oder -modelle auf die Sozialstrukturen der Länder der Region, dann wird deut-

---

Jahrzehnts gehörte es bereits zu der Mehrheit lateinamerikanischer Länder mit hoher Ungleichheit, und 2002 war es zusammen mit Brasilien und Honduras eines der Länder mit der größten Ungleichheit in der Region. Mexiko blieb zwischen 1990 und 1999 in der Gruppe der Länder mit großer Ungleichheit, und gehört seit 2002 zu denen mit mittlerer Ungleichheit (CEPAL 2004a). Die Verringerung der Einkommenskonzentration in Mexiko muss allerdings mit Vorsicht analysiert werden. Sie scheint nicht nur auffällig dem wirtschaftlichen Kontext entgegenzustehen – die Produktion stagnierte und das Pro-Kopf-Einkommen sank zwischen 2000 und 2002 um 2,6% – auch wurden 2002 Modifizierungen im Erhebungsverfahren vorgenommen, was die Vergleiche mit der Erhebung von 2000 zusätzlich erschwerte.

lich, dass sie ungleiche Auswirkungen in Bezug auf ihr integratives Potenzial hatten.

Bis 1980 waren die Verbindung von wirtschaftlichem Wachstum und Arbeitskraftabsorption zusammen mit dem aufkommenden Wohlfahrtsstaat – auch wenn er begrenzt und unvollkommen war und große Unterschiede zwischen Ländern und Regionen zeigte – die Mechanismen, die Erwartungen von sozialem Aufstieg bei bedeutenden Teilen der lateinamerikanischen Bevölkerung nährten. Man glaubte, die Verstädterungs- und Industrialisierungsprozesse, die Entwicklung des öffentlichen Bildungssystems und die Ausbreitung von nicht handwerklichen Berufen könnten zu gerechteren Gesellschaften führen. Diese Erwartungen kamen in einigen Ländern einer Verwirklichung relativ nahe, während sie in anderen für große Teile der Bevölkerung unerfüllte Versprechen blieben.[4]

Obwohl die Fähigkeit des ISI-Modells zur Arbeitskraftabsorption zwischen den Ländern der Region und auch innerhalb dieser deutlich variierte, zeichnete sich der Arbeitsmarkt zumeist durch integrative Tendenzen aus.[5] Wenn auch die Arbeiter des informellen Sektors in der Stadt wie auf dem Land von der wohlfahrtsstaatlichen Versorgung – eigentlich jeder sozialen Sicherheit – ausgeschlossen blieben, unterschieden sich die Zahlen dieser Exklusion im regionalen Vergleich stark. Diese Variationen sind in der neoliberalen Kritik am ISI-Modell völlig vergessen worden: Eine Fahrlässigkeit, die verhinderte, dass die heterogenen Auswirkungen des Bruchs mit diesem Modell richtig verstanden wurden. Die Verschlechterung, die das neue Modell bewirkte, war gerade in den Ländern deutlicher und intensiver, die in der vorigen Periode größere integrative Erfolge erzielt hatten (Filgueira 1998).

In Argentinien, das sich wie Uruguay und Chile durch eine frühe Entwicklung charakterisieren lässt und als erstes Land der Region ein soziales Sicherungssystem einführte und ausweitete, führten die integrativen Elemente des ISI-Modells zu einem relativ niedrigen Niveau sozialer Ungleichheit, Armut und Unterbeschäftigung bis Mitte der 70er Jahre. Das Land war innerhalb des lateinamerikanischen Kontextes privilegiert.[6] Dies ergab sich aus dem Zusammenkommen verschiedener Elemente: So lassen sich in Argentinien im Ver-

---

[4] Verschiedene Intensität und Rhythmus von Urbanisierung, Industrialisierung und Bevölkerungswachstum sowie die Ausweitung staatlicher Bildungssysteme führten zu heterogenen Sozialstrukturen, mit jeweils unterschiedlicher Bedeutung der städtischen Arbeiterklasse und Mittelschichten in jedem Land.

[5] Obwohl nie die Mehrheit der Beschäftigten in der formellen Wirtschaft tätig war, wuchs die formelle Beschäftigung zwischen 1950 und 1980 nachhaltig und schuf 6 von 10 neuen Arbeitsplätzen.

[6] Um 1970 bewegten sich die städtischen Armutsraten zwischen 4 und 5%, und der Gini-Index der Einkommensverteilung der Haushalte lag zwischen 1953 und 1961 bei 0,41. In Mexiko stieg der Wert auf 0,52 und in Brasilien auf 0,57 (Altimir/Beccaria 1999).

gleich mit Mexiko und der ganzen Region, ein langsames demografisches Wachstum, frühe Urbanisierungs- und Industrialisierungsprozesse und eine Entwicklung zur Lohnarbeit beobachten sowie eine größere Bedeutung formeller Beschäftigung und ein geringeres Niveau von Unterbeschäftigung und Arbeitslosigkeit. Die sozialen Grundleistungen wie Gesundheitsversorgung und Bildung erreichten eine fast universale Deckung. Neben einem formellen Sektor, der für mehr als 70% der Lohnarbeit sorgte, nahm der informelle Sektor – im Rahmen eines dynamischen Binnenmarktes und dem Wachstum der Mittelklassen – besondere Züge an, da er nicht die Charakteristika einer „(letzten) Zuflucht" oder Subsistenzwirtschaft zeigte, die ihm in anderen lateinamerikanischen Ländern eigen waren. Im Gegenteil: Es entwickelte sich ein Sektor von Selbständigen mit relativ hohen und stabilen Einkommen, mittlerer Qualifikation und moderater Produktion, in dem ein bedeutender Prozentsatz der Arbeitskräfte Gewinne erwirtschaften konnte.[7]

In Mexiko zeichnete sich diese Periode durch tief greifende und beschleunigte soziale und ökonomische Veränderungen aus, obwohl die integrativen Errungenschaften geringer waren. Der Industrialisierungs- und Urbanisierungsprozess fing später an und ging sehr schnell vor sich: ein eigentlich agrarisch geprägtes Land verwandelte sich in eine größtenteils urbane und semiindustrielle Gesellschaft.[8] Die Ausweitung der Grundversorgung, wie Bildung und Krankenversorgung, war von geringerer Qualität und zeigte in Bezug auf ihre Gewährleistung große regionale, quantitative und qualitative Unterschiede. Die Segmentierung der sozialen Dienste reichte tiefer, nicht nur wegen einer weniger verbreiteten Grundversorgung, sondern auch wegen des größeren informellen Sektors. Neben einem insgesamt geringeren Anteil von Lohnarbeit waren die mit der formellen Beschäftigung verbundenen Einkommen und Vergünstigungen nicht so bedeutsam wie in den Ländern mit einer frühen Entwicklung. Um 1978 und nach einer stetigen Ausweitung der Gesundheitsversorgung erreichten die Institutionen der sozialen Sicherung immer noch nur – nominal – 38% der Bevölkerung, während 45% der Bevölkerung, hauptsächlich Einwoh-

---

[7] Zwischen Mitte der 1940er Jahre und dem Jahr 1970 machte das Wachstum im Kleinhandel fast die Hälfte des Wachstums bei den Selbständigen aus. Fast fünf von zehn Selbständigen wurden zur Mittelklasse gezählt (Torrado 1992). Auf der anderen Seite trugen die niedrigen Reparaturkosten verglichen mit den Preisen von Konsumgütern zu einem Anstieg solcher Aktivitäten (Reparatur von Mechanik, Elektrizität und elektronische Produkte) innerhalb der Arbeiterklasse bei (Marshall 1978).

[8] Zwischen 1940 und 1980 wuchs die Wirtschaft jährlich um 6,4% und der Anteil der produzierenden Industrie im BIP stieg von 15,4 auf 24,9%. Die städtische Bevölkerung wuchs von 35 auf 66% und die Gesamtbevölkerung vervierfachte sich fast (von 20 auf 70 Mio.). Die Alfabetisierungsraten verdoppelten sich auf 83%; die höhere Schulbildung der erwachsenen Bevölkerung stieg von 2,6 auf 4,6 Jahre, und die Lebenserwartung bei Geburt von 24 auf 65 Jahre (INEGI 1985).

ner des ländlichen Raums, keine kostenlose oder kostengünstige medizinische Versorgung erhielten (Coplamar 1985). Trotz der Verringerung der Ungleichheit in der Verteilung von Einkommen zwischen 1963 und 1984 blieb die ungleiche Verteilung der Wachstumserträge selbst in den „goldenen Jahren" charakteristisch. Am Ende dieser Zeitspanne bekamen die reichsten 20% der Bevölkerung mehr als 50% des verfügbaren Einkommens und fast 6 von 10 MexikanerInnen lebten weiterhin in Armut (Moreno Brid/Ros 2004).

Die privilegierte Position Argentiniens im regionalen Kontext erfuhr ab 1975 eine rapide Verschlechterung.[9] Es war das Land Lateinamerikas, das die tiefgreifendste Transformation seiner Sozialstruktur – in weniger als drei Jahrzehnten – durchmachte. Parallel zur wachsenden Ungleichheit und Armut kam es zu einer deutlichen Schwächung der früheren Kanäle sozialer Mobilität. Die Transformationen begannen ab der Mitte der 1970er und verdeutlichten, dass sich das bis dahin gültige Entwicklungsmodell erschöpft hatte. Die 90er Jahre brachten ein neues sozioökonomisches Modell. Dieses setzte nicht nur neue Formen der Einbettung in die globale Ökonomie voraus, sondern auch neue Beziehungen der Haushalte mit Arbeitsmarkt und Staat, was die argentinische Sozialstruktur erschütterte und durcheinander brachte.[10]

In Mexiko veränderte sich die Beschäftigungsstruktur weitgehend während der 80er Jahre (nach dem Ausbruch der Krise von 1982). Die Veränderungen führten im Großen und Ganzen zu weniger Beschäftigung in den moderneren Industriesektoren, im Gegensatz zu einem Vormarsch informeller Beschäftigung – hauptsächlich Arbeit auf eigene Rechnung und unvergütete Familienarbeit. In absoluten Zahlen wuchs die informelle Beschäftigung zwischen 1980 und 1987 um 80%. Damit waren 1987 33% der arbeitenden Bevölkerung im informellen Sektor beschäftigt (CEPAL 1989). Die unzureichende Schaffung stabiler und angemessen entlohnter Arbeitsplätze ab 1982 wird von López (1999) als „strukturelles Ungleichgewicht" des formellen Arbeitsmarktes bezeichnet. Diese Tendenz verbesserte sich nicht etwa als die mexikanische Wirtschaft unter einer neuen Wachstumsstrategie zwischen 1988 und 1994 in eine Etappe moderater Expansion eintrat, sondern verschärfte sich noch, genauso wie die ungleiche Einkommensverteilung. Der Gini-Index, der 1984 0,456 betragen hatte, stieg auf

---

[9] Vgl. hierzu in diesem Band Kessler/Di Virgilio.

[10] Der Gini-Koeffizient stieg zwischen 1974 und 1991 von 0,36 auf 0,447 und im Jahr 2000 auf 0,51. Die Distanz zwischen den Einkommen des reichsten Zehntels und des ärmsten Zehntels der Gesellschaft verdreifachte sich; die Armutsraten vervierfachten sich: das durchschnittliche Pro-Kopf-Einkommen der reichsten 10% der Bevölkerung war 1974 12mal höher als das der ärmsten 10% der Bevölkerung; 1991 war es 23mal so hoch und 2000 bereits 38mal so hoch. Im Großraum Buenos Aires waren 1974 nicht mehr als 5% der Haushalte von Armut betroffen. Diese Zahl erhöhte sich bis 1986 auf 9%, 1990 nach der Hyperinflation auf 25%, verringerte sich bis 1994 wieder auf 15% und stieg bis 2000 erneut auf 21% an (Damill u.a. 2002; Beccaria u.a. 2003).

0,514 im Jahre 1992. In dieser Zeit erhöhte sich die Einkommenskonzentration bei den reichsten 10% der Bevölkerung von 34,2 auf 40,5% (Cortés 2000). Betrachtet man die gesamten 90er Jahre, so zeigt sich ein Transfer von Einkommen der ärmsten Haushalte an die reichsten, um so mehr als die mittleren Einkommen kaum Veränderungen aufweisen. Als das Land dem nordamerikanischen Freihandelsabkommen NAFTA beitrat, verlangsamte sich als Folge der Krise von 1995 nicht nur das Wachstum der Kaufkraft, es begünstigte auch die reichsten 10% der Gesellschaft auf Kosten der Realeinkommen der restlichen Haushalte, besonders der ärmsten 30% der Bevölkerung. So wurde um das Jahr 2000 eine ähnlich hohe Einkommensungleichheit registriert wie in den 60er Jahren (Hernández Laos 2003). Diese Tendenzen stellen einen notwendigen Ausgangspunkt für das Verständnis der Intensität des sozialen Abstiegs, den diese Länder ab 1990 erlebten, als auch für dessen eklatante Auswirkungen auf das soziale Gefüge dar. In dieser Hinsicht zeigt Roberts (2004), dass die Mittel- und ArbeiterInnenklassen Argentiniens und Uruguays im Vergleich zu denen in Ländern wie Brasilien oder Peru einen weit gravierenderen Niedergang ihrer Lebensstandards und eine dramatischere Umgestaltung ihrer Beschäftigungsaussichten ertragen müssen. Hinzu kommt ein weiteres sehr wichtiges Element: Die Erinnerung an bessere Zeiten. Im Gegensatz dazu hat die urbane Bevölkerung vieler lateinamerikanischer Länder gar keinen Bezug zu „goldenen Zeiten", um die gegenwärtigen Krisen als solche einzuordnen. Sie haben immer ums Überleben kämpfen müssen. Diese Unterschiede beeinflussen nicht nur das politische Leben, sondern auch die formellen und informellen Mechanismen, mit denen man den Krisen begegnet (Roberts 2004).

Die Verschlechterung der Beschäftigungsbedingungen: ein Vergleich

Trotz der Ähnlichkeiten der Wirtschaftspolitik in Mexiko und Argentinien besonders Anfang der 90er Jahre (Stabilisierung, Handels- und Finanzliberalisierung, Privatisierungen) und der Empfindlichkeit beider Länder gegenüber externen Störungen, ging die Anpassung des jeweiligen Arbeitsmarktes auf unterschiedliche Weise vonstatten: Die Arbeitslosigkeit, die Ende der 80er Jahre ähnlich hoch war, stieg in Argentinien erheblich, während sie in Mexiko sehr niedrig blieb.[11]

---

[11] Wenn auch die Arbeitslosigkeit in Argentinien nach 2002 wieder stark reduziert wurde und in Mexiko seit dem Jahr 2000 tendenziell stieg, so war Argentinien doch weiterhin eines der Länder in der Region mit den höchsten Arbeitslosenzahlen und Mexiko eines der Länder mit sehr niedriger Arbeitslosigkeit.

In Argentinien war die Entwicklung der Indikatoren für Beschäftigung, Armut und Ungleichheit während der 90er Jahre schmerzhafter Ausdruck eines kontinuierlichen und fortschreitenden Prozesses sozialen Niedergangs. Es fehlten nicht nur die Schutzmechanismen der europäischen Wohlfahrtssysteme, um dem dramatischen Anstieg von Arbeitslosigkeit, Beschäftigungsunsicherheit und Armut zu begegnen. Es fehlten auch „Stoßdämpfer" oder „Ventile", wie man sie in Mexiko und manchen anderen lateinamerikanischen Ländern in der *maquila*, der Möglichkeit der Migration[12] und dem informellen Sektor vorfindet. In Mexiko halfen diese Ventile, die Arbeitslosigkeit relativ niedrig zu halten, aber sie bewirkten keine Verbesserungen der Lebens- und Arbeitsbedingungen für weite Teile der Bevölkerung.

Zwar verschlechterten sich in beiden Ländern in den 90er Jahren die Arbeitsbedingungen; der Niedergang hatte jedoch unterschiedliche Züge. In Argentinien war das Hauptmerkmal der Strukturanpassung im Arbeitsmarkt der Anstieg der Arbeitslosigkeit. In Mexiko wurden niedrige Arbeitslosenzahlen von einer deutlichen Reduzierung der Löhne und einer Ausbreitung des informellen Sektors begleitet. Einige der Charakteristika der mexikanischen Wirtschaft waren die niedrige Arbeitslosenquote, eine hohe Beschäftigungsquote im informellen Sektor, niedrige Löhne und ein sehr geringer Anteil der Löhne am Bruttoinlandsprodukt.[13]

Im Gegensatz dazu zeichnet sich Argentinien traditionell durch größere Formalität und Schutz im Arbeitsmarkt aus. Neben dem schnellen Ansteigen der Arbeitslosigkeit und der Zunahme prekärer Beschäftigung (Unterbeschäftigung und Arbeit ohne Sozialleistungen) konnte der informelle Sektor weniger Arbeitskräfte absorbieren, was besonders hinsichtlich der Selbständigen sichtbar wird. In der Tat verzeichnete Mexiko in den 90er Jahren die niedrigsten Arbeitslosenzahlen der Region – mit Ausnahme von 1996 wegen der tiefen Krise von 1995. In Argentinien stiegen diese Zahlen währenddessen tendenziell, sogar in Zeiten größten wirtschaftlichen Wachstums.

Es wird immer wieder argumentiert, dass die niedrigen mexikanischen Arbeitslosenquoten sich im Fehlen einer Arbeitslosenversicherung und der geringen Sparmöglichkeiten der ArbeiterInnen begründen. Sie sehen sich gezwungen, jede verfügbare Arbeit anzunehmen oder eine zu „erfinden": Diese Erklä-

---

[12] Die Analyse der Auswirkungen der Migration von Arbeitskräften aus Mexiko in die USA überschreitet den Rahmen dieses Artikels (vgl. hierzu in diesem Band Andrade-Eekhoff). Es ist jedoch notwendig zu erwähnen, dass der soziale Niedergang in Mexiko und die sozialen, ökonomischen und politischen Transformationen in Mexiko und den USA mit Veränderungen der Migrationsformen in Zusammenhang stehen (vgl. Canales 2002).

[13] Im Jahr 2000 betrug der Mindestreallohn ein Drittel des Betrags von 1980 und die Löhne, die in größeren produzierenden Unternehmen gezahlt wurden, waren seit 1990 um mindestens 40% gesunken (Salas/Zepeda 2003: 65)

rung ist für eine Analyse innerhalb der nationalen Grenzen zwar relevant und auch empirisch begründet, ist aber unzulänglich, wenn man das Problem aus vergleichender Sicht angeht. Das Panorama wird komplexer, wenn wir die Ereignisse in anderen Ländern Lateinamerikas mit einbeziehen. Besonders in Argentinien traf der dramatische Anstieg der Arbeitslosigkeit in den 90er Jahren eben auch mit größerer Intensität die ärmsten und am wenigsten geschützten Gruppen, also diejenigen ohne Sparvermögen und mit sehr eingeschränktem Zugang zur Arbeitslosenversicherung. Drei Elemente sind besonders wichtig, um die verschiedenen Dimensionen des Problems zu verstehen:

Erstens ist es notwendig, Vergleichspunkte festzulegen. Das Fehlen einer Arbeitslosenversicherung als Erklärung der niedrigen Arbeitslosenquoten in Mexiko könnte als Argument relativ wertvoll sein, wenn man Mexiko mit den europäischen Ländern vergleicht, aber es reicht nicht aus, um die niedrigen Arbeitslosenzahlen in Mexiko im Vergleich mit dem Rest Lateinamerikas zu verstehen. Eine Arbeitslosenversicherung, die nie mehr als 6% der Arbeitslosen abgedeckt hat, kann kaum erklären, warum sich in Argentinien mehr als 20% der ökonomisch aktiven Bevölkerung in Zeiten tiefer wirtschaftlicher Krisen als arbeitslos definieren. In Mexiko hingegen betrug die Arbeitslosenquote nie mehr als 6%.[14]

Das zweite Element ist die Beziehung zwischen Arbeitslosigkeit und Armut. Der klare Zusammenhang und der wechselseitige Einfluss zwischen beiden Faktoren stellen das Konzept der Arbeitslosigkeit als einem „Luxus" der Sektoren mit besserer Bildung und Sparvermögen, den sich die Armen „nicht leisten" können, in Frage. Auch wenn sich die Arbeitslosigkeit ab den 90er Jahren auf alle Beschäftigungskategorien und Bildungsniveaus ausdehnte, waren doch die in Bezug auf Bildung und berufliche Qualifikation am meisten benachteiligten Gruppen auch am meisten betroffen. Im Großraum Buenos Aires stiegen die Indikatoren für Arbeitslosigkeit zwischen 1990 und 2000 bei den ärmsten 10% der Bevölkerung von 14,3 auf 29,8% (INDEC).

Das dritte, häufig ignorierte Element, ist der Einfluss der Traditionen im Arbeitsmarkt auf die Art und Weise, wie Arbeit und Arbeitslosigkeit definiert und erlebt werden. Besagte Traditionen erlauben festzustellen, in welchem Maße Arbeitslosigkeit eine klar eingegrenzte Kategorie darstellt. Der argentinische

---

[14] In Argentinien beinhaltet das Beschäftigungsgesetz von 1991 eine Arbeitslosenversicherung, von der allerdings nur bestimmte Segmente des formellen Sektors profitieren konnten, so dass in einem Kontext wachsender Beschäftigungsprekarität nur wenige damit versorgt werden. Es haben diejenigen ArbeiterInnen das Recht auf Arbeitslosengeld, die ohne berechtigten Grund von einer registrierten Arbeitsstelle entlassen wurden und die mindestens 12 Monate von den 36 der Entlassung vorangegangenen Monate in die Sozialversicherung eingezahlt haben. Die Arbeitslosenversicherung deckt die Angestellten, die im Tarifgesetz genannt werden ab und schließt deshalb Bauarbeiter (die ihren eigenen Tarifvertrag haben), Haushaltsangestellte, den öffentlichen Sektor und ländliche Arbeit aus.

Arbeitsmarkt zeichnete sich in der Geschichte durch ein höheres Niveau formeller Beschäftigung aus. Qualitative Ergebnisse zeigen: Die mit „Arbeit" verbundenen Rechte und die Stabilität beeinflussen nicht nur die Wahrnehmung, was eine „gute Arbeit" ist, sondern die Definitionen von Arbeit und sozialer Zugehörigkeit selbst, sogar in einem Kontext intensiver Prekarisierung von Beschäftigung (Bayón 2002). Arbeitsrechte sind tendenziell an das Konzept von Arbeit selbst gebunden, auch in der Vorstellung der ArbeiterInnen, die gering qualifiziert sind, dem Niedriglohnsektor angehören und nie vollen Zugang zu diesen Rechten hatten. Tatsächlich wird der Ausdruck „*changa*", der zeitlich begrenzte Arbeiten bezeichnet, in Teilen Argentiniens für alles genutzt, was „nicht" als Arbeit verstanden wird.

Hingegen wird in Gesellschaften wie der mexikanischen „Arbeit" mehr mit der Erzeugung von Einkommen als mit Stabilität und Schutz assoziiert. Sie sind von Traditionen informeller Beschäftigungs-, Tausch- und Lebensformen geprägt, in denen die Lohnarbeit historisch weniger verbreitet war. Arbeitslosigkeit scheint eine von der Bevölkerung weniger anerkannte Kategorie zu sein. Mehrere Studien zu Mexiko sowie der urbane Alltag bestätigen dies: Arbeit auf eigene Rechnung oder die Fähigkeit, Wege und Formen zu „erfinden", damit ein Einkommen für die Befriedigung der Grundbedürfnisse im Haushalt erwirtschaftet werden kann, sind Traditionen familiärer Arbeit in den „Volkssektoren"[15] (Estrada Iguíñiz 1996). Nach Selby u.a. (1994) ist es für die städtischen Armen wichtiger, die Familie mit den zum Überleben notwendigen Ressourcen zu versorgen, als ein und dieselbe stabile Beschäftigung zu behalten: Sätze wie „*buscando la manera*" (es auf jede Art und Weise versuchen), „*haciéndole la lucha*" (etwas den Kampf ansagen), „*poniéndose abusado*" (sich ausbeuten lassen) etc. verdeutlichen umso schärfer die Haltung, „alles zu geben", um zu überleben.

Die vergleichende Analyse der verschiedenen Formen, die die Arbeitsmarktanpassungsmaßnahmen angenommen haben, trägt dazu bei, die unterschiedlichen Dimensionen des Problems hervorzuheben, wenn sie sich auch nicht in den drei beschriebenen Punkten erschöpft. Mit dem gleichen Ziel werden im Folgenden drei wichtige Dimensionen für das Verständnis der unterschiedlichen Verschlechterung in den beiden Ländern untersucht.

---

[15] Als „Volkssektoren" (*sectores populares*) werden in Lateinamerika die Gesamtheit der Unterklassen und Teile der Mittelschichten bezeichnet. Wir bezeichnen sie hier auch als subalterne oder subordinierte Klassen (Anm. d. Übers.).

Exportorientiertes Modell und produzierendes Gewerbe

Wie ihre Exportstruktur zeigt, repräsentieren Argentinien und Mexiko kontrastierende Modelle der Weltmarkteinbettung. Im ersten Fall orientiert sich die Spezialisierung stark auf natürliche Ressourcen und im zweiten auf die Industrie (wie die Maquiladora-Industrie und andere). Während Primärgüter 1990 71% und 2001 66% der Exporte Argentiniens ausmachten, stieg der Anteil der Industrieproduktion, die vor allem arbeitsintensiv ist, an den Exporten Mexikos in der gleichen Zeit von 43% auf 85% (UNDP 2003). Dieses Spezialisierungsmodell hat unterschiedliche Auswirkungen auf die Beschäftigung, besonders in der Produktion. In Argentinien gab es seit Mitte der 70er Jahre einen deutlichen Deindustrialisierungsprozess, und der produzierende Sektor begann Arbeitskräfte abzustoßen: zwischen 1976 und 2001 fiel die Beschäftigung in der produzierenden Industrie um 66%. Ab 1990 veränderten sich die relativen Kosten von Arbeit und Kapital durch die Handelsliberalisierung und die Überbewertung des Wechselkurses radikal. Dies wirkte sich im Bereich exportfähiger Güter negativ auf die Nachfrage nach Arbeit aus. Arbeit wurde in der Folge durch Kapital ersetzt, was zu einer deutlichen Produktivitätssteigerung führte.[16] Die Unternehmen, die überlebt hatten, erhöhten ihre Investitionen in Kapitalgüter und reduzierten also die Zahl ihrer ArbeiterInnen sogar während der kurzen Expansionsphase zwischen 1991 und 1994. Dazu kam der Abbau von Beschäftigung wegen der Schließung kleiner und mittlerer industrieller Unternehmen und der Rationalisierung von Arbeitsprozessen ohne größere Investitionen in Fixkapital. Trotz des hohen ökonomischen Wachstums in Argentinien in der ersten Hälfte des Jahrzehnts stieg die Arbeitslosigkeit ab 1991 fast ohne Unterbrechung an (Katz u.a. 1995; Heymann 2000).

Zwischen 1991 und 1999 verringerte sich die Beschäftigung in der Produktion in Argentinien um 46,6% und stieg im Gegensatz dazu in Mexiko um 28,8% (Stallings/Weller 2001). Hier wird wieder die dämpfende Rolle der mexikanischen Maquiladora-Industrie deutlich – deren Anteil an industrieller Beschäftigung zwischen 1990 und 2000 von 14 auf 30% stieg – gegenüber dem Abbau von Arbeitsplätzen in anderen Zweigen der verarbeitenden Industrie. Allerdings zeigt die Dynamik der Beschäftigung in der *maquila* – sie hatte sich in nur 5 Jahren verdoppelt, von 1995 noch 650.000 auf fast 1.300.000 Beschäftigte im Jahr 2000 - inzwischen auch Zeichen von Erschöpfung. In nur drei Jahren – zwischen 2000 und 2003 – gingen fast 230.000 Arbeitsplätze in *maquilas* verloren (INEGI 1985; ILO 2004). Die aus dem produzierenden Gewerbe

---

[16] Nach der Abwertung der Währung Ende 2001 hat dieser Sektor in der Schaffung von Arbeitsplätzen größere Dynamik gezeigt. Zwischen 2002 und 2004 war ein Wachstum von 16% zu verzeichnen (INDEC).

vertriebenen ArbeiterInnen und das auch insgesamt immer größere Angebot an Arbeitskräften in Mexiko kamen großteils im expandierenden Dienstleistungssektor unter. Hier gab es immer mehr Vollzeitarbeit, vor allem dort, wo informelle Arbeit den Großteil ausmachte. Dieser Bereich stellte einen von vier neuen Arbeitsplätzen, die in den 90er Jahren geschaffen wurden.

In Argentinien war der Verlust von Arbeitsplätzen in der Produktion nicht nur größer als in Mexiko, sondern die Vollzeitarbeit stagnierte in fast allen Sektoren nicht exportfähiger Güter zwischen 1991 und 2000 – Finanzdienstleistungen, Kommunikationssektor und Verkehr teilweise ausgenommen. Der produzierende Sektor konnte also kein Gegengewicht zum Abbau von Beschäftigung in anderen Bereichen der Wirtschaft darstellen. Die Dynamik im Dienstleistungssektor schlug sich in eine stetige Zunahme von Unterbeschäftigung nieder.[17] So wurde der Verlust von Vollzeitarbeitsplätzen in der Produktion teilweise durch die Unterbeschäftigung im Dienstleistungssektor kompensiert, der wegen seines antizyklischen Charakters eine ähnliche Rolle einnahm wie der informelle Sektor in Mexiko (Frenkel/Ros 2004).

Informell und schutzlos

In Argentinien wurden die hohen Arbeitslosenzahlen vom Verlust der Dynamik bei den Selbständigen flankiert. Weite Teile der ArbeiterInnenschaft, vor allem die mit geringer Bildung und im mittleren Alter, wurden so verstärkt vom Arbeitsmarkt ausgeschlossen.[18] Während in Argentinien die Selbständigen ihren Anteil an informeller Beschäftigung von 22,9 1990 auf 17,5% 2002 verringerten, stieg in Mexiko dieser Anteil von 19 auf 21%. Im Handel- und Dienstleistungssektor zeigt sich hier ein besonders auffälliger Kontrast: Der Anteil der Selbstständigen fiel in Argentinien von 16 auf 10,7% und stieg in Mexiko von 12,5 auf 16,1%.

Anders als in den vorangegangenen Jahrzehnten verlangsamte sich in Mexiko das Ansteigen der Lohnarbeit in den 90er Jahren. Ein kleinerer öffentlicher Sektor und weniger Beschäftigung in Unternehmen mit mehr als fünf Angestellten erklären diese Verlangsamung teilweise (CEPAL 2003). Am dynamischsten waren die traditionell prekärsten Bereiche. In diesen war 2002 fast die Hälfte

---

[17] Hier wird auf Beschäftigte Bezug genommen, die gegen ihren Willen weniger als 35 Stunden pro Woche arbeiten und gerne mehr arbeiten würden.

[18] Die geringere Dynamik im Bereich der Selbständigen begründet sich u.a. im Verschwinden vieler kleiner Geschäfte und Werkstätten, die nicht mit großen Supermarktketten und der Welle von Importen konkurrieren konnten. Außerdem reduzierten sich die Beschäftigungschancen in bestimmten Dienstleistungsbereichen, wie z.B. Reparaturen, da Kredite für Konsumgüter Anfang des Jahrzehnts günstiger wurden.

der arbeitenden städtischen Bevölkerung tätig: in Miniunternehmen, Haushalts-
diensten und als unqualifizierte Selbständige. Mit anderen Worten sind fünf von
zehn mexikanischen ArbeiterInnen in die unsichersten Sektoren des Arbeitsmarktes eingebunden, wo das Fehlen jeglicher Absicherung besorgniserregende
Ausmaße annimmt. Nur eine von zehn im informellen Sektor tätigen Personen
hat Aussichten auf Rente. Allerdings sind die informell Beschäftigten nicht die
einzigen ohne Schutz. Vier von zehn LohnarbeiterInnen des formellen Sektors –
die in größeren Unternehmen oder im öffentlichen Sektor angestellt sind – fehlte
im Jahr 2000 ebenfalls jegliche Absicherung. Im Ergebnis ist Mexiko zwar das
Land Lateinamerikas mit den niedrigsten Arbeitslosenzahlen, aber die große
Mehrheit der ArbeiterInnen lebt ohne jede soziale Sicherung – eine Situation,
die sich in den letzten Jahren noch verschlimmert hat. Der Anteil der Beschäftigten die keine Sozialleistungen bekommen, betrug ab dem ersten Jahresdrittel
2005 63%.

In Argentinien sind die sozialen Schutzmechanismen, trotz der in der Geschichte des Landes nie dagewesenen Intensität und Ausdehnung der Arbeitsunsicherheit – verschiedenen Indikatoren nach zu urteilen – immer noch besser als
die in Mexiko. Die auffälligsten Unterschiede zwischen beiden Ländern zeigen
sich bei der Rentenversorgung für über 65-Jährige (68,7% in Argentinien gegenüber 20 bis 25% in Mexiko), dem Zugang zu einer betrieblichen Krankenversicherung (61 gegenüber 39%) und dem Recht auf Abfindung für Angestellte
(56 gegenüber 20%). Die angesichts dieser Zahlen größere soziale Absicherung
in Argentinien verschleiert allerdings, dass diese sehr ungleich verteilt ist. Nach
Daten von 2001 bekamen 64,5% der über 65-Jährigen staatliche Hilfen, ob steu-
erlich finanziert oder nicht. Unter den ärmsten 20% bekamen nur 32,2% solche
Hilfen. Beim zweitreichsten Fünftel waren es nur 57,2%, während diese Zahl im
reichsten Fünftel bei 78,5% lag (OIT/MECON 2005).

Unsichere Beschäftigung, Arbeitslosigkeit und Armut

Manchen AutorInnen zufolge sind ArbeiterInnen in Lateinamerika generell arm,
man brauche also nicht arbeitslos zu sein, um sich an der Schwelle zur Armut
wieder zu finden (Portes/Hoffman 2003). Allerdings gibt es im Fall Mexikos
und Argentiniens Besonderheiten, und der Zusammenhang von Beschäftigung
und Armut war in Mexiko und Argentinien besonders unterschiedlich, wenigstens bis Ende der 90er Jahre.

In Mexiko waren die dynamischsten Bereiche des Arbeitsmarktes gerade
die Sektoren, die mehr zu Armut und sozialer Schutzlosigkeit neigten. 2002
waren 32% der städtischen Bevölkerung von Armut betroffen und immerhin

25% derer, die Arbeit hatten. Bei Angestellten von Mikrounternehmen waren es
40%, 46% bei den Hausangestellten. Von den Angestellten von Unternehmen
mit mehr als fünf Beschäftigten und ungelernten ArbeiterInnen auf eigene
Rechnung in Industrie und Baugewerbe, die die Hälfte der städtischen Erwerbsbevölkerung ausmachen, waren 27% arm.

Wenn auch die Armut in Argentinien 2002 in der Gesamtbevölkerung größer war als in Mexiko, war die Anzahl der arbeitenden Armen in beiden Ländern ähnlich. Dies würde sowohl auf einen engeren Bezug zwischen Beschäftigung und Armut in Mexiko als auch auf größere Auswirkungen der Arbeitslosigkeit in den Sektoren mit geringem Einkommen in Argentinien hindeuten.
Dies bedeutet, dass man in Argentinien zwar nicht arbeitslos sein muss, um arm
zu sein, die Armen aber leichter in die Arbeitslosigkeit geraten.

Wenn auch die Beschäftigten in Argentinien weniger oft als arm bezeichnet
werden können, muss doch hervorgehoben werden, dass zwischen 1999 und
2002 die Armut unter ihnen schneller wuchs als in der Gesamtbevölkerung. So
könnten die niedrigen Löhne, die für die in dieser Zeit neu entstandenen Arbeitsplätze typisch sind, Argentinien dem annähern, was wir im Fall Mexikos
beobachten. Es handelt sich wiederum um eine Angleichung nach unten, ein
Resultat der Verschlechterung in Argentinien, nicht der Verbesserung in Mexiko.

Die Anteile armer Haushalte an der Gesamtbevölkerung sind in beiden
Ländern gestiegen, auch wenn das Ansteigen in Argentinien intensiver war. Die
armen Haushalte in Argentinien verzeichnen 2002 eine geringere Beschäftigungsdichte und höhere Arbeitslosigkeit, neben einer deutlichen Verschlechterung des durchschnittlichen Einkommens der arbeitenden Haushaltsmitglieder.
Die Strategie, mehr Mitglieder des Haushaltes auf Arbeitssuche zu schicken,
hatte also in beiden Fällen unterschiedliche Auswirkungen. Von den armen
mexikanischen Haushalten arbeiteten mehr Personen – wenn auch mit sehr
niedrigen Einkommen. In Argentinien erhöhte sich die Anzahl der Arbeitssu-
chenden bzw. Arbeitslosen pro Haushalt. Hier war die Strategie weniger effektiv. Zum Problem der unsicheren Arbeit (keine festen Verträge, niedrige Löhne,
keine soziale Absicherung) kommt also das Fehlen von Arbeit dazu. Es handelt
sich nicht nur um ungenügende Einkommen, sondern angesichts von Zeitab-
schnitten mit prekärer Arbeit oder Arbeitslosigkeit um das völlige Fehlen von
Einkommen.

Während der Zeit zwischen 1999 und 2003 lassen sich in Argentinien die
dramatischen Auswirkungen von Arbeitslosigkeit in armen Haushalten beobachten. In 35,7% der Haushalte lebt mindestens eine arbeitslose Person, und in
einem Viertel der Haushalte gibt es mindestens zwei Personen ohne Arbeit. Im
Gegensatz dazu sind die entsprechenden Proportionen in Mexiko unter 6 bzw.

1%. Vergleicht man arme und nicht arme Haushalte, wird man in Argentinien weniger schnell arm, wenn es in dem Haushalt mindestens zwei Beschäftigte gibt. In 40% der Haushalte über der Armutsgrenze sind zwei Personen beschäftigt, aber nur in 25% der armen Haushalte. Kontrastierend hierzu arbeiten in Mexiko in 46,5% der armen Haushalte und bei 51,9% der nicht als arm bezeichneten Haushalte mindestens zwei Beschäftigte, es scheint also keinen bedeutenden Unterschied zu geben. Offenkundig aber ist vor allem der Unterschied, dass mehr Mitglieder von Haushalten mit geringem Einkommen im informellen Sektor beschäftigt sind: Wenn auch nicht alle im informellen Sektor Arbeitende arm sind, sind doch in armen Haushalten die meisten Mitglieder im informellen Sektor beschäftigt.

Ungleiche Verteilung von Möglichkeiten: Für immer im Nachteil

Die Analyse der Beziehungen zwischen Armut und prekärer Arbeit macht die fortschreitende Erosion früherer Strategien von wirtschaftlichem Überleben und Einkommensbeschaffung deutlich. Die Möglichkeit, sich den Lebensunterhalt dauerhaft durch Arbeit zu verdienen, wird immer unsicherer.

Die enorme Schwächung von Arbeit und Bildung als Kanäle sozialen Aufstiegs – die wenigstens die Erwartungen von einem besseren Leben in der Zukunft nähren – offenbart in Verbindung mit der wachsenden Ungleichheit in der Verteilung von Berufs- und Bildungschancen eine Sozialstruktur, die immer starrer wird. Mit anderen Worten: Der Spielraum ungünstige Situationen auszugleichen wird für diejenigen, die aus benachteiligten Haushalten kommen – sei es in Bezug auf Einkommen, Arbeit, Bildung, Wohnung o.ä. – schnell immer geringer. Dies geschieht in einem Kontext, der sich für die, die nicht von Anfang an mit starken kognitiven Fähigkeiten und sozialer Kompetenz ausgestattet sind, immer widriger präsentiert. So bleibt man bei einem Mangel an diesen Fähigkeiten in einer „Unsicherheitsspirale" stecken, in welcher sich Nachteile gegenseitig vermehren und kumulieren (Paugam 1995).

Durch die in den 90er Jahren eingeführten Sozialreformen verschärften sich diese Prozesse, da die Reformen nicht nur mit der wirtschaftlichen Anpassung korrelierten, sondern die Verletzlichkeit breiter Teile der Bevölkerung noch zuspitzten. Eine universelle Gesundheits- und Bildungsversorgung vonseiten des Staates wurde als ineffizient angesehen, da sie die Mittelklasse auf Kosten der Schichten mit dem niedrigsten Einkommen bevorzugte. Um diese Verteilungsschieflage auszugleichen und die Sozialleistungen zu dezentralisieren, griff man auf Strategien der Konzentration zurück. Das Ergebnis nannte Bustelo (1992) im Anschluss an Fernando Henrique Cardoso den „*Estado de mal-*

estar[19]: Es wurde gerade in den Bereichen gekürzt, in denen der aufkommende Wohlfahrtsstaat eine gewisse Entwicklung erreicht hatte. Im Diskurs über einen dogmatischen Individualismus wird jede Person inmitten einer wachsenden sozialen Polarisierung ihrem eigenen Schicksal überlassen (Bustelo 1992).

Verfestigung der Sozialstruktur

Ungleiche Verteilung von Bildungschancen

Bei der Verteilung von Bildungschancen sieht man besonders deutlich, dass die Kluft zwischen begünstigten und benachteiligten Sektoren größer geworden ist. Diese Ungleichheit wird außerordentlich relevant, wenn der Zugang zu Wissen ein Schlüssel ist, um die in den gegenwärtigen Prozessen offenen Möglichkeiten überhaupt nutzen zu können.

Reimers (2000) hebt fünf Prozesse hervor, durch die sich die Einkommensungleichheit in ungleiche Bildungschancen überträgt: i) der unterschiedliche Zugang zu verschiedenen Bildungsniveaus für Arme und nicht Arme; ii) die unterschiedliche Behandlung, die Arme und Nicht-Arme in der Schule erfahren, wo erstere eine qualitativ schlechtere Bildung bekommen; iii) die immer deutlichere Tendenz, dass SchülerInnen sich nur mit anderen SchülerInnen der gleichen sozioökonomischen Verhältnisse anfreunden; iv) der größere Beitrag der Eltern zur Bildung ihrer Kinder, je höher das Bildungsniveau des Haushaltes ist, und v) Inhalte und Bildungsprozesse, die nicht an einer Reduzierung der Ungleichheit orientiert sind.

Diese Beziehungen zwischen Einkommensverteilung und der Verteilung von Bildungschancen helfen zu erklären, welche Bedeutung und sozialen Wert die Bildung in Argentinien und Mexiko wegen ihrer integrativen Potentiale und als Kanal für sozialen Aufstieg immer hatte.[20] Gegen Mitte der 90er Jahre war die Beziehung zwischen Bildungschancen und Einkommensverteilung in beiden Ländern einander entgegen gesetzt. Unter 19 lateinamerikanischen Ländern hatte Argentinien den ersten Platz bei Bildungsgerechtigkeit und den fünften in Bezug auf Einkommensverteilung, während Mexiko den zwölften bzw. achten Platz einnahm (Reimers 2000). Die sozialen Unterschiede in Bezug auf die

---

[19] „*Malestar*" bedeutet im Spanischen Unwohlsein und wird hier als Wortspiel in kritischer Abgrenzung zum „*Estado de Bienestar*" (span. für Wohlfahrtsstaat) verwendet (Anm. d. Übers.).
[20] Der Gini-Index für die Bildung (der die Ungleichheit in der Verteilung von Bildung misst) lag in Lateinamerika 1960 bei 50,1, 1970 bei 47,0, 1980 bei 43,1 und 1990 bei 41,8. Für die gleichen Jahre war der Index in Argentinien jeweils bei 34,4, bei 31,1, bei 29,4 und bei 27,3 und in Mexiko bei 56,0, bei 51,0, bei 49,7 und bei 38,4 (Weltbank 2003). Diese Werte zeigen die historisch größere Bildungsgleichheit in Argentinien, die für dieses Land im regionalen Kontext charakteristisch ist.

Einkommen sind in Argentinien also traditionell größer als die Bildungsunterschiede, während in Mexiko die sehr ungleiche Verteilung von Einkommen von einer noch höheren Ungleichheit der Bildungschancen übertroffen wird. Hier erklärt sich die Schlüsselrolle, die dem öffentlichen Bildungssystem in Argentinien als sozialer Aufstiegsmöglichkeit zukam. Die Bedeutung der Bildung in Mexiko ist sehr viel schwächer. Die breite Kluft in der Bildung zwischen Sektoren mit mehr oder weniger Einkommen, die hohe Segmentierung der Bildungsqualität und das sehr niedrige Bildungsniveau der ärmsten 40% der Bevölkerung verdeutlichen auf dramatische Weise die enormen sozialen Unterschiede, die für die mexikanische Sozialstruktur charakteristisch sind.

Wieder waren die Auswirkungen des neoliberalen Modells in Argentinien weitreichender, wo sich der Bildungsunterschied zwischen den reichsten 20% und den ärmsten 20% der Bevölkerung mehr ausdehnte als in Mexiko. Auffällig ist das verschlechterte Bildungsniveau des ärmsten Fünftels der Bevölkerung Argentiniens. Es spiegelt nicht nur eine wachsende Segmentierung der Sozialstrukturen wider, sondern auch eine Stagnation der Bildungschancen für die Ärmsten. Zwar zeigen die Tendenzen in der Region generell einen besseren Zugang der Armen zur Grundbildung, trotzdem verschärften sich die Disparitäten gerade in den Bereichen, die für die soziale Mobilität wichtig sind. Schulabschlüsse spielen eine immer wichtigere Rolle dafür, eine „gute" Beschäftigung zu bekommen. Die Beschäftigungschancen der Sektoren mit niedrigen Abschlüssen reduzierten sich drastisch. Auch die Mindestschulzeit, die für Arbeiten mit Einkommen über der Armutsgrenze erwartet wurde, erhöhte sich. Zwar stellt die abgeschlossene Oberschule – zwölf Jahre Schulbildung – eine Mindestanforderung dar, sie wird jedoch immer ungenügender, weil zunehmend mehr Wert auf die Qualität der durchlaufenen Bildung gelegt wird. Die Schuljahre an sich reichen nicht mehr aus, um moderne Arbeitsplätze zu bekommen. Die „Zugangscodes" sind immer häufiger die Art des Bildungsabschlusses und das familiäre Sozialkapital (Filmus/Miranda 1999).

Gerade in den Oberschulen geht die Schere am weitesten auseinander. Die Distanzen zwischen Jugendlichen verschiedener sozialer Schichten sind durch die Ausdehnung der Bildungsversorgung nicht geringer geworden. Ab dem Alter von 13 Jahren beginnen sich die Unterschiede in den Bildungschancen zu vergrößern. Es fällt auf, dass in Mexiko der Prozentsatz von Jugendlichen zwischen 13 und 19 Jahren, die zur Schule gehen und zu den zwei ärmsten Zehnteln gehören, zwischen 1992 und 2002 praktisch stagnierte (von 55,6 auf 57,6%), während er in den zwei reichsten Zehnteln von 80,7 auf 92,8% stieg.

Nach Daten von 2000 haben von den jungen Leuten zwischen 20 und 24 Jahren in städtischen Gebieten in Argentinien 38% und in Mexiko 46% nicht einmal die zwölf Schuljahre absolviert, die sie bräuchten, um eine relativ gut

bezahlte Arbeit anstreben zu können (CEPAL 2004b). Dieser Indikator illustriert, wie der Zugang zum Arbeitsmarkt für Jugendliche aus Haushalten mit
niedrigem Einkommen erschwert und dies zu einer lebenslangen Benachteiligung wird. Da weiterhin eine Verknüpfung zwischen dem Zugang zu Bildung
und der sozialen Schicht bestehen bleibt, werden die Möglichkeiten für die
jungen Leute heute in großem Maße bereits von den Ungleichheiten in der vorhergehenden Generation geformt. So wird die Sozialstruktur verfestigt und
ermöglicht kaum soziale Mobilität (CEPAL 2004b).[21]

Bedeutungsverlust der Arbeit als Kanal für soziale Mobilität

In ihrer Analyse der generationsübergreifenden sozialen Mobilität in den Städten Mexikos zeigen Cortés und Escobar Latapí (2005), dass sich die Aussichten
auf sozialen Aufstieg während der Zeit wirtschaftlicher Neustrukturierung
(1988-1994) im Vergleich mit der Etappe der Importsubstitution (vor 1982) in
allen sozialen Schichten verringert haben. In den Gruppen mit geringem Einkommen war der Effekt allerdings viel deutlicher: Das gilt vor allem bei unqualifizierten IndustriearbeiterInnen, informell Beschäftigten im Dienstleistungssektor, *ejidatarios/as*,[22] kleinen LandeigentümerInnen und TagelöhnerInnen.
Die Autoren beobachten, dass die bereits bestehende Ungleichheit von Möglichkeiten zwischen den unteren Klassen und der höchsten Schicht (Fachkräfte,
FunktionärInnen und UnternehmerInnen mit mehr als fünf MitarbeiterInnen)
unter dem neuen Wirtschaftsmodell größer wird. So wird zum einen die Ungleichheit intensiver, zum anderen wird sozialer Aufstieg durch Arbeit in diesem verfestigten System verhindert. Der Beruf der Eltern wird so bestimmend
für die eigene berufliche Zukunft (Cortés/Escobar Latapí 2005).
      Was Argentinien angeht, hebt die Arbeit von Kessler und Espinoza (2003)
zwei Elemente hervor, die für das aufkommende Modell sozialer Mobilität während der 90er Jahre besonders wichtig sind. Erstens gibt es wie in Mexiko eine
Blockierung beruflicher Aufstiegsmöglichkeiten bei benachteiligten Sektoren.
Dazu kommen die Veränderungen in der Beschäftigungsstruktur: Es stehen
relativ gesehen mehr Arbeitsplätze zur Verfügung, die wegen ihrer Qualifikati-
onsanforderungen den Mittelschichten zukommen. Gleichzeitig findet eine
allmähliche Reduzierung von Arbeitsplätzen für die subalternen Klassen statt.
Ein zweites Element ist die Notwendigkeit, die Bedeutung sozialer Mobilität im
heutigen ökonomischen Szenario neu zu definieren. Bei der Analyse der Ar-

---

[21] Vgl. hierzu in diesem Band CEPAL.
[22] *Ejido* bezeichnet in Mexiko Gemeinschaftsland in familialer oder gemeinschaftlicher Nutzung;
Basisorganisationen der BäuerInnen, die *Ejido*-Land Besitzen werden als *ejidatarios* bezeichnet. An
dieser Stelle sind damit BäuerInnen einer solchen Basisorganisation gemeint (Anm. d. Übers.).

beitsbiografien derjenigen Beschäftigten, die vor kurzem noch beruflich aufgestiegen wären, betonen die Autoren, dass der Aufstieg zu beruflichem Prestige von den sozialen Absicherungen, die früher mit solchen Positionen in Verbindung gebracht wurden, entkoppelt wurde. Dies gibt Anlass, von „unechter Mobilität" zu sprechen.[23]

Fazit

Die vorgenommene Analyse erlaubt es, die Beziehung zwischen Einkommensverteilung und sozialen Exklusionsprozessen besser zu verstehen. Die große Ungleichheit bei der Verteilung von Bildungs- und Berufschancen – und somit auch von sozialer Sicherung – enthüllen auf dramatische Weise, wie die Einkommenshöhe in enormem Maße mit über den Zugang zu Sozialleistungen entscheidet und auch immer deutlicher über die Qualität der Sozialleistungen, die man bekommt. Hier werden eine Polarisierung und Segmentierung zwischen BürgerInnen erster und zweiter Klasse erzeugt. Schon der Herkunftshaushalt bestimmt, und das immer stärker, welche Position man in der Sozialstruktur einnehmen wird. Anfängliche Vor- oder Nachteile bleiben nicht nur bestehen und vertiefen sich im Laufe des Lebens, sondern sie tendieren dazu, von einer Generation zur anderen weiter gegeben zu werden. Die am meisten benachteiligten Sektoren sind in einem Teufelskreis von Mangel und Entbehrung gefangen, die sich sowohl auf Bildung, Beschäftigung und Einkommen als auch auf Wohnung und soziale Netzwerke bezieht. An dieser Stelle verdeutlichen sich die ausschließenden Tendenzen des neoliberalen Modells, das die lateinamerikanischen Gesellschaften in unterschiedlichem Rhythmus und Intensität in den letzten zwei Jahrzehnten durchschritten haben. Es handelt sich nicht nur um ungleichere und segmentiertere Gesellschaften, sondern um erstarrte Sozialstrukturen, in denen die früheren Kanäle und Erwartungen sozialer Mobilität geschwächt wurden.

Das Integrationspotential, das während der ISI erreicht wurde, nährte die Hoffnungen Vieler, dass durch „harte Arbeit" die eigenen Lebensumstände verbessert werden können; d.h. ein Haus und Zugang zu besseren Bildungschancen für die Kinder zu erlangen, ein Lebensprojekt zu entwickeln – kurz,

---

[23] Die funktionale Relation zwischen Bildung, Beschäftigung und Einkommen und der Einfluss eines Faktors auf die anderen werden aufgebrochen: Bildung führt nicht mehr notwendigerweise zu besseren Arbeitsplätzen und diese bedeuten nicht mehr unbedingt höhere Einkommen. Im Kontext sich allgemein verschlechternder Arbeitsbedingungen ist es sehr wahrscheinlich, dass traditionell hoch angesehene Arbeit heute in der Beschäftigungsstruktur in schlechtere Arbeitsverhältnisse mündet als früher (Kessler/Espinoza 2003; vgl. hierzu in diesem Band Kessler/Di Virgilio).

eine „bessere Zukunft" zu haben. War dieser Optimismus schon während der 80er Jahren rückläufig, bedeuteten die 90er Jahre einen definitiven Bruch mit der „Vergangenheit". Die dramatischen Auswirkungen der Utopie vom selbstregulierten Markt auf das soziale Netz (Polanyi 1957) waren deutlich zu spüren, vor allem im Abbau früherer sozialer Schutzmechanismen und dem Fehlen einer Politik, welche die sozialen Kosten der Anpassungspolitik und der wirtschaftlichen Restrukturierungsprozesse hätte verhindern oder abschwächen können. Die Beziehungen zwischen Beschäftigungsunsicherheit, Armut und sozialer Schutzlosigkeit während des analysierten Zeitraums ist in Mexiko und Argentinien auf unterschiedliche Weise zum Ausdruck gekommen.

In Mexiko wird aufgrund der niedrigen Einkommen und der hohen Prekarität der Arbeit die Effizienz der Strategie, dass zum Schutz vor Armut mehr Mitglieder eines Haushaltes zum Arbeiten geschickt werden, angezweifelt. Mit anderen Worten reicht eine erhöhte Beschäftigungsdichte allein nicht aus, um den Haushalt gegenüber Armut weniger empfindlich zu machen; ausschlaggebend ist vielmehr die Qualität der beruflichen Einbettung, die allerdings enorm schichtabhängig ist. In Argentinien wurde der deutliche Niedergang von Beschäftigung von hohen Arbeitslosenzahlen begleitet. Sie trafen die arbeitende Bevölkerung in ihrer Gesamtheit, aber sie schädigten die am wenigsten geschützten Sektoren am meisten, da diese über niedrigere Bildungsniveaus und nur prekäre Arbeitsmarkteinbettung verfügten. Betrachtet man außerdem die andauernde hohe Arbeitslosigkeit – trotz einer deutlichen Reduzierung ab 2002 – können wir eine wachsende Armut bei der arbeitenden Bevölkerung Argentiniens feststellen. Wie im Falle Mexikos würde dies bedeuten, dass Arbeit als ein Mechanismus zur Überwindung von Armutssituationen fortschreitend geschwächt wird. Arbeit ist in Argentinien und Mexiko nicht nur ein immer knapperes Gut, sondern auch eines von sehr geringer Qualität. Der Zugang zu besseren Berufsaussichten wird sehr stark von Fähigkeiten und Geschick determiniert, die für weite Teile der Bevölkerung unerreichbar sind. Bei diesen Bedingungen entstehen, konsolidieren und vertiefen sich Modelle von sozialer Integration und Zugehörigkeit, die sehr segmentiert und polarisiert sind. Eine solche Multiplikation von nachteiligen Momenten kann kaum von einer Politik angegangen werden, die soziale Probleme auf Sektoren in extremer Armut reduziert. Sie trägt auf diese Weise dazu bei, den Dualismus und die soziale Segmentierung zu verfestigen und die Schutzlosigkeit auf all jene Sektoren auszuweiten, die weder zu den von ihr berücksichtigten Sektoren gehören, noch die Möglichkeiten haben, Zugang zu den vom Markt vorgesehenen Schutzsystemen zu bekommen.

Wie Esping-Andersen (2002) zeigt, kann das für die Garantie des Wohlstands der Bevölkerung zu lösende Hauptproblem nicht nur das Problem derer sein, deren Einkommen unter die Armutsgrenze fallen und/oder die *zu einem gegebenen Moment* unter prekären Bedingungen leben. Grundsätzlich müssen die Gruppen identifiziert werden, die mit größerer Wahrscheinlichkeit *dauerhaft* in Arbeitsplätzen mit niedrigen Einkommen und prekären Lebensumständen verbleiben. Es wird also eine integrative und dynamische Herangehensweise benötigt, sowohl um das Problem anzugehen als auch um eine staatliche Politik zu formulieren, die dazu beitrüge, nachteilige Situationen vorherzusehen und zu verhindern, bevor diese irreversibel werden.

Der Übergang hin zu gleicheren, solidarischeren und integrierteren Gesellschaften würde Dilemmata und Herausforderungen hervorrufen. Es wäre notwendig, die Bezugspunkte sozialer Sicherung selbst zu überdenken. Komplexere und dynamischere Herangehensweisen sind also erforderlich, sowohl um die Formen besser zu verstehen, die soziale Probleme heute annehmen, als auch um eine Politik zu formulieren und anzuwenden, die den fragmentarischen Charakter und die häufig kontraproduktiven Auswirkungen aktueller Maßnahmen hinter sich lassen könnte.

Übersetzung: *Alke Jenss und Dieter Boris*

Literatur

Altimir, O./Beccaria, L. (1999): El mercado de trabajo bajo el nuevo régimen económico en Argentina. In: Serie Reformas Económicas. No. 28. Santiago de Chile: CEPAL

Barry, B. (1998): Social Exclusion, Social Isolation and the Distribution of Income. In: CASE paper. No. 12. London: Centre for the Analysis of Social Exclusion, London School of Economics

Bayón, M.C. (2002): Coping with Job Insecurity: The Experience of Unemployment in Contemporary Argentina. Dissertation. Austin: Universidad de Texas en Austin

Bayón, M.C./Roberts, B./Saraví, G. (1998): Ciudadanía social y sector informal en América Latina. In: Perfiles latinoamericanos. No. 13 (Dezember). México: FLACSO

Beccaria, L./Altimir, O./González Rozada, M. (2003): Estudio sobre empleo. Componente A: Economía laboral y políticas de empleo. Buenos Aires: CEPAL

Bustelo, E. (1992): La producción del estado de malestar. Ajuste y política social en América Latina, In: Minujin, A. (Hrsg.): Cuesta abajo. Los nuevos pobres: efectos de la crisis en la sociedad argentina. Buenos Aires: UNICEF/Losada

Canales, A. (2002): Migración y trabajo en la era de la globalización: el caso de la migración México-Estados Unidos en la década de 1990. In: Papeles de población. año 8. N° 33. México: D.F.: Universidad Autónoma del Estado de México

CEPAL (Comisión Económica para América Latina y el Caribe) (1989): Transformación ocupacional y crisis social en América Latina. Libros de la CEPAL. N° 22. Santiago de Chile: United Nations

CEPAL (1990): Anuario estadístico de América Latina y el Caribe, 1989. Santiago de Chile: United Nations

CEPAL (2003): Panorama social de América Latina, 2002-2003. Santiago de Chile: United Nations
CEPAL (2004a): Panorama social de América Latina, 2004. Santiago de Chile: United Nations
CEPAL (2004b): Una década de desarrollo social en América Latina, 1990-1999. Santiago de Chile: United Nations
CEPAL (2004c): Anuario estadístico de América Latina y el Caribe 2003. Santiago de Chile: United Nations
CEPAL (2004d): Balance preliminar de las economías de América Latina y el Caribe, 2004. Santiago de Chile: United Nations
CEPAL (varios años): Panorama social de América Latina, Santiago de Chile: United Nations
COPLAMAR (Coordinación General del Plan Nacional de Zonas Deprimidas y Grupos Marginados) (1985): Las necesidades esenciales en México. Situación actual y perspectivas al año 2000. México: Siglo XXI
Cortés, F. (2000): La distribución del ingreso en épocas de estabilización y reforma económica. México: CIESAS
Cortés, F./Escobar Latapí, A. (2005): Movilidad social intergeneracional en el México urbano. In: Revista de la CEPAL. No. 85. Santiago de Chile
Damill, M./Frenkel, R./Maurizio, R. (2002): Argentina: una década de convertibilidad. Un análisis del crecimiento, el empleo y la distribución del ingreso. Santiago de Chile: ILO
Esping-Andersen, G. (2002): Towards a good society, once again? In: Esping-Andersen, G. (u.a.) (Hrsg.), Why Do We Need a New Welfare State? New York: Oxford University Press
Esping-Andersen, G/Regini, M. (2000): Why Deregulate Labor Markets? Oxford: Oxford University Press
Estrada Iguiñiz, M. (1996): Después del despido. Desocupación y familia obrera, México: CIESAS/Ediciones de la Casa Chata
Faria, V. (1995): Social Exclusion and Latin American analyses of poverty and deprivation. In: Rodgers, G./Gore, C./Figuereido, J. (Hrsg.): Social Exclusion: Rhetoric, Reality, Responses. Ginebra: ILO
Filgueira, F. (1998): El nuevo modelo de prestaciones sociales en América Latina. Eficiencia, residualismo y ciudadanía estratificada. In: Roberts, B. (Hrsg.): Ciudadanía y política social. San José: FLACSO
Filmus, D./Miranda, A. (1999): América Latina y Argentina en los noventa: más educación, menos trabajo = más desigualdad. In: Filmus, D. (Hrsg.): Los noventa. Política, sociedad y cultura en América Latina y Argentina de fin de siglo. Buenos Aires: FLACSO/EUDEBA
Frenkel, R./Ros, J. (2004): Unemployment, Macroeconomic Policy and Labor Market Flexibility: Argentina and Mexico in the 1990s. Documento presentado al Seminario sobre gestión, volatilidad, liberalización financiera y crecimiento en economías emergentes (Santiago de Chile, 24./ 25. April)
Gallie, D./Paugam, S. (Hrsg.) (2000): Welfare Regimes and the Experience of Unemployment in Europe. New York: Oxford University Press.
Gallie, D./Paugam, S. (Hrsg.) (2002): Social Precarity and Social Integration. Brüssel: Eurobarometer
Gallie, D./Jacobs, S./Paugam, S. (2000): Poverty and financial hardship among the unemployed. In: Gallie, D./Paugam, S. (Hrsg.): Welfare Regimes and the Experience of Unemployment in Europe. New York: Oxford University Press
Gasparini, L. (2004): América Latina: estudio de la protección social y el empleo sobre la base de encuesta de hogares. In: Bertranou, F. (Hrsg.): Protección social y mercado laboral, Santiago de Chile: ILO
Gurrieri, A./Sainz, P. (2003): Empleo y movilidad estructural. Trayectoria de un tema rebischiano. In: Revista de la CEPAL. No. 80. Santiago de Chile
Hernández Laos, E. (2003): Distribución del ingreso y pobreza. In: de la Garza, E./Salas, C. (Hrsg.): La situación del trabajo en México, 2003. México: IET

Heymann, D. (2000): Políticas de reforma y comportamiento macroeconómico: la Argentina en los noventa. In: Serie Reformas Económicas. No. 61. Santiago de Chile: CEPAL

INEGI (Instituto Nacional de Estadística, Geografía e Informática) (1985): Estadísticas históricas de México, México

INEGI (2001): Encuesta Nacional de Empleo, México

INEGI (2004): Encuesta Nacional de Empleo, México

INEGI (2005): Encuesta Nacional de Ocupación y Empleo, México

Katz, J./Bisang, R./Burachik, G. (Hrsg.) (1995): Hacia un nuevo modelo de organización industrial. El sector manufacturero argentino en los años 90, Buenos Aires: Alianza Editorial

Kessler, G./Espinoza, V. (2003): Movilidad social y trayectorias ocupacionales en Argentina: rupturas y algunas paradojas del caso de Buenos Aires. In: Serie Políticas Sociales. No, 66. Santiago de Chile: CEPAL

Klein, E./Tokman, V. (2000): La estratificación social bajo tensión en la era de la globalización. In : Revista de la CEPAL. No. 72

López, G. (1999): Evolución reciente del empleo en México. In: Serie Reformas Económicas. No. 29. Santiago de Chile: CEPAL

Marshall, A. (1978): El mercado de trabajo en el capitalismo periférico. El caso de Argentina. Buenos Aires: PISPAL/CLACSO

Marshall, A. (1998): State intervention, the labor market and inequality in Argentina. In: Berry, A. (Hrsg.): Poverty, Economic Reform, and Income Distribution in Latin America. Boulder Colorado: Lynne Rienner Publishers

Marshall, T.H. (1992) [1950]: Citizenship and social class. In: Marshall, T.H./Bottomore, T. (Hrsg.): Citizenship and Social Class. London: Pluto Press.

Moreno Brid, J.C./Ros, J. (2004): México: las reformas del mercado desde una perspectiva histórica. In: Revista de la CEPAL. No. 84. Santiago de Chile

OIT (Oficina Internacional del Trabajo) (2003): Panorama laboral 2003. América Latina y el Caribe. Lima: ILO

OIT (2004): Panorama laboral 2004. América Latina y el Caribe. Lima: OIT

OIT/ MECONO (Ministerio de Economía) (2005): Protección social en Argentina: cobertura, financiamiento y desempeño, 1990-2003. Buenos Aires

Paugam, S. (1995): The spiral of precariousness: a multidimensional approach to the process of social disqualification in France. In: Room, G. (Hrsg.): Beyond the Threshold: The Measurement and Analysis of Social Exclusion. Bristol: The Policy Press

Pérez Sainz, J.P. (2003): Exclusión laboral en América Latina: viejas y nuevas tendencias. In: Sociología del Trabajo. Nueva época. No. 47. Madrid: Siglo XXI Editores

PNUD (Programa de las Naciones Unidas para el Desarrollo) (2003): Informe sobre desarrollo humano 2003. New York: Oxford University Press

Polanyi, K. (1957): The Great Transformation. The Political and Economic Origins of Our Time. Boston: Beacon Press

Portes, A./Hoffman, K. (2003): Latin American class structures: their composition and change during the neoliberal era. In: Latin American Research Review. Vol. 38. No. 1. Pittsburgh: The Latin American Studies Association

PREALC (Programa Regional del Empleo para América Latina y el Caribe) (1982): Mercado de trabajo en cifras, 1950-1980. Santiago de Chile: OIT

Reimers, F. (2000): Educational opportunity and policy in Latin America. In: Reimers, F. (Hrsg.): Unequal Schools, Unequal Chances: The Challenges of Equal Opportunity in the Americas. London: Harvard University Press

Rendón, T./Salas, C. (2000): La evolución del empleo. In: Bensusán, G./Rendón, T. (Hrsg.): Trabajo y trabajadores en el México contemporáneo. México D.F.: Miguel Angel Porrúa

Roberts, B. (2004): From marginality to social exclusion: from laissez faire to pervasive engagement. In: Latin American Research Review. Vol. 39, No. 1. Pittsburgh: The Latin American Studies Association

Salas, C./Zepeda, E. (2003): Empleo y salarios en el México contemporáneo. In: de la Garza, E./Salas, C. (Hrsg.): La situación del trabajo en México, 2003. México D.F.: IET

Sen, A. (2000): Social Exclusion: Concept, Application, and Scrutiny. In: Social Development Papers. No. 1. Manila: Banco Asiático de Desarrollo

Selby, H./Murphy, A./Lorenzen, S. (1994): La familia en México urbano. México D.F.: Conaculta

Stallings, B./Weller, J. (2001): Job Creation in Latin America in the 1990s: The Foundation for Social Policy. In: Serie Macroeconomía del Desarrollo. No. 5. Santiago de Chile: CEPAL

Torrado S. (1992): Estructura social de la Argentina: 1945-1983. Buenos Aires: Ediciones de la Flor

Weltbank (2003): Desigualdad en América Latina y el Caribe: ¿ruptura con la historia? Washington D.C.

Amy Bellone Hite und Jocelyn S. Viterna

Sozialstrukturveränderungen und ihre Auswirkungen auf die Geschlechterverhältnisse

Einleitung

Immer mehr Frauen zählen in Lateinamerika zur arbeitenden Bevölkerung. Zwischen 1980 und 2000 wuchs der männliche Anteil unter der ökonomisch aktiven Bevölkerung nur um 0,84% auf eine Rate von 72%.[1] Im gleichen Zeitraum stieg der Anteil der Frauen um 32,5% auf 37,2% (CEPAL 2003: 20). Es wird erwartet, dass die Anzahl der weiblichen Arbeitenden in Lateinamerika bis zum Jahr 2010 auf 41,6% steigt, während die Zahl der männlichen Arbeiterschaft wohl bei 72% stagnieren wird (ebd.). Diese Veränderungen in der Geschlechterverteilung der arbeitenden Bevölkerung suggerieren, dass die Klassenpositionen – verstanden als Verhältnis des/der Einzelnen zu den Produktionsmitteln – von Frauen in Lateinamerika gegenüber denen der Männer einer tiefgehenden Transformation unterzogen werden.

Aufbauend auf dem Modell lateinamerikanischer Klassenstrukturen von Portes und Hoffman (2003: 41-82) versuchen wir, die Gründe und Konsequenzen dieser Veränderungen in der Geschlechterverteilung innerhalb von Klassen zu untersuchen und zu messen. Die Ergebnisse zeigen zwei wichtige Tendenzen: Erstens haben sich durch die wirtschaftliche Umstrukturierung und Anpassung der letzten Jahrzehnte die Klassenpositionen der Frauen denen der Männer angenähert, wenn auch die allgemeinen Lebensstandards sinken. Zweitens hat die ökonomische Umstrukturierung die Machtverhältnisse zwischen sozialen Klassen verändert, und zwar zum Teil gerade *weil* sie sowohl qualitative wie quantitative Veränderungen in der Geschlechterzusammensetzung der lateinamerikanischen ArbeiterInnenschaft bewirkt hat. Die Anzahl an Frauen, die zur Erwerbsbevölkerung hinzukommen, und die Arbeitsbedingungen, die vor allem weibliche Arbeiterinnen ertragen müssen, schwächen die Kraft der Arbei-

---

[1] „Wirtschaftlich aktive Bevölkerung" bezieht sich auf beschäftigte und arbeitslose Personen im Alter von über 10 Jahren, die in der arbeitenden Bevölkerung aktiv sind. Die städtischen Daten, die wir in dieser Studie nutzen, beziehen sich auf Personen ab 15 Jahren, die zur arbeitenden Bevölkerung gehören.

ter(Innen)klasse gegenüber der herrschenden Klasse. So ist Geschlechterdiskriminierung in der lateinamerikanischen Beschäftigungsstruktur nicht nur ein
wesentliches Ergebnis globaler ökonomischer Anpassung und Umstrukturierung, sondern wird zunehmend auch zu einem Mittel, durch das der globale
Kapitalismus die lateinamerikanischen ArbeiterInnen relativ wirksam zu schwächen vermag.

In der vorliegenden Arbeit geben wir zunächst einen Überblick zur verfügbaren Literatur, die sich mit den Veränderungen der Teilhabe der weiblichen
Bevölkerung an der Erwerbstätigkeit in Lateinamerika beschäftigt. Es folgen
fünf Hypothesen darüber, wie Frauen den Wandel in den Klassenstrukturen
Lateinamerikas erleben und beeinflussen. Zur Untersuchung dieser Hypothesen
erstellen wir ein geschlechterspezifisches Klassenmodell, das auf regionalen
Beschäftigungsdaten basiert. Schließlich diskutieren wir, wie unser unter Ge-
sichtspunkten der Geschlechterverteilung aufgestelltes Portrait der lateinamerikanischen Klassenstrukturen dabei hilft, die Wirkung von ökonomischer Krise
und Umstrukturierung speziell auf Frauen zu erklären; ebenso wie sich die veränderte Teilhabe von Frauen an der Arbeitswelt auf die Klassenstrukturen und
die Beziehungen zwischen den Klassen auswirkt.

Arbeiterinnen und wirtschaftliche Umstrukturierung in Lateinamerika

In Zeiten wachsender Arbeitslosigkeit und sich verschlechternder Arbeitsbedingungen während der 80er und 90er Jahre wurde Lohnarbeit zu einer immer
wichtigeren Komponente im Leben von Frauen, unabhängig davon, ob sie mit
einem männlichem Partner lebten oder nicht (Roberts 1995).[2] Je nach Land sind
heute zwischen 1,6 und 2,0 Haushaltsmitglieder ökonomisch aktiv (Weltbank
2004: Tabelle 4.3). Zwischen 61 und 94% der weiblichen Haushaltsvorstände
mit Kindern sind (je nach Land) in Lohnarbeit beschäftigt. Frauen mit Kindern
in männlich geführten Haushalten arbeiten immerhin zu 38 bis 59% (Weltbank
2004: Tabelle 1.3). Trotz der unbezahlten reproduktiven Arbeit von Frauen
verwenden diese auf Lohnarbeit im Wochendurchschnitt kaum weniger Stunden
als Männer (CEPAL 2004: Tabelle IV: 15). Abgesehen davon ist die Teilnahme
von Frauen am Arbeitsmarkt im Alter von 25 bis 44 am höchsten, einem Alter,
in dem auch die reproduktive Arbeit am größten ist (CEPAL 2004).

Doch die quantitative Zunahme von Frauen in der ArbeiterInnenschaft
bringt offensichtlich keine qualitativen Gewinne. Empirische Studien (Chant/

---

[2] Weiblich geführte Haushalte machen in lateinamerikanischen Ländern zwischen 20 (Mexiko) und
35% (Nicaragua) aus (CEPAL 2002: 24).

Craske 2000; Roberts 1995; Thorin 2001; Ward/Pyle 1995) betonen, dass die Arbeiterinnenschaft einer „unproportionalen Ausbreitung niedrig qualifizierter, schlecht bezahlter, instabiler und arbeitsrechtlich nicht geregelter Jobs" ausgesetzt ist (Tardanico 1997: 12). Dies deutet praktisch eine Art „Ghettoisierung" weiblicher Arbeit in den niedrigsten Schichten der Beschäftigungsstruktur an (Charles/Crusky 2004). Trotz der wachsenden Bildung und Ausbildung von Frauen, welche die von Männern teilweise sogar übersteigt (CEPAL 2002: 253f.), existiert noch immer ein enormes Gefälle zwischen den Löhnen von Männern und Frauen in gleicher Beschäftigung. Dieser Abstand wird mit höherer Bildung nur größer (ebd.: 193f.). Tatsächlich lassen sich 60% dieser Differenz nicht mit unterschiedlichem Alter, Ausbildung oder Bildungskapital erklären, sondern resultieren aus der Geschlechterdiskriminierung (Psacharopoulos/Tzannatos 1992).[3]

Nachfrageorientierte Erklärungen der wachsenden und doch weiterhin deutlich untergeordneten Rolle von Frauen im Arbeitsmarkt konzentrieren sich auf die Auswirkungen der wirtschaftlichen Umstrukturierung. Besonders die Tertiarisierung des Arbeitsmarkts, die Abschaffung von Politiken, welche die lateinamerikanischen Industrien und deren Arbeiter geschützt hatten sowie die wachsende Einfachheit, mit der Firmen ihre Produktion von Land zu Land verlagern können, haben die Beschäftigungsmöglichkeiten und Löhne in der heimischen Produktion reduziert. Dies trifft besonders auf die männlich dominierten Bereiche zu (z.B. traditionelle Industrieherstellung) (Roberts 1995). Dagegen haben Arbeitgeber im rasch expandierenden, schlecht bezahlten, niedrig qualifizierten und exportorientierten Sektor bewusst Frauen angeworben, weil man sie für flexiblere, billigere und gehorsamere Arbeitskräfte hält. Frauen sind nicht an sich „schwache" Arbeiterinnen, wie solche Stereotypen suggerieren (Salzinger 2003), es ist jedoch so, dass politische Parteien und Gewerkschaften die Bedürfnisse weiblicher Arbeiterinnen lange ignoriert haben (Craske 1999: 88-111). Gleichzeitig haben Formen von Geschlechterungleichheit im Sozialsystem (Diskriminierung im Haushalt, bei der Bildung, in der Ressourcenverteilung etc.) es für Frauen schwieriger gemacht, ihren Beschäftigungsstatus zu verbessern (Wright 2001). Außerdem sind diese neuen Exportsektoren besonders effizient darin gewesen, ArbeiterInnen allgemein, unabhängig vom Geschlecht, zu schwächen. Gewerkschaftsarbeit wurde erschwert, Lohn- und Zusatzzahlungen reduziert, flexible Systeme für das Einstellen und Entlassen von ArbeiterInnen genutzt, und zunehmend Kurzzeitverträge vereinbart (Gwynne/Kay 1999). Kurzum vermuten Studien zu wirtschaftlicher Umstrukturierung, dass „Länder mit expandierenden Exportsektoren in der industriellen Produktion die größte

---

[3] Vgl. hierzu in diesem Band CEPAL.

Wachstumsrate an Arbeitsplätzen für Frauen im herunter gestuften herstellenden Sektor erleben, und dass innerhalb dieser Sektoren auch das Arbeitsplatzwachstum für Männer hinter dem für Frauen zurückbleiben wird." (Tardanico 1997: 12) Das Ergebnis der wachsenden Nachfrage nach ArbeiterInnen in niedrig qualifizierten, instabilen und rechtlich ungeregelten Exportindustrien ist somit eine bereits seit zwei Jahrzehnten andauernde, „von Frauen geleitete" Industrialisierung (Chant/Craske 2000; Elson/Pearson 1981; Tiano 1994; Ward/Pyle 1995). Frauen wurden in diesem Zusammenhang genau in jenen Sektoren platziert, wo die Rechte von ArbeiterInnen unter zunehmenden Druck geraten.

Angebotsorientierte Erklärungen, die sich auf die wachsende und doch weiterhin deutlich untergeordneten Rolle von Frauen im Arbeitsmarkt beziehen, betonen, wie wirtschaftliche Krisen, einhergehend mit ökonomischer Umstrukturierung, Frauen zum Broterwerb drängten (Roberts 1995: 129).[4] Die Politik der Stabilisierung und struktureller Anpassung vieler Regierungen zur Bekämpfung ökonomischer Krisen hatte eine rasche Verarmung in der ganzen Region zur Folge.[5] Vermehrt gab es jetzt Produktionen, die an Aufträge gebunden waren, was zu einem enormen Anstieg der Arbeitslosigkeit führte. Durch die steigende Inflationsrate waren Reallöhne nur noch einen Bruchteil dessen wert, was sie einmal gewesen waren. Die Preise von Grundnahrungsmitteln stiegen exorbitant und die hohe Verschuldung der Länder führte zur drastischen Reduzierung sozialer Dienstleistungen in der Region. Sehr rasch wurde das, was vorher ein „Zusatzverdienst" der Frauen gewesen war, zu einer notwendigen Bedingung für das Überleben des Haushalts (Roberts 1995; González de la Rocha u.a. 2004).[6] Teil der ökonomischen Umstrukturierungen waren die heftigen Kürzungen im Haushaltsplan des öffentlichen Sektors, dem einzigen Sektor, wo Frauen in formalen Arbeitsbedingungen auch vor 1980 relativ gut repräsentiert waren (Infante/Klein 1991; Roberts 1995: 142). So drängten die parallel verlaufenden Prozesse von Umstrukturierung und Anpassung nicht nur bisher nicht erwerbstätige Frauen in den Arbeitsmarkt. Gleichzeitig verschlechterten sie auch die Arbeitsmöglichkeiten in jenem Beschäftigungsbereich, der historisch gesehen in Bezug auf Löhne und Vergünstigungen relativ privilegierte Arbeitsplätze für

---

[4] Tardanico und Menjívar Larín (1997: 252-261) fanden heraus, dass in den meisten lateinamerikanischen Ländern der Schubfaktor der Armut für die wachsende wirtschaftliche Aktivität von Frauen wichtiger war als der Zugfaktor von Möglichkeiten im Arbeitsmarkt.

[5] 1996 betrug der durchschnittliche Reallohn in der Industrie in Lateinamerika 5% weniger als 1980; zwischen 1980 und 1997 fiel der durchschnittliche reale Mindestlohn um 30% (Roberts 2002: 6f.). Historisch gesehen ist Lateinamerika die Region mit der weltweit höchsten Einkommensungleichheit, so stieg der Gini-Koeffizient in den Jahren 1980 bis 1995 von weniger als 0,5 auf 0,56 (Roberts 2002: 7).

[6] Mit „Zusatz" meinen wir gelegentliche oder „sekundäre", im informellen Sektor verdiente Löhne (vgl. Chant/Craske 2000).

Frauen zur Verfügung gestellt hatte (CEPAL 2000: 244-247; CEPAL 2002: 186-189).

Viele Fallstudien dokumentieren, wie Frauen zu „Stoßdämpfern" für ökonomische Krisen wurden (Benería 1992; Elson 1992; González de la Rocha 1994; Moser 1992). In Haushalten, die sich großem finanziellem Druck gegenüber sahen, antworteten Frauen mit einer Reihe von Strategien innerhalb des Haushalts, versuchten ihre Gemeinden für Forderungen gegenüber den Regierungen zu mobilisieren (Corcoran-Nantes 1993; Molyneaux 1985; Safa 1990), fingen an zu arbeiten oder verwendeten nun mehr Zeit für die Lohnarbeit (Benería 1992; González de la Rocha 2001; Oliveira/Roberts 1994; Roberts 1991). Während Strategien zur Organisation von Haushalten und Gemeinden Frauen politisch gestärkt haben mögen, war ihre Rolle als „Stoßdämpfer" für eine höhere Verwundbarkeit am Arbeitsplatz verantwortlich. Denn die schwindenden wirtschaftlichen Rücklagen der Haushalte verlangten eine Anpassung an immer schlechtere Arbeitsbedingungen (Chant 1999; Fernandez-Kelly 1994, Moghadam 1998; Thorin 2001). Der Begriff „globale Feminisierung der Arbeit" meint heute also nicht mehr nur ein proportionales Ansteigen der Anzahl von Frauen in der ArbeiterInnenschaft, sondern auch eine Verschiebung „aller industriellen Beschäftigung zu den (schlechteren) Bedingungen, unter denen die Arbeiterinnenschaft beschäftigt ist" (Pearson 1998: 176; vgl. auch Standing 1999). Viele lokale Fallstudien lassen vermuten, dass die wachsende Beschäftigung von Frauen ein wichtiges Mittel zur Schwächung lateinamerikanischer ArbeiterInnen durch wirtschaftliche Umstrukturierung ist. Die Verallgemeinerbarkeit der Korrelation zwischen der steigenden Anzahl von Frauen im Arbeitsmarkt und des allgemeinen Niedergangs der ArbeiterInnenklasse bleibt jedoch spekulativ.

Länderstudien zur weiblichen Teilnahme an der Arbeitswelt in Lateinamerika haben die Zusammenhänge zwischen ökonomischer Umstrukturierung, weiblicher Arbeit und Armut herausgestellt. Qualitative Untersuchungen auf der Mikro-Ebene illustrieren, wie Frauen sowohl ihre bezahlte und unbezahlte Arbeit nutzen, um in wachsender Armut über die Runden zu kommen. Diese Analysen können jedoch nicht explizit erklären, was die wirtschaftliche Umstrukturierung für die Stellung von Frauen und Männern in der regionalen Klassenstruktur bedeutet. Verbessern Frauen ihre Privilegien in der bestehenden sozialen Ordnung, wenn sie nun auch in traditionell stärkeren Rollen wie der des „Haushaltsvorstands" oder als „Proletarierin" zu finden sind? Wie könnten sich Veränderungen in der Nutzung von weiblicher Arbeitskraft auf die allumfassenden Klassenstrukturen und die Klassenrelationen auswirken? Führen Frauen wirklich den so genannten *„race to the bottom"* an, oder nehmen Männer zunehmend genauso daran teil, weil auch sie immer mehr die traditionell untergeordneten Positionen von Frauen in der Beschäftigungs- und Klassenstruktur übernehmen?

Geschlechterverhältnisse und soziale Klassen

SozialwissenschaftlerInnen haben gezeigt, dass die Stellung in der Klassenstruktur die Lebenschancen von Individuen, politisches Verhalten und Identität mitbestimmt und die Sozialstruktur einer Gesellschaft auf Konflikte zwischen den sozialen Gruppen einwirkt. Als Instrument können Klassen nicht nur ihre oberflächlichen Ausdrucksweisen, sondern auch die Gründe für Ungleichheit und Armut aufzeigen (Portes/Hoffman 2003). Versteht man die Machtbeziehungen hinter den Klassenstrukturen, kann man möglicherweise auch die Machtrelationen hinter den Geschlechterbeziehungen begreifen. Denn Geschlechterbeziehungen können genauso kausale Auswirkungen auf die Beziehungen zwischen Klassen haben. Bspw. existieren bestimmte Klassenpositionen (wie etwa Haushaltsangestellte) nur, wenn es auch bestimmte Geschlechterrelationen in der Gesellschaft gibt (Wright 2001: 30). So scheint es sinnvoll, „Klasse" als Analyseinstrument zu nutzen, wenn man an der Erforschung der Veränderungen der ökonomischen und politischen Macht von Frauen interessiert ist. Genauso wie auch die dynamischen Auswirkungen der Geschlechterrelationen beachtet werden müssen, wenn man an der Untersuchung der veränderten Klassenstrukturen interessiert ist. In den 1970er Jahren stellten feministische TheoretikerInnen die Schieflage in den traditionellen Modellen von Klassenstruktur und Klassenbewegung heraus, die nur auf der Analyse von Männern und männlicher Beschäftigung basierten. Frauen und ihre Arbeit im Haushalt und auf dem Arbeitsmarkt wurden so konzeptionalisiert, dass man sie unter den Beschreibungen der männlichen Klassenpositionen zusammenfassen konnte (vgl. Blau/Duncan 1967; Goldthorpe 1980; Wright 1979). Feministische TheoretikerInnen entwickelten umfassende theoretische Arbeiten, in denen sie auf die Beziehung von Kapitalismus und Patriarchat als duale Ausbeutungssysteme verwiesen (Acker 1980; Benería/Roldán 1987; Hartmann 1981). Sie taten sich dann allerdings schwer damit, Klassen- und Geschlechterhierarchien theoretisch als Teil eines einzigen dynamischen Prozesses zu integrieren. Andere entwickelten empirische Methoden, mit denen Klassenstrukturen unter Einbeziehung von Frauen untersucht werden konnten (Britten/Heath 1983; Crompton/Mann 1986; Davis/Robinson 1988). Allerdings wurden sie für die Reproduktion einer Schieflage zugunsten der Männer in ihren Klassenkonzepten kritisiert (Acker 2000).

Die Herausforderung, große Systeme von Produktion und Reproduktion, von Kapitalismus und Patriarchat zu korrelieren, führte zu fruchtbaren Diskussionen, aber nicht zu einer „großen Theorie, in der Frauen und ihre Arbeit so zentral wie Männer und ihre Arbeit wären" (Acker 1989: 48). In den 1980er Jahren bewegten sich feministische WissenschaftlerInnen, die an der Untersuchung paralleler Klassen- und Geschlechterhierarchien interessiert waren, weg von dem Versuch, die interaktiven und gegenseitigen Auswirkungen dieser Beziehungen zu messen. Stattdessen untersuchten sie, wie diese Hierarchien in lokalen Kontexten und zu bestimmten Momenten produziert und aufrechterhalten werden. Obwohl auch wir mit unserer Konzeptionalisierung von Klasse und Geschlecht die zentralen Fragen der 1970er Jahre nicht zu lösen vermögen, hoffen wir doch, mit unserem sehr einfachen Modell diese Debatte wieder beleben zu können.

Parallel zu den unbeantworteten theoretischen Fragen über Geschlecht und Klasse gibt es wenige Klassenanalysen auf regionaler Ebene zu Lateinamerika (Roberts 1995: 135).[7] 1985 war Portes der Erste, der systematisch die lateinamerikanischen Klassenstrukturen erfasste und ein Modell dazu entwickelte. Die enormen Unterschiede zwischen lateinamerikanischen Ländern in Bezug auf Größe und Stärke der verschiedenen Klassen nahm er durchaus zur Kenntnis. Dennoch argumentierte er, dass Verallgemeinerungen über die sehr ähnlichen Klassenkonfigurationen in der Region gemacht werden können (und sollten), auch angesichts des allen gemeinsamen (mit Ausnahme von Kuba) Status als wirtschaftlich abhängige Staaten in einem globalen kapitalistischen System. Portes operationalisierte die Klassen in Lateinamerika anhand der gleichen marxistischen Kriterien wie viele andere Studien zu modernen kapitalistischen Gesellschaften, indem er Individuen je nach ihrem Verhältnis zu den Produktionsmitteln bestimmten Kategorien zuordnete. Er zeigte damit deutlich, dass die lateinamerikanischen Länder deshalb nicht richtig in die theoretischen (Klassen-)Kategorien für fortgeschrittene Länder passen, weil ein großer Teil ihrer Bevölkerung gerade außerhalb von formellen kapitalistischen Beziehungen lebt. Das zahlenmäßig bedeutende informelle Proletariat peripherer Länder spielt eine zentrale Rolle bei der Unterstützung des globalen Kapitalismus und ist essentiell für das Verstehen von Klassenrelationen (und ihre jeweilige politische und wirtschaftliche Bedeutung) in Lateinamerika. Portes und Hoffman untersuchten vor wenigen Jahren (2003) noch einmal die lateinamerikanischen Klassenstrukturen, um herauszufinden, ob und wie die letzten zwei Jahrzehnte wirtschaftlicher Umstrukturierung zu ihrer Transformation beigetragen haben. Ihre neue Analyse zeigt seit der Einführung neoliberaler Politik in den 80er

---

[7] Klassenthemen sind in der Forschung zu Lateinamerika natürlich vorherrschend, aber die meisten Studien konzentrieren sich auf das historische, strukturelle und transformative Potential von Klassen auf Länderebene, während Weltsystemansätze die Messungen auf Länderebene nutzen, um Ungleichheiten zwischen Ländern zu kalkulieren.

Jahren eine Reduzierung des formellen Proletariats, das Anwachsen des Kleinbürgertums und die Verdrängung vieler Arbeitsloser und Unterbeschäftigter in
den informellen Sektor (Portes/Hoffman 2003: 55).

Wir orientieren uns in unserer Arbeit also am Klassenmodell von Portes und
Hoffman (2003).[8] Deren Analyse lässt allerdings die Auseinandersetzung mit
der Geschlechterthematik außen vor. Die Abwesenheit der Kategorie Geschlecht
im Modell von Portes und Hoffman führt uns zu einer Anzahl von Fragen über
die Einflussmöglichkeiten von Frauen im Arbeitsmarkt: Betrifft die wachsende
Klassenungleichheit alle Beschäftigten, Männer wie Frauen, gleichermaßen?
Wenn nicht, kann die von Portes und Hoffman festgestellte Klassenhierarchie,
die gemessenen Ungleichheiten und die geschlechterspezifische Verteilung
wirtschaftlicher Macht erklären? Können die in existierenden Studien bereits
herausgestellten Faktoren, etwa die stark auf das Geschlecht bezogenen Unterschiede in der Teilnahme am Arbeitsmarkt, den Erfahrungen und Entlohnungen
vielleicht auch eine nach Geschlecht unterschiedene Klassenverteilung begünstigen? Wenn schließlich Klassenkategorien, abhängig von Geschlecht, über die
Zeit variieren, wie wirken sich diese Veränderungen dann auf das Verstehen der
Dynamiken von Klassenstrukturen und Kämpfen im globalen kapitalistischen
System aus?

Hypothesen

Wir nehmen an, dass die von Portes und Hoffman identifizierten Tendenzen für
beide Geschlechter unterschiedlich sind, da die wachsende Anzahl von weiblichen Beschäftigten einen Schlüsselfaktor in Zeiten der wirtschaftlichen Krisen
und der Umstrukturierungen darstellt. Wir präsentieren fünf Hypothesen über
die Bedeutung und Richtung dieser Geschlechterunterschiede. Dabei gehen wir
davon aus, dass die Veränderungen in der Verteilung von Frauen in der Sozialstruktur auch die von Männern erlebten Veränderungen widerspiegeln.

1. Wir vermuten, dass die Verbesserungen in der Bildung von Frauen und
die Vergrößerung der herrschenden Klassen dazu beitragen, die Präsenz von
Frauen in dieser Klasse zu vergrößern.

2. Auch das Kleinbürgertum ist größer geworden, aber um dieser Kategorie
anzugehören, benötigt man häufig Kapital, das Frauen historisch bedingt fehlt.
Daher nehmen wir an, dass die Präsenz von Frauen in dieser Klasse relativ
gleich geblieben ist oder wegen der Konkurrenz männlicher Kleinunternehmer
sogar weniger geworden ist.

---

[8] Vgl. hierzu in diesem Band Boris.

3. Wir gehen davon aus, dass das formelle Proletariat allgemein geschrumpft, die relative Anzahl von Frauen im Vergleich zu Männern aber gestiegen ist. Dies könnte auch die Beobachtung von Portes und Hoffman erklären, welche besagt, dass die politische Kraft dieser traditionell einflussreichen Klasse geringer geworden ist. Angesichts der Bedeutung, die der Verschiebung hin zu deregulierter Niedriglohnarbeit mit niedriger Qualifizierung besonders in für den Export produzierenden Sektoren zukommt, erwarten wir außerdem, dass weibliche Proletarisierung vor allem in Ländern vorkommt, die ihre komparativen Kostenvorteile der Niedriglohnarbeit offensiv nutzen.

4. Angesichts der umfangreichen Literatur über die „Ghettoisierung" und wachsende Vulnerabilität weiblicher Arbeitsverhältnisse, erwarten wir, dass die akute, andauernde wirtschaftliche Krise und die damit einhergehende Verarmung von Haushalten zu einer anteilsmäßig größeren Zahl von Frauen im informellen Proletariat geführt haben.

5. Schließlich sollte die bessere Bildung und die größere Präsenz von Frauen in der LohnarbeiterInnenschaft zu einer allgemeinen Verbesserung der Lohnverteilung zwischen den Geschlechtern beigetragen haben.

Ob und wie die veränderte Teilnahme von Frauen am Arbeitsmarkt die übergeordneten Klassenstrukturen und Geschlechterungleichheit beeinflusst, ist der theoretische Fokus dieses Artikels. Zusammengefasst implizieren diese Hypothesen weibliche Lohnarbeit als wichtige Erklärungsvariable für Einkommens- und Machtungleichheiten zwischen der herrschenden Klasse und dem Rest der lateinamerikanischen ArbeiterInnen.

Vorgehensweise

Wie Portes und Hoffman (2003; auch Portes 1985) nutzen wir die statistischen Datenserien zu Beschäftigung und Einkommen für die wirtschaftlich aktive, beschäftigte Bevölkerung der CEPAL[9], basierend auf den Daten von nationalen Volkszählungen und Haushaltsumfragen der Jahre 1980 bis 2000 für 18 lateinamerikanische und karibische Länder. Obwohl dies die besten verfügbaren Daten sind, gibt es erhebliche Unterschiede in den Erhebungs-Zeiträumen und Unterschiede zwischen den einzelnen Ländern. Ebenso variiert die Reliabilität und Variabilität der Daten. Da wir jedoch längerfristige regionale Tendenzen untersuchen wollen, erachten wir diese Einschränkungen als akzeptabel.

Unsere Analyse konzentriert sich auf acht Länder mit vollständigen und übereinstimmenden Daten von 1980: Argentinien, Brasilien, Kolumbien, Costa

---

[9] Wir nutzen die statistischen Anhänge des *Panorama Social* der CEPAL (Serien 4,6,8,10,11).

Rica, Mexiko, Panama, Uruguay und Venezuela. Außerdem haben wir unsere Analyse auf die ökonomisch aktive Bevölkerung in den Städten beschränkt. Zum einen, weil fast drei Viertel der lateinamerikanischen Bevölkerung städtisch sind. Zudem wäre die Untersuchung sowohl der Geschlechterunterschiede als auch der Unterschiede zwischen Stadt und Land zu umfangreich für diese Arbeit. Und schließlich gehen wir davon aus, dass Lohnarbeit (unser Maß für die verschiedenen Klassen) ein besseres Messinstrument für urbane als für ländliche Klassenstrukturen darstellt. Einige Klassen unserer Typologie stimmen genau mit den Beschäftigungskategorien der CEPAL überein. Diese übertragbaren Kategorien beinhalten das Klassensegment der ausführenden Technokratie, das formelle Proletariat und zwei Klassensegmente des informellen Proletariats (Haushaltsangestellte und ArbeiterInnen in Kleinunternehmen). Der formelle private und öffentliche Sektor bilden zusammen die Klasse des formellen Proletariats, wurden aber in den Daten der meisten Länder nicht einzeln aufgeführt. Wir operationalisieren die restlichen Klassen, indem wir übereinstimmende Datenreihen für Sektoren mit niedriger Produktivität nutzen. Als Kapitalisten verstehen wir die Unternehmer der gesamten städtischen ökonomisch aktiven und erwerbstätigen Bevölkerung, weniger die Unternehmer in Sektoren mit niedriger Produktivität. Diese gehören zur Kategorie des Kleinbürgertums, zusammen mit Technikern und Fachkräften, die auf eigene Rechnung arbeiten. Wir definieren an dieser Stelle die Selbständigen im informellen Proletariat als selbständige ArbeiterInnen, weniger die selbständigen Techniker und Fachkräfte, die wir bereits der Kategorie des Kleinbürgertums zuordnen.

Mit dieser Operationalisierung von Klasse nutzen wir gewichtete, zusammengefasste Daten von acht Ländern, um die Klassenverteilung von weiblichen und männlichen Beschäftigten der Jahre 1980, 1990[10] und 2000 erfassen zu können. Zusammengefasst werden die Daten dieser acht Länder, indem wir:

1. die Größe der städtischen ökonomisch aktiven sowohl männlichen als auch weiblichen Bevölkerung (über 15 Jahren) eines jeden Landes für 1980, 1990 und 2000 ermitteln (CEPAL 2003: Tabellen 13, 16)
2. von dieser Zahl jeweils die Prozente, die sich auf männliche und weibliche Arbeitslose in jedem Land und jedem Jahr beziehen, abziehen (ILO 2004: Tabelle 3a; CEPAL 2003: Tabelle 32)
3. die numerische Größe jeder Beschäftigungskategorie in jedem Land und jedem Jahr ermitteln, jeweils nach der nationalen Verteilung (CEPAL 2000: 237-240, 255-258; CEPAL 2002: 179-182, 197-200), und indem wir dann

---

[10] Die meisten Veränderungen in dieser Zeit waren gleich bleibend, so dass wir uns in dieser Studie auf die Veränderungen zwischen 1980 und 2000 konzentrieren.

4. die städtischen (weiblichen und männlichen) Beschäftigten eines jeden Landes summieren (für jede Beschäftigungskategorie für jedes der
drei Jahre).

Die zusammengefasste Stichprobe dieser acht Länder repräsentiert etwa 75%
der gesamten lateinamerikanischen städtischen, wirtschaftlich aktiven und beschäftigten Bevölkerung. Diese Daten wollen wir dazu nutzen, regionale Raten
weiblicher Partizipation in jeder Klasse zu messen, die proportionale Verteilung
von Frauen und Männern in jeder Klasse sowie die Variation dieser Raten über
den Zeitverlauf. Aufbauend auf diesen Daten lassen sich dann auch Indizien für
Ungleichheit ermitteln, um die allumfassenden Unterschiede in der prozentualen
Verteilung von Männern und Frauen innerhalb der Klassenstruktur und über
längere Zeit hinweg bewerten zu können. Um die Geschlechterungleichheiten
bezüglich des Einkommens zu analysieren, nutzen wir Daten auf Länderebene
zum durchschnittlichen Einkommen von Arbeitnehmerinnen im Verhältnis zu
jenem der männlichen Arbeitnehmer der einzelnen Klassen (und messen diese
anhand vom Vielfachen der Armutsgrenze des jeweiligen Landes). Schließlich
nutzen wir außerdem Daten zum durchschnittlichen Einkommen innerhalb jeder
Klasse, um abschätzen zu können, wie viele Frauen und Männer Löhne unterhalb der Armutsgrenze erhalten. Wir sind uns der Einschränkungen dieser relativ einfachen Zusammenfassung von Klasse und Geschlecht bewusst. Zunächst
aber zwingen uns die verfügbaren Daten, ein Klassenmodell unter Zuhilfenahme
der Daten von Individuen als Beschäftige in der städtischen ArbeiterInnenschaft
zu konstruieren.[11] Dadurch können wir die Anzahl der Arbeitslosen sowie die
unterschiedlichen Beschäftigungsmöglichkeiten in einem Haushalt oder die
unbezahlte Hausarbeit[12] nicht mit einbeziehen. Trotzdem ist uns bewusst, dass
diese Art von Arbeit eine ausschlaggebende Rolle für die soziale Wohlfahrt und
in der Zusammensetzung und relationalen Aspekten von kapitalistischen Klassenstrukturen spielt (Chant 1999; Glucksmann 1990; Roberts 1995: 132f, 145).
Zweitens bieten wir hier angesichts der räumlichen Einschränkungen nur eine
regionale Übersicht, die hoffentlich als Ausgangspunkt für detailliertere Analysen dienen wird. Drittens verschleiern die hier genutzten städtischen Gebiete in
der Region als Analyseeinheit zwangsläufig das, was viele als wachsende Län-
der-, intranationale und intraregionale Unterschiede in den Arbeitsmärkten und
Klassenstrukturen bezeichnen (Oliveira/Roberts 1994; Tardanico/Menjívar
Larín 1997: 13). Schließlich wollen wir keine Theorie aufstellen, wie Kapita-

---

[11] Obwohl viele Klassenanalysen den Haushalt als Analyseeinheit nutzen, gibt es auch gute Argumente für die Untersuchung von Klassen auf der Ebene des Individuums (Abbott/Payne 1980: 4).
[12] Sowohl für nicht-beschäftigte wie für angestellte Frauen schränkt die Arbeit im Haushalt sie ein,
mehr Einflussmöglichkeiten im Arbeitsmarkt, im Haushalt und in der Gesellschaft zu erreichen.

lismus und Patriarchat interagieren. Unsere Intention ist nicht, die Debatte über den Zusammenhang zwischen Klasse und Gender zu lösen, sondern sie wieder zu beleben, mit vergleichenden Daten zu Gruppen, die in früheren Studien nicht einbezogen wurden, und indem wir zeigen, wie globale wirtschaftliche Veränderungen auf die geschlechterspezifischen Beziehungen um wirtschaftliche Macht einwirken.

Lateinamerikanische Klassenstrukturen gendern

Im Folgenden stellen wir zunächst die Untersuchung der einzelnen Hypothesen dar. Anschließend folgt eine allgemeine Analyse darüber, was die globale wirtschaftliche Umstrukturierung für arbeitende Männer und Frauen in Lateinamerika bedeutet.

Feminisierung der herrschenden Klasse?

Unsere erste These war, dass die Präsenz der Frauen in der herrschenden Klasse zugenommen hat. In Lateinamerika umfasste das Klassensegment der Kapitalisten[13] im Jahr 2000 nur etwa 1 bis 2% aller städtischen Beschäftigten.[14] Aufgeschlüsselt nach der Geschlechterverteilung waren in dieser Untergruppe 1980 1,9% und 2000 etwa 2,5% aller männlichen Arbeiter beschäftigt. Im Gegensatz dazu gehörten in den Jahren 1980 und 2000 nicht mehr als 1% der Frauen zu dieser obersten Klasse. Der Anteil der ausführenden Technokratie[15] stieg von 6,8% der gesamten städtischen ArbeiterInnenschaft 1980 auf 9,1% im Jahr 2000. Während dieser Zeit vergrößerte sich der Anteil männlicher Beschäftigter in diesem Segment von 4,9 auf 8,2%. Im Gegensatz dazu stieg die schon starke Teilnahme von Frauen (relativ gesehen zu jener der Männer) nur leicht von 9,5 (1980) auf 10,4% (2000). Obwohl Frauen 1980 57,6% dieses Klassensegments ausmachten, sank diese Quote bis 2000 auf 49,8%. Diese Daten spiegeln vermutlich die Einbeziehung von LehrerInnen und Krankenschwestern in dieser Klasse wieder: Berufe, die traditionell von Frauen ausgeübt werden, die aber

---

[13] Darunter verstehen wir FirmeninhaberInnen mit fünf oder mehr beschäftigen ArbeiterInnen.

[14] Laut Portes/Hoffman (2003) und Portes (1985) sind diese Schätzungen zur Größe der Klasse der Kapitalisten übertrieben, da die Kategorie auch Unternehmer mit nur fünf Beschäftigten einbezieht. Angesichts der Tatsache, dass Frauen eher die niedrigsten Schichten einer Klasse besetzen (Abbott/Payne 1990), können wir weiter annehmen, dass Frauen, die in das Segment der Kapitalisten eingeordnet werden, Inhaberinnen der kleinsten Unternehmen sind.

[15] Mit den Begriffen *Professionals* und *Executives* bezeichnen die Autorinnen fest angestelltes Verwaltungspersonal, GeschäftsführerInnen, AkademikerInnen und Techniker, die in Firmen mit fünf oder mehr Angestellten arbeiten (Anm. d. Übers.).

wegen andauernder wirtschaftlicher Krisen in den letzten Jahrzehnten von einem stagnierenden Wachstum der Arbeitsplätze betroffen waren.

Zwischen 1980 und 2000 vergrößerten die Männer ihre allgemeine Zugehörigkeit zur herrschenden Klasse in einer höheren Anzahl als die Frauen. Unsere Hypothese, dass Erfahrung und Bildung von Frauen auch deren Zugehörigkeit zur herrschenden Klasse erhöht, ist daher nur sehr begrenzt richtig. Obwohl mehr Frauen als zuvor in dieser Klasse beschäftigt sind, sinkt in Wirklichkeit ihr relativer Anteil in der herrschenden Klasse im Vergleich zu dem der Männer.

Ein männlich dominiertes Kleinbürgertum?

Unsere zweite Annahme war, dass der eingeschränkte Zugang von Frauen zu Kapital ihren Aufstieg in das Kleinbürgertum verhindern würde. Wir fanden jedoch heraus, dass die Zahl der KleinunternehmerInnen sowohl bei Frauen als auch bei Männern ansteigt. Das weibliche Kleinbürgertum verdoppelte sich zwischen 1980 und 2000, so dass der Anteil von Frauen im Vergleich zu dem der Männer um fast 10% anstieg. Insofern gilt das von Portes und Hoffman verzeichnete Wachstum im Kleinbürgertum eher für die Anzahl der Frauen als für die der Männer. Da diese Klasse als wichtig für sozialer Mobilität betrachtet wird, könnte die wachsende Repräsentation von Frauen bedeuten, dass sie aus dem informellen Sektor heraustreten und kleine Unternehmen gründen, wenn auch in sehr geringem Ausmaß (weniger als 4% der Frauen arbeiten als Unternehmerinnen).

Reduziert sich die formelle Arbeiterinnenschaft?

Abgesehen von der herrschenden Klasse hat das formelle Proletariat historisch gesehen am meisten wirtschaftliche Absicherung und politische Macht erfahren. Nichtsdestotrotz argumentieren Portes und Hoffman (und andere), dass die Stärke des formellen Proletariats unter den wirtschaftlichen Umstrukturierungen sowohl quantitativ als auch qualitativ zurückgegangen ist. 1980 waren 51,1% aller städtischen ArbeiterInnen dem formellen Proletariat zuzurechnen, verglichen mit nur 42,3% im Jahr 2000.

Bei einer Aufschlüsselung der Daten nach den Geschlechtern verkompliziert sich das Bild. Das formelle Proletariat war und ist weiterhin männlich dominiert, aber die zahlenmäßige Lücke zwischen Männern und Frauen schrumpft. Die Zahl formell Beschäftigter sinkt für Frauen wie für Männer, aber sogar unter den harten Arbeitsmarktbedingungen der 80er und 90er Jahre vergrößerte sich der Anteil von Frauen relativ zu dem der Männer. Diese Geschlechterannäherung suggeriert, dass die wachsenden wirtschaftlichen Aktivitäten von Frauen Teil der durch das neoliberale Modell verursachten Transformationen ist, denen die Schwächung und Fragmentierung des formellen Proletariats zugeschrieben wird (Portes/Hoffman 2003: 76; Roberts 2002: 22).

Wir untersuchen die Unterschiede zwischen 16 Ländern über den Zeitraum von 1980 bis 2000 und beziehen einige Länder mit ein, die aus unserer aggregierten Teilstichprobe ausgelassen wurden, um länderübergreifend Schlüsse ziehen zu können. Chile, El Salvador, Honduras, Bolivien und die Dominikanische Republik haben alle in unterschiedlichem Ausmaß eine Feminisierung des formellen Proletariats erfahren. Gibt es aber eine Korrelation zwischen Ländern, die komparative Kostenvorteile im Niedriglohnsektor nutzen wollen, und Ländern, in denen der Frauenanteil im formellen Proletariat anwächst, wie wir vermutet hatten? Diese Frage kann mit den verfügbaren Daten nicht eindeutig beantwortet werden. Von den genannten Ländern haben El Salvador, Honduras und die Dominikanische Republik Strategien eingesetzt, die komparativen Vorteile in der Niedriglohnfertigung für den Export zu nutzen. In einigen anderen Ländern, die ähnliche Strategien einsetzten, kann man nicht von einer deutlichen Zunahme von Frauen im formellen Proletariat sprechen (Panama, Guatemala, Kolumbien, Costa Rica und Mexiko).[16]

Ähnlich gab es in Brasilien, Argentinien, Chile und Uruguay eine moderate bis deutliche Feminisierung des formellen Proletariats, doch die Exporte dieser Länder basieren nicht auf der Fertigung im Niedriglohnsektor, sondern eher auf Schwerindustrien aus der Zeit der Importsubstitution, die weiterhin männlich dominiert bleiben (s. Fallstudien in Tardanico/Menjívar Larín 1997). Wir denken, dass diese Feminisierung des formellen Proletariats sich besser mit der Tertiarisierung des Arbeitsmarkts als durch die Niedriglohnarbeit in den Exportindustrien erklären lässt (Tardanico/Menjívar Larín 1997).[17]

---

[16] Trotz hoher Beschäftigungsraten von Frauen in den exportorientierten Industrien Guatemalas stieg diese Art von Beschäftigung ab Ende der 1980er Jahre für Männer ebenfalls an (wie auch die allgemeinen Raten formeller Beschäftigung von Männern) (Tardanico/Menjívar Larín 1997). Dies ist auch in Mexiko mit einem großen Exportsektor der verarbeitenden Industrie der Fall. Dort gab es in den 90ern einen Netto-Verlust von Arbeitsplätzen im herstellenden Gewerbe und im öffentlichen Sektor. Gleichzeitig fand ein Anstieg der Beschäftigung von Männern in den Exportindustrien, eine Verschiebung hin zu Niedriglohnjobs im tertiären Sektor und zu Dienstleistungen im formellen „modernen" Dienstleistungssektor statt (ebd.). In Costa Rica zeigt sich zwar eine Reduzierung des Frauenanteils im formellen Proletariat, dennoch fanden Tardanico und Larín heraus, dass die Beschäftigung im produzierenden Gewerbe eine Quelle neuer Arbeitsplätze gleichermaßen für Frauen und Männer darstellte. In Bezug auf Beschäftigungsmöglichkeiten für Frauen aber nahmen Stellen im produzierenden Gewerbe am meisten zu und diese besonders „am unteren Ende der Produktion sowohl für den Export wie auch für den Binnenmarkt" (ebd.: 127).

[17] In Chile kann die Ausbreitung des weiblichen formellen Proletariats mit dem raschen Ansteigen weiblicher Beschäftigung in Handel und Dienstleistungen (besonders dem modernen Dienstleistungssektor) erklärt werden, was sich wiederum auf die Tertiärisierung, hervorgerufen durch das wirtschaftliche Wachstum Chiles in der jüngsten Vergangenheit, zurück führen lässt. (Tardanico/

So können also parallele Prozesse von Marktliberalisierung, Arbeitsmarkt-
tertiarisierung und Reduzierung des öffentlichen Sektors nicht alle geschlechts-
spezifischen Veränderungen im formellen Proletariat in lateinamerikanischen
Ländern erklären. Viele Strategien zur Ausschöpfung komparativer Vorteile des
Niedriglohnsektors und in Sektoren mit Personal niedriger Qualifikation sind in
wirtschaftlichen und geographischen Nischen wie Freihandelszonen, Touris-
musindustrien und informationsverarbeitenden Zentren verortet (ebd.). Wenn
man diese Veränderungen in Bezug auf die nationale städtische formelle Beschäftigung betrachtet, werden jedoch die allgemeinen Auswirkungen durch
Verschiebungen in der formellen Beschäftigung im öffentlichen Sektor, z.B.
durch andere Arten der Herstellung und dem Handel, verschleiert. Außerdem
gab es deutliche Unterschiede in den Ländern, was wirtschaftliche Krisen und
Erholung, Marktliberalisierungsprogramme, die Größe der öffentlichen Sektoren der Länder und die politische Kraft der jeweiligen ArbeiterInnenschaft betraf, während die importsubstituierende Industrialisierung eher eine „Gleichför-
migkeit in der Beschäftigungsstruktur in Lateinamerika" (Tardanico 1997: 13)
anfachte. Diese Komplexität und wachsende Heterogenität formeller Arbeitsmärkte macht die Notwendigkeit zukünftiger Forschung deutlich, welche die
Geschlechterunterschiede der sektoralen Transformationen im formellen Proletariat eines jeden Landes in den Blick nimmt.

Auch die Größe und die historische Geschlechterverteilung innerhalb des
formellen Proletariats des jeweiligen Landes kann die Veränderung der Geschlechterverteilung in dieser Klasse in Zeiten wirtschaftlicher Umstrukturierung und Anpassung beeinflussen. In Costa Rica, Venezuela und Panama (Länder, in denen eher der Anteil von Männern als der von Frauen in der formellen
Beschäftigung anstieg) waren die Prozentzahlen von Frauen in der formell arbeitenden Bevölkerung 1980 höher als die Raten formeller Beschäftigung von
Männern. In diesen Fällen scheint es, als habe die Voraussetzung einer solchen
weiblichen Proletarisierung die Frauen in diesen Ländern während der Umstrukturierung tendenziell benachteiligt, so wie Männer in Ländern, wo Frauen historisch kaum formelle Beschäftigung fanden, benachteiligt wurden.

Zusammenfassend lässt sich sagen, dass sowohl für Frauen als auch für
Männer die Beschäftigung im formellen Sektor geringer wird. Der Anteil von
Frauen in diesem Bereich nimmt aber insgesamt zu und dies unabhängig von
der Größe der jeweiligen nationalen Wirtschaft oder ArbeiterInnenschaft. Män-

Menjívar Larín 1997). Cortés' Studie über die Auswirkungen der wirtschaftlichen Umstrukturierung
auf die städtischen Arbeitsmärkte Argentiniens (ebd.) erkannte eine andere Tendenz hin zur Feminisierung des formellen Proletariats und zur verstärkten Präsenz von Männern im informellen Sektor,
da immer mehr Männer im Handel und immer mehr Frauen im öffentlichen Sektor und modernen
Dienstleistungen arbeiten.

ner hingegen gewinnen nur in jenen Ländern hinzu, die schon früher hohe Zahlen weiblicher Proletarisierung aufwiesen. Im Gegensatz dazu weisen einige Länder, die auf Export und niedrige Löhne setzen, die verhältnismäßig höchste Zunahme von im formellen Sektor beschäftigten Frauen auf. Indem wir geschlechterspezifischer Varianzen aufzeigen, konnten wir dem Argument von Portes/Hoffman (2003) und Roberts (2002), die wirtschaftliche Umstrukturierung schwäche das formelle Proletariat (politisch), neue Dimensionen bezüglich der Entstehung dieser Schwächung hinzufügen. Die Präsenz von Frauen in der formellen Beschäftigung vollzieht sich hauptsächlich in jenen Ländern, in denen sie kaum die Privilegien und den Einfluss erreichen können, die von der formellen Arbeiterklasse in der Phase der Importsubstitution erreicht wurde. Diese vorläufige Aussage kann zusammen mit der existierenden Literatur zur Anfälligkeit von Frauen für schlechte Arbeitsbedingungen die vorhergehende, auf Fallstudien basierende Annahme – in verallgemeinernder Weise – unterstützen: mittels der Feminisierung schwächt die wirtschaftliche Umstrukturierung das formelle Proletariat insgesamt.

„Ghettoisierung" weiblicher Arbeit als Beschäftigte im informellen Sektor?

In den letzten beiden Jahrzehnten hat sich die informelle ArbeiterInnenschaft von 37,3 auf 41,9% der städtischen ArbeiterInnenschaft ausgedehnt, so dass diese inzwischen der formellen ArbeiterInnenschaft als Lateinamerikas größter Klasse Konkurrenz macht. 1980 konnte man 44,4% der Arbeiterinnen und 32,1% der Arbeiter als informell einstufen. Dies bedeutet eine deutliche Schieflage, nämlich mit mehr Frauen in ungesicherten und schwachen Arbeitsverhältnissen. Zwischen 1980 und 2000 wuchs das informelle männliche Proletariat um 20,9 auf 38,8% der städtischen männlichen Arbeiter. Während des gleichen Zeitraums stieg die Anzahl der weiblichen Beschäftigten im informellen Proletariat nur um 3,8 auf 46,1% aller weiblichen städtischen Arbeiterinnen. Obwohl der informelle Sektor schneller wächst als andere Sektoren, gelangen daher Männer in höherem Maße in den informellen Sektor als Frauen. So wird unsere These, dass die Beschäftigung von Frauen in traditionell weiblich dominierten Bereichen intensiviert wird oder eine „Ghettoisierung" stattfindet, verneint.

Verringerung der Schere zwischen den Einkommen der Männer und Frauen?

Wie schneiden Frauen bezüglich des Einkommens im Vergleich zu Männern der gleichen Klassenkategorie ab? Lange Zeit haben Frauen nur einen Bruchteil von dem verdient, was ihre männlichen Kollegen erhalten, und die Einkommensungleichheit innerhalb der Klassen ist weiterhin hoch. Am höchsten ist das durchschnittliche Einkommen von Frauen im Vergleich zu dem der Männer in Panama mit 83%. In manchen Ländern wie Mexiko und Guatemala aber ist die Ungleichheit so enorm, dass die Frauen dort nur 58 bzw. 55% des männlichen Einkommens verdienen. Unsere Annahme war, dass die wachsende Bildung und Beschäftigung von Frauen die historisch ungleichen Einkommen zwischen den Geschlechtern reduzieren würden. Tatsächlich sinkt die Einkommensungleichheit zwischen Männern und Frauen in Lateinamerika, in einigen Fällen sogar sehr rasch. Nur Costa Rica zeigt von 1980 bis 2000 eine wachsende Ungleichheit zwischen den durchschnittlichen Einkommen von Männern und Frauen.

Zusätzlich zur schwindenden Geschlechterungleichheit bzgl. der Durchschnittseinkommen lässt sich feststellen, dass die Einkommensparität in den formellen privaten und öffentlichen Sektoren aller Länder über dem nationalen Durchschnitt liegt. Zwar implizieren diese Daten teilweise große Ungleichheiten. Dennoch stehen Frauen in dieser wichtigen Klasse des formellen Proletariats verhältnismäßig besser da, und dies zeigt immerhin, dass die Einkommen in Klassen, in denen Geschlechterunterschiede institutionalisiert sind, nicht ungleicher sind als jene, die als informell bezeichnet werden und wo zumindest theoretisch der Markt die Löhne bestimmt.

Daten zur Kluft zwischen den durchschnittlichen Einkommen von Männern und Frauen messen die relativen Geschlechterunterschiede im Einkommen innerhalb jeder Klasse, aber sie zeigen nicht, wie Einkommenswohlstand über Klassen hinweg verteilt ist. Um eine zurückhaltende hypothetische Aussage über die Armutsgrenze eines Haushalts zu machen, schätzen wir, dass ein Mann ein durchschnittliches Einkommen haben muss, das vier mal so hoch ist wie die nationale Armutsgrenze, um sich selbst und drei Nachkommen über Wasser zu halten (Portes/Hoffman 2003: 59f). Eine Frau, die gemessen an der Armutsgrenze weniger als drei Mal so viel verdient, wird als *working poor* angesehen. Mit Daten der CEPAL über die durchschnittlichen Einkommen von Individuen für jede Beschäftigungskategorie (gemessen in Vielfachen der Armutsgrenze des jeweiligen Landes) schätzen wir, welche Beschäftigungskategorien in jedem Land wahrscheinlich arm sind. Die Schätzungen werden für zehn Länder mit verfügbaren Daten vorgenommen. Indem wir die Anteile männlicher und weiblicher arbeitender Bevölkerung identifizieren, die als *working poor* bezeichnet werden, können wir Geschlechterunterschiede bezüglich der Armut, der sich verändernden Zusammensetzung der Klassenstruktur und den Veränderungen der ArbeiterInneneinkommen feststellen.

Zum Beispiel hatten in Venezuela 1980 die männlichen Arbeitnehmer in jeder Klasse durchschnittliche Einkommen, die mindestens um ein Vierfaches oberhalb der Armutsgrenze Venezuelas lagen. Aus diesem Grund fielen keine männlichen Arbeiter unter unsere hypothetische Definition der *working poor*.

Im Gegensatz dazu hatte das weibliche informelle Proletariat (Haushaltsangestellte und Frauen, die auf eigene Rechnung arbeiten) durchschnittliche Einkommen, die, gemessen an der Armutsgrenze Venezuelas, weniger als dreimal
so hoch waren. So kann man behaupten, dass Frauen sich durch Arbeit nicht von
Armut befreien konnten, während dies den Männern auch im informellen Sektor
gelang. Im Jahr 2000 hatte sich die Verteilung der Geschlechter bereits angenähert. Alle informell Arbeitenden in Venezuela, *und* alle ArbeiterInnen des formellen Proletariats im privaten Sektor hatten durchschnittliche Einkommen
unter unserer hypothetischen Haushaltsarmutsgrenze, unabhängig vom Geschlecht. Allgemein verschwinden und/oder schrumpfen die nicht-armen Klassensegmente, die eine Brücke zwischen der herrschenden Klasse und den *working poor* bilden. Genauso schrumpft die Anzahl der formellen und informellen
ArbeiterInnen, die durch Arbeit die Armut überwinden können.

Diese Tendenzen lassen sich für die meisten lateinamerikanischen Länder
feststellen. 1980 war der Anteil der männlichen Arbeiter, deren Einkommen
einen Haushalt mit vier Mitgliedern nicht oberhalb der Armutsgrenze versorgen
konnte, sehr klein. In Brasilien, Uruguay und Venezuela war ein solcher Status
für Frauen durch Beschäftigung nicht gewährleistet. 1990 war der Anteil an
männlichen Arbeitern, deren durchschnittliche Einkommen nicht vier Mal über
der Armutsgrenze lag, in allen Ländern gestiegen. In Argentinien, Costa Rica
und Uruguay blieb der Geschlechterunterschied bei den *working poor* jedoch
enorm. In Bolivien, Honduras und Panama machten die *working poor* sowohl
1990 und 2000 über ein Drittel der männlichen und weiblichen Klassenstruktur
aus. Dies suggeriert, dass die Lücke zwischen den *working poor* und der herrschenden Klasse von einer Art „geisterhafter" nicht-armer ArbeiterInnenklasse
besetzt sein muss. In Brasilien betraf die Armut immer mehr arbeitende Frauen,
aber auch in dramatischer Weise Männer. In Venezuela verdienten 2000 fast
45% der männlichen Arbeiter weniger als das Vierfache der Armutsgrenze,
während der große Anteil der Frauen, die weniger als das dreifache verdienen,
nur in bescheidener Weise zunahm.

Zusammenfassend zeigt die ehemals deutliche Feminisierung der *working
poor* heute ein stabiles bzw. ansteigendes Level von Frauen, die an der Armutsgrenze arbeiten, das mit einer dramatischen Ausbreitung der männlichen *working poor* in Lateinamerika einhergeht (Chile ist die einzige Ausnahme). So ist
die Annäherung der Einkommen zwischen Männern und Frauen zu großen Teilen eher der Einkommensverarmung der Männer als einer wachsenden wirtschaftlichen Kraft der Frauen zuzuschreiben.

Zusammenfassung

Eine Geschlechteranalyse der lateinamerikanischen Klassenstrukturen kann zwei wichtige Fragen beantworten: Wie haben parallele Prozesse ökonomischer Umstrukturierung und Anpassungsprogramme auf die Ungleichheit zwischen den Geschlechtern eingewirkt, und wie haben die Veränderungen in der Zusammensetzung der Geschlechter die generelle Klassenstruktur in der Region verändert?

Frühere Forschung hat gezeigt, dass Frauen ihre Präsenz in der ArbeiterInnenschaft erhöht haben. Sowohl angebotsorientierte wie auch nachfrageorientierte Erklärungen zeigen jedoch, dass dieser Anstieg nicht das Ergebnis einer größeren Geschlechtergleichheit ist, sondern eher durch die schlechteren Lebens- und Arbeitsbedingungen angetrieben wird, unter denen besonders Frauen zu leiden haben. Wir gingen daher davon aus, dass der Neoliberalismus die Ungleichheiten zwischen Männern und Frauen vergrößert hat, da Frauen hauptsächlich in den untersten Schichten der lateinamerikanischen Klassenstruktur zu finden sind.

Im Gegensatz zu dieser Erwartung fanden wir jedoch heraus, dass sich die Klassenpositionen von Frauen und Männer in den letzten beiden Jahrzehnten wirtschaftlicher Anpassung eher angenähert haben. Nur in der winzigen herrschenden Klasse vergrößerte sich die Lücke zwischen den Anteilen männlicher und weiblicher ArbeitnehmerInnen. In der übrigen Klassenstruktur wurden sich die Anteile männlicher und weiblicher ArbeitnehmerInnen in den verschiedenen Beschäftigungskategorien immer ähnlicher. Der Anteil der Frauen erhöhte sich vor allem im historisch männlich dominierten formellen Proletariat und dem Kleinbürgertum, während sich der Anteil männlicher Arbeiter im historisch weiblich dominierten informellen Proletariat vergrößerte.

Theoretisch sollte diese Annäherung in Bezug auf Einkommen und Beschäftigung die wirtschaftliche Absicherung der Frauen verbessern und ihnen politische Partizipation erleichtern, besonders angesichts ihrer größeren Präsenz im historisch starken formellen Proletariat. Doch die Literatur dokumentiert deutlich, dass Arbeitnehmerinnen während dieser beiden Jahrzehnte tatsächlich mehr Ausbeutung, zunehmende Verarmung und eine allgemeine Reduzierung ihrer gesetzlichen und wirtschaftlichen Rechte erfahren haben.

Nimmt man Geschlecht und Klasse zusammen, hat man die Möglichkeit, dieses Paradox zu abstrahieren. Die Indizien für Ungleichheit zeigen, dass die Annäherung der Frauen an die Männer nicht, wie gedacht, durch eine Verbesserung der Stellung der Frauen verursacht wurde, sondern eher dadurch, dass Männer die „Klassenleiter" herunterfielen. Auch die Annäherung der Gehälter ergab sich nicht aus den höheren Löhnen der Frauen, sondern aus der raschen und intensiven Verarmung männlicher Arbeiter. Obwohl unsere Analyse zeigt, dass sich die Gleichheit von Frauen und Männern in Lateinamerika tatsächlich verbessert, ist doch die Verschlechterung der Position der Männer kein sehr effektiver Antrieb für eine breitere, soziale, ökonomische und politische Stärkung der Frauen.

Unsere Ergebnisse implizieren weiterhin, dass die Korrelation zwischen wirtschaftlicher Umstrukturierung und der abnehmenden Macht der ArbeiterInnen eine stark geschlechtsspezifische Komponente hat. Viele Fallstudien mutmaßten bereits, dass die vermehrte Beschäftigung von Frauen zu einem wichtigen Mittel werden könnte, mit dem die wirtschaftliche Umstrukturierung die lateinamerikanischen ArbeitnehmerInnen schwächt. Wir vermuteten angesichts dieser Verknüpfung, dass eine größere Arbeiterinnenschaft zusammen mit einer vermehrten „Ghettoisierung" von Frauen auf dem Arbeitsmarkt zu einer Schwächung der lateinamerikanischen ArbeiterInnen führen wird, einfach, weil mit dem vergrößerten Anteil der Frauen an der ArbeitnehmerInnenschaft auch ein größerer Anteil durch ungleiche Geschlechterbeziehungen geschwächt und nicht durch formelle Lohnarbeit geschützt wird. Wir fanden jedoch heraus, dass dieser Prozess weitaus komplexer ist.

Die wichtigsten Veränderungen in der lateinamerikanischen Klassenstruktur in den letzten beiden Jahrzehnten scheinen nicht weibliche, sondern männliche Arbeiter zu betreffen. Die rasche Reduzierung des formellen Sektors und die Ausbreitung informeller Arbeit unter dem Neoliberalismus implizieren eine Verschlechterung der Beschäftigungsbedingungen viel eher für *Männer* als für Frauen. Ganz offensichtlich wird Annäherung der Geschlechter nicht dadurch vorangetrieben, dass Arbeiterinnen den männlichen Arbeitern ähnlicher werden, sondern weil *die Arbeitsbedingungen der Männer denen der Frauen immer ähnlicher werden*. Außerdem denken wir, dass die geringere Kraft von (Arbeiter-)Parteien und Gewerkschaften eher für Männer ein Verlust ist und nicht für Frauen, die sowieso lange von einer solchen formellen Repräsentation ihrer Bedürfnisse als Arbeiterinnen ausgeschlossen waren. Daran anschließend folgern wir, dass die „Bewegung hin zu *community politics*" (Portes/Hoffman 2003: 76) auch eher für Männer eine Verschiebung ist; die lateinamerikanischen Frauen nutzen schon lange die Gemeinde als ihr primäres Forum, um Forderungen an Regierungen zu stellen.

Indem sie die Annäherung der Geschlechter in der lateinamerikanischen Sozialstruktur dokumentiert, macht unsere Analyse auch deutlich, dass die globalen Systeme von Kapitalismus und Patriarchat, welche Arbeiterinnen immer schon geschwächt haben, inzwischen teilweise auch für die Schwächung von männlichen Arbeitern verantwortlich sind. Das größere Angebot an Arbeiterinnen – deren Stellung in der patriarchalen Gesellschaft sie besonders anfällig für schlechte Arbeitsbedingungen und wirtschaftliche Krisen macht – mag ein Mechanismus sein, die „Messlatte für alle ArbeiterInnen niedrig zu hängen" und die lateinamerikanische ArbeiterInnenschaft zu schwächen.

Während unsere Studie deutlich zeigt, dass die geschlechtsspezifische Arbeitsteilung eine Schlüsselvariable in der Veränderung der lateinamerikanischen Klassenstruktur ist, haben wir vielleicht mehr neue Fragen aufgeworfen als Antworten darüber gegeben, inwiefern diese Geschlechterunterschiede wichtig sind. Wir schließen mit drei Vorschlägen für zukünftige Forschung. Erstens haben Portes und Hoffman verdeutlicht, dass die schwächere politische Kraft des formellen Proletariats sich teilweise in der Verschiebung hin zu „community-Politik" und weg von der Partei- oder Gewerkschaftspolitik ausdrückt. Während vergangener wirtschaftlicher Krisen waren hauptsächlich Frauen für die Verbreitung von „community-Politik" verantwortlich, und sie machen nun einen immer größeren Anteil des formellen Proletariats aus. Könnte ihre größere Präsenz ein Schlüsselfaktor für die Verschiebung in der politischen Organisation des formellen Proletariats sein? Vergleichende Fallstudien könnten diese Frage beantworten.

Wie vollständig sind zweitens Studien über die Machtbeziehungen von Geschlechtern im Haushalt, am Arbeitsplatz und in der Gemeinschaft, wenn die sich verändernden wirtschaftlichen und politischen Möglichkeiten von Männern ignoriert werden? Fallstudien zu Geschlecht und Arbeit in Lateinamerika konzentrieren sich bisher fast ausschließlich auf die sich verändernde Teilnahme von Frauen an der ArbeiterInnenschaft. Angesichts der bewiesenen Verschlechterung männlicher Beschäftigungsverhältnisse in den letzten Jahrzehnten werden aber Forschungen zu sozialen Prozessen gebraucht, besonders im Hinblick auf die sich verringernde wirtschaftliche und politische Macht von Männern am Arbeitsplatz.

Schließlich haben wir angenommen, dass die Raten weiblicher Proletarisierung in den Ländern am höchsten seien, die aggressiv ihre komparativen Kostenvorteile im Niedriglohnbereich nutzen, aber die Unterschiede in der Proletarisierung von Frauen scheinen sehr viel komplexer. Zukünftige vergleichende Fallstudien sollten untersuchen, ob und wie bestimmte nationale Strategien eine Feminisierung der ArbeiterInnenschaft begünstigen oder einschränken, und wie diese Feminisierung, unter bestimmten Voraussetzungen, Verbesserungen einer politischen und wirtschaftlichen Stärke von Frauen hervorbringen kann.

Übersetzung: Alke Jenss und Eva Georg

Literatur

Abbott, Pamela/Payne, Geoff (Hrsg.) (1990): The Social Mobility of Women: Beyond Male Mobility Models. London: The Falmer Press

Acker, Joan (1980): Women and Stratification: A Review of Recent Literature. In: Contemporary Sociology 9: 25-35

Acker, Joan (1989): Doing Comparable Worth: Gender, Class and Pay Equity. Philadelphia: Temple University Press

Acker, Joan (2000): Rewriting Class, Race, and Gender: Problems in Feminist Rethinking. In: Marx Ferree, Myra u.a. (Hrsg.): Revisioning Gender. California: Alta Mira Press: 44-69

Benería, Lourdes (1992): The Mexican Debt Crisis: Restructuring the Economy and the Household. In: Benería, Lourdes/Feldman, Shelley (Hrsg.): Unequal Burden: Economic Crises, Persistent Poverty, and Women's Work, Boulder: Westview Press: 83-104

Benería, Lourdes/Roldán, Marta (1987): Crossroads of Class and Gender: Industrial Homework, Subcontracting and Household Dynamics in Mexico City. Chicago: Univ. of Chicago Press

Blau, P.M./Duncan, O.D. (1967): The American Occupational Structure. New York: John Wiley

Britten, Nicky/Heath, Anthony (1983): Women, Men and Social Class. In: Gamarnikow, Eva u.a. (Hrsg.): Gender, Class and Work. London: Heinemann: 46-60

Chant, Sylvia (1999): Population, Migration, Employment and Gender. In: Gwynne, Robert N./Kay, Cristóbal (Hrsg.): Latin America Transformed: Globalization and Modernity. New York: Arnold/Oxford University Press: 226-269

Chant, Sylvia/Craske, Nikki (2000): Gender in Latin America. New Brunswick: Rutgers Univ. Press

Charles, Maria/Grusky, David B. (2004): Occupational Ghettos: The Worldwide Segregation of Women and Men. Stanford, Stanford University Press

Corcoran-Nantes, Yvonne (1993): Women and Popular Urban Social Movements in São Paulo. In: Bulletin of Latin American Research 9 (2): 249-264

Craske, Nikki (1999): Women and Politics in Latin America. NJ: Rutgers Univ. Press

Crompton, Rosemary/Mann, Michael (Hrsg.) (1986): Gender and Stratification. Cambridge, USA

Davis, Nancy/Robinson, Robert V. (1988): Class Identification of Men and Women in the 1970s and 1980s. In: American Sociological Review 53: 103-112

ECLAC (Economic Commission on Latin America and the Caribbean) (2000): Panorama social de América Latina, 1999–2000. New York: United Nations

ECLAC (2002): Panorama social de América Latina, 2001-2002. New York: United Nations

ECLAC (2003): Anuario estadístico de América Latina y el Caribe. New York: United Nations

ECLAC (2004): Gender Statistics DataBase. http://www.eclac.org/mujer/proyectos/perfiles/comparados/t_trabajo2.htm

Elson, Diane (1992): From Survival Strategies to Transformation Strategies: Women's Needs and Structural Adjustment. In: Benería, Lourdes/Feldman, Shelley (Hrsg.): Unequal Burden: Economic Crises, Persistent Poverty, and Women's Work, Boulder: Westview Press: 83-104

Elson, Diane/Pearson, Ruth (1981): Nimble Fingers Make Cheap Workers. In: Feminist Review 7: 87–107

Fernandez-Kelly, M. Patricia (1994): Broadening the Scope: Gender and International Economic Development. In: Kincaid, Douglas/Portes, Alejandro (Hrsg.): Comparative National Development. Chapel Hill: University of North Carolina Press: 143-168

Glucksmann, Miriam (1990): Women Assemble. London: Routledge

Goldthorpe, John H. (1980): Social Mobility and Class Structure in Modern Britain. London

González de la Rocha, Mercedes (1994): The Resources of Poverty: Women and Survival in a Mexican City. Oxford: Blackwell

González de la Rocha, Mercedes (2001): Resources of Poverty or Poverty of Resources? Latin American Perspectives 28 (4): 72-100

González de la Rocha, Mercedes u.a. (2004): From the Marginality of the 1960s to the 'New Poverty' of Today: A LARR Research Forum. In: Latin American Research Review 39 (1): 183-204

Gwynne, Robert N./Kay, Cristóbal (Hrsg.) (1999): Latin America Transformed: Globalization and Modernity. New York: Arnold/Oxford University Press

Hartmann, Heidi (1981): The Unhappy Marriage of Marxism and Feminism: Towards a More Progressive Union. In: Sargent, Lydia (Hrsg.): Women and Revolutions: A Discussion of the Unhappy Marriage of Marxism and Feminism. London: Pluto: 1–42

Infante, Ricardo/Klein, Emilio (1991): The Latin American Labour Market, 1950-1990. In: CEPAL Review 45: 121–135

International Labour Organisation (ILO) (2004): Labour Statistics Database. Geneva: ILO

Marshall, Gordon u.a. (1997): Against the Odds? Social Class and Social Justice in Industrial Societies. New York: Oxford University Press

Moghadam, Valentine (1999): Gender and the Global Economy. In: Ferree Marx, Myra u.a. (Hrsg.): Revisioning Gender. Thousand Oaks, CA: Sage: 128-160

Molyneaux, Maxine (1985): Mobilization without Emancipation? Women's Interests, the State and Revolution in Nicaragua. In: Feminist Studies 11 (2): 227-254

Moser, Caroline (1992): Adjustment from Below: Low-income Women, Time and the Triple Role in Guayaquil, Ecuador. In: Afshar, Haleh/Dennis, Carolyn (Hrsg.): Women and Adjustment Policies in the Third World. Houndmills, Basingstoke: Macmillan: 87-116

Oliveira, Orlandina de/Roberts, Bryan (1994): Urban Growth and Urban Social Structure in Latin America, 1930–1990. In: Bethel, Leslie (Hrsg.): The Cambridge History of Latin America. Vol. 4. Cambridge: Cambridge University Press: 253-324

Pearson, Ruth (1998): Nimble Fingers' Revisited: Reflections on Women and Third World Industrialization in the Late Twentieth Century. In Jackson, Cecile/Pearson, Ruth (Hrsg.): Feminist Visions of Development: Gender Analysis and Policy. London: Routledge: 171-188

Portes, Alejandro (1985): Latin American Class Structures: Their Composition and Change during the Last Decade. In: Latin American Research Review 20 (3): 7-39

Portes, Alejandro/Hoffman, Kelly (2003): Latin American Class Structures: Their Composition and Change during the Neoliberal Era. In: Latin American Research Review 38 (1): 41-82

Psacharopoulas, George/Tzannatos, Zafiris (1992): Case Studies on Women's Employment and Pay in Latin America. Washington, D.C.: The World Bank

Roberts, Bryan (1991): Household Coping Strategies and Urban Poverty in a Comparative Perspective. In: Gottdeiner, M. u.a. (Hrsg.): Urban Life in Transition. Beverly Hills: 135-168

Roberts, Bryan (1995): The Making of Citizens. London: Arnold

Roberts, Kenneth (2002): Social Inequalities without Class Cleavages in Latin America's Neoliberal Era. In: Studies in Comparative International Development 36 (Winter): 3-33

Safa, Helen Icken (1990): Women's Social Movements in Latin America. In: Gender and Society 4 (3): 354-369

Salzinger, Leslie (2003): Genders in Production: Making Workers in Mexico's Global Factories. Berkeley: University of California Press

Standing, Guy (1999): Global Feminization Through Flexible Labor: A Theme Revisited. In: World Development 27 (3): 583-602

Tardanico, Richard (1997): From Crisis to Restructuring: Latin American Transformations and Urban Employment in World Perspective. In: Tardanico, Richard/Menjívar Larín, Rafael (Hrsg.): Global Restructuring, Employment and Social Inequality in Urban Latin America. Miami: North-South Center Press: 1-46

Tardanico, Richard/Lungo, Mario (1997): Continuities and Discontinuities in Costa Rican Urban Employment. In: Tardanico, Richard u.a. (Hrsg.): Global Restructuring, Employment and Social Inequality in Urban Latin America, Miami: North-South Center Press: 95-142

Tardanico, Richard/Menjívar Larín, Rafael (Hrsg.) (1997): Global Restructuring, Employment and Social Inequality in Urban Latin America. Miami: North-South Center Press

Thorin, Maria (2001): The Gender Dimension of Globalisation: A Review of the Literature with a Focus on Latin America and the Caribbean. In: Serie comercio internacional 17. Santiago, Chile: UN Division of International Trade and Integration, CEPAL, http://www.eclac.cl
Tiano, Susan (1994): Patriarchy on the Line: Labor, Gender, and Ideology in the Mexican Maquila Industry. Philadelphia: Temple University Press
Ward, Katherine/Pyle, Jean Larson (1995): Gender, Industrialization, Transnational Corporations and Development: An Overview of Trends and Patterns. In: Bose, Christine E./Acosta-Belén, Edna (Hrsg.): Women in the Latin American Development Process. Philadelphia: 37-64
World Bank (2004): Genderstats Database. http://wbln0018.worldbank.org/LAC/LAC.nsf/ ECA-DocByUnid/E04037BE254AF92E85256C7C00743FED
Wright, Erik Olin (1979): Class Structure and Income Determination. New York: Academic Press
Wright, Erik Olin (1993): Explanation and Emancipation in Marxism and Feminism. In: Sociological Theory 11 (1): 39-54
Wright, Erik Olin (2001): A Conceptual Menu for Studying the Interconnections of Class and Gender. In: Grusky, David B./Tienda, Marta (Hrsg.): Reconfigurations of Class and Gender. Stanford, CA: Stanford University Press: 28-38

Fabiola Escárzaga

Unterschiedliche Protestformen indigener Sektoren: Ein Vergleich

Im Folgenden soll die Beziehung zwischen dem politischen Agieren der Indigenen der letzten zwei Dekaden des 20. Jahrhunderts und den aktuellen Entwicklungen im Prozess der neoliberalen Globalisierung nachgezeichnet werden. Der ökonomische, rechtliche und politische Rahmen dieser Veränderungsprozesse, sowohl auf nationaler als auch auf internationaler Ebene, war der indigenen Mobilisierung relativ förderlich. Der Text analysiert die aus diesen Prozessen erwachsenden, neuen Bedingungen für den Kampf sowie die Art und Weise, wie die verschiedenen ethnischen Subjekte in den Ländern mit den höchsten indigenen Bevölkerungszahlen (Ekuador, Bolivien und Mexiko) diese nutzen konnten. Dabei sollen die in jedem Land unterschiedlich eingesetzten Kampfstrategien oder wie in Peru und Guatemala[1] die Faktoren, die solche verhinderten, einander entgegengestellt werden. Schließlich werden die Wahlergebnisse zwischen 2005 und 2007 dargestellt, um mit ihrer Hilfe die Fortschritte und Rückschläge der Indigenenbewegungen in den verschiedenen Ländern zu skizzieren.

Einleitung

Die Veränderungen in der Produktion, die in den letzten Jahrzehnten in den Zentren der kapitalistischen Weltwirtschaft von statten gegangen sind, haben zu einer erhöhten Rohstoffnachfrage sowie zu einer Einbindung bisher vom Markt ausgeschlossener Räume geführt. Daraufhin sah sich die in diesen Räumen traditionell ansässige Bevölkerung vielerorts gezwungen, ihr Leben in mehrerlei Hinsicht und mit unterschiedlicher Tragweite umzustellen. Vormals vergessene indigene Bevölkerungsteile, vor allem in isolierten Regenwaldgebieten, wurden trotz ihres geringen demographischen Gewichts, zu relevanten Akteuren im internationalen System. Verstärkt wurde diese Tendenz durch das zunehmende Interesse und die steigende Nachfrage auf dem Weltmarkt nach natürlichen

---

[1] Eine ausführliche Behandlung Guatemalas findet sich in Escárzaga 2004 (Anm. d. Übers.).

Ressourcen, die sich schon über Jahrhunderte auf den Territorien befanden und unter indigener Kontrolle stehen. Dazu zählen z.b. Kohlenwasserstoffe wie Erdöl, Erdgas, Kohle und andere Mineralien, Wasser, Biodiversität, Sauerstoff, traditionelles Wissen etc. Entsprechend der neuen, weltweit dominanten Logik stellen die Nationalstaaten für transnationale ökonomische Interessen ein Hindernis für den freien Zugang zu diesen Ressourcen dar.

Die Politik der ethnischen Anerkennung, entwickelt und forciert von internationalen Organisationen wie den Vereinten Nationen ist darauf ausgerichtet, lokale ethnische Akteure im Rahmen des nationalstaatlichen Kontextes, der ihnen traditionell feindlich gesonnen war, zu stärken. Diese Maßnahmen müssen vor dem Hintergrund der vorherrschenden, neoliberalen Globalisierung verstanden werden, durch welche diejenigen Nationalstaaten tendenziell geschwächt werden, die sich den neoliberalen Interessen entgegenstellen, und diejenigen sozialen Gruppen gestärkt werden, die dieses Konzept unterstützen. Die ethnischen Gruppen ließen sich in dieses Schema einfügen.

Darüber hinaus hat die Berücksichtigung ethnischer Subjekte als privilegierte Gesprächspartner innerhalb der subalternen Klassen[2] in den verschiedenen Staaten Lateinamerikas dazu gedient, die alten Akteure, in ihrer Organisationsform gefestigt, zu verdrängen. Diese hatten sich zu einer Bedrohung der vorherrschenden ökonomischen Interessen und der Nationalstaaten entwickelt. Die Indigenen erschienen, aufgrund ihrer organisatorischen Unerfahrenheit und ihres marginalen sozialen Status, als den genannten Interessen ungefährlich. Jedoch erwies sich diese Annahme als falsch: die für indigene Interessen relativ vorteilhafte internationale Rechtsprechung nutzten sie als Werkzeug ihrer organisatorischen Stärkung und Legitimierung. Auf diese Weise gaben sie den Zielsetzungen und den Plänen der dominanten Institutionen eine andere Richtung: die Verteidigung der Ressourcen, die man ihnen ursprünglich nehmen wollte, rückte in den Vordergrund. Die Anpassungsfähigkeit der Indigenen wurde zum herausragenden Merkmal ihrer Aktivitäten: sie nutzten die vorteilhaften Elemente der neuen Rahmenbedingungen und widersetzten sich gleichzeitig denjenigen, die ihnen feindlich gegenüber stehen, so wie sie es bereits seit 500 Jahren tun. Diesen langjährigen Widerstand können wir als Konstante im vielfältigen Repertoire der verschiedenen indigenen Bewegungen in Lateinamerika beobachten.

Im Folgenden sollen die Prozesse der Entstehung des subordinierten Status der indigenen Bevölkerung in den Staaten Lateinamerikas und der neue internationale Kontext, in welchem es zu den genannten Veränderungen in der aktuel-

---

[2] Als subalterne und subordinierte Klassen bezeichnen wir hier die Gesamtheit der Unterklassen und Teile der Mittelschichten. In Lateinamerika werden diese auch als „Volkssektoren" (*sectores populares*) bezeichnet (Anm. d. Übers.).

len Phase der neoliberalen Globalisierung gekommen ist, dargelegt werden. Im Anschluss daran wird auf die Situation der indigenen Bewegungen in den Staaten mit den höchsten Anteilen indigener Bevölkerung eingegangen. In einigen dieser Länder wie z. B. in Mexiko, Bolivien und Ekuador, haben sich die indigenen Bewegungen, unter Rückgriff auf verschiedene Mobilisierungsstrategien wie bewaffnete Aufstände, soziale Mobilisierungen, der Teilnahme an Wahlen etc., in bedeutendem Maße entwickelt. In anderen Fällen wurden die indigenen Bewegungen durch vorangegangene Aufstände gelähmt und in ihrer Handlungsfähigkeit begrenzt. Innerhalb der Aufstandsprozesse wurden die Indigenen zwar als potentielle soziale Basis angesehen, man entwickelte jedoch keine ethnische Interpretation. Ganz im Gegenteil, wie in Peru und Guatemala zu beobachten, wurden durch diese Rebellionen Aufstandsbekämpfungskriege ausgelöst, die im Genozid an den Indigenen endeten. In beiden Fällen ist, trotz seines langsameren Rhythmus, auch ein indigener Aufstand zu beobachten.

Armut, Ungleichheit und Rassismus

Mit dem Beginn der spanischen Kolonialisierung war der kulturelle Unterschied zwischen der indigenen Bevölkerung und den europäischen Eroberern immer das Hauptargument, auf das sich die Rechtfertigung der Herrschaft der Invasoren über die einheimische Bevölkerung stützte. Mit Hilfe dieses „kulturellen Unterschiedes" wurde über die Jahrhunderte hinweg eine strukturelle Ungleichheit geschaffen, die bis heute andauert. Der neoliberale Zyklus, der zu Beginn der 1980er Jahre in der ganzen Welt begann, stützt sich auch auf ethnische Differenzierungen und trägt zur Vertiefung der Ungleichheit zwischen den verschiedenen sozialen Gruppen im Inneren der Staaten bei. In der neoliberalen Phase verschärften sich Armut und soziale Ungleichheit weltweit; Lateinamerika ist die Region mit der höchsten Ungleichheit.

Zeitgleich mit der Erarbeitung von Mechanismen, welche die die abhängig Arbeitenden und ihre Verhandlungskapazitäten beschneiden sollten – die Arbeiter und Arbeiterinnen waren in den lateinamerikanischen Staaten einer Atomisierung und Desorganisierung ausgesetzt –,[3] entwarfen internationale Organisationen wie die Weltbank, soziale Maßnahmen, welche die negativen Effekte der Finanzpolitik, die sie den Regierungen aufgezwungen hatten, lindern sollten. Diese Maßnahmen sind darauf ausgerichtet, die extreme Armut zu bekämpfen, indem sie den verwundbarsten Sektoren der Gesellschaft, den Bauern und Bäuerinnen und Indigenen, Zugang zu wohlfahrtsstaatlichen Diensten einräumen,

---

[3] Vgl. hierzu in diesem Band Zapata.

während die urbanen ArbeiterInnen und Mittelschichten von der kürzlich erst erstrittenen Wohlfahrt ausgeschlossen werden. Jedoch blieben diese erstgenannten Ziele vielfach unerreicht. Die Fähigkeit dieser Politik, die strukturelle Ungleichheit zu überwinden, ist derart begrenzt, dass es eher den Anschein hat, als würde sie nur das Zusammengehen und die Artikulation der diversen Gruppen von Aufständischen verhindern und keine bedeutenden Veränderungen in der Einkommensverteilung durchsetzen wollen.

Von den neoliberalen Anpassungsmaßnahmen waren alle „Volkssektoren" betroffen, am verwundbarsten aber waren diejenigen, die am meisten von Kapital, Weltmarkt und Staat, in seiner Funktion als Arbeitgeber und Garant von Gütern und Dienstleistungen, abhängig waren. Die ArbeiterInnenklasse und die Mittelschichten sahen sich einem massenhaften Arbeitsplatzabbau ausgesetzt und ihre Einkommen und ihr Lebensstandard sanken drastisch. Bis dato waren sie es, die einen hohen Organisationsgrad im Kampf gegen das Kapital und für mehr Partizipation in den Verhandlungen über das Sozialprodukt erreicht hatten. Der gewaltige Sozialabbau schwächte ihre Fähigkeit zur politischen Artikulation. Die Gewerkschaften und andere ihre Interessen vertretenden Organisationen, waren sie nun unabhängig oder untergeordnet, kämpferisch oder korporativistisch, verloren mit den schwindenden Mitgliederzahlen an Verhandlungsmacht gegenüber Kapital und Staat. Die Regeln im Verhältnis Kapital - Arbeit wurden zu Lasten der Arbeit neu definiert: diese besaß nun nicht mehr die Fähigkeit zur Verteidigung.

Die indigene Bevölkerung hingegen spürte die direkten Auswirkungen dieser Entwicklungen nicht so stark, da sie trotz ihrer wachsenden Eingebundenheit in nationale und internationale Märkte, ein hohes Maß an produktiver und kultureller Autonomie aufrecht erhalten hat und sich bemüht, dieses weiterhin zu erhalten. Dieser Umstand resultiert aus dem seit jeher stark distanzierten Verhältnis zum Nationalstaat und versetzt sie nun aber in eine relativ vorteilhafte Position im Kampf gegen die Angriffe des Neoliberalismus. Zum einen zielen diese Angriffe darauf ab, ihre Territorien und natürlichen Ressourcen in die vom Neoliberalismus angestoßenen Dynamiken einzubinden und somit ihre Lebensweise und Kultur zu zerstören. Zum anderen sehen sie sich einem Preisverfall für die von ihnen auf dem Weltmarkt angebotenen Produkte gegenüber. Gleichzeitig erleben sie einen Preisanstieg der Produkte, die sie auf dem Weltmarkt nachfragen. Vor dem Hintergrund dieses Drucks, kann die indigene Bevölkerung auf eine eigenständige, überlieferte Kultur zurückgreifen, die generationenübergreifende Mechanismen des Zusammenhaltes, der Selbstorganisation, eigener Lebensentwürfe sowie Widerstandsstrategien bereitstellt. Diese Faktoren ändern jedoch nichts an ihrer, nach internationalen Maßstäben, extremen Armut. Während der so genannten „Dekade der indigenen Völker" (1994-2004) haben sich die Parameter der menschlichen Entwicklung (Armut, Erziehung, Gesundheit und der Grad der Diskriminierung), trotz ihres wachsenden politischen Einflusses nicht verbessert (Banco Mundial 2006).

Das indigene Amerika

Im Jahre 2000 erreichte die Anzahl der Indigenen in Lateinamerika zwischen 40 und 50 Mio. Menschen, was einem Anteil von 8 bis 10% der Gesamtbevölkerung des Subkontinentes entspricht. Die Indigenen lassen sich in 400 verschiedene Sprachgruppen einteilen (CEPAL 2000: 314). Nach einem 2006 von der Weltbank vorgelegten Bericht ist die Zahl der Indigenen auf 30 bis 40 Mio. zurückgegangen und die Anzahl der vom Staat anerkannten indigenen Völker auf 671 gestiegen. Diejenigen, die das Land vor 500 Jahren besessen haben, gehören heute nicht nur zu den Ärmsten unter seinen BewohnerInnen, sie stellen auch in vielen Fällen nur einen quantitativ geringen Anteil der Bevölkerung. Allerdings gibt es auch Regionen, in denen sie die Mehrheit repräsentieren. So zum Beispiel in den zentralen Anden oder in Mesoamerika, wo heute zusammen 80% der amerikanischen Indigenen leben (Matos Mar 1993: 162). Die Staaten, in denen die Indigenen die Mehrheit stellen, sind diejenigen, die vor der spanischen Eroberung die Kernländer der großen, amerikanischen Zivilisationen darstellten. Mesoamerika, welches das Gebiet der Maya umfasst, ist die Region, in welcher das so genannte Reich der Azteken eine große Anzahl von Völkern beherrschte. Die Anden umfassen das weitläufige Territorium, das von dem Inka-Imperium dominiert war. Beide Imperien waren zentralstaatliche Gebilde, die sowohl in der produktiven Komplexität der vorherrschenden Agrargesellschaften als auch in ihren kulturellen Reichtümern ihren Ausdruck fand. In den Anden existieren in drei Staaten indigene Mehrheiten, in Bolivien, Peru und Ekuador. Nach konservativen Schätzungen, die lediglich die einer indigenen Sprache Kundigen auch als Indigene definieren, kann man für Bolivien von einem Anteil von mehr als 50% indigener Bevölkerung ausgehen. Andere Schätzungen, die weitläufigere Kriterien zu Grunde legen, sprechen von 70% (Matos Mar 1993; Wermus 2002). Denselben Kriterien entsprechend, beläuft sich die Zahl in Peru auf 38 bis 54% und in Ekuador auf 24 bis 51%. In Mesoamerika hat Guatemala, demnach einen indigenen Anteil, der zwischen 48 und 65% liegt, während er sich in Mexiko auf 9 bis 30% der Bevölkerung beläuft. Setzt man jedoch die Anzahl der Indigenen ins Verhältnis zur mexikanischen Gesamtbevölkerung, so gibt es dort zwar keine indigene Bevölkerungsmehrheit, in absoluten Zahlen jedoch ist in Mexiko mit 9 Mio. Personen die größte indigene Bevölkerung Lateinamerikas angesiedelt. In den Bundesstaaten des Südostens sind ähnlich hohe Konzentrationen indigener Bevölkerung zu beobachten wie in den Staaten des Andenraumes. Oaxaca, Quintana Roo und Yucatán weisen Anteile von 40% Indigenen auf, während in Campeche und Chiapas über 30% Indigene leben.[4] Hier ist die indigene Konzentration am stärksten. Im Jahre 1994 umfasste die Maya-sprachige Bevölkerung 6,5 Mio. Menschen, die auf die vier Staaten Mexiko, Guatemala, Belice und Honduras verteilt waren. In den zentralen Anden konzentrierten sich im selben Jahr 12,5 Mio. Quechuasprechende Indigene auf die Länder Ekuador, Peru, Bolivien, Argentinien und Chile. Darüber hinaus lebten in den vier Ländern Peru, Bolivien, Chile und Argentinien 2 Mio. Indigene, die der Sprachgruppe der Aymara angehörten. In den weniger dichten Teilen des Amazonas-Regenwaldes, der sich über acht lateinamerikanische Länder erstreckt, leben derzeit rund 2 Mio. Indigene. Heute sind sie in ihrer Existenzgrundlage bedroht. Sie stellen nur 3,6% der Indigenen des gesamten Kontinentes dar (Matos Mar 1993). In Ekuador und Peru leben einige amazonische Völker in freiwilliger Isolation, um den Aggressionen der weißen Gesellschaft aus dem Weg zu gehen, insbesondere den Bäuerinnen und Bauern, die vom Hochland migrieren, um den Regenwald zu besiedeln.

Als ein Ergebnis intensiver Migrationsprozesse auf dem gesamten Kontinent sind auch wachsende indigene Gemeinschaften in den Städten zu erwähnen. Auf diese Weise sind transnationale indigene Gemeinschaften entstanden, die in der Hoffnung auf bessere Lebensbedingungen in Industrieländer gezogen sind. Die interne und internationale Migration ist eine kollektive Antwort auf die regionalen und globalen ökonomischen Transformationsprozesse und die damit einhergehenden Veränderungen lokaler Lebensbedingungen. Mit den beiden Migrationsformen werden bereits bestehende Migrationsmuster fortgeschrieben, die einen Teil des traditionellen Kulturguts darstellen. Wie bereits in vorhergegangenen Zeiten wird die alleinige ökonomische Abhängigkeit vom Boden durch zusätzliche monetäre Einkommensquellen entlastet, die zur Befriedigung verschiedener Bedürfnisse nötig sind. Aus diesem Grund wird davon ausgegangen, dass die externen Räume der emigrierten Indigenen sich als eine solche weitere wirtschaftliche Einkommensquelle in die lokalen Herkunftsgemeinschaften einfügen, insofern als die Rücküberweisungen der EmigrantInnen einen wachsenden Anteil der sozialen Reproduktion ihrer Herkunftsgemeinden finanzieren. Die Migration verwandelt sich auf diese Weise in ein Instrument, welches die ethnische Identität stärkt. Die MigrantInnen in den urbanen Gebieten, den Hauptstädten oder in anderen Ländern bewahren solide Beziehungen zu ihren Herkunftsgemeinden und tragen zur Finanzierung der produktiven und

---

[4] In einem Weltbankbericht von 2006 landet Mexiko mit 8,5 Mio. Indigenen auf Platz zwei hinter Peru. Es ist zu betonen, dass ungeachtet des politischen Aufschwungs der indigenen Bewegungen Zensusdaten die indigene Präsenz in den meisten Ländern verschleiern oder minimieren.

rituellen Tätigkeiten bei, die den Fortbestand und die Aktualisierung ihrer ethnischen Identität gewährleisten. Diese war nie statisch, ihre Allgegenwart und Flexibilität werden aktuell aber noch offensichtlicher.

Der Konflikt zwischen den Indigenen und den Nationalstaaten

Zu Beginn des 19. Jahrhunderts, während der Unabhängigkeitskriege gegen die spanische Kolonialherrschaft, betrachteten einige kreolische Eliten die mehrheitlich bäuerlichen indigenen Massen als potentielle Verbündete in ihrem Kampf um Macht. Entsprechend der entweder liberalen oder konservativen Ausrichtung ihres Unabhängigkeitsprogramms, strebten die Kreolen eine Allianz mit den Indigenen an oder lehnten sie ab. In beiden Fällen aber hatten die kreolischen Eliten eine Beseitigung rückschrittlicher Elemente zum Ziel, die der Entwicklung hin zu mächtigen und souveränen Staaten nach europäischem Vorbild im Wege standen. Für die kreolischen Intellektuellen war das Hauptelement der Rückständigkeit die Präsenz der Indigenen, mit ihren gemeinschaftlichen Lebensformen, ihren Weltbildern und ihren unterschiedlichen Sprachen. In der liberalen Agenda des 19. Jahrhunderts stellten die Indigenen die größte Hürde für den Fortschritt dar.

Die Fähigkeit der Staatenbildung durch die kreolischen Eliten Lateinamerikas war im Allgemeinen sehr beschränkt; ein Umstand, den sie mit der Anwesenheit der Indigenen rechtfertigten. Diese wurden als Gruppen stigmatisiert, die sich einer Assimilierung durch die staatlich verordnete moderne Kultur als höchste Lebensform, widersetzten. Eine Nation, wie sie die Kreolen und Mestizen anstrebten, bot keinen Platz für Indigene. Zur Beseitigung dieses Hindernisses entwarfen sie je nach Land und Zeitpunkt unterschiedliche Strategien, die von einer Ausrottung bis zur Assimilation der Indigenen reichen konnten. Die angestrebte Homogenität, die mit Hilfe der Strategie des *mestizaje* erreicht werden sollte, bedeutete das Verschwinden der Indigenen. Ihren umfassendsten Ausdruck fand die ethnische Angleichung in den Agrarreformen, die 1936 in Mexiko, 1953 in Bolivien und 1969 in Peru durchgeführt wurden und per Dekret die Existenz der Indigenen leugneten, indem verfügt wurde, dass diese ab sofort als Bauern und Bäuerinnen definiert werden sollten. Es wurden ihnen neue, sich von den traditionellen unterscheidende Produktions- und Konsumtionsformen aufgezwungen und sie wurden als Arbeitskräfte in den Arbeitsmarkt eingegliedert (Escárzaga 1999). Je nach Region und Land fielen die Ergebnisse unterschiedlich aus. Nicht die Dekrete, sondern die vorherrschenden ökonomischen Kräfte und die Dynamik der interethnischen Beziehungen bestimmten die Tiefe der Veränderungen. Die Negation der ethnischen Identität großer bäuerli-

cher Bevölkerungsteile sowie die ethnische Selbst-Leugnung sind eine der Ma-
nifestationen des herrschenden Rassismus. Die von den Weißen etablierte rassistische Ideologie verwandelte die kulturellen Unterschiede zwischen Weißen
und Indigenen in biologische Unterschiede. Auch wenn der rassistische Diskurs
je nach Land verschiedene Schwerpunkte hatte, enthielt er doch mehr oder weniger dieselben Elemente. Unter einem wissenschaftlichen Firnis, der sich aus
dem Positivismus des 19. Jahrhunderts speiste, dienten die ethnischen („rassi-
schen") Unterschiede dazu, die untergeordnete Stellung der Indigenen zu legi-
timieren und zu reproduzieren. Auch versetzten sie die vorherrschenden Gruppen in die Lage, sich den unter sklaverei-ähnlichen Bedingungen, von den Indigenen produzierten Reichtum, anzueignen. In den Andenländern waren die
Indigenen, neben dem Umstand, dass sie die Bevölkerungsmehrheit stellten, die
einzige verfügbare Arbeitskraft und von daher die „beste" Quelle der Akkumulation von Reichtum. Die Weißen verachteten die Indigenen, konnten aber ohne
sie nicht leben.

Die Landwirtschaft im andinen Hochland ist aufgrund der extremen klimatischen Verhältnisse durch niedrige Produktivität charakterisiert. Die Böden
beanspruchen einen extensiven Arbeitsaufwand, der durch variierende Koopera-
tionsformen der familiären Einheiten und Gemeinschaften (*ayllus*) erreicht wird.
Komplexe Organisierungsformen landwirtschaftlicher Arbeit wurden bis heute,
wenngleich unter gewissen Anpassungen an neue Verhältnisse, innerhalb der
andinen Bauernschaft erhalten. Damit lässt sich auch das lange Fortbestehen
ethnischer Zusammengehörigkeit in den Andenländern erklären, was insbesondere in der Hochlandregion der Aymara deutlich wird, wo erschwerte Produkti-
onsbedingungen vorherrschen.

Die landwirtschaftlichen Produktionsformen der Anden waren der Produk-
tionslogik der spanischen Eroberer fremd. Diese beschlossen die Kontrolle der
Produktion in den Händen der Quechua- und Aymara-Bauern und Bäuerinnen
zu belassen und sich durch deren Tributzahlungen in einer rentenähnlichen und
parasitären Beziehung Mehrwert anzueignen (Mariátegui 1979). Auch der Einsatz indigener Arbeitskraft in anderen Aktivitäten, wie z.B. dem Bergbau, bedeutete nicht die endgültige Abkehr von der Landwirtschaft. Diese Tätigkeiten
waren zeitlich beschränkt und die Ayllus, die bäuerlichen Gemeinschaften sowie die Pflicht temporär und in Rotation die eigene Arbeitskraft in den kreolischen Minen zur Verfügung zu stellen, wurden erhalten. Golte (2001) unterstreicht die Fähigkeit der andinen Produktionsformen, sich den kapitalistischen
Modernisierungsprozessen anzupassen, während die kreolischen Sektoren ihre
an Renten (im Sinne des Empfangs von nicht durch Arbeit erwirtschafteten
Einkommen) orientierten, dem Fortschritt entgegengesetzte Logik beibehielten.

In Mesoamerika standen die klimatischen Bedingungen einer hohen Produktivität des Ackerbaus weniger stark entgegen und die fruchtbarsten Böden wurden von den Kreolen für Landwirtschaft genutzt. Sie verdrängten dafür die indigene Bevölkerung in die weniger ertragreichen Gegenden, in die so genannten Rückzugsgebiete (Aguirre Beltrán 1973) der Wüsten, Regenwälder und Berge. Während in den gut nutzbaren Landgebieten die ethnische Durchmischung der Bevölkerung vorangetrieben wurde, bewahrten die zurückgezogenen indigenen Gemeinschaften ihre produktive Autonomie und ihre Kultur.

In der Andenregion verschwimmen die nationalen Grenzen aufgrund der schwachen nationalstaatlichen Konstruktion und als Folge der ethnischen, sozialen und geographischen Polarisierung. Die gegenseitige Durchdringung ist unbedeutend und es fehlt an Allianzen zwischen den verschiedenen Bevölkerungssektoren. Die von den Kreolen durch die Unabhängigkeit etablierten Staatsgrenzen ergeben für die indigenen BewohnerInnen keinen Sinn, weil sie dieselben Produktionsweisen, Bräuche, Sprachen und Naturressourcen mit ihren NachbarInnen jenseits der Grenzlinie teilen. Im Gegensatz dazu fühlen sie sich den mestizischen und weißen Eliten, von denen sie aus den fernen Städten regiert werden und die sich ihre Rohstoffe auf billige Art und Weise aneignen, in soziokultureller Hinsicht sehr fern. Eine Konstante im indigenen Kampf und im indianistischen Diskurs beruht auf der Idee der Rekonstruktion der alten politischen Einheit, die durch die spanische Eroberung zerstört und von keiner nachfolgenden politischen Initiative ersetzt wurde.

Globalisierung und Rechte der Indigenen

In den letzten Jahrzehnten haben sich auf internationaler Ebene einige Bedingungen ergeben, die zur Auflösung des Konflikts zwischen Nationalstaat und indigenen Völkern beitragen können. Mit der Anerkennung ihres Rechtes auf kulturelle Andersartigkeit und auf Teilnahme am nationalen Leben, ohne die Aufgabe partikulärer Identitäten, kurz, mit dem Recht auf Integration unter Berücksichtigung der Autonomie, akzeptieren die Nationalstaaten erstmals ihren Charakter als multiethnische Gebilde. Solche Diskurse stehen jedoch häufig im Gegensatz zum Widerstand, den lokale herrschende Gruppen und selbst Regierungen, ihren Absichtserklärungen zum Trotz, diesen Fortschritten entgegenstellen. Die Konvention 169 über die Rechte indigener Völker und Stämme, die 1989 von der Internationalen Arbeitsorganisation der UNO (ILO - *International Labour Organization*) verabschiedet wurde, erkennt „das Streben der Völker nach Kontrolle über ihre eigenen Institutionen, Lebensformen sowie ihr Recht auf ökonomische Entwicklung und das Bewahren und Stärken ihrer Identitäten,

Sprachen und Religionen innerhalb der Staaten, in denen sie leben" (CEPAL
2000: 314) an. Die Ausarbeitung einer internationalen Gesetzgebung, welche
die nationalen Regierungen dazu veranlasst, die Rechte ihrer indigenen Bevölkerungen anzuerkennen, erwächst nicht aus dem guten Willen oder der demokratischen und zivilisatorischen Berufung der internationalen Institutionen. Sie
ist vielmehr das Resultat des vorangegangenen Drucks seitens der Indigenen
selbst, die im 20. Jahrhundert, und insbesondere seit den 1960er Jahren, ihre
Forderungen durch Mobilisierungen und eine erhöhte Organisations- und Refle-
xionsfähigkeit sowie durch die graduelle Förderung indigener Intellektueller
und AnführerInnen artikuliert haben. Der Aufruf mestizischer Gruppen in Guatemala, Bolivien, Peru und Mexiko in den 70er Jahren zum bewaffneten Kampf
der Indigenen, war für die herrschenden Sektoren ein Alarmsignal. Das Auftreten der progressiven Kirche in Mexiko, Guatemala und Ekuador unterstützte die
Herausbildung einer indigenen Identität. Auch mittels theoretischer Konzepte
intellektueller Gruppen, die den indigenen Interessen zur Seite standen, fand die
indigene Identität Ausdrucksmöglichkeiten.[5]

Die Lösungsvorschläge der Konvention 169 können als ein großer Fortschritt angesehen werden, sie stellen jedoch nicht mehr als eine formale Lösung
der kulturellen Forderungen der Indigenen dar. Die Versprechen der UNO
zwingen die nationalen Regierungen nicht, sie einzulösen. In zwölf Ländern der
Region gab es Verfassungsreformen, durch welche indigenen Rechte anerkannt
wurden. Häufig aber mangelt es an politischem Willen, vor dem Hintergrund
ständiger Interessenskonflikte zwischen den unterschiedlichen gesellschaftlichen Sektoren, juristische Formen zu finden um die Rechte in die Praxis umzusetzen. Im Allgemeinen fehlt es den Indigenen auch an organisatorischen Möglichkeiten, den Interessen der vorherrschenden lokalen Gruppen entgegenzutre-
ten, die sich durch den rechtlichen Schutz indigener Interessen bedroht fühlen.

Die Konvention 169 trennt kulturelle von ökonomischen Rechten der Indigenen und bietet Mechanismen zur teilweisen formalen Lösung der erstgenannten, vernachlässigt jedoch letztere. Das Abkommen bietet einen Rahmen für die
moderate Artikulation ethnischer Konflikte, welcher den Ausbruch indigenen
Protests vermeiden soll. In Mexiko (1991), Bolivien (1993) und Peru (1993)
wurde kurzerhand der Schutz des kollektiven Landbesitzes aufgehoben. Dies
geschah gleichzeitig mit der konstitutionellen Anerkennung der Indigenen innerhalb des Nationalstaats und ihren kulturellen sowie politischen Forderungen.

Nach 20 Jahren Diskussion wurde am 13. September 2007 in der Vollver-
sammlung der Vereinten Nationen die Deklaration über die Rechte der indige-

---

[5] Ein Ergebnis dieser Entwicklung war die Deklaration von Barbados 1971, in der eine Gruppe von
Anthropologen erstmals den Ethnozid an den Indigenen des Amazonas-Gebietes anprangerte. Dieser
Erklärung folgten weitere (Miguel Alberto Bartolomé 1997).

nen Völker mit 143 Stimmen für den Antrag, elf Enthaltungen und vier Gegenstimmen (Kanada, USA, Neuseeland und Australien) verabschiedet. Die Deklaration umfasst den Schutz indigener Territorien unter Einschluss der auf ihnen befindlichen Naturressourcen, den Respekt und den Schutz ihrer Traditionen, das Recht auf Selbstbestimmung sowie kollektive und individuelle Rechte auf Erziehung, Gesundheitsvorsorge und Arbeit. Das Problem besteht jedoch darin, dass die Resolution nicht bindend ist und keinerlei Handlungsverpflichtungen impliziert.

Die indigenen Bewegungen ließen sich von den juristischen Einschränkungen nicht lähmen und konnten ihre Handlungsspielräume sogar ausdehnen. Sie konnten gleichzeitig von den durch internationale Instanzen geschaffenen rechtlichen Spielräumen profitieren.

Die Art und Weise des indigenen Kampfes ist stark vom Charakter der verschiedenen Völker, ihrer Geschichte und den interethnischen Beziehungen im jeweiligen Land abhängig. Nachfolgend sollen die unterschiedlichen interethnischen Auseinandersetzungen und die Entwicklung der indigenen Bewegungen in einigen Ländern der Region mit hohem indigenen Bevölkerungsanteil beschrieben werden.

Ekuador

In Ekuador bildete sich die indigene Bewegung in den 90er Jahren als strukturierteste soziale Kraft des Landes, welche die anderen gesellschaftlichen Sektoren zur Mobilisierung gegen den Neoliberalismus aufrief. Die im November 1986 gegründete CONAIE (*Confederación de Nacionalidades Indígenas del Ecuador*),[6] besteht aus drei Regionalorganisationen, die die verschiedenen Landesteile repräsentieren.

1990 organisierte die CONAIE den ersten Aufstand. Mit der Blockade der Hauptverkehrswege wollte sie die Wirtschaftsaktivitäten des Staates stören und die Berücksichtigung ihrer Forderungen erzwingen. Im genannten Fall verlangten die Indigenen die Lösung von Landfragen und die Anerkennung des plurinationalen Charakters des Staates. Im Jahre 1995 gründeten sie das *Movimiento de Unidad Plurinacional Pachakutik Nuevo País* als politischen Arm der CONAIE

---

[6] Konföderation der indigenen Nationalitäten Ekuadors (Anm. d. Übers.). Diese umfasst die Konföderation der Quichua-Völker Ekuadors (ECUARUNARI - *Ecuador Runacunapac Riccharimui*), die 1972 gegründet wurde, die Föderation der Völker des Amazonas-Gebietes Ekuadors (CONFENIAE - *Confederación de Nacionalidades Indígenas de la Amazonía Ecuatoriana*), gegründet 1980, und die Koordination der Indigenen Organisationen der Küste Ekuadors (COINCE - *Coordinadora de Organizaciones Indígenas de la Costa Ecuatoriana*).

zum Zweck der Bildung einer populären Basis, die auch Nicht-Indigene ansprechen sollte. In den Wahlen vom Mai 1996 wurden sieben ihrer KandidatInnen zu Provinzabgeordneten gewählt, einer wurde Abgeordneter auf nationaler Ebene. Diese Wahl stellte den Einzug der Indigenen in die nationale Politik dar. 1997 hatte die Teilnahme der Pachakutik in der Verfassungsgebenden Versammlung die Reform der Verfassung und die Anerkennung des Landes als multikulturellen und multiethnischen Staat zur Folge. Ihre zunehmende Partizipation in lokalen Regierungen auf Gemeindeebene und in Regionalräten (*Consejos Provinciales*) sowie die Schaffung spezieller indigener Kompetenzbereiche[7] haben ihnen einerseits ermöglicht, ihre Kompetenzen in Verwaltungstätigkeiten zu erhöhen. Gleichzeitig aber paralysierten diese Erfolge die CONAIE auf eine untergeordnete Position und verhinderten damit das Erreichen von weiterem Einfluss. Drittens generierte dies auch Prozesse der Kooptation, die der internationalen institutionellen Logik entsprechen. Ein Unterscheidungsmerkmal ihrer Mobilisierung jedoch ist ihr pazifistisches Auftreten und die Bemühung der AnführerInnen auf Provokationen, die mit Repressionen gegen die Basis verbunden wären, nicht zu reagieren.

Am 21. Januar 2000 gipfelte ein weiterer Aufstand in der Absetzung des Präsidenten Jamil Mahuad. Die Einsetzung einer *Junta de Salvación Nacional* (Rat zur nationalen Rettung), an der sich u.a. der damalige Vorsitzende der CONAIE, Antonio Vargas und Oberst Lucio Gutiérrez beteiligten, endete wenige Stunden später mit der Übergabe der Macht an den Vizepräsidenten Gustavo Noboa. Die politische Unerfahrenheit der indigenen AnführerInnen und starker Druck aus den USA förderten das Umschwenken der Militärs, mit denen sich die Indigenen verbündet hatten.

In den Präsidentschaftswahlen von 2002 verhalfen die indigenen Organisationen Lucio Gutiérrez im zweiten Wahlgang zum Sieg. Seine Kampagne wurde unter Hinweis auf seine maßgebliche Teilnahme am indigenen Aufstand von 2000 lanciert. Bereits kurze Zeit später ersetzte Gutiérrez sein Programm einer populären, antiimperialistischen Regierung, welche die Verteidigung der strategischen Naturressourcen proklamierte, durch das neoliberale Programm seiner Gegner. Dieser Zug brachte ihn in Konflikt mit CONAIE und Pachakutik, die mit Nina Pacari als Außenministerin und Luis Macas als Landwirtschaftsminister an der Regierung beteiligt waren. Die MinisterInnen wurden im September

---

[7] Darunter fallen die *Dirección Nacional de Educación Intercultural Bilingüe del Ecuador* (DINEIB, Nationale Geschäftsstelle der interkulturellen bilingualen Erziehung Ekuadors), das *Proyecto de desarrollo de los pueblos indígenas y afroecuatorianos del Ecuador* (PRODEPINE, Entwicklungsprojekt der indigenen und afroekuatorianischen Völker Ekuadors), und der *Consejo de Desarrollo de las nacionalidades y pueblos del Ecuador* (CODENPE, Entwicklungsrat der Nationalitäten und Völker Ekuadors).

2003 ihres Amtes enthoben und Pachakutik und CONAIE brachen mit der Regierung Gutiérrez. Dieser hatte die Autonomie der indigenen Instanzen beschnitten, deren Einrichtung mittels vorangegangener Mobilisierungen ermöglicht worden war – dazu zählten DINEIB, PRODEPINE, CODENPE und die nationale Gesundheitsbehörde für Indigene. Auf diese Weise wurde die indigene Bewegung gespalten und geschwächt.

Die Unfähigkeit der indigenen Bewegung, ein eigenes Regierungsprojekt zu schaffen und es dem von Gutiérrez entgegen zu stellen, die Entfremdung von der Basis aufgrund der Beteiligung an der Regierung Gutiérrez und das widersprüchliche Vorgehen des Präsidenten, den sie an die Macht gebracht hatten, führten zu einer großen Enttäuschung der WählerInnen und schädigten die indigenen Organisationen und ihre Führungskräfte. Im April 2005 musste Gutiérrez nach einer einwöchigen, gegen ihn gerichteten Mobilisierung der Mittelschichten abtreten. Diese war durch die Absolution und Rückkehr des mit Korruptionsvorwürfen belasteten Ex-Präsidenten Abdalá Bucaram ausgelöst worden. Gutiérrez wurde von seinem Stellvertreter Alfredo Palacios ersetzt. Die Wahlen von 2006 brachten Rafael Correa mit der Unterstützung von Alianza País in den Präsidentenpalast. Correa konnte mit einem radikalen sozialdemokratischen Programm in der zweiten Wahlrunde 56% der Stimmen auf sich vereinigen und den Bananenmagnaten Álvaro Noboa besiegen. Die CONAIE nahm mit Luís Macas am ersten Wahlgang teil. Ihr Kandidat erhielt nur 1,8% der Stimmen, woraufhin die CONAIE im zweiten Wahlgang Correa unterstützte. Das Verhältnis zwischen der indigenen Bewegung und dem neuen Präsidenten war jedoch distanziert. Correa stellte die Vorstellung der CONAIE, einen Staat im Staat gründen zu wollen, in Frage. Zudem missachtete er die Forderung der Indigenen nach direkter Teilhabe an der Verfassungsgebenden Versammlung, die er als „gremialistische Forderung" abtat. Außerdem entzog er der Präsidentin der CODENPE den ministeriellen Status und lehnte die Autonomie der interkulturellen bilingualen Erziehung ab, die er vorgab, in das nationale System integrieren zu wollen (Arrobo 2007). Beim Thema der natürlichen Ressourcen, speziell beim Erdöl, traten starke Gegensätze zwischen den indigenen Interessen und denen anderer gesellschaftlicher Gruppen zu Tage. Schließlich vergab die Regierung Konzessionen mit deren Gewinnen Sozialprogramme für die verarmten Sektoren finanziert wurden. Diese Maßnahmen liefen den Interessen der Indigenen zuwider, welche die Territorien besaßen, auf denen das Öl gefördert wurde. Wenn sie zur Verteidigung der Ressourcen mobilisierten, sahen sie sich Repressionen und Verfolgungen seitens der Regierung ausgesetzt.

Bolivien

Der Höhepunkt der sozialen Mobilisierung in Bolivien der letzten Jahre beruhte auf einem eigenständigen Diskurs, dem Katarismus, der sich seit 1969 zu entwickeln begann. Die Bewegung kritisierte die Bedingungen der ökonomischen Ausbeutung und der politischen sowie kulturellen Unterdrückung, denen die Quechua- und Aymara-Bäuerinnen und -Bauern von Seiten der weißen und mestizischen Bevölkerung ausgesetzt waren; sie fühlten sich als AusländerInnen im eigenen Land.[8] Innerhalb der Bewegung entstanden zwei Strömungen: eine indianistische, mit den Indigenen, und eine klassenorientierte, mit den Bäuerinnen und Bauern als Subjekte.

1979 gründeten die Kataristen die Gewerkschaftszentrale *Central Sindical Única de Trabajadores Campesinos de Bolivia* (CSUTCB), die eine von der Regierung und den mestizischen Parteien unabhängige Gewerkschaftspolitik einläutete. Diese basierte auf den gewerkschaftlichen Kampfformen der Bauern und Bäuerinnen seit der Agrarreform des *Movimiento Nacional Revolucionario* (MNR, Nationale Revolutionäre Bewegung) von 1953. Gleichzeitig aber wurden kommunitäre Organisationsformen der subalternen Sektoren beibehalten, was ihr Fortbestehen, ihre Autonomie und ihren Zuwachs sicherte (Patzi 1999).

Seit den 90er Jahren erlangte der Sektor der Coca-Bauern und -Bäuerinnen (*cocaleros/as*) in Bolivien große Bedeutung. Dabei handelte es sich um landlose Bauern und Bäuerinnen und ehemalige MinenarbeiterInnen, die das Tiefland vom Chapare besiedelten und dort Coca und andere profitable Produkte anbauten. Sie widersetzten sich den militärischen Kampagnen zur Vernichtung der Cocapflanzen, welche die Produktion von Kokain unterbinden sollten. Diese Maßnahmen, entwickelt von der nationalen Regierung, wurden von Washington aus finanziert und vorangetrieben. Die wachsende militärische Präsenz in den Gebieten des Coca-Anbaus hatte Gewalt und Übergriffe sowie eine verstärkte Kontrolle und Vertreibung der ansässigen Bäuerinnen und Bauern zur Folge. Die Streitkräfte beschlagnahmten und/oder verbrannten die Cocablätter und -pflanzen, welche die erlaubten Produktionsmengen überschritten. Massiver Einsatz von Pflanzenvernichtungsmitteln zur Beseitigung der Anbaugebiete schadete der Umwelt und der Gesundheit der Bevölkerung. Die Substitutionspolitik der Regierung, die den Anbau von alternativen Produkten wie Kaffee, Kakao, Bananen, Ananas etc. förderte, konnte das Überleben der ProduzentInnen nicht gewährleisten (Gironda 2001).

---

[8] Sie beziehen sich auf das indianistische Denken des Aymara-Intellektuellen Fausto Reinaga (1906-1993), der 1969 die *Partido Indio de Bolivia* (PIB, Indigene Partei Boliviens) gegründet hat (Reinaga 1970, 1970b, 1971).

Die Gewerkschaft der *cocaleros/as* übernahm in den Anbau- und Siedlungsgebieten Regierungsaufgaben, vermarktete die Produktion und diente zur
Verteidigung gegen die Truppen, welche die Pflanzungen vernichten sollten.
Zwischen 1992 und 1998 hatte die Coca-Bewegung die Vorherrschaft innerhalb
der CSUTCB inne. Sie strebte die Gründung einer politischen Partei als strategi-
sches Instrument an, um die Teilnahme der Gewerkschaftsbewegung an den
Wahlen zu ermöglichen. Auf diese Weise konnte sie die durch den Neoliberal-
lismus geöffneten politischen Räume besetzen und eine Selbstvertretung erreichen. Im Gegensatz dazu sah die indianistische Aymara-Position die Teilnahme
an Wahlen als Eingliederung in die Logik der Staatlichkeit an, mit der eine
Verwandlung der gewerkschaftlichen AktivistInnen in StaatsfunktionärInnen
sowie die Legitimierung des neoliberalen Projekts und die Konsolidierung der
herrschenden Klasse einher ging. Die Coca-GewerkschafterInnen partizipierten
als *„Falange Socialista"* 1995 an den Gemeindewahlen und 1997 an den allgemeinen Wahlen, bei denen sie für die Stadt Cochabamba vier uninominale Ab-
geordnetenmandate errangen. Einer ihrer gewählten VertreterInnen war ihr
Anführer Evo Morales. Im gleichen Jahr wurde die *Movimiento al Socialismo*
(MAS, Bewegung zum Sozialismus) als „politisches Instrument der Souveränität der Völker" gegründet.

Ein Ausdruck des Katarismus war die Guerilla Tupak Katari (EGTK - *Ejército Guerrillero Tupak Katari*), die ihre Aktivität 1982 mit der Abspaltung des
Aymara Felipe Quispe von der Bewegung *Movimiento Indio Tupak Katari*
(MITKA, Indigene Bewegung Tupak Katari) begann. 1987 benannte sich die
Gruppe in *Ayllus Rojos* um. Im EGTK schlossen sich zu Anfang fünf nicht-
indigene Jugendliche, zwei Frauen und drei Männer zusammen.[9] Die Gruppe
sah sich gezwungen, ihre Strategie zu ändern. War sie zunächst auf eine städti-
sche, mestizische ArbeiterInnenbasis ausgerichtet, orientierte sie sich nach der
Schließung großer Minen im Jahre 1985 und dem Verschwinden der militanten
Minenarbeiterklasse, an einer indigenen Basis von Aymara- und Quechua-
Bäuerinnen und -Bauern. Die Kataristen, die sich auf die Rebellionen von Tupak Katari (1781) und Zárate Willka (1899) beriefen, verfolgten das Ziel, dass
„Aymaras und Quechuas unabhängige Arbeiterstaaten bilden sollen, getrennt
vom bürgerlichen, bolivianischen (…) Staat, die Zukunft sollte mit Rückbesin-
nung auf die Vergangenheit konstruiert werden (…) die Flamme, die seit den
bewaffneten Aufständen in unseren Ayllus nie erloschen ist, soll zurück gewonnen und wiederbelebt werden und in die unterdrückerischen und diskriminieren-
den Städte getragen werden (…) ein gigantischer Sturm gegen unsere ewigen

---

[9] Unter ihnen befanden sich Álvaro García Linera und die Mexikanerin Raquel Gutiérrez Aguilar.

Henker (...), um die kapitalistische Zivilisation und das bürgerliche Übel zu zerstören" (Quispe 1988).

Die bewaffneten Aktionen dauerten kaum ein Jahr an. Zwischen März und August wurden 18 Kämpfer, unter ihnen die fünf nicht-indigenen und Felipe Quispe, gefangengenommen. Sie verbrachten fünf Jahre im Gefängnis und wurden 1997 aufgrund des öffentlichen Drucks und Unregelmäßigkeiten in ihren Gerichtsverfahren freigelassen. Ein Jahr später wurde Quispe zum Generalsekretär der CSUTCB gewählt, unter dem sich der Gewerkschaftsverband bis Juli 2006 radikalisierte. Im Jahre 2001 gründete er die indigene Bewegung Pachakuti (MIP - *Movimiento Indio Pachakuti*) mit dem Ziel an den Wahlen von 2002 teilzunehmen. Langfristig forderte Quispe die Abschaffung der Nationalstaatsgrenzen von Chile, Peru und Argentinien, um den *Qollasuyo*, den Teil des ehemaligen Inka-Reichs wieder zu erschaffen, in dem die Aymara, die er vorrangig repräsentierte, lebten.

Die Indigenen des Amazonas-Gebiets, die in der 1982 gegründeten *Central Indígena del Oriente Boliviano* (CIDOB, Indigene Zentrale des Bolivianischen Ostens) organisiert sind, besaßen keine organisatorische und militante Tradition wie die Bäuerinnen und Bauern des Westens. Im Gegenteil, sie rechneten mit der finanziellen und politischen Unterstützung von Nichtregierungsorganisationen und mit einer nationalen und internationalen Konjunktur, die ihren Anliegen förderlich wäre. Ihre Forderungen waren weniger radikal und ihr Vorgehen war gewaltlos. Die Regierung reagierte auf ihre Anliegen und gliederte sie in offizielle Strukturen ein, was ihre Gemeinsamkeiten mit anderen indigenen Organisationen sehr einschränkte.

Ein neues Element in den Mobilisierungen seit 2001 war die gemeinsame Artikulation von indigenen und nicht-indigenen und urbanen Sektoren hinsichtlich strategischer Forderungen wie z.B. gegen die Privatisierung des Wassers, die Aufhebung des Agrargesetzes, die Abgabe der Gas- und Ölreserven und für die Verteidigung des Coca-Anbaus etc. Auf diese Weise wurde der Neoliberalismus radikal in Frage gestellt. Die Mobilisierungen seit 2000 haben zwei Strategien kombiniert: die Blockade von Straßen, Streiks, Protestmärschen sowie anderen Mobilisierungen und die Teilnahme an Wahlen mit eigenen Parteien in einem rassistischen und oligarchischen System. In den Wahlen von 2002 konnten die beiden indigenen Parteien MAS und MIP gemeinsam mehr Stimmen für sich verbuchen als der Gewinner Sánchez de Lozada. Sie zogen mit 33 indigenen Abgeordneten und neun SenatorInnen ins Parlament, was den feudalen Gewohnheiten in der bolivianischen Gesellschaft einen ernsten Dämpfer versetzte.[10] Nach einer massiven Mobilisierung gegen den geplanten Verkauf von

---

[10] Der bolivianische Kongress besteht aus 27 SenatorInnen und 120 Abgeordneten.

bolivianischem Gas zu Niedrigstpreisen sah sich der bolivianische Präsident Gonzalo Sánchez de Lozada am 17. Oktober 2003 gezwungen, zurückzutreten.[11] Im Juni 2005 sah sich auch sein Stellvertreter Carlos Mesa zum Rücktritt gezwungen und wurde von Rodríguez Beltze abgelöst. Rodríguez beraumte Neuwahlen an, die Evo Morales und die MAS mit einer absoluten Mehrheit von 53% der Stimmen gewannen.

Morales trat sein Amt im Januar 2006 mit dem Vorhaben an, die Erdöl- und Erdgasvorkommen zugunsten der gesamten bolivianischen Bevölkerung zu nationalisieren und eine Neuordnung des Landes mit Hilfe einer verfassunggebenden Versammlung herbeizuführen. Aufgrund schlecht geführter Verhandlungen mit der Rechten seitens des Vizepräsidenten García Linera, wurden die politischen Parteien in die Verfassunggebende Versammlung aufgenommen, die sozialen Bewegungen die Morales zum Präsidentenamt verholfen hatten, jedoch ausgeschlossen. Außerdem musste die neue Verfassung mit 70% der Stimmen in der Versammlung angenommen werden. Diese Maßnahme erlaubte eine Überrepräsentation der Rechten und belebte rechte Parteien neu, was ihnen ermöglichte, den Prozess der Verfassungsreform dauerhaft zu behindern. Die Bürgerbewegung von Santa Cruz, die Speerspitze der Rechten, präsentierte ständig neue Themen, um die Regierung Morales zu destabilisieren.

Mexiko

Als wichtigstes politisches Phänomen der letzten Jahre ist der Aufstand des zapatistischen Heeres zur nationalen Befreiung (EZLN - *Ejército Zapatista de Liberación Nacional*) am 1. Januar 1994 in Chiapas zu benennen. Dieser an Guatemala angrenzende Bundesstaat ähnelt in seinen politischen, sozialen und ökonomischen Strukturen mehr denen des zentralamerikanischen Nachbarn als den vorherrschenden Bedingungen im übrigen Mexiko. Das zunächst von Mestizen geprägte EZLN stieß im Hochland und im Regenwald auf eine organisatorische Vorarbeit, die in den 70er Jahren durch progressive Kreise der katholischen Kirche und diverse linke Gruppen in den Gemeinden der Tzeltales, Tzotziles, Tojolabales, Mames und Choles begonnen worden war. Der zapatistische Diskurs bejaht indigene Weltbilder und befürwortet innerhalb der militärischen Hierarchie die Unterordnung der mestizischen Avantgarde unter die indigene. Dies findet seinen formellen Ausdruck in den Rängen des Subkommandanten

---

[11] Das Gas sollte durch eine Pipeline über chilenisches Territorium zum Pazifik und von dort aus in die USA geliefert werden (Anm. d. Übers.). Das chilenische Durchgangsgebiet gehörte vor dem Pazifikkrieg von 1879 zu Bolivien.

Marcos und der indigenen KommandantInnen sowie im Prinzip des gehorchen-
den Befehlens (*mandar obedeciendo*).

Der zapatistische Aufstand verdeutlichte den Bruch der Allianz zwischen
den indigenen und mestizischen Bäuerinnen und Bauern mit dem Staat. Anlass
dafür war die 1991 beschlossene Reform des Artikels 27, der das System der
Ejidos[12] und der Pflicht der staatlichen Landverteilung beendete. Fortan waren
das Land und die Ressourcen schutzlos dem Markt ausgeliefert. Kompensiert
wurde dieser Schritt durch die Reform des Artikels 4, der ab diesem Zeitpunkt
den multiethnischen Charakter des Landes anerkannte. Wichtigste Forderung
der indigenen Mobilisierung und der zapatistischen Rebellion ist die indigene
Autonomie. Bereits seit 1988 tauchte diese Forderung auf, wurde jedoch bei den
Verhandlungen von San Andrés Larráinzar 1996 explizit formuliert und von der
Regierung anerkannt. Sie wurde in den Verträgen von San Andrés fixiert, an
denen nicht nur die ZapatistInnen, sondern auch PolitikerInnen, JuristInnen und
indigene AnführerInnen teilnahmen. Die Verträge sollten mittels einer Verfassungsreform Gültigkeit erlangen.

Auf nationaler Ebene bestehen zwei indigene Strömungen, zum einen die
Asamblea Nacional Indígena por la Autonomía (ANIPA, nationale indigene
Versammlung für Autonomie) und zum anderen *El Congreso Nacional Indígena*
(CNI, nationaler indigener Kongress). Die ANIPA strebt zur Durchsetzung
indigener Interessen die Teilnahme an Wahlen innerhalb des bestehenden Par-
teienspektrums sowie die Erringung von Ämtern auf föderaler und nationaler
Ebene an. Eine klare Befehlsstruktur ermöglicht es der ANIPA, sich auf nationaler Ebene zu artikulieren. Ihre Vorstellung von indigener Autonomie besteht
in der Schaffung von Territorien, die multiethnische Regionen integrieren und
die eine konstitutionelle Anerkennung besitzen (López Barcenas 2005).

Der CNI, hingegen befürwortet das zapatistische Programm und geht davon
aus, dass die autonome Mobilisierung die Regierung dazu zwingen wird, die
indigenen Rechte anzuerkennen. Die Organisation ist der Auffassung, dass es
nicht nur eine autonome Regierungsform gibt, sondern viele, die je nach regionaler Ausprägung unterschiedlich sind. Für den Bundesstaat Oaxaca, der einen
indigenen Bevölkerungsanteil von 40% aufweist, existieren die von der CNI am
besten ausgearbeiteten Autonomiepläne. Dort leben in mehr als 500 Gemeinden
17 verschiedene ethnische Gruppen. Die indigenen Bewegungen Oaxacas haben
auf kommunaler und Kreisebene Autonomievorschläge im Kontext weit rei-
chender politischer Mobilisierungen erarbeitet.

---

[12] *Ejido* bezeichnet in Mexiko Gemeinschaftsland in familialer oder gemeinschaftlicher Nutzung
(Anm. d. Übers.).

Mit der Machtübernahme der rechten *Partido Acción Nacional* (PAN, Partei der nationalen Aktion), nach 70 Jahren Herrschaft der *Partido Revolucionario Institucional* (PRI, Partei der Institutionalisierten Revolution) im Jahr 2000, haben sich die Beziehungen zwischen ZapatistInnen sowie der indigenen Bewegung zur Regierung verschlechtert. Verhandlungsmöglichkeiten verminderten sich, Allianzen zwischen den populären Sektoren wurden geschwächt und die Gesellschaft spaltete sich. Im März 2001 organisierten die ZapatistInnen einen Marsch von Chiapas bis in die Hauptstadt (*Marcha del Color de la Tierra*) und forderten mit Unterstützung der nationalen und internationalen Zivilgesellschaft die Verabschiedung des Gesetzes über die indigene Autonomie im Kongress. Das Gesetz wurde jedoch von den drei wichtigsten Parteien, auch von der linken *Partido de la Revolución Democrática* (PRD, Partei der demokratischen Revolution), abgelehnt. Ein solches Vorgehen war der Anfang der Distanzierung zwischen PRD und ZapatistInnen.

Die Territorien unter Kontrolle des EZLN haben sich als autonome Gemeinden im Aufstand konstituiert und praktizieren Formen der lokalen Selbstregierung. In ihnen hält die zapatistische Basis das alltägliche Leben aufrecht, ohne dass ein Eingreifen seitens des Staates erwünscht wäre. Finanzielle und beratende Unterstützung bekommen die Gemeinden von der nationalen und internationalen Zivilgesellschaft. All das verläuft nicht ohne Probleme mit nicht-zapatistischen BewohnerInnen der Umgebung, mit Paramilitärs und der permanenten Bedrohung durch das Militär. Es bestehen fünf Aguascalientes, Orte der Begegnung und des Dialogs zwischen den ZapatistInnen und der Zivilgesellschaft, die im August 2003 in *Caracoles*[13] umgewandelt wurden. Sie verfügen über „Räte der guten Regierung", überkommunale Instanzen der Selbstorganisation, welche die Beziehungen innerhalb des zapatistischen Territoriums, zwischen ZapatistInnen und Nicht-ZapatistInnen regeln.

2006 verschärften die Wahlen die Spaltung zwischen den ZapatistInnen und der PRD. Angesichts der Kandidatur von López Obrador, begann das EZLN die „andere Kampagne", in welcher sich eine Delegation des EZLN auf einer Rundreise durch Mexiko systematisch gegen die Wahlen aussprach und mit Gruppen, die die Wahlen ebenfalls ablehnten, Bündnisse einging. Der knappe Sieg der PAN oder der Wahlbetrug, der vom Kandidaten der PRD reklamiert wurde, verdeutlichte den Meinungswandel der Bevölkerung dem Neoliberalismus gegenüber. Der populäre Sektor war jedoch gespalten, was den Wahlsieg des Sozialdemokraten López Obrador verhinderte.

---

[13] Die sogenannten Schneckenhäuser der ZapatistInnen versinnbildlichen Orte des Zusammentreffens, der Kommunikation und des Dialogs mit Entscheidungsfindung (Anm. d. Übers.).

Peru

Die von der kommunistischen Partei Perus angeführte Aufstandsbewegung *Sendero Luminoso* (Leuchtender Pfad) begann im Jahr 1980 einen Krieg gegen den peruanischen Staat, der auf der Strategie des „verlängerten Volkskrieges" (*guerra popular prolungada*) beruhte. Seine Hauptstütze bestand aus indigenen Bauern und Bäuerinnen der ärmsten Provinzen des Landes: Ayacucho, Huanca-velica und Apurímac. Ihre Führung bestand aus regionalen Mestizen und rekru-tierten verarmten Lehrern sowie Studierenden bzw. Schülern der Universität und der Mittelschulen von Ayacucho, der Hauptstadt des gleichnamigen De-partments.

In ihrem Diskurs ging die Organisation nicht auf die indigene Identität ihrer Basis ein. Sie postulierte kein ethnisches, sondern ein klassenorientiertes Pro-gramm maoistischer Provenienz, das den *armen Bauern*, der de facto ein indi-gener Bauer war, als soziale Basis identifizierte. Nichtsdestotrotz nutzte der *Sendero Luminoso* für seine politisch-militärischen Strategien die besonderen Charakteristika, welche die indigene bäuerliche Bevölkerung der Region Aya-cucho kennzeichneten. Über zehn Jahre hinweg entwickelte der *Sendero Lumi-noso* so seine organisatorische Aktivität: die produktive Basis, die die indigenen Gemeinschaften boten, wurden als Rückzugsgebiet genutzt, um sich mit Nah-rungsmitteln und anderen Gütern zu versorgen. Inter-Generationen Konflikte in den Gemeinschaften dienten der Rekrutierung neuer Kader unter den jüngsten Mitgliedern. Die Organisation bediente sich des Quechua und Symboliken des andinen Kampfes als Kommunikationsmedium zwischen ihren Kadern und mit der Basis. Auf diese Weise sollten die Indigenen in ihren Kampf eingebunden werden, der Zusammenhalt zwischen den Kämpfern sollte aufrechterhalten und ihre Feinde sollten eingeschüchtert werden. Der ethnische Konflikt und sein gewalttätiger Ausdruck wurden stimuliert, um die Aggressionen gegen die herr-schenden kreolischen Gruppen zu verstärken. Auch manipulierte der *Sendero Luminoso* inter- und intrakommunitäre Konflikte mit dem Ziel seine politischen Ideen zu verwirklichen und verschiedene Sektoren in den Konflikt mit einzube-ziehen (Escárzaga 2007).

Die Armee wiederum zwang die Gemeinden an der Teilnahme der Auf-standsbekämpfung mittels ziviler Selbstverteidigungskomitees (CADs - *Comités de Autodefensa Civil*). Wie im guatemaltekischen Bürgerkrieg rekrutierten sich diese sogenannten Bauernpatrouillen (*Rondas Campesinas*) v.a. aus der indige-nen Bevölkerung, die unbewaffnet gegen die Guerilla kämpfen sollte. Der Krieg zwischen dem *Sendero Luminoso* und den Streitkräften klemmte die mehrheitlich indigene Bevölkerung somit zwischen Hammer und Ambos ein.[14]

Sowohl der *Sendero Luminoso* als auch die Revolutionäre Bewegung Tupac Amaru (MRTA - *Movimiento Revolucionario Tupac Amaru*), welche einige Jahre später entstanden war, nutzten das Kampfpotential und die Ressourcen, welche die Coca-Ökonomie bereitstellten. Ab 1983 legten sie im Gebiet des *Alto Huallaga* Stützpunkte an und verteidigten die Bäuerinnen und Bauern gegen Übergriffe kolumbianischer Drogenhändler sowie polizeilicher und militärischer Einheiten, die zur Drogenbekämpfung abgestellt worden waren. Auf diese Weise gewann die Guerilla wichtige materielle Ressourcen und neue KämpferInnen, sowohl unter den SiedlerInnen aus dem Hochland als auch unter den einheimischen BewohnerInnen des peruanischen Amazonas-Gebietes.

Die Auswirkungen der staatlichen Strategien des Genozids sind langfristig. Nicht nur die psychologische Lähmung der Terroropfer, sondern auch deren Isolation von anderen sozialen Gruppen, die Abwesenheit von Mechanismen der Solidarität zwischen Indigenen und seitens der Nicht-Indigenen, die Zersplitterung der unterdrückten Sektoren und sogar ihre gegenseitige Konfrontation sind diesen zuzuordnen. Nach dem Sturz von Präsident Fujimori im Jahr 2000 und mit der Rückkehr zur Demokratie waren eine langsame und zaghafte Rekonstruktion sozialer Bewegungen möglich. Alte und neue AktivistInnen legten allmählich die Furcht ab, die der Terror lange aufrechterhalten hatte. Zu denjenigen Sektoren, die eine gewisse Autonomie entwickeln konnten, gehören die Coca-Bauern und -Bäuerinnen sowie Gemeinden, die von der Ausbreitung der Bergbauwirtschaft betroffen sind. Um ihre Interessen zu verteidigen, greifen sie auf alte überlieferte und auf erst kürzlich, in den CADs und den *Rondas Campesinas*, gemachte Erfahrungen zurück: die Forderung, gemeinschaftliche Elemente, die trotz aktueller Individualisierungsmechanismen fortbestehen, beizubehalten und zu nutzen sowie regionale Allianzen zwischen den Klassen beleben die Gruppen neu, die in den 60er und 70er Jahren die Interessen der Dorfgemeinden verteidigt haben. Es werden zudem die Erfahrungen der Nachbarländer aufgegriffen, die in der Bildung eines alternativen Modells unter ethnischen Vorzeichen bedeutende Fortschritte gemacht haben.

Im Jahre 2006 stellte die Kandidatur des ehemaligen Militärs Ollanta Humala, der für die nationalistische Partei *Unión por el Perú* (UPP, Einheit für Peru) antrat, eine Alternative zum Neoliberalismus dar. Erstmals wurde die neoliberale Hegemonie seit ihrer Einführung durch Fujimori im Jahre 1990 auf elektoralem Wege in Frage gestellt. Humala, der sich mit seinem linksnationa-

---

[14] Die Kommission für Wahrheit und Versöhnung (CVR - *Comisión de la Verdad y Reconciliación*) nimmt an, dass von den zwischen 30.000 und 60.000 Toten und Verschwundenen 73% Indigene waren und die Guerilla für 54% der Delikte verantwortlich war (CVR 2004).

listischen Programm mit verschiedenen sozialen Organisationen aus dem Hochland und den populären Sektoren der Küste verbündete, erzielte spektakuläre Ergebnisse. Im ersten Wahlgang am 9. April errang er den größten Stimmenanteil, am 4. Juni musste er sich jedoch der Koalition der rechten *Unidad Nacional* (Nationale Einheit) und dem Zentrum unter Alan García von der APRA (*Alianza Popular Revolucionaria Americana*) geschlagen geben.

Zusammenfassung

Der analysierte Zeitraum (v.a. zwischen 1990 und 2007) kann möglicherweise als ein Zyklus dargestellt werden, der durchgängig durch indigene Mobilisierungen gegen den Neoliberalismus geprägt ist. Es wurde deutlich, in welcher Weise sich die ökonomischen, juristischen und politischen Wandlungsprozesse, die durch die neoliberale Umstrukturierung in Gang gesetzt wurden, auf die indigene Bevölkerung ausgewirkt haben, und wie diese Bevölkerungsteile dazu angeregt wurden, die entstandenen rechtlichen, administrativen und organisatorischen Ressourcen für aktive Reaktionen auf die neue Situation zu nutzen. Dabei überschritten die Indigenen die starren Grenzen der bestehenden Institutionalität und definierten radikalere und weitergehende Ziele und Strategien. Sie belebten Diskurse vorangegangener Epochen wieder, wie den „Indianismus" und den „Katarismus", um die neuen Ziele zu untermauern. Unter Rückgriff auf eigene Glaubensvorstellungen und die neuen Bedingungen bestärkten die Indigenen ihre ethnischen Identitäten. Formen der gemeinschaftlichen Organisation wurden neu belebt und fungieren als Fundament der gesellschaftlichen Restrukturierung und als Gedächtnis und Strategie innerhalb der Kämpfe von Gemeinden, Gewerkschaften, Föderationen, Organisationen von Bauern und Bäuerinnen, Komitees zur Selbstverteidigung, Parteien etc.

In diesem Prozess haben sich innerhalb der Bewegungen je nach Land unterschiedliche Positionen herausgebildet, die sich an herausragenden Personen und ihnen zugeordneten Organisationen festmachen lassen. Dies zeigt sich besonders deutlich am Beispiel Boliviens mit Evo Morales von der MAS sowie Felipe Quispe von der MIP; ersterer vertritt eine moderate, letzterer eine radikalere Variante indigener Politik.

Der Wahlsieg von Evo Morales verdeutlicht die Entscheidung breiter Sektoren, die in den letzten fünf Jahren mobilisiert wurden, den elektoralen Weg einzuschlagen, der nicht als eine Gegenstrategie zur Mobilisierung, sondern als ihr Höhepunkt gesehen werden kann. Die WählerInnenschaft der MIP und die Basisgruppen, die an ihrer Mobilisierungen teilnahmen, schenkten der MAS ihr Vertrauen und erwarteten im Gegenzug die Erfüllung ihrer Forderungen, welche in einem Staat, der weiterhin traditionellen Politikmustern gehorcht, schwer umzusetzen sind. Ein Wechsel des Verwaltungspersonals impliziert schließlich keinen radikalen Wandel der Inhalte, der vorherrschende internationale Kontext und bereits eingegangene Vereinbarungen können nicht von heute auf morgen verändert werden. Zwar wird auf Regierungsseite aktuell das Möglichste versucht, jedoch bleibt die Frage, ob es ausreichen wird, die gesellschaftlichen Forderungen und die drängenden Nöte zu befriedigen. Zum anderen scheint die extreme Rechte zu einer Destabilisierung der neuen Regierung und des unerfahrenen Regierungspersonals entschlossen.

In Ekuador hat die Entscheidung der CONAIE, einen eigenen Kandidaten ins Rennen um die Präsidentschaft zu schicken, diese von der neuen Regierung, die ein anti-neoliberales und populäres Programm verfolgt, entfernt. Zwischen den populären Sektoren und den Indigenen entstehen Konflikte um Ressourcen: erstere sie für soziale Programme nutzen, letztere beanspruchen eigenständige Verfügungsrechte über sie. Diese Konflikte treten klarer zutage als in Bolivien. Das bestehende Dilemma spiegelt sich in der Frage wider, wie sehr sich die indigene Bewegung gegen die Regierung Correa stellen sollte.

Im Falle Mexikos war die Entscheidung der ZapatistInnen gegen die Teilnahme an den Wahlen möglicherweise ausschlaggebend für den knappen Ausgang derselben und die Niederlage von López Obrador. Aus der radikalen zapatistischen Perspektive erschien die sozialdemokratische Alternative Obradors ungenügend, um die Forderungen der Indigenen und der populären Sektoren zu erfüllen.

In Peru lässt sich eine erhöhte Mobilisierung unter ethnisch-bäuerlichen Vorzeichen beobachten, die durch die Wahlallianz mit einem mestizischen Militär zustande gekommen ist, welche bei den Wahlen überraschend gut abgeschnitten hat.

Insgesamt ist in allen genannten Ländern ein Fortschritt der mobilisierten Sektoren in Richtung einer klareren Selbstdefinition im politischen Prozess und eine Verstärkung der Mobilisierung an sich, die über Wahlexperimente hinausreichen, zu konstatieren. Dabei ist eine Entwicklung jedoch besorgniserregend: Neben der politischen Stärkung und der wachsenden Autonomie der Organisationen, steigt in allen diesen Ländern sowie in anderen Regionen weltweit auch die Repression. In Mexiko kam es im Mai 2006 zur brutalen Niederschlagung des Aufstandes in Atenco und im August folgte in Oaxaca seitens der neuen Regierung eine Repressionswelle von nie gesehenem Ausmaß. In Peru behindert und kriminalisiert die neue Regierung von Alan García Demonstrationen und setzt sich für die Wiedereinführung der Todesstrafe ein. Auch Correa in Ekuador hat bereits indigene Mobilisierungen unterbinden lassen, allerdings in geringerem Maße als vorhergehende Präsidenten. In Bolivien hat sich die extrem rechte Bürgerorganisation von Santa Cruz während des Jahres 2007 mittels faschistisch orientierter Stoßtrupps, auf die Provokation und Aggression gegen die dem MAS nahe stehenden populären Sektoren verlegt. Die Regierung hat es vermieden, auf diese Provokationen zu reagieren. Inwieweit von Seiten des Militärs in Bolivien und/oder eventuelle externe militärische Invasionsabsichten (im Verbund mit der konservativen Oligarchie von Santa Cruz/Organisation des Bürgerkomitees) tatsächlich bestehen, welche der Politik von Evo Morales mit Putschplänen begegnen könnten – wie gerüchteweise häufig verbreitet wird – zählt zu den großen Unbekannten der zukünftigen Entwicklung dieses Landes.

Übersetzung: Zeljko Crncic und Kristy Schank

Literatur

Aguirre Beltrán, Gonzalo (1973): Regiones de Refugio. El desarrollo de la comunidad y el proceso dominical en mestizoamérica. In: INI. SEP No. 17. México
Arrobo Rodas, Nidia (2007): La discriminación en el Ecuador. Quito
Banco Mundial (2006): Pueblos indígenas y desarrollo humano en América Latina: 1994-2004
CEPAL (2000): Equidad, desarrollo y ciudadanía. México: Naciones Unidas
Comisión de Entrega de la CVR. (2004): Hatum Willakuy. Versión abreviada del Informe Final de la Comisión de la Verdad y Reconciliación. Lima: CECVR
De la Cadena, Marisol (1989): Cooperación y conflicto. In: Mayer/de la Cadena (Hrsg.): Cooperación y conflicto en la comunidad andina. Lima: Instituto de Estudios Peruanos
Escárzaga, Fabiola (1999): Campesinado indígena y nación en México, Perú y Bolivia: de las reformas agrarias a la colonización de frontera. In: Argumentos. No. 32/33. México
Escárzaga, Fabiola (2004): La emergencia indígena contra el neoliberalismo. In: Política y Cultura. No. 22: 101-121
Escárzaga, Fabiola (2007): Venciendo el miedo: retoños de movimientos sociales en el contexto de la recuperación democrática en Perú (2000-2006). México (im Erscheinen)
Escárzaga, Fabiola/Gutiérrez, Raquel (Hrsg.) (2005): Movimiento indígena en América Latina: Resistencia y proyecto alternativo. México: Juan Pablos
Escárzaga, Fabiola/Gutiérrez, Raquel (Hrsg.) (2006): Movimiento indígena en América Latina: Resistencia y proyecto alternativo. Vol. II. México: Juan Pablos
Gironda C., Eusebio (2001): Coca inmortal. La Paz
Golte, Jürgen (2001): Cultura, racionalidad y migración andina. Lima: IEP Colección mínima
López Bárcenas Francisco (2005): Rostros y caminos de los movimientos indígenas en México. In: Escárzaga, Fabiola/Gutiérrez, Raquel (Hrsg.): Movimiento indígena en América Latina: Resistencia y proyecto alternativo. México: Juan Pablos
Mariátegui, José Carlos (1979) [1928]: Siete ensayos de interpretación de la realidad peruana. Vol. 2 Gesammelte Werke José Carlos Mariátegui. Lima: Editorial Amauta
Matos Mar, José (1993): Población y grupos étnicos de América. In: América Indígena. LIII (4)
Mayer, Enrique/de la Cadena, Marisol (1989): Cooperación y conflicto en la comunidad andina. Lima: Instituto de Estudios Peruanos
Patzi Paco, Felix (1999): Insurgencia y sumisión. Movimientos indígena-campesinos (1983-1998). La Paz: Muela del Diablo

Quispe Huanca, Felipe (1988): Tupak Katari vuelve...carajo. Ediciones Ofensiva Roja. Chukiyawu Marka

Reina, Leticia (Hrsg.) (2000): Los retos de la etnicidad en los estados-nación del siglo XX. México

Reinaga, Fausto (1970a): La Revolución India. 2a ed. La Paz: Ed. Fundación Amaútica

Reinaga, Fausto (1970b) Manifiesto del Partido Indio de Bolivia. La Paz: Ed. PIB.

Reinaga, Fausto (2003) [1971]: Tesis india. 2ª ed. El Alto

Wermus, Daniel (2002): ¡Madre Tierra! Por el renacimiento indígena. Quito: Abya Ayala

Comisión Económica para América Latina y el Caribe, CEPAL

Die gesellschaftliche Situation der Jugend: Spannungen und Widersprüche

Die Jugend ist eine besondere Lebensphase: Die Gesellschaft gesteht Jugendlichen ein „Rollen-Moratorium" zu, entbindet sie also für eine gewisse Zeit von Verpflichtungen. Dies begünstigt ihre Entwicklung und die Vorbereitung auf neue Situationen, mit denen sie als Erwachsene konfrontiert werden. Mit anderen Worten: Der Jugendliche ist weder Kind noch Erwachsener. Seine Hauptaufgabe ist es, einen eigenen Haushalt zu gründen und sich in den Arbeitsmarkt zu integrieren, welcher zunehmend umfangreichere Kenntnisse und größere Geschicklichkeit erfordert. Der Übergang von der Kindheit zum Erwachsen-Sein ist also eine Phase wichtiger biologischer, psychologischer, sozialer und kultureller Veränderungen: „Sie [die Jugend] beginnt mit der Fähigkeit des Individuums, die menschliche Spezies zu reproduzieren und endet mit dem Erwerb der Fähigkeit, die Gesellschaft zu reproduzieren." (Brito 1997: 29)

Nach Bourdieu ist die Jugend „nicht mehr als ein Wort": eine soziale Konstruktion, um einen Lebensabschnitt zu definieren, in welchem das Individuum bestimmte Erwartungen erfüllen soll. Doch nicht immer wurden die Jugendlichen als ein eigener sozialer Akteur betrachtet (Bourdieu 1990). Es handelt sich also bei „der Jugend" um ein undeutliches Konzept. Eine sehr heterogene soziale Gruppe wird unter einem einzigen Begriff zusammengefasst. Die Situation der Jugendlichen auf dem Land unterscheidet sich von der in der Stadt. Genauso sind die Lebensverhältnisse der Jugendlichen aus sozioökonomisch schwachen Gruppen und der aus Haushalten mit höherem Einkommen verschieden. Zudem ist ihre Situation nach Altersgruppe, formalem Bildungsniveau und Geschlecht zu differenzieren. Wenn die Jugendphase in der Perspektive des modernen Kapitalismus dazu dient, sich auf die Eingliederung in das Produktionssystem vorzubereiten, nehmen die Jugendlichen heute, aufgrund der eklatanten Beschäftigungskrise und der raschen Veränderung der Lebensformen einen zunehmend problematischeren Platz ein.

Die Perspektiven sozialer Integration der Jugendlichen sind heute zunehmend unklarer. Zum einen wird der Übergang von der Ausbildung zur Erwerbsarbeit diffuser, da die Arbeitsmärkte für einen großen Teil der Jugendlichen keine stabilen und attraktiven Beschäftigungsverhältnisse mehr bieten können.

Ausgenommen davon sind die am besten Ausgebildeten. Für alle anderen bleibt, vor allem in Lateinamerika, eine große Auswahl informeller und prekärer Arbeitsverhältnisse mit niedrigem Einkommen und keinerlei Stabilität. Zum anderen wird auch der Übergang von materieller Abhängigkeit zur Eigenständigkeit unsicher, denn die hohen Eintrittsschranken in den Arbeitsmarkt erschweren den Jugendlichen den Zugang zu einem eigenen Einkommen und längere Ausbildungsphasen sind notwendig, um bessere Arbeitsplätze zu erlangen. Dadurch leben viele junge Menschen länger im elterlichen Haushalt. Zudem wird die Vermittlung von Werten, also die Internalisierung von Normen und Kriterien der Erwachsenen durch die Jugendlichen sehr konfus oder gestaltet sich konfliktiv. Schneller Wertewandel und Veränderung der Lebensformen führen zur Infragestellung oder zur Ablehnung der traditionellen, „beispielhaften" oder disziplinierenden Rolle der Eltern.

Auf dem Weg von der Ausbildung in die Arbeitswelt sind Jugendliche also mit vielen Fragen und Konflikten konfrontiert. So ist es kein Zufall, dass politische Apathie, Schulverweigerung, Werteverfall oder risikobereites und konfliktives Verhalten zu den Attributen gehören, die die Gesellschaft den Jugendlichen zuschreibt. Drastischer als der Rest der Bevölkerung erlebt die lateinamerikanische Jugend heute eine Reihe von Spannungen, die ihre Schwierigkeiten der sozialen Integration zum Ausdruck bringen. Diese werden in vorliegendem Artikel behandelt.

Bildung und Arbeitsmarkt

Während des letzten Jahrzehnts hat sich die Situation in allen Bildungsbereichen in ganz Lateinamerika verbessert, wenngleich große Unterschiede zwischen den Ländern bestehen. In der Altersgruppe von 15 bis 29 Jahren haben 66,7% die *primaria*[1] absolviert, während es vor zehn Jahren noch 62,6% waren. Im selben Zeitabschnitt stieg die Quote der Personen mit abgeschlossener *secundaria*[2] bei den 20- bis 24-Jährigen von 25,8 auf 34,8% (siehe Tabelle 1). Auch die Anzahl der Jugendlichen mit abgeschlossener *terciaria*[3] stieg zwischen 1990 und 2002 von 4,4 auf 6,5%. In der Hälfte der untersuchten Länder, haben mehr als 80% der unter 30-Jährigen die *primaria* besucht. Dagegen haben im Durchschnitt nur

---

[1] Primarstufe, vergleichbar mit der deutschen Grundschule, teilweise jedoch sechsjährig (Anm. d. Übers.).
[2] Sekundarstufe, die den SchülerInnen einen berufs- und i.d.R. auch hochschulqualifizierenden Abschluss ermöglicht (Anm. d. Übers.).
[3] Weiterführende (Hoch-)Schule oder berufliche Schule, deren Besuch den Abschluss der *secundaria* voraussetzt (Anm. d. Übers.).

70% der 30- bis 44-Jährigen sowie weniger als 50% der darüber liegenden Jahrgänge die *primaria* besucht. Da traditionell der Wissensvorsprung der Eltern eines der wichtigsten Prinzipien ihrer Autorität ist, stellt sich die Frage, welche Auswirkungen diese Unterschiede in den Beziehungen zwischen Jugendlichen und Erwachsenen haben.

Tabelle 1: Lateinamerika (11 Länder): Entwicklung der Bevölkerung mit Abschluss der *secundaria*, **auf Grundlage der nationalen Durchschnittswerte; 1990-2002 (in Prozent)**

Altersgruppe	Jahr	
	1990	**2002**
20 bis 24 Jahre	25,8	34,8
25 bis 29 Jahre	27,7	32,6
30 bis 59 Jahre	18,2	24,5

Quelle: CEPAL, Originaldokument Grafik III.2, S. 157

Die Verbesserung der Bildungssituation hat sich positiv auf die Ungleichheiten zwischen Frauen und Männern ausgewirkt, doch die Unterschiede zwischen Jugendlichen aus verschiedenen Einkommensverhältnissen sowie das Gefälle zwischen ländlichen und städtischen Gebieten haben sich nicht verändert. Nach wie vor hängt die Wahrscheinlichkeit, die *secundaria* abzuschließen, stark von der sozialen Herkunft der Jugendlichen ab. Daran hat sich in den vergangenen 15 Jahren wenig geändert. Zur Zeit gelingt es nur ungefähr 20% der Jugendlichen, deren Eltern die *primaria* nicht abgeschlossen haben, die *secundaria* zu beenden. Dagegen liegt die Quote bei denjenigen Kindern, deren Eltern mindestens zehn Jahre zur Schule gegangen sind, bei über 60%. Dieser Zustand führt zu einer hohen Starrheit der Sozialstruktur, da ein geringer Bildungsgrad den Zugang zu sozialer Mobilität und Integration verhindert.

Noch deutlicher sind die Unterschiede zwischen ländlichen und urbanen Gebieten. In der Stadt schließen 86,2% der 15- bis 29-Jährigen die *primaria* ab, wohingegen im ländlichen Raum die Quote bei nur 56,6% liegt. Im Gegensatz zu vergangenen Dekaden hat sich die Situation jedoch verbessert: Die über 30-Jährigen der ländlichen Bevölkerung haben die *primaria* nur mit einem Durchschnitt von 34,9% abgeschlossen.

In Studien zum Arbeitsmarkt fallen die hohe Arbeitslosigkeit und Unterbeschäftigung der Jugendlichen sowie ihre offensichtlich prekären Arbeitsverhältnisse besonders auf. Dies drückt sich u.a. in instabiler Arbeit, in geringer Bezahlung und schlechter sozialer Absicherung aus (Rodríguez/Dabezies 1991). Gleichzeitig betonen aktuelle Studien, dass sich in Folge des durch die wirtschaftliche Öffnung begünstigten technologischen Wandels und der gestiegenen Konkurrenz auf den Märkten, eine Schieflage zugunsten qualifizierter Arbeitskräfte ergäbe. Informations- und Kommunikationstechnologien spielten dabei eine wichtige Rolle. Gerade junge Generationen könnten sich an diese neuen Bedingungen besonders gut anpassen, da sie mit diesen Technologien aufwachsen. Ein anderer Faktor, der die Jugendlichen bevorzugen würde, sei ihre höhere Flexibilität, die eher den neuen Ansprüchen der Arbeitskraftnachfrage entspräche, während viele Erwachsene aufgrund von in der Vergangenheit entwickelten Ansprüchen und ihrer Verantwortung gegenüber den hohen Lebenshaltungskosten einer Familie stabile Arbeitsplätze anstrebten. Es könnte also angenommen werden, dass die technologischen, organisatorischen und sektoriellen Veränderungen in der Arbeitswelt die Jugendlichen befördern würden. Tatsächlich weisen einige Sektoren, die viele Arbeitsplätze schaffen, einen hohen Beschäftigungsanteil Jugendlicher auf. Zudem lässt sich feststellen, dass es in den Berufen mit hoher und mittlerer Qualifikation einen beträchtlich Frauenanteil gibt, was vor allem jungen Frauen den Eintritt in den Beruf erleichtert.

Tabelle 2: Lateinamerika (16 Länder): In Sektoren niedriger Produktivität arbeitende Bevölkerung nach Alter und Geschlecht. Auf Grundlage des nationalern Durchschnitts; 1990-2002 (in Prozent)

Altersgruppe	Geschlecht	Jahr		prozentuale Abweichungen 1990-2002
		1990	2002	
15 bis 19 Jahre	beide	63,3	69,1	9,2
	männlich	59,7	67,3	12,8
	weiblich	68,6	72,0	5,1
20 bis 24 Jahre	beide	46,8	49,4	5,5
	männlich	45,3	48,5	6,9
	weiblich	48,6	50,5	4,0
25 bis 29 Jahre	beide	42,7	45,1	5,7
	männlich	41,2	43,7	5,9
	weiblich	44,1	46,9	6,2
30 bis 64 Jahre	beide	48,9	51,7	5,7
	männlich	45,2	48,2	6,7
	weiblich	54,9	56,6	3,2

Quelle: CEPAL, Originaldokument Grafik III.1, S. 163

Nichtsdestotrotz stieg die Integration der Erwachsenen in den Arbeitsmarkt seit Anfang der 90er Jahre, während die Beschäftigungsquote von Jugendlichen gleich blieb, wobei die Beschäftigung junger Frauen zunahm und die junger Männer zurückging. Gleichzeitig lässt sich in jüngster Zeit ein genereller Anstieg der Beschäftigungszahlen in Sektoren mit niedriger Produktivität feststellen. In einem Umfeld von niedrigem ökonomischem Wachstum, ist die Arbeitskraftnachfrage der produktiveren Sektoren weiterhin schwach. Dieses Phänomen betrifft alle Altersgruppen in ähnlichem Ausmaß (siehe Tabelle 2).

Betrachtet man die Arbeitslosenrate, wird die Benachteiligung der Jugendlichen noch deutlicher. Es ist bekannt, dass die Jugendarbeitslosigkeit höher ist als die der Erwachsenen. Gründe dafür sind der Umstand, dass viele unter ihnen zum ersten Mal Arbeit suchen und sich deshalb der Eintritt in die Arbeitswelt schwierig gestaltet. Außerdem wechseln sie häufiger zwischen Phasen der Beschäftigung und Arbeitslosigkeit als Erwachsene und sind auch eher ökonomisch unaktiv (Weller 2003). Die Arbeitslosigkeit der Jugendlichen ist mehr als doppelt so hoch als die der Erwachsenen (15,7 zu 6,7% zu Beginn dieses Jahrzehnts). In letzter Zeit stieg die Arbeitslosigkeit in allen Gruppen, stärker jedoch bei den Erwachsenen, sodass sich die Kluft zwischen ihnen und den Jugendlichen etwas verringerte[4]. Innerhalb der Jugendlichen übertraf die Arbeitslosigkeit junger Frauen die der Männer um fast die Hälfte. Ein Umstand, der sich, wie das folgende Kapitel zeigt, in nächster Zeit kaum verändern wird.

Sowohl die am schlechtesten, als auch die am besten ausgebildeten Jugendlichen sind weniger von der Arbeitslosigkeit betroffen. Dies liegt daran, dass den Jugendlichen mit einem geringeren Ausbildungsniveau normalerweise nicht eine Vielzahl an Arbeitsmöglichkeiten zur Verfügung steht und sie deswegen auch nicht erwarten, dass sie andere Anstellungen als die niedriger Produktivität und niederer Einkommen erhalten. Zugleich sind sie entsprechend ihrem familiären Kontext dringend auf das Einkommen angewiesen. Jugendliche hingegen mit einem mittleren Bildungsniveau – mit einer formalen Ausbildung von sieben bis neun Jahren und von zehn bis zwölf Jahren – sind es gewohnt, dass ihnen ihre Ausbildungsanstrengungen den Zugang zu besseren Arbeitsplätzen erlauben. Die generelle Erhöhung des Bildungsniveaus führt aber zu einer Intensivierung des Wettbewerbs bezüglich der verfügbaren Arbeitsplätze.

Nebenbei existieren klare Differenzen zwischen Jugendlichen unterschiedlicher sozialer Herkunft. Um das Jahr 2002 betrug die Arbeitslosigkeit im regionalen Durchschnitt für die dem obersten Fünftel der Bevölkerung, also den einkommensstärksten Haushalten angehörenden Jugendlichen, 8,7% und für die Jugendlichen der einkommensschwächsten Haushalte, des untersten Fünftels, stieg sie auf 28,1%. Es ist also offensichtlich, dass sich zwischen den Jugendlichen eine starke Segmentierung herausbildet, da die Arbeitsmöglichkeiten stark vom elterlichen Einkommen abhängen. Dies wirkt sich zu Ungunsten der Jugendlichen aus unteren sozialen Schichten aus und hat zum Ergebnis, dass Jugendliche mit niedrigen Einkommen dazu verurteilt sind, die Armut von einer Generation zur nächsten zu reproduzieren. Wie zu erwarten war, gibt es eine

---

[4] In den 17 Ländern zu denen für die jüngste Zeit vergleichbare Zahlen vorliegen stieg die Arbeitslosigkeit unter Jugendlichen von 12,8 auf 16,1% und unter Erwachsenen von 4,8 auf 7%. Damit übertrifft die Quote der arbeitslosen Jugendlichen die Quote der Erwachsenen um 170% bezogen auf den Anfang der neunziger Jahre und zehn Jahre später um 130%.

deutliche positive Korrelation zwischen der Höhe des elterlichen Einkommens und einer Beschäftigung der Jugendlichen in einem Wirtschaftsbereich mit geringer Produktivität. Dieser Zusammenhang ist in den letzten Jahren noch signifikanter geworden. Das Fünftel der Jugendlichen mit den höchsten elterlichen Einkommen war das einzige, in dem die Beschäftigung in diesen Sektoren zurückging (von 40,5% 1990 auf 38,2% 2002). Dagegen waren 2002 70,5% der Jugendlichen des untersten gesellschaftlichen Fünftels in einem Sektor niedriger Produktivität beschäftigt. Offensichtlich waren es die Jugendlichen aus wohlhabendem Elternhaus, die von den Prozessen der Modernisierung von Teilen der Produktions- und Beschäftigungsstruktur in Lateinamerika während der 90er Jahre profitierten.

Schließlich – und im Widerspruch zu vorhergehenden Ausführungen – sind die Einkommensunterschiede zwischen Jugendlichen und Erwachsenen in Korrelation zu dem Bildungsniveau gestiegen. Zum Teil ist dies darauf zurückzuführen, dass spezifische Erfahrungen im Falle qualifizierter Arbeit eine bedeutende Rolle spielen. Diese Tätigkeiten ermöglichen in höherem Maße die Entwicklung zusätzlicher Fähigkeiten als einfache Arbeit. Somit überrascht es nicht, dass sich in letzter Zeit die Einkommensunterschiede zwischen Jugendlichen und Erwachsenen geringer und mittlerer Bildungsniveaus reduzieren, während sie sich bei hohem Bildungsniveau ausweiten. Dies gilt sowohl für junge Frauen als auch für junge Männer. Diese Tatsache widerspricht der weit verbreiteten Hypothese, dass die aktuellen tiefgehenden technologischen Veränderungen den Jugendlichen Wettbewerbsvorteile verschaffen.

Zusammenfassend lässt sich feststellen, dass es sich bei der Jugend, bezogen auf das Verhältnis Bildung und Arbeit, um eine sehr heterogene Gruppe handelt, abhängig von Geschlecht, Einkommen der Eltern und Wohnort. Eine erste Spannung in der Lebensrealität lateinamerikanischer Jugendlichen ergibt sich aus der Tatsache, dass sie heute zwar eine längere Ausbildungszeit als vorhergehende Generationen vorweisen können, ihre Arbeitslosigkeit jedoch doppelt oder dreifach so hoch ist. Mit gleichwertigen oder sogar höheren Qualifikation werden sie für die gleiche Arbeit schlechter bezahlt. Mit anderen Worten, sie erwerben mehr Wissen und haben eine längere Ausbildungszeit, werden jedoch stärker vom Arbeitsmarkt ausgeschlossen, in dem sich dieses Humankapital ökonomisch realisieren könnte.

Benachteiligung junger Frauen

Mit Ausnahme einiger ländlicher Gebiete schließen Frauen tendenziell häufiger sowohl die *primaria*, als auch die *secundaria* ab als Männer. Für die *terciaria* lässt sich dies nicht so eindeutig sagen, doch auch hier steigt der Anteil der Frauen und in vielen Ländern Lateinamerikas schließen inzwischen mehr Frauen als Männer diese dritte Bildungsphase ab.

Dieser Bildungsvorsprung spiegelt sich jedoch nicht im Arbeitsmarkt wider, auch wenn der Beschäftigungsanteil von Frauen im Verhältnis zu dem der Männer auf fast allen Bildungsniveaus der ökonomisch aktiven jugendlichen Bevölkerung im vergangenen Jahrzehnt deutlich gestiegen ist.[5] Bei den Jugendlichen, die eine Ausbildung von mindestens 13 Jahren erhalten haben, ist der Anteil von Frauen und Männern an der Erwerbsarbeit unverändert geblieben. (Zwischen 1990 und 2002 stagnierte der männliche Anteil bei 60,2% und der weibliche Anteil bei 51,4%.) Bei Jugendlichen mit einer Ausbildung unter 13 Jahren stieg die weibliche Quote auf dem Arbeitsmarkt, während die der Männer deutlich sank (siehe Tabelle 3). Die Chancen von Frauen mit höherer Bildung, Arbeit zu finden, haben sich also nicht verbessert.

Tabelle 3: Beschäftigungsrate der Jugendlichen zwischen 15 und 29 Jahren, nach Bildungsabschluss und Geschlecht, auf Grundlage der nationalen Durchschnittswerte; 1990-2002; (in Prozent)

Anzahl der Ausbildungsjahre	Geschlecht	Jahr		prozentuale Abweichungen 1990-2002
		1990	2002	
0 bis 3 Jahre	beide	52,6	54,4	3,5
	männlich	76,5	76,2	-0,3
	weiblich	29,4	30,5	3,5
4 bis 6 Jahre	beide	55,9	56,8	1,6
	männlich	77,2	76,8	-0,6
	weiblich	34,4	35,1	1,9
7 bis 9 Jahre	beide	41,5	42,5	2,5
	männlich	56,4	55,8	-0,9
	weiblich	27,1	28,5	5,2
10 bis 12 Jahre	beide	48,2	47,5	-1,5
	männlich	59,9	57,8	-3,4
	weiblich	38,2	38,4	0,5
13 und mehr Jahre	beide	55,6	55,4	-0,3
	männlich	60,2	60,2	0,1
	weiblich	51,6	51,5	-0,3
gesamt	beide	49,5	50,4	1,8
	männlich	66,6	64,7	-2,9
	weiblich	33,5	36,4	8,7

Quelle: CEPAL, Originaldokument Grafik III.2, S. 169

---

[5] Eine ausführliche Analyse dieser Thematik findet sich in CEPAL/OIJ 2004.

Indes ging der Anstieg weiblicher Erwerbstätigkeit mit einem deutlichen Anstieg der Arbeitslosigkeit junger Frauen einher und gleichzeitig sind sowohl bei
Jugendlichen, als auch unter den Erwachsenen, Frauen öfter arbeitslos als Männer. Dies hebt sich ab von dem generellen Anstieg der Arbeitslosigkeit, der sich
v.a. auf die erwachsene Bevölkerung auswirkte und dadurch eine Verminderung
der Unterschiede zwischen jugendlicher und erwachsener Bevölkerung in Bezug
auf Arbeitslosigkeit nach sich zog. Ungeachtet dessen stieg im Fall der jugendlichen Frauen die Arbeitslosenquote schneller an als die ihrer männlichen Kollegen. Zum anderen und zusätzlich zu den bereits vorhandenen Einkommensdifferenzen zwischen Jugendlichen und Erwachsenen, fielen in der letzten Periode
die Einkommen der jungen Frauen im Gegensatz zu denen der erwachsenen
Frauen bedeutend. Dies kann an der enormen Zunahme junger Frauen auf dem
Arbeitsmarkt liegen: aufgrund des sprunghaften Anstiegs des Angebots an Erwerbsarbeit von jungen Frauen fand eine Entwertung derselben statt; oder diese
Bevorzugungen resultieren aus den Arbeitserfahrungen und der kontinuierlichen
Aktivität auf dem Arbeitsmarkt erwachsener Frauen, deren Integration als Ar-
beitskraft im Arbeitsmarkt noch stärker zugenommen hat.

Beachtliche Unterschiede zeigen sich auch zwischen den Gehältern junger
Frauen und Männer, sowohl insgesamt als auch in den verschiedenen Bildungsniveaus. Der Gehaltsunterschied nimmt mit dem Alter zu: Im Jahr 2002 erhielten die Frauen der Altersgruppe 15 bis 19 Jahre 87% des Durchschnittseinkom-
mens, in der Altersgruppe von 20 bis 24 Jahren 81% und 76% Gruppe von 25
bis 29 Jahren. Es zeigt sich also, dass die (Arbeits-) Erfahrung von Frauen in
geringerem Maße finanziell honoriert wird, als die der Männer.

Der größte Unterschied zwischen den Geschlechtern besteht jedoch in der
Aufteilung häuslicher Arbeit. Ungefähr ein Viertel (25,6%) der jungen Frauen
zwischen 15 und 29 Jahren widmen sich häuslichen Pflichten. Bei den Männern
liegt die Quote unter 2%. Ein bedeutender Anteil der Frauen verrichtet also
häusliche Arbeiten, sei es in ihren eigenen Haushalten oder in der Ursprungsfa-
milie. Diese Arbeit – vollzogen in der Familie – begrenzt die Möglichkeiten der
jungen Frauen, da sie im Vergleich zu den jungen Männern derselben Altersgruppe weniger oft eine Beschäftigung haben oder arbeiten und gleichzeitig
studieren. Es muss jedoch beachtet werden, dass im Zeitraum zwischen 1999
und 2002 der Anteil der jungen Frauen, die sich ausschließlich der Hausarbeit
widmen, erheblich sank. Insgesamt gibt es also auf der einen Seite eine höhere
Inklusion der Frauen in die Erwerbsarbeit und in den Bildungserwerb, andererseits aber hält sich eine gewisse Starrheit in der Verteilung der Hausarbeiten.
Dies lässt darauf schließen, dass sich die Rolle der Frau in Bezug auf ihren Zugang zu Wissen und Humankapital schneller verändert, als ihre Rolle in der
Familie.

Zusammenfassend lässt sich auch hier ein Widerspruch in der Lebensrealität junger Lateinamerikanerinnen ausmachen. Sie haben zunehmend höhere Bildungsabschlüsse und trotzdem größere Schwierigkeiten, Arbeit zu finden, als junge Männer. Zudem wird ihre Arbeit schlechter bezahlt und besonders ihre Erfahrung in geringerem Maße finanziell honoriert. Hinzu kommt, dass sie ihre traditionelle weibliche Rolle und die Verantwortung für die häusliche Reproduktionsarbeit behalten. Diese traditionelle Rollenverteilung benachteiligt die jungen Frauen beim Zugang zu und in der Ausübung der Erwerbsarbeit und fördert die Beschäftigung in prekäreren Arbeitsverhältnissen.

Gesundheit der Jugendlichen

Bekanntermaßen ist die Wahrscheinlichkeit, schwer zu erkranken oder durch exogene Ursachen zu sterben, in der Jugend sehr gering. Heute liegt die durchschnittliche Sterblichkeit lateinamerikanischer Jugendlicher zwischen 15 und 24 Jahren, die auf 134 pro 100.000 geschätzt wird, bei etwas mehr als der Hälfte über dem Durchschnitt der 25- bis 44-Jährigen. Zudem hat die Jugendsterblichkeit in der Region in den vergangenen 50 Jahren – parallel zum Rückgang der allgemeinen Sterblichkeit – merklich abgenommen. Dazu beigetragen hat der medizinische Fortschritt, eine größere Abdeckung mit medizinischer Grundversorgung, auch in ländlichen Gebieten, sowie höhere persönliche Kompetenzen, Krankheiten vorzubeugen und zu behandeln (CEPAL 2000).

Ohne Zweifel sind bei Jugendlichen beider Geschlechter externe Einflüsse die häufigste Todesursache in Lateinamerika, wobei junge Männer stärker betroffen sind. Von 100 gestorbenen jungen Männern kommen 77 gewaltsam um, während junge Frauen zu 38% durch Gewalt und zu 62% an Krankheiten sterben. Es bestehen jedoch große Unterschiede zwischen den einzelnen Ländern. In Ländern wie Brasilien, El Salvador, Nicaragua und der Bolivarischen Republik Venezuela übersteigen externe Todesursachen den lateinamerikanischen Durchschnitt. Gewalt ist in diesen Ländern zwischen 71 und 90% für den Tod von Jugendlichen verantwortlich. In Kolumbien gehen 62,5% der Todesfälle auf Morde zurück, in der Bolivarischen Republik Venezuela sind es 38,3%, in El Salvador 46,1% und in Brasilien 42%. Im Jahr 2000 waren fast 86% der nahezu 78.700 gewaltsam umgekommenen lateinamerikanischen Jugendlichen männlich.

Bei den natürlichen Todesursachen der lateinamerikanischen Jugendlichen machen Infektionskrankheiten und genetisch bedingte Erkrankungen etwas mehr als 40% bei den Frauen und etwas weniger als 60% bei den Männer aus. An übertragbaren Krankheiten, im Speziellen HIV/Aids, starben am Ende der

90er Jahre in 14 lateinamerikanischen Ländern 1.675 Männer und 873 Frauen. Die weibliche Jugendsterblichkeit ist also offensichtlich wesentlich niedriger als die männliche.

Krankheits- oder Todesursachen, die durch riskantes Verhalten entstehen und durch präventive Maßnahmen erfasst werden könnten – wie fahrlässige Verletzungen, zufällige oder gewollte Gewalt oder sexuell übertragbare Krankheiten – werden nicht als spezifische Gesundheitsproblem für Jugendliche betrachtet und sind somit nicht Bestandteil der staatlichen Gesundheitspolitik. Hier zeigt sich ein weiterer Widerspruch in der Lebensrealität der lateinamerikanischen Jugendlichen: Ihre spezifischen Gesundheitsrisiken werden von der Gesundheitspolitik nicht erfasst. An Jugendliche gerichtete Gesundheitspolitik ist besonders im Bereich der Prävention wirksam, da sie dem Risikoverhalten der Jugendlichen entsprechen, etwa in Bezug auf die Sexualität (Schwangerschaften, Ansteckung durch sexuellen Kontakt) oder den Rauschgiftkonsum. Bei der Präventionspolitik ist es wichtig, die öffentliche Meinung zu sensibilisieren, womit bereits gute Erfahrungen gemacht wurden. Wichtig war dabei die Beteiligung der Jugendlichen selbst in Kampagnen zur Sensibilisierung (Rodríguez 2002).

Jugendliche Eltern

In praktisch allen Ländern Lateinamerikas ist die Geburtenrate bei Eltern unter 30 Jahren gesunken, in einigen Fällen beachtlich. 1987 bekam eine Frau vor Beendigung des 30. Lebensjahres im lateinamerikanischen Durchschnitt noch 2,2 lebend geborene Kinder; heute sind es nur 1,7. Es bestehen jedoch bedeutende Unterschiede zwischen den einzelnen Ländern. Während in den ärmsten Ländern mit der höchsten Geburtenrate (Bolivien, Guatemala, Honduras, Nicaragua) die Bevölkerung ihre Jugend mit einem Durchschnitt von 2,5 Geburten beendet, sind es in den ökonomisch und sozial am weitesten entwickelten Ländern (Chile, Uruguay) 1,5 Geburten oder weniger. Die Geburtenrate sank jedoch bei älteren Frauen stärker als bei den jüngeren, sodass einerseits die Jugendlichen im Durchschnitt zwar weniger Kinder haben, aber andererseits eine höhere Anzahl der geborenen Kinder junge Eltern hat.

Betrachtet man jedoch die Unterschiede zwischen verschiedenen sozioökonomischen Schichten, ergeben sich markante Differenzen. Nicht zufällig spricht man von der „demografischen Dynamik der Armut", ein Phänomen, das höhere Sterbe- und Geburtenraten, frühere Fortpflanzung und geringeren Zugang zu Verhütungsmitteln armer Bevölkerungsschichten bezeichnet. Während die Jugendlichen höherer sozioökonomischer Schichten seltener gebären und im Falle dessen meist nur ein Kind bekommen, ist die Kinderlosigkeit unter Jugendlichen niedriger sozioökonomischer Schichten seltener und die Frauen bekommen in der Regel drei oder mehr Kinder.

Komplexer wird die Situation bei einer differenzierteren Betrachtung des Alters. Doch auch hier spielt die soziale Zugehörigkeit eine wichtige Rolle. Die Wahrscheinlichkeit schon mit 17 Jahren Mutter zu werden, steht in engem Zusammenhang mit der sozioökonomischen Lage der Jugendlichen. Diese Wahrscheinlichkeit ist bei Frauen niedriger ländlicher Schichten vier bis zehn Mal so hoch wie bei denen oberer städtischer Schichten. In der Gruppe mit höchstem sozioökonomischem Niveau sind weniger als 5% der Frauen mit 17 bereits Mutter. Dagegen erreichen in den sozioökonomisch benachteiligten Gruppen, je nach Land 20 bis 35% der Frauen das 17. Lebensjahr als Mütter. Da ein bedeutender Anteil armer Frauen ihr erstes Kind in einem Alter bekommt, in dem sie gerade die Sekundarstufe hätten abschließen sollen und mit der Schwangerschaft ihre eigene schulische Laufbahn beenden, reproduziert sich die Armut.

Einige Schätzungen zeigen einen Anstieg der Geburtenrate bei Jugendlichen zwischen 15 und 19 Jahren von 82 auf 84 von 1.000 zu Beginn der 90er Jahre. Trotzdem nehmen andere Hochrechnungen an, dass die Geburtenrate der Jugendlichen im regionalen Maßstab seit 1995 gefallen sei und bis 2025 auf das Niveau von 60 pro 1.000 sinken wird.

Diese anhaltenden demografischen Risiken erklären sich durch eine Kombination aus traditionellem Verhalten (frühe Beziehungen und Schwangerschaften im Fall der Teenager-Schwangerschaften sozial benachteiligter Schichten) und klassischen Phänomenen der Exklusion und kulturellen Mustern. Dazu zählen das Fehlen sexueller Aufklärung, kein Zugang zu Verhütungsmitteln (CEPAL 2001), kulturell bedingte Hierarchien in sexuellen Beziehungen und weitere Faktoren, die mit der Jugendkultur zusammenhängen. Im Allgemeinen hat sich der Zugang zu modernen Verhütungsmitteln in Lateinamerika verbessert, aber die Anzahl der Frauen, die zu Beginn ihres Sexuallebens moderne Verhütungsmittel benutzen, ist immer noch sehr gering.

Betrachtet man die Statistiken und die bisherigen Überlegungen wird klar, dass die Reduzierung der Teenager-Geburten sowie allgemein die Förderung späteren Heiratens und Gebärens zu den Zielen der Jugendpolitik gehören. Damit diese Erfolg hat, muss man sich der Ursachen für die frühe Fortpflanzung bewusst werden. Dazu zählen im Besonderen fehlende Zukunftsperspektiven vieler lateinamerikanischer Jugendlicher. So ist die frühe Fortpflanzung nicht nur Ursache, sondern auch Folge der Exklusion. Im Umkehrschluss ist der Aufschub der Mutter- und Vaterschaft Folge guter Bildungs- und Arbeitsmöglichkeiten. Die Hauptstrategie sollte deswegen sein, jugendlichen Frauen persönliche Alternativen zur Mutterschaft zu bieten, die es ihnen erlauben, ihre Ausbildungszeit zu verlängern und die ihnen einen besseren Zugang zu sicherer Arbeit ermöglichen. Allerdings müsste eine solche Strategie langfristig angelegt sein, damit dem Problem akut entgegengewirkt werden kann.

Eine spätere Elternschaft gibt den Jugendlichen mehr Zeit für die Ausbildung, den eigenen Reifeprozess und Raum, Erfahrungen in allen Lebensbereichen zu sammeln. Die Mutter- oder Vaterschaft bringt neben vielen Verpflichtungen auch den Wandel des sozialen Status mit sich; sie markiert kulturell den Übergang in die Erwachsenenwelt. Elterliche Verpflichtungen konkurrieren mit dem Verbleib im Schulsystem, dem Eintritt in die Arbeitswelt (vor allem für die Mütter), dem Erwerb finanziellen Kapitals oder einfach nur mit der psychosozialen Entwicklung.

Widerspruch zwischen symbolischem und materiellem Konsum

Der Zugang der Jugendlichen zum Internet steigt expotentiell. Im Gegensatz zu Erwachsenen sind sie anpassungsfähiger an neue Sprachcodes und auch das „learning by doing" im Umgang mit dem Computer fällt ihnen leichter. Studien zeigen, dass der Medienkonsum eine herausragende Rolle bei den Freizeitaktivitäten der Jugendlichen spielt, wobei ein hoher Anteil junger InternetnutzerInnen auf das Netz im Internetcafe oder der Schule zugreift.

Während alle Generationen – wenn auch unterschiedliche – Fernseherprogramme schauen, wird im Zugang zur virtuellen Welt eine Generationslücke sichtbar. Daneben werden Unterschiede zwischen Jugendlichen verschiedener sozialer Sektoren im Zugang und Konsum neuer Technologien deutlich. Der Umgang der Jugendlichen mit neuen Informations- und Kommunikationstechnologien ist somit ein entscheidendes Element der Abgrenzung und Unterscheidung zur Erwachsenenwelt und beeinflusst ihr Verständnis derselben. Hier entsteht eine Generationslücke, die sehr viel grundlegender sein könnte als die vorhergehenden, da die Benutzung neuer Kommunikationstechnologien die Entwicklung neuer „kognitiver Landkarten" voraussetzt. Die zentrale Rolle des Medienkonsums der Jugendlichen zeigt, dass das Zuhause zu einem Ort des intensiven „symbolischen Konsums" und einer zunehmenden Nutzung verschiedener Informations- und Kommunikationstechnologien geworden ist. Dabei geht es nicht mehr nur um Fernsehen und Radiohören im traditionellen Sinne, sondern um neue Wahlmöglichkeiten zwischen Kabelfernsehen, Videos, DVDs, Internet und anderen Geräten. Die Bedeutung des Medienkonsums in der Identitätskonstruktion steigt in dem Maße, wie sich die Zugangskanäle und Inhalte diversifizieren.

Doch während sich dieser „symbolische Konsum" schnell ausweitet, entwickelt sich der Zugang der Jugendlichen zu materiellen Gütern, bedingt durch Armut und Arbeitslosigkeit, viel langsamer. Zwar sind die Auswirkungen der Armut auf die Jugendlichen etwas schwächer als auf den Rest der Bevölkerung, tendenziell nahm jedoch die Armut unter Jugendlichen im letzten Jahrzehnt langsamer ab und die Gesamtzahl der Jugendlichen in armen Verhältnissen vergrößerte sich.[6]

Der Medienkonsum armer Jugendlicher, vor allem des Fernsehens und des Radios, erreicht jedoch den der gesamten Bevölkerung. Folglich ergibt sich eine höhere Asymmetrie zwischen symbolischem und materiellem Konsum für Jugendliche aus marginalisierten Schichten. Sie haben Zugang zu modernen Bildern, Symbolen, Musik und Nachrichten, können diesen Zugang aber nicht in soziale Mobilität, zusätzliche Einkünfte oder materiellen Konsum umsetzen. Dieses Missverhältnis hat zudem eine geographische Komponente, da die Armut der Jugendlichen auf dem Land wesentlich höher ist als in der Stadt.

Was den Anteil der extrem Armen angeht, ist zu beobachten, dass im städtischen Raum jede/r Vierte der Armen dazu zählt, im ländlichen Raum dagegen jede/r Zweite. Somit sind die jugendlichen Armen auf dem Land nicht nur proportional häufiger, sondern zudem auch von größerer Armut betroffen. Doch dürfte die Kluft zwischen symbolischem und materiellem Konsum für arme Jugendliche in der Stadt größer sein, da der Zugang zu Bildung und anderen symbolischen Gütern in der Stadt größer und das Angebot diversifizierter ist, als im ländlichen Raum. Nicht zufällig ist das höchste Gewaltniveau in den städtischen Zonen zu finden, in denen sich Jugendliche mit geringem Einkommen konzentrieren.

Die Gehälter der Jugendlichen bestimmen in hohem Maße ihren Zugang zum materiellen Konsum. Die Erwerbslosenrate der Jugendlichen ist jedoch zwischen 1990 und 2002 gestiegen. Hervorzuheben ist der hohe Anteil der Jugendlichen, die in Sektoren mit niedriger Produktivität und niedrigen Einkommen angestellt sind. Die Beschäftigung in diesem Sektor ist abhängig vom Bildungsniveau der Jugendlichen. Tatsächlich ist der Anteil der Jugendlichen, die in diesem Bereich tätig sind, in der Gruppe mit weniger als drei Jahren Schulbildung dreimal so hoch wie in der mit den höchsten Bildungsniveaus. Aller-

---

[6] Die Armut (und die extreme Armut) der gesamten Bevölkerung ist durchschnittlich höher als die der Jugendlichen, aber im vergangenen Jahrzehnt verringerte sich die Armut der gesamten Bevölkerung schneller, als die der Jugendlichen. 2002 gab es in Lateinamerika ca. 58 Mio. arme Jugendliche (7,6 Mio. mehr als 1990), von denen 21,2 Mio. in extremer Armut lebten (mit einem Anstieg von 800.000 in diesem Zeitraum). Dabei sind die Jugendlichen in Honduras, Nicaragua, Bolivien, Paraguay, Guatemala und Peru mit Raten von 50% oder mehr am stärksten von Armut betroffen. Chile, Uruguay und Costa Rica weisen mit 20% oder weniger die geringste Betroffenheit unter Jugendlichen auf.

dings ist in jüngster Zeit der Anteil Jugendlicher mit höheren Bildungsabschlüssen in diesem Sektor gestiegen. Das wäre ein Indiz dafür, dass im Kontext geringen Wachstums lateinamerikanischer Volkswirtschaften und dem Anstieg des Bildungsniveaus der Jugendlichen, die in den Arbeitsmarkt eintreten, eine wachsende Anzahl dieser Jugendlichen mit guter Ausbildung keine Arbeit finden, die ihrer Ausbildung entspricht. Infolgedessen kann sich die Kluft zwischen „symbolischem" und materiellem Konsum auch auf die Gruppen der Jugendlichen mit höheren Einnahmen ausweiten.

Hervorzuheben ist auch die große Diskrepanz zwischen den Erwartungen der Jugendlichen, die mit dem Bildungsniveau steigen und den realen Optionen, die ihnen der Arbeitsmarkt bietet. Dies wird in Umfragen unter Jugendlichen deutlich. Darin wird besonders von den Jugendlichen, die in eine längere Berufsausbildung investiert haben und nicht selten überqualifiziert sind, eine Kritik am Arbeitsmarkt und den Bildungsinstitutionen formuliert (Cachón 2000). Daten aus Chile und Mexiko zeigen, dass wenngleich die Jugendlichen ihre Beschäftigung allgemein positiv bewerten, sie die niedrige Bezahlung, die unbeständigen Bedingungen der Arbeit und der Vertragssituation kritisieren.

Das allgemein wachsende Missverhältnis zwischen symbolischem und materiellem Konsum betrifft die Jugendlichen besonders. Durch bessere Schulbildung, den Anstieg des audiovisuellen Konsums und der Verbindung in virtuellen Netzen, hat sich der Zugang der Jugendlichen zu Symbolen, Nachrichten, Information und Wissen einerseits in den vergangenen Jahrzehnten immens erhöht, andererseits begrenzen jedoch Armut, ein schwieriger Zugang zum Arbeitsmarkt und niedriges Einkommen in hohem Maße den Zugang der Jugendlichen zu materiellen Gütern und zu einer wirtschaftlichen Eigenständigkeit.

Diese Asymmetrien zerstören das allgemeine Bild des Fortschritts und der Entwicklung, in dem eine harmonische Ausweitung sowohl des symbolischen als auch des materiellen Konsums vorgesehen war. Sozialer Wohlstand und Zugang zu Codes der Modernität, Ausweitung der Bildung und die Möglichkeit zu produktiverer Arbeit, Zugang zu Information und soziale Mobilität bilden in den Köpfen vieler lateinamerikanischer Jugendlicher zwei Seiten einer Medaille. Diese Gleichung ging jedoch nicht auf. Länder wie Brasilien, Kolumbien, Mexiko und die Bolivarische Republik Venezuela registrieren einen exorbitanten Anstieg ihrer Medienindustrie und eine Verbesserung der Bildungssituation. Gleichzeitig steht dem eine ganz andere Entwicklung in Bezug auf die Verringerung städtischer Armut und der Lebensqualität der Armen entgegen. Symptomatisch markieren die 80er Jahre und der Beginn der 90er ein signifikantes Ansteigen des Gewaltniveaus in den lateinamerikanischen Städten, in dem Jugendliche sowohl Akteure als auch Opfer sind.

Schlussfolgerung: Zwischen Frühreife und Verzögerung

Die lateinamerikanischen Jugendlichen besitzen im Gegensatz zu den Erwachsenen Kompetenzen, um sich den neuen Herausforderungen der Informations- und Kommunikationsgesellschaft zu stellen. Dazu zählen eine höhere Schulbildung oder ein familiärerer Umgang mit Informations- und Kommunikationstechnologien sowie die allgemein erwünschten Fähigkeiten der Flexibilität und Anpassung. Sie haben die Erwartungen der modernen und postmodernen Gesellschaft nach Autonomie verinnerlicht, besonders durch ihren Zugang zur virtuellen Kommunikation und die Anpassung an Werte einer säkularisierteren Gesellschaft. Ihre Erwartungen auf eine moderne bzw. postmoderne Autonomie sind noch höher als die voriger Generationen, die in traditionelleren Gesellschaftsstrukturen aufgewachsen sind. Heute stellen die Jugendlichen die Autorität der Eltern früher in Frage, zum Teil aufgrund der Gegenbeispiele aus dem Fernsehen und zum Teil weil sie spüren, dass sie mit mehr Information umgehen als die Erwachsenen und eine höhere Bildung haben. Es lässt sich also für die lateinamerikanische Jugend eine „frühe moralische Autonomie" feststellen. Die Jugendlichen glauben, über ihr Glück und ihr Verhalten früher als andere Generationen entscheiden zu können. Dieses Phänomen begründet zu einem großen Teil die Autoritätskrise von Eltern und Lehrern.

Demgegenüber steht jedoch die „aufgeschobene materielle Autonomie". Die Daten zeigen, dass Jugendliche länger im elterlichen Haushalt bleiben, größere Schwierigkeiten haben von der Ausbildung in den Beruf zu wechseln und die Nachfrage nach besserer Bildung wächst, bedingt durch eine starke Konkurrenz auf dem Arbeitsmarkt. Die Folge sind Spannungen zwischen höheren Erwartungen nach eigener Autonomie in einer modernen Welt und den schlechten Aussichten auf eine Umsetzung dieser Autonomie bezogen auf Einkünfte und ein eigenes Zuhause. Es entsteht also ein Widerspruch zwischen früher moralischer Autonomie und einem langen Aufschub materieller Autonomie. Sehr früh stellen die Jugendlichen die Autorität ihrer Eltern in Frage und hoffen über ihr Leben nach eigenen Vorstellungen zu entscheiden. Infolgedessen bleiben sie für lange Zeit in einer Position, in der sie die moralische Freiheit von Erwachsenen besitzen, aber materiell in der Abhängigkeit von Kindern verbleiben. Auf diese Weise zerbricht das Bild der moralischen und materiellen Autonomie als sich ergänzende und gleichzeitige Errungenschaften. Dieser Bruch beeinflusst auf nicht absehbare, aber starke Weise das Zusammenleben der Familien. Frühe Individualisierung in Verbindung mit später Eingliederung in die Gesellschaft bewirken, dass sich während einer langen jugendlichen Phase diese Aufspaltung zwischen dem Moralischen und dem Materiellen, zwi-

schen Affektivem und Produktivem ausdehnt. Unsichere Eltern mit undurch-
schaubaren Kindern werden Teil des täglichen Familienlebens.

Übersetzung: Anna Dobelmann und Manuel Blendin

Literatur

Bourdieu, Pierre (1990): La 'juventud' no es más que una palabra. Sociología y cultura. México,
    D.F.: Editorial Grijalbo. (Dt. Soziologische Fragen. Frankfurt: Suhrkamp 1993)
Brito, Roberto (1997): Hacia una sociología de la juventud. In: Jóvenes, causa joven 1 (1)
Cachón (Hrsg.) (2000): Juventudes y empleos: perspectivas comparadas. Madrid: Instituto de la
    Juventud de España (INJUVE)
CEPAL (2001): Panorama social de América Latina. Santiago de Chile: Publicación de las Naciones
    Unidas. Edición 2000-2001
CEPAL (2000): Juventud, población y desarrollo en América Latina y el Caribe. In: Libros de la
    CEPAL No. 59. Santiago de Chile: Naciones Unidas
CEPAL/OIJ (2004): La juventud en Iberoamérica. Tendencias y urgencias. Santiago de Chile:
    Naciones Unidas
Rodríguez, Ernesto (2002): Actores estratégicos para el desarrollo: políticas de juventud para el
    siglo XXI. México, D.F.: Instituto Mexicano de la Juventud, Secretaría de Educación Pública
Rodríguez, Ernesto/Dabezies, Bernardo (Hrsg.) (1991): Primer informe sobre la juventud de Améri-
    ca Latina, 1990. Conferencia Iberoamericana de Juventud. Madrid: Instituto de la Juventud de
    España (INJUVE)
Weller, Jürgen (2003): La problemática inserción laboral de los y las jóvenes. In: Macroeconomía
    del desarrollo No. 28. Santiago de Chile: Naciones Unidas

Katharine Andrade-Eekhoff

Die Globalisierung der Peripherie: transnationale Migration und ihre lokalen Auswirkungen in Zentralamerika

Nach Angaben des staatlichen salvadorianischen Statistikinstituts (*Dirección General de Estadística y Censos* – DIGESTYC) sind im Jahr 2004 in der Gemeinde San Antonio Pajonal im Westen El Salvadors 4.028 EinwohnerInnen gemeldet. Der Bürgermeister schätzt, dass 80% der registrierten WählerInnen in Los Angeles leben. Die Gemeinden der Garífuna-Bevölkerung, die entlang der atlantischen Küste in Guatemala, Honduras und Nicaragua angesiedelt sind, haben untereinander und mit den MigrantInnen ihrer Gemeinden, die heute in Brooklyn, New York und Los Angeles leben, starke kulturelle Bindungen. In Städten und Dörfern im Süden Mexikos, Belizes, Guatemalas, Honduras, Nicaraguas und El Salvadors finden sich Graffitis der in Los Angeles entstanden Jugendbanden wie *The Bloods, The Crips, Mara Salvatrucha* oder auch der *Mara 18,* benannt nach der *18th Street* in Los Angeles, wieder. Dies sind nur einige Beispiele der unterschiedlichen Auswirkungen, die eine „stille" Globalisierung der peripheren Regionen auf die Bevölkerung in Zentralamerika hat.

Diese Transnationalisierung steht in engem Zusammenhang mit der internationalen Migration vor allem in die Vereinigten Staaten.[1] Diese Art der Verknüpfung zwischen dem Lokalen und dem Globalen resultiert nicht aus dem Wirken internationaler Firmen oder staatlicher Politiken, sondern aus der Gesellschaft selbst. Durch die Bindungen, die die MigrantInnen zu ihren Herkunftsorten beibehalten, entwickelt sich ein grenzüberschreitendes Netz von Beziehungen, das Individuen, Haushalte und ganze Gemeinden verbindet. In diesem Kontext wird das sozio-produktive Gefüge von Gemeinden mit einer Abwanderung von Arbeitskräften in den Arbeits-

---

[1] Allerdings verlaufen die Migrationsströme nicht ausschließlich nach Norden, wie die Beispiele Nicaragua und Costa Rica zeigen. Zentralamerika erfährt eine Art « ablösende Migration ». Das heißt, dass dorthin, wo es große Migrationsströme in die USA gibt, andere MigrantInnen aus Zentralamerika nachkommen, die Arbeitsplätze derer übernehmen, die weggegangen sind. Dies ist in El Salvador der Fall, wo ImmigrantInnen aus Nicaragua und Honduras zur Kaffee- und Zuckerrohrernte kommen.

markt des Nordens selbst Teil eines ökonomischen, politischen wie auch kulturellen Austauschs. Es sind diese Ströme „von unten", die besonders an Relevanz gewinnen, weil sie Erfahrungen zwischen den Gemeindemitgliedern, die außerhalb der territorialen Grenzen leben, beinhalten und direkte Auswirkung auf das Leben von Einwohnern anderer Orte haben. Wir gehen davon aus, dass dieses Phänomen zu einem strukturellen Teil des alltäglichen Lebens nicht nur zentralamerikanischer Familien, sondern ganzer Gemeinden und der Region selbst geworden ist. Dieser Beitrag analysiert die verschiedenen Ströme und den (ökonomischen, politischen und sozio-kulturellen) Austausch, der in den verschiedenen familiären, ethnischen und vor allem territorialen Gemeinschaften zu beobachten ist, die von transnationaler Migration betroffen sind, und arbeitet dabei das Aufkommen neuer Akteure heraus. Bei der Annäherung an dieses Thema gehen wir von dem Entstehen „transnationaler Gemeinden" aus.

Begriffsbestimmungen: „transnational" und „Gemeinde"

Über die Anwendung des Konzeptes „transnational" auf Migrationsbewegungen hat sich eine Debatte entwickelt, während der bedenkenswerte Kritik bezüglich der Möglichkeit einer solchen Übertragung geäußert wurde. Das Konzept „transnational" wurde ursprünglich verwendet, um sich auf internationale Finanzströme und international agierende Konzerne zu beziehen. Aber es wurde unter anderem auch auf Verbrechen, Terrorismus, Cybergemeinden, Exilverbände und religiöse Organisationen übertragen (Vertovec 2001). Mit anderen Worten wurden viele Phänomene unterschiedslos „transnational" genannt, auf die Gefahr hin, dass damit die Erklärungskraft des Konzeptes verloren geht.

Portes u.a. (1999: 219) definieren Transnationalität als „Beschäftigungen und Aktivitäten, die für ihre Ausführung reguläre soziale Kontakte über Grenzen hinweg benötigen und über die Zeit aufrechterhalten." Guarnizo und Smith (1998) unterscheiden zwei Typen von Transnationalität: „von oben", wie es Regierungen und Konzerne sind und „von unten", beispielsweise MigrantInnen und kleine HändlerInnen. Portes (2001) hält mehr Präzision für nötig, da der Begriff auf ein großes Feld von Akteuren, Aktivitäten und Beziehungen Bezug nimmt. Er schlägt eine Differenzierung zwischen *internationalen* Akteuren (Staaten und anderen Institutionen, die eine klar nationalstaatliche Basis haben, aber in anderen Ländern aktiv sind), *multinationalen* Akteuren (Institutionen, deren Anliegen und Interessen nationale Grenzen überschreiten, wie die Katholische Kirche oder die Vereinten Nationen) und *transnationalen* Akteuren vor. Mit den letztgenannten Akteuren möchte der Autor initiierte oder bereits umgesetzte Aktivitäten nicht-institutionalisierter Akteure verstanden wissen, die aus Gruppen oder Netzen organisierter Personen bestehen, die grenzüberschreitend handeln. In diesem Sinne sind die transnationalen Aktivitäten der MigrantInnen nur eine der möglichen Erscheinungen von Transnationalität. Indem für die Verwendung des Konzeptes einige Bedingungen und Voraussetzungen angeboten werden, helfen m. E. sowohl die vorgeschlagene Definition wie auch die Unterscheidung verschiedener Akteurstypen, die Bedeutung des Konzeptes einzugrenzen. In Bezug auf Migration heißt das, dass nicht alle MigrantInnen zusammen mit ihren Familien als transnational bezeichnet werden können, sondern nur diejenigen, die über einen gewissen Zeitraum in grenzüberschreitende Aktivitäten verwickelt sind.

Tabelle 1: Umfang der *remesas* und relative Wichtigkeit in Zentralamerika (in Tausend)

Indikatoren	El Salvador	Guatemala	Honduras	Nicaragua
remesas (2006) (a)	US$ 3.316	US$ 3.610	US $2.360	US $656
remesas in % des BIP (a)	17,8	10,3	25,4	12,4
Bevölkerung (2006) (b)	6.991	13.018	7.518	5.594
Haushalte, die *remesas* erhalten	415 (24,9%)	312 (28,9%)	299[2] (18,8%)	335 (20,3%)

a) BCR, BANGUAT, Zentralbank Honduras, Zentralbank Nicaragua 2007
b) CEPAL, 2006. Statistischer Jahresbericht
c) DIGESTYC El Salvador, OIM Guatemala, Zentralbank Honduras, INEC Nicaragua. 2007

Einige Kritiker bezeichnen die Anwendung des Konzeptes „transnational" auf das Phänomen der Migration nur als neuesten akademischen Trend, während andere betonen, dass es kein neues Phänomen sei, sondern bereits eine lange Geschichte „transnationaler" Bindungen durch die vielen Diasporas bestehe (Levitt 2001a). Trotz dieser Argumente geben wir zu bedenken, dass aktuell wichtige qualitative und quantitative Veränderungen zu beobachten sind, bei denen die Anwendung des Konzeptes „transnational" für einige Prozesse von Migration nützlich sein kann. Erstens hat der Umfang von Migration allgemein, insbesondere aber in Zentralamerika in phänomenaler Weise zugenommen. Sowohl die Menge der Rücküber-

---

[2] Zahl gilt für das Jahr 2006. Banco Central de Honduras.

weisungen (*remesas*)[3] als auch der Prozentsatz der Haushalte, die *remesas* erhalten sowie die Anzahl der daran beteiligten Personen ist gestiegen (siehe Tabelle 1). Zweitens ist die internationale Migration mit wechselseitigen Zusammenhängen auf unterschiedlichen Ebenen verbunden. In diesem Sinne ist sie an *globale Beziehungen* von großem Ausmaß gekoppelt. Zum Beispiel setzen die langfristigen politisch-ökonomischen Beziehungen zwischen Senegal und Frankreich, der Türkei und Deutschland oder zwischen El Salvador und den USA den allgemeinen Rahmen für eine Vernetzung der Bevölkerungen (Sassen 1998; Portes/Fernández-Kelly 2002). In den letzten Jahrzehnten aber sind, im Falle Zentralamerikas, diese Bindungen vor allem durch den *Arbeitsmarkt* entstanden, der in einigen ökonomischen Nischen bereits Interdependenzen von Angebot und Nachfrage nach Arbeitskräften generiert hat. Das Fehlen von Beschäftigungsangeboten in den Herkunftsregionen und die Verfügbarkeit von Arbeitsangeboten andernorts ist für Männer und Frauen, Jugendliche und Erwachsene, städtische und ländliche Bevölkerung, für Personen verschiedener Bildungsabschlüsse ein wesentlicher Grund für die Emigration.

Viele ausgewanderte Frauen arbeiten als Putzkraft in Privathaushalten, hüten Kinder aus der Mittelschicht in Los Angeles, Houston, Miami oder San José in Costa Rica, oder finden in der Hotellerie in Las Vegas oder an den Stränden Costa Ricas Arbeit. Tätigkeiten in der Landwirtschaft sind auch ein wichtiger Bereich für MexikanerInnen, Hondureños/as und GuatemaltekInnen, die u.a. in den Staaten Washington, Florida, Kalifornien und Texas die Ernte einbringen; Männer aus Nicaragua arbeiten in der Landwirtschaft in Costa Rica und im Osten El Salvadors. Im städtischen Bereich herrscht einer hoher Migrantenanteil im Baugewerbe. Auch die Fleischverarbeitung in kleineren Orten im mittleren Westen, Osten und Süden der USA hat sich zu einem Beschäftigungsfeld entwickelt, in dem in erster Linie mexikanische und zentralamerikanische männliche und weibliche Einwanderer tätig sind. Dementsprechend wies die Stadt Fayetteville im Staat Arkansas zwischen 1990 und 2000 das höchste Bevölkerungswachstum unter Salvadoreños/as auf. Dort liegt der Sitz von Tyson Foods, des größten Geflügel verarbeitenden Unternehmens der Welt (Andrade-Eekhoff/Silva Ávalos 2003).[4]

---

[3] Geldtransfer der im Ausland arbeitenden LateinamerikanerInnen an ihre Familien im Heimatland (Anm. d. Übers.).
[4] Los Angeles ist die Stadt mit der zweitgrößten Gemeinde von Salvadoreños/as. Die größte Gemeinde ist San Salvador.

Tabelle 2: Schätzungen zum Volumen der Migration in die USA

MigrantInnen in den USA	El Salvador	Guatemala	Honduras	Nicaragua
US-Zählung 1990	583.396	279.361	142.482	212.480
US-Zählung 2000	1.117.960	627.331	362.170	294.337[5]
Anstieg der Migration in die USA (absolut)	53.456	34.797	21.969	8.186
Jährlicher Anstieg	4,8%	5,6%	6,1%	2,8%
MigrantInnen in den USA in % der Gesamtbevölkerung (2000)	18%	6,21%	5,75%	5,98%

Basiert auf den Volkszählungsdaten des Lewis Mumford Center for Comparative Urban and Regional Research, University of Albany, New York, http://www.albany.edu/mumford/census/index.html, 2000

Drittens hängt die Integration von Arbeitskräften in den globalen Arbeitsmarkt auch von diversen *sozialen Netzen* ab, die aus familiären, ethnischen und territorialen Beziehungen hervorgehen. Das Verlassen eines Ortes bedeutet nicht notwendigerweise das Loslösen vom Herkunftsort.[6] Es gibt zahlreiche Studien, die zeigen, dass unterschiedliche Formen des Austauschs zwischen den MigrantInnen und ihren Ursprungsorten bestehen.[7] Genau an diesem Punkt spielt das Konzept „transnational" bei der internationalen Migration eine Rolle (Glick Schiller u.a. 1992). Die Arbeitsbeziehungen zwischen bestimmten Orten und Beschäftigungsphasen zeigen, dass die Einbindung der ZentralamerikanerInnen in den globalen Arbeitsmarkt von sozialen Netzen abhängt, die verschiedene Territorien umfassen (Levitt 2001b; Popkin/Andrade-Eekhoff 2000). Diese Netze formen sich innerhalb der persönlichen Beziehungen der Individuen. Sie schließen ihre familiären Bindungen, ethnische Zugehörigkeit und Nachbarschaftsnetze ein. Potentielle MigrantInnen benutzen

---

[5] Für 2000 lebten schätzungsweise 350.000 NicaraguanerInnen in Costa Rica (Baumeister 2001). Zusammengenommen mit denen in den USA sind das etwa 13% der nicaraguanischen Gesamtbevölkerung.

[6] Es ist wichtig, noch einmal darauf hinzuweisen, dass nicht alle MigrantInnen die Verbindungen zu ihren Herkunftsorten oder -ländern aufrecht erhalten. Deswegen kann nicht jede Migration als transnational bezeichnet werden.

[7] Siehe dazu besonders die besonderen Ausgaben der Comparative Urban and Community Research, Vol. 6; Ethnic and Racial Studies, Vol. 2, März 1999; und Global Networks: A Journal of Transnational Affairs, Vol. 1, N°. 3, Juli 2001, in denen neue Forschungen und Theorien über den Transnationalismus zwischen MigrantInnen analysiert werden.

diese Bindungen, um Informationen über Migration, die Kosten der Reise und das Einleben am neuen Ort und in der Arbeit zu erhalten. Auch ethnische Netzwerke sind relevant. Zwei große Gruppen können als Teil der transnationalen Migration aus Zentralamerika ausgemacht werden: Die indigenen Mayas aus Guatemala und die Garífuna-Bevölkerung der Atlantikküste von Belize, Guatemala, Honduras und Nicaragua.

Dennoch ist die Kategorie des Raumes besonders wichtig, da es die Orte sind, an denen sowohl familiäre als auch ethnische Beziehungen sichtbar werden. Viele der MigrantInnen eines Ortes gehen in bestimmte Städte des Aufnahmelandes, haben dort teilweise sogar die gleichen Nachbarschaften wie früher und profitieren so gleichzeitig von familiären, ethnischen und territorialen Bindungen. Ein Beispiel hierfür ist das Unabhängige Guatemaltekisch/US-amerikanisches Komitee der Garífuna-Bevölkerung aus Livingston (*Comité Independiente garífuna Guatemalteco, Livingsteno Estadounidense*, CIGALE) in New York. Der Name des Komitees kombiniert die ethnischen und territorialen Merkmale seiner Mitglieder, deren Großteil der gleichen Familie angehört. Ursprünglich aus Livingston in Guatemala haben viele nun die US-amerikanische Staatsbürgerschaft angenommen oder sind bereits in den Vereinigten Staaten geboren. Die territoriale Beziehung basiert nicht nur auf einer gemeinsamen Nationalität (guatemaltekische oder US-amerikanische), sondern wird ergänzt durch eine ethnische Identität als Mitglieder der Garífuna-Diaspora. Das gleiche kann auch an Orten gelten, an denen verschiedene Formen transnationaler Beziehungen innerhalb eines spezifischen Territoriums artikuliert werden. Dies ist insbesondere für die lokale Entwicklung relevant, da diverse Gemeinschaften (Verwandtschaften und/oder Ethnien) ihre Initiativen auch mittels territorialer Beziehungen kanalisieren.

Zudem sind die transnationalen Netze nicht auf familiäre Rückzahlungen oder Besuche am Herkunftsort beschränkt, die für sich selbst kein neues Phänomen darstellen. Die wichtigsten Neuerungen, die zur Kenntnis genommen werden müssen, sind die starke Zunahme von *Vielfalt und Dichte* dieser Netzwerke sowie die *Häufigkeit,* mit der sie genutzt werden, und die durch Innovationen im Transport und der globalen Kommunikation erleichtert wurde. Guarnizo (2000) benennt hierfür zwei wichtige Unterscheidungskriterien: Kernpraktiken (*engl.:* core) und ausgedehnte Praktiken. Erstere sind regelmäßige Aktivitäten, die wichtige Teile des Lebens einer Person betreffen, und die bestimmten Mustern folgen und deshalb relativ gut kalkulierbar sind. Die ausgedehnten Praktiken treten konjunkturell auf. Itzigsohn u.a. (1999) verwenden eine ähnliche Dichotomie, die auf breiten und engen transnationalen Praktiken beruht. Breite Praktiken sind kaum institutionalisiert und implizieren nur sporadische Teilnahme und/oder Bewegungen, während engere Praktiken umfassend institutionalisiert sind, konstant stattfinden und in regulären Bahnen verlaufen. Levitt (2001b) bezieht außer Intensität und Häufigkeit darüber hinausreichende Elemente wie ihre Reichweite ein. Sie unterscheidet umfassende und selektive Aktivitäten. Die umfassenden Aktivitäten implizieren ausgedehnte soziale Dimensionen, die nicht nur ökonomische, sondern auch soziale und politische Austauschbeziehungen berücksichtigen. Diese Aktivitäten wurden als ökonomische, soziale und politische *remesas* beschrieben. Selektive Aktivitäten umfassen eher eingeschränkte Aktivitäten, wie zum Beispiel das Versenden von Geld an die Familie.

Angesichts der lokalen Dynamiken ist es sinnvoll, diese verschiedenen Aktionsfelder zu analysieren, um unterschiedlichen Formen transnationaler Beziehungen (die Vielfalt), aber auch die Häufigkeit (oder Dichte) sichtbar zu machen. Abgesehen davon werden die verschiedenen Arten von *remesas* nicht nur in eine Richtung, vom Zentrum in die Peripherie, getätigt. Um dies zu illustrieren, ist es nützlich, die transnationalen *Austauschströme* genauer zu betrachten. Dabei werden die diversen ökonomischen, sozio-kulturellen und politischen Aktionsfelder einbezogen, die es erlauben, auch die Akteure, die für den Austausch relevant sind, wahrzunehmen.

Ökonomischer Austausch

Bisher waren Analysen der unterschiedlichen Länder vom ökonomische Austausch bestimmt, und es wurden dabei insbesondere die familiären *remesas* untersucht (CEPAL 2000; Fundación Interamericana 2001; MIF/New Hispanic Center 2003; Orozco 2002). Obwohl die Annahme verbreitet ist, dass diese Gelder nicht produktiv eingesetzt werden, kommen einige Studien zu dem Schluss, dass die Rücküberweisungen eine wesentliche Rolle bei der Veränderung von Bildungsindikatoren spielen (z.B. die Reduzierung von Bildungsdefiziten oder die Ausgabe größerer Teile der Mittel für Bildung). Außerdem werden größere Einkommensanteile für Gesundheitsversorgung oder zur Verbesserung der Wohnsituation, für Grundstücke oder Haushaltsgeräte wie Kühlschränke etc. ausgegeben. Die Rücküberweisungen werden in einigen Fällen auch zu informellen Renten und mit sinkenden Armutsquoten in Verbindung gebracht (Andrade-Eekhoff 2003; CONGCOOP 2002). Andere Untersuchungen betonen die Wachstumseffekte in der nationalen und lokalen Wirtschaft (Taylor u.a. 1999).

Zentralamerikanische Finanzinstitutionen haben ein umfassendes Netz von Dienstleistungen aufgebaut, um aus den Rücküberweisungen Gewinne zu ziehen. Beteiligt sind nicht nur transnationale Unternehmen wie Western Union, sondern auch regionale Banken, die in den Vereinigten Staaten Zweigstellen eröffnet haben, um Überweisungen zu ermöglichen.

Die jüngste Erfahrung des Dachverbandes der Genossenschaftsbanken von El Salvador (*Federación de Asociaciones Cooperativas de Ahorro y Crédito de El Salvador*, FEDECACES) zeigt zudem das Potential alternativer Finanzinstitutionen bei der Kanalisierung von Rückzahlungen. Nach fast 10 Jahren des Versuchens von FEDECACES, einen Marktanteil bei den Rücküberweisungen an die Familien zu erlangen, hat FEDECACES schließlich mit den zwei Transferagenturen Vigo Express und Rapid Money fusioniert, um die bestehenden Angebote zu erweitern. Dadurch erhöhte sich bei FEDECACES die Zahl der Überweisungen von 754 im Jahr 2000 auf 52.946 im Jahr 2002. 2000 transferierte FEDECACES insgesamt 175.000 US$ an *remesas*; 2002 stieg die Geldmenge sprunghaft auf 22.023.000 US$. Im Jahr 2003 überstieg das Volumen gar 60 Millionen US$ bei 140.000 Überweisungen. Dieser Anstieg wurde genutzt, um die Mitgliederzahlen in Kreditgenossenschaften für Familien in El Salvador zu fördern und ihnen so auch Sparkonten und Kredite anbieten zu können. Ähnliche Prozesse werden auch zwischen Costa Rica und Nicaragua vermittelt und finden mit Genossenschaften in Honduras und Guatemala statt.

Außerdem sind zur Erleichterung der Kommunikation und dem Versand von Gütern und Geld verschiedene kleine private Anbieter von transnationalen Dienstleistungen (im Folgenden: transnationale *encomenderos*[8]) entstanden. Man könnte sie die zentralamerikanische Version von transnationalen Firmen wie DHL und Federal Express nennen. Sie halten bei Versandaufträgen zwischen MigrantInnen und den daheimgebliebenen Familienangehörigen einen wichtigen Marktanteil (MIF/New Hispanic Center 2003; Andrade-Eekhoff/González 2003). Zugleich reisen Tausende regelmäßig zwischen bestimmten Städten hin und her und verdienen in diesem Sektor transportieren über den Luftweg Briefe, Geld, Kleidung und andere Güter der Familien vom Ausland in die Herkunftsregion. Von dort aus reisen sie mit

---

[8] Der Begriff *encomendero* wird trotz seiner an den spanischen Kolonialismus erinnernden Konnotation aus dem Original übernommen (Anm. d. Übers.).

Briefen, Medizin, Nahrungsmitteln oder gar Kindern zurück.[9] Sie führen aber auch darüber hinaus Aufträge zwischen getrennten Personen aus. Wichtige Informationen werden durch sie überbracht: wie es den Familienangehörigen geht, ob der Sohn die Arbeitserlaubnis erhalten hat oder nicht. Sogar in einem Konflikt zwischen einem getrennten Paar können sie Vermittlungsfunktionen einnehmen. Die *encomenderos* sind abhängig von den sozialen Netzwerken zwischen Städten und Dörfern in unterschiedlichen Ländern und davon, ob sie Möglichkeiten haben, legal zu reisen. Die *encomenderos* sind ein Teil des Rückgrats der alltäglichen Transnationalisierung Zentralamerikas. Schätzungsweise gibt es in El Salvador ca. 4000 transnationale *encomenderos*, von denen etwa 800 Mitglieder der Assoziation der Austausch- und Kulturbeschäftigen (*Asociación Nacional de Gestores de Encomiendas y Cultura*, ANGEC) mit Büros im Osten des Landes und im Flughafen von San Salvador sind. Die Vereinigung intervenierte zugunsten ihrer Mitglieder bei der Regierung von El Salvador, um Probleme von individuellem oder gemeinsamem Interesse zu lösen, wie zum Beispiel die Ausstellung US-amerikanischer Visa, die diese Tätigkeit ja überhaupt erst möglich machen. Ähnliche Beziehungen existieren zwischen Nicaragua und Costa Rica. Eine Austauschfirma aus Nicaragua wartet an bestimmten Wochentagen in einem Park in San José auf KundInnen. Früher reiste sie zu den Haushalten der MigrantInnen im Süden von Nicaragua, um ihnen Geld, Pakete und Nachrichten der verstreut lebenden Familienangehörigen zu übermitteln.

Neben den familiären *remesas* ist ein neuer Akteurstyp und wirtschaftlicher Austausch zu beobachten: das Aufkommen transnationaler UnternehmerInnen (Landolt 2001; Lungo/Andrade-Eekhoff 1999; Portes u.a. 2002). Dies hat die Entstehung neuer ökonomischer Aktivitäten begünstigt (wie von den transnationalen *encomenderos* und denen von *coyotes*[10]) und die Wandlung anderer Bereiche durch die Migration wie Telekommunikation, Transport, Rechtsbeihilfe, Immobilien und „nostalgischer" Handel und Tourismus[11] bewirkt (Andrade-Eekhoff/González 2003; Orozco 2003). Der deutlichste Fall ist wiederum El Salvador, wo die Verbreitung des Telefons und insbesondere des Mobilfunks im Zusammenhang mit der Migration und der Notwendigkeit, über Entfernungen hinweg zu kommunizieren, auf regiona-

---

[9] Manchmal begleiten die Reisenden Minderjährige oder Ältere, denen sie bei der Reise helfen.

[10] *Coyotes* werden diejenigen genannt, die den Migranten Grenzübertritte ermöglichen.

[11] Beim „nostalgischen" Handel werden Alltagswaren und Dienstleistungen aus dem Heimatland oder dem Herkunftsort für die AuswanderInnen gehandelt, die von hohem emotionalem Wert und im Gastland nicht erhältlich sind. Nostalgischer Tourismus bezeichnet den Besuch der Herkunftsorte (Anm. d. Übers.).

ler Ebene am schnellsten zugenommen hat. Die salvadorianische Fluggesellschaft Taca hat ihre neue Route nach Boston, Massachusetts nicht etwa eröffnet, um dem Reisestrom der US-amerikanischen TouristInnen zu begegnen, sondern weil so viele MigrantInnen in dieser Stadt leben. Salvadorianische AnwältInnen bearbeiten in ihren Büros in Los Angeles mit der Rechtsprechung ihres Herkunftslandes vielfältige transnationale Angelegenheiten – von Scheidungen über Vollmachten bis hin zum Verkauf von Liegenschaften in El Salvador. Die salvadorianische Regierung hat als Argument für den Freihandelsvertrag mit den USA auf die Öffnung des „nostalgischen" Marktes nach Norden und die Möglichkeiten des Exports von Käse, Sahne, *Tamales* und anderen salvadorianischen Produkten für die MigrantInnen verwiesen. An jedem Nationalfeiertag und bei lokalen Festen wird El Salvador von Tausenden „nostalgischen" salvadorianischen TouristInnen aus dem Ausland besucht. Ähnliche Beispiele finden sich auch in der übrigen Region, wenn auch weniger ausgeprägt.

In den letzen Jahren sind auch andere Themen rund um den ökonomischen Transnationalismus aufgekommen. Besonders die so genannten „kollektiven *remesas*" haben in den letzten Jahren mehr Aufmerksamkeit bekommen. Gemeint sind damit Gelder, die in gemeinsamer Initiative von MigrantInnen aus dem gleichen Land gesammelt und für kollektive Zwecke an ihr Herkunftsland oder ihre Ursprungsorte geschickt werden und nicht zur familiären oder individuellen Verwendung stehen (Andrade-Eekhoff 1997; CEPAL 2000; Orozco 2000).[12] Deshalb sind die Vereine von EmigrantInnen gemeinsamer Herkunft (*Asociaciones de Oriundos*) wahrscheinlich einer der wichtigsten neuen Akteure angesichts der transnationalen Beziehungen in den zentralamerikanischen Ländern. Sie bieten Raum, um die MigrantInnengemeinde, meist Menschen aus dem gleichen Herkunftsort, zusammenzubringen, um kulturelle Ereignisse zu feiern, die zeitgleich in ihren Herkunftsorten gefeiert werden. Außerdem initiieren sie Aktionen zur Unterstützung spezifischer Projekte im Herkunftsort.

Die kollektiven *remesas* lassen sich in vier große Kategorien ordnen. Erstens: humanitäre oder wohltätige Projekte (Katastrophenhilfe, Spenden für Seniorenheime oder Waisenhäuser, Spielzeug für Kinder aus armen Familien um die Weihnachtszeit, Repatriierung von Toten). Zweitens: Menschliche und soziale Entwick-

---

[12] Obwohl dieses Phänomen unter MigrantInnen im Allgemeinen nicht neu ist, sind diese Bemühungen in Zentralamerika sicherlich in unterschiedlichem Umfang und mehrheitlich im letzten Jahrzehnt aufgetreten.

lung (Studienstipendien, Gesundheitsprogramme, Sportförderung etc.) Drittens: Infrastruktur (Bau von Kliniken, Schulen, Straßen, Elektrizitäts- und Wasserversorgung). Und neuerdings auch viertens: produktive Investitionen (Startkapital für eine Gemüse oder Früchte verarbeitende Kooperative oder für eine Nagelfabrik; Samenkauf für Bauern und Bäuerinnen). Die Vereine arbeiten mit Personen oder Institutionen, wie Priestern, kulturellen Zentren, Schulen oder mit lokalen Organisationen zur Entwicklung ihrer Herkunftsorte zusammen. Viele bildeten sich auf Initiative von MigrantInnen, die gemeinsam etwas an ihren Herkunftsort zurückgeben wollten; andere entstanden als Antwort auf bestimmte Wünsche der Herkunftsgemeinde. Mit der Zeit haben sich die Initiativen konsolidiert und einige wenige haben es geschafft, als eingetragene, gemeinnützige Vereine in den USA anerkannt zu werden (Andrade-Eekhoff 1997; Orozco 2000 und 2003). Trotzdem haben viele dieser Projekte große Schwächen: Ihre InitiatorInnen sind SchreinerInnen, GärtnerInnen, Hausangestellte und KleinunternehmerInnen mit guten Absichten, aber keine EntwicklungsexpertInnen. Nicht immer ist es ihnen möglich, mit den fähigsten Akteuren vor Ort zusammen zu arbeiten: so kann es beispielsweise passieren, dass der gekaufte Krankenwagen vom Zoll beschlagnahmt wird. In fast allen Verbänden übernehmen Männer die Führung, Frauen haben kaum Ämter inne. Zudem haben sie erhebliche Probleme, jüngere MigrantInnen in ihre Strukturen zu integrieren und ihnen Aufgaben zu übertragen. Manchmal gibt es in den Vereinen Spaltungen, die bis zu einer Aufgabe des Vereins führen können. Institutionen wie die Interamerikanische Entwicklungsbank, die Internationale Entwicklungsagentur aus den USA, viele öffentliche und private Stiftungen und die Regierungen aus der Region haben dennoch ein großes Interesse, diese Verbände zu stärken, weil sie in ihnen neue Partner und Finanziers für die lokale Entwicklung sehen.[13]

Diese drei Typen des ökonomischen Austauschs, die mit der Migration zusammenhängen, sind verschieden: Die familiären *remesas* funktionieren wie ein Lohn, der dabei hilft, Grundbedürfnisse der Haushalte zu decken. Transnationale Unter-

---

[13] Die Regierung El Salvadors kalkuliert, dass es mehr als 250 salvadorianische Organisationen außerhalb des Landes gibt, die mehrheitlich in Los Angeles angesiedelt sind. In der gleichen Stadt gibt es schätzungsweise etwa 60 Vereine aus Guatemala und fünf aus Honduras. Unter den verschiedenen Herkunftsvereinen gibt es auch Initiativen zur gegenseitigen Unterstützung. Beispielsweise wurde der Zusammenschluss der Verbände aus Guatemala (*Asociación de Fraternidades Guatemaltecas*, AFG) von 19 Vereinen aus Guatemala gegründet; die Vereinigte Gemeinschaft für die Entwicklung El Salvadors (*Comunidades Unidas para el Desarrollo de El Salvador*, COMUNIDADES) ist eine Koalition aus mehr als 20 salvadorianischen Verbänden im Raum Los Angeles.

nehmen hingegen tätigen Investitionen, um Profit zu erwirtschaften, indem sie von dem gesparten Kapital im Ausland profitieren und sich ihnen durch transnationale Kontakte neue Tätigkeitsfelder auf dem Markt eröffnen. Spenden der Verbände wiederum haben im Allgemeinen positive humanitäre und gemeinschaftliche Auswirkungen. Politikansätze und Programme, die diese Initiativen fördern wollen, müssen also zuerst zwischen verschiedenen Typen ökonomischen Austauschs unterscheiden, um in einem zweiten Schritt ihre Beschaffenheit zu verstehen.

Sozio-kultureller Austausch

Zwar haben die ökonomischen Transfers die Analyse der transnationalen Migration in der Region dominiert, es existiert aber auch anderer, weniger greifbarer Austausch. Die sozio-kulturellen Ströme sind in diesem Prozess ebenso wichtig und wirken sich bei der Reproduktion sozio-kultureller Identitäten in verschiedenen Bereichen aus. Durch das transnationale Leben entstehen neue Räume kulturellen Ausdrucks. Viele Lokalzeitungen berichten sowohl über das Leben der MigrantInnen an ihren neuen Wohnorten als auch über die Entwicklungen in ihren Herkunftsorten. So gibt es Hunderte kleiner Nachrichtenblätter in Los Angeles, die von MigrantInnen, die aus Chalchupa im Westen El Salvadors kommen, selbst gedruckt werden. Die wichtigsten Zeitungen El Salvadors und Guatemalas haben ein spezielle Internetseite für die emigrierte Bevölkerung. Die Zeitung *La Prensa Gráfica* aus El Salvador hat sogar eine Rubrik, die „Departamento 15"[14] heißt und Themen für den großen Anteil an MigrantInnen aufbereitet. Diese Zeitung hatte auch spezielle Beilagen über US-amerikanische Gesetze zur Migration und zu wohlfahrtsstaatlichen Begünstigungen in den USA. In großen Städten, in denen viele EmigrantInnen aus El Salvador leben, wird diese Zeitung auch gedruckt und täglich verkauft. Auch viele Radiokanäle ermöglichen transnationalen kulturellen Austausch und einige haben Möglichkeiten etabliert, um Nachrichten zum Beispiel von San Miguel/El Salvador nach New York/USA zu senden. Stärker formalisierter kultureller Austausch zeigt sich z.B. im Aufbau eines Kulturzentrums in Los Angeles, das anfangs unter Aufsicht von CONCULTURA, der Kulturbehörde der salvadorianischen Regierung stand. Zum informellen künstlerischen Austausch lässt sich u.a. die Wiedergabe des

---

[14] El Salvador hat 14 Departamentos. Das 15. Departamento ist eine Anspielung auf die Bevölkerung, die außerhalb der Landesgrenzen lebt.

täglichen Lebens anhand von Amateurvideos und -fotos zählen, die häufig zur Dokumentation der Aktivitäten an verschiedenen Orten verwendet werden, wie die Einweihung eines Parks, der durch EmigrantInnenvereine gemeinsamer Herkunft finanziert worden ist. Videoaufzeichnungen von familiären Ereignissen wie Hochzeiten, der Erstkommunion oder der weihnachtlichen Festtage sind manchmal die beste Form, die langen Distanzen bei diesen Feierlichkeiten zu überbrücken. Neben dem sozio-kulturellen Austausch der aus der Migration resultiert – v. a. Feste – ist die „familiäre Desintegration", mit besonderem Fokus auf die Auswirkungen dieser Prozesse für diejenigen, die nicht migriert sind, hervorzuheben. Die neuen Vereinbarungen in den Familien in diesem transnationalen Prozess hängen von der Position und Rolle ab, welche der/die MigrantIn vor seinem/ihrem Weggang eingenommen hat (Andrade-Eekhoff 2003). Folglich ist die nötige Anpassung an die Migration anders, wenn eine Frau mit drei minderjährigen Kindern auswandert, als wenn ein junger 22 jähriger Mann ohne eigene familiäre Verantwortung emigriert. Bei den durch Migration getrennten Familien aus der Kanjobal-Gemeinde von Santa Eulalia im Departamento Huehuetenango in Guatemala bemerkte Popkin (1998), dass die Großeltern eine wichtige Rolle in der „Aufsicht" über den Familienkern ihrer verheirateten, ausgewanderten Kinder einnehmen. Diese Kontrolle über weite Distanzen über die Ehegatten und Kinder kann eigentümliche Formen annehmen: Da ruft eine Tochter in San Salvador ihre Mutter in Los Angeles an, um zu fragen, welchen Schreiner sie für die Renovierung der Küche kontaktieren soll. Oder das Fest des 15. Geburtstags[15] findet zwar in Olanco/Honduras statt, wird aber bis ins kleinste Detail in den USA geplant und von dort aus finanziert. Diese Beispiele vermengen kulturelle und gesellschaftliche Ausdrucksformen beider Gesellschaften und eröffnen neue Möglichkeiten, das Familienleben trotz der Distanz zu gestalten.

Trotzdem kann man nicht außer Acht lassen, dass die Migration auch neue soziale Probleme schafft, deren Lösung aufgrund des transnationalen Charakters noch schwieriger ist. Zum Beispiel hat eine Mutter in Chalatenango/El Salvador wenige Möglichkeiten, Unterhaltszahlungen für ihre Kinder von deren Vater einzufordern, wenn er sich in Houston/USA aufhält. Dies ist nicht nur für die Mutter selbst, sondern für die ganze Gesellschaft eine Belastung. Die dafür zuständigen nationalen Institutionen, die im jeweiligen Land der Region ohnehin nur leidlich funktionieren, haben auf transnationaler Ebene gar keine Gerichtsbarkeit. Konkret kann der Staatsanwalt in El Salvador den Vater nicht in die Verantwortung nehmen. Eine andere

---

[15] Der 15. Geburtstag der Mädchen wird in Lateinamerika als großes Fest gefeiert.

sehr gefährdete Gruppe ist die ältere Generation, wenn die transnationalen Bindungen zur Familie abreißen. Durch die Migration wurden viele angesichts gescheiterter Regierungspolitik noch ausstehende soziale Rechnungen beglichen; wenn diese Mechanismen jedoch auch nicht funktionieren, entstehen noch größere soziale Verletzlichkeiten.

Aber die sozio-kulturellen Austauschbeziehungen spielen sich nicht nur in der Familie ab. Häufig sind auch bestimmte gemeinschaftliche Ausdrucksweisen. Die Schönheitsköniginnen in Houston werden danach ausgewählt, welche am meisten Geld in das Herkunftsdorf in Guatemala bringt – ein Ort, den die Kandidatin vielleicht noch nie besucht hat, der aber Teil ihrer Identität und ihres sozio-kulturellen Erbes ist. Die jungen Männer ihrerseits spielen in Hunderten Fußballteams und Sportligas, einem wichtigen Teil des sozialen Lebens der MigrantInnen in Los Angeles, Washington D.C., Miami und New York. Zugleich unterstützen sie Fußballteams in ihren Herkunftsorten und -ländern. Einige der deutlichsten kulturellen Transfers lassen sich am Tag der zentralamerikanischen Unabhängigkeit (dem 15. September) in Los Angeles und New York bewundern: nicht nur die Musik, das Essen, die Sprache und die künstlerischen Darstellungen sind die gleichen, sondern es nehmen auch PolitikerInnen aus den Herkunftsländern teil. Der Bürgermeister von San Salvador eröffnete das Fest des Schutzheiligen von San Salvador in Los Angeles und reist am darauf folgenden Tag für die gleiche Aufgabe nach San Salvador. Bei der Prozession in Kalifornien tragen die TeilnehmerInnen bereits das Bildnis des "Heiligen Retters der Welt", das ihnen vom Erzbischof von San Salvador geschickt wurde, allerdings mit einer wichtigen Abweichung: Die Jesusfigur, die normalerweise Sandalen trägt, hat Turnschuhe an – als Symbol der US-amerikanischen Kultur.

Ein wichtiger Akteur, der diese sozio-kulturellen Austauschbeziehungen erleichtert, ist die Kirche. Die transnationalen religiösen Netzwerke der ausgewanderten Bevölkerung ermöglichen einen bedeutenden Teil des Austauschs, wie es in den Festen für diverse Schutzpatrone deutlich wird, die gleichzeitig in den MigrantInnengemeinden der Salvadoreños/as, Hondureños/as, GualtemaltekInnen und NicaraguanerInnen und in ihren Ursprungsstädten gefeiert werden. Diese Praktiken basieren auf grenzüberschreitenden religiösen Gewohnheiten, auch wenn sich ihre Ausgestaltung über die Jahre besonders bei der emigrierten Bevölkerung verändert hat. Das katholische Seminar von San Vicente in El Salvador hat ein Austauschprogramm mit verschiedenen Diözesen in den Vereinigten Staaten aufgebaut. Viele Priester und Pfarrer spielen eine wichtige Rolle dabei, die Beziehungen zwischen Ursprungs- und Exilgemeinde zu pflegen. Dazu zählen bemerkenswerte Initiativen, wie der Aufbau eines Krankenhauses und einer Krankenversicherung (Popkin 1999). Die Komitees zur Verehrung des Schwarzen Christus von Esquipulas in Guatemala findet man auch in New York. Die episkopale Gemeinde in El Salvador betreibt eine Rechtsberatung zu Migrationsgesetzen und Verfahren in den Vereinigten Staaten. Die dezentralisierte und flexible Pfingstkirche baut grenzüberschreitende Netzwerke auf, mit denen sie MigrantInnen aus der Region eingliedert. Sie wird so zu einem wichtigen Bezugsrahmen. Insbesondere für Jugendliche, die in den Vereinigten Staaten und ihren Herkunftsgemeinden in Banden verwickelt waren, stellt sie ein Unterstützungsangebot zur Verfügung (Vásquez 2001).

Diese Ausführungen leiten über zu einem weiteren Phänomen der Transnationalität, das vor allem Jugendliche betrifft. In der ganzen Region Zentralamerikas haben Städte und Dörfer mittlerweile mit dem Problem der Jugendbanden zu kämpfen, die ursprünglich nur in US-Städten anzutreffen waren. Symbolische Expressionen dieses Phänomens finden sich in Graffitis wieder, die in Pico Unión und im Süden von Los Angeles genauso wie in ganz Zentralamerika zu finden sind. Die *Mara Salvatrucha* und die *18th Street Gang* so wie die *Crips* und die *Bloods* sind bekannte Jugendgangs in Los Angeles und sie sind zumindest in Form von transnationalen Nachahmungen auch in Zentralamerika vorzufinden. Die Familienväter der Garifuna im südlichen Kern von Los Angeles zeigen sich besorgt angesichts der Gefahren, denen ihre Kinder in den traditionellen afro-amerikanischen Gangs des Viertels ausgesetzt sind, und die Autoritäten der Herkunftsgemeinden sind besorgt[16] über das Auftauchen der *Crips* und der *Bloods* und ihrer gewaltförmigen Rivalitäten in Belize (Miller Matthei/Smith 1998).[17] Gleichermaßen sind die *Mara Salvatrucha* und die *18 Street* in El Salvador, Guatemala, Honduras und Nicaragua aktiv.[18] Trotzdem können wir kaum das Ausmaß des transnationalen Austauschs erfassen, das die Jugendlichen erreicht haben, die an verschiedenen Orten in diesen Banden aktiv

---

[16] Auch wenn die lokalen Führungsfiguren sich so besorgt über die Bildung von Jugendbanden zeigen, haben nicht alle Formen jugendlichen Ausdrucks etwas mit Banden zu tun, sondern können auch Teil jugendlicher Rebellion sein, die oft mit der Migration zusammenhängt.

[17] Es ist nicht bekannt, ob Ableger der *Crips* und der *Bloods* in den Garifuna-Gemeinden in Guatemala oder Honduras auftreten.

[18] In der Region gibt es eine Vielzahl von landesweiten Studien über Jugendliche und die Bandengewalt. Für einen Überblick über eines der dringendsten Probleme von Lateinamerika und der Karibik siehe Rogers (1999).

sind.[19] In einer Studie über die Jugendbanden in San Salvador wird der Einfluss der US-Banden auf die zentralamerikanischen Mitglieder aufgezeigt: einige der Anführer dieser Gruppen wurden zuvor aus den USA abgeschoben. Zwischen mexikanischen Bandenaktivitäten und Migration gibt es klare Zusammenhänge: Unter den jugendlichen Mitgliedern der *18th Street Gang* in Los Angeles sind MexikanerInnen, Salvadoreños/as, Nicaragueños/as und GuatemaltekInnen. Smutt und Miranda (1998) zeigen, dass die Exklusion in den Herkunftsländern Ursache der Migration war. Allerdings finden die MigrantInnen sich auch in den Aufnahmeländern in einer Situation des Ausschlusses wieder. Manche jugendlichen MigrantInnen aus Zentralamerika werden Bandenmitglieder, einfach um irgendwo dazu zu gehören. Später konfrontiert sie ihre Abschiebung mit einer weiteren Ausschlusserfahrung, so dass sich die Bandenaktivitäten und die Zugehörigkeit zu ihnen in den Herkunftsländern reproduzieren. So ist die Nachahmung in den Herkunftsländern keine Überraschung.

Die Abschiebungen sind aber nur ein Ausdruck transnationaler Verbindungen, die im Zusammenhang mit Migration stehen. Eine Umfrage in Guatemala zeigt, dass die Jugendlichen in zentralamerikanischen Gangs auch auf ganz ähnliche Art miteinander kommunizieren wie diejenigen in den USA (Körpersprache, Redewendungen, Sprachgebrauch etc.). Daraus ergeben sich einige Fragen, die mit der Dichte und Vielfalt der transnationalen Ströme zusammenhängen, welche die Jugendlichen verbinden: Ist der Austausch spontan oder eher systematisch? Bezieht sich dieser, analog zu anderen transnationalen Beziehungen, auch auf ökonomische Ströme, oder handelt es sich nur um sozio-kulturelle Bindungen? Gibt es Formen transnationaler Entscheidungsfindung in diesen Strukturen? Antworten darauf könnten entscheidend zu einer angemessenen Präventions- und Interventionspolitik für diese transnationalen Szenarien beitragen, die auf eine bestimmte Art und Weise mit den Migrationsprozessen zusammenhängen.

---

[19] Es gibt relativ wenig Forschung über die tatsächlichen Formen transnationalen Austauschs der Bandenaktivitäten in der Region. Vgl. die Arbeit von Vásquez (2001) über die evangelikale Kirche und die Banden in El Salvador. Neuerdings hat auch das *Washington Office on Latin America* (WOLA) angefangen sich mit diesen Thematiken zu beschäftigen, wie auch der US-Kongress (siehe Ribando 2007 und www.wola.org).

Die politischen Austauschbeziehungen

Die Folgen im Bereich der Beziehungen zwischen BürgerInnen, politischer Partizipation und politischer Repräsentation, die mit der transnationalen Migration verbunden sind, wurden bisher noch wenig analysiert. Das bedeutet jedoch keinesfalls, dass es keinen politischen Transfer gäbe. Erstens haben die politischen Bewegungen und Parteien in Zentralamerika ungefähr zwei Jahrzehnte lang Erfahrungen damit gesammelt, sich im Exil zu organisieren. Mitglieder der Exilgemeinden aus El Salvador, Guatemala und Nicaragua haben sich in verschiedenen Abstufungen und mit unterschiedlichen Absichten mit der Funktionsweise des politischen Systems der USA vertraut gemacht und nutzten dies vor allem in den 1980er Jahren. Während der Zeit der bewaffneten Konflikte in Zentralamerika organisierten sich nicht nur Landsleute, sondern auch US-BürgerInnen in großen solidarischen Netzwerken, um die US-Regierung unter Druck zu setzen und politische Veränderungen in ihren Herkunftsländern zu erzielen. Vor kurzem haben verschiedene politische Parteien in El Salvador ihre Satzungen sogar so verändert, dass aktive Teilnahme – sowohl Meinungsäußerung als auch die Stimmabgabe – auch vom Ausland aus möglich ist. Konkret haben bei internen Wahlen auf einem Parteitag der *Frente Farabundo Martí para la Liberación Nacional* (FMLN)[20] Parteimitglieder aus dem Ausland per Internet teilgenommen und ihre Stimme abgegeben. Die *Alianza Republicana Nacionalista* (ARENA)[21] vereidigte die erste Gruppe von Mitgliedern in Los Angeles gegen Ende des Jahres 2002.

In politischen Kampagnen haben viele KandidatInnen in Bürgermeister- und sogar Präsidentschaftswahlen die Unterstützung der MigrantInnen gesucht. Der Vize-Präsident von Guatemala hatte ein langes Treffen mit Führungspersönlichkeiten der guatemaltekischen Bevölkerung in Florida, die ihren Unmut zu einer Reihe von Themen äußerten. Eine dieser Führungsfiguren wurde dann zur Inauguralzeremonie von Präsident Berger eingeladen. Im benachbarten El Salvador haben die Präsidentschaftskandidaten Reisen in die USA unternommen, um mit verschiedenen Emigrantengruppen und deren Repräsentanten zu sprechen. Jeder der Präsidentschaftskandidaten betonte in seiner Kampagne, die SalvadorianerInnen im Ausland gut repräsentieren zu können oder zum Nutzen der EmigrantInnen eine gute Beziehung mit der US-Regierung zu pflegen.

---

[20] Nationale Befreiungsfront Farabundo Martí
[21] Nationalistische Republikanische Allianz

Zusätzlich zu dieser formalen politischen Ebene beschäftigen sich ExilantInnen mit vielen Themen, die für ihr Heimatland relevant sind. Zum Beispiel setzten die Nicaraguaner in Costa Rica ihre Regierung unter Druck, die Korruptionsvorwürfe gegen den Ex-Präsidenten Arnoldo Alemán juristisch zu verfolgen.[22] US-PolitikerInnen salvadorianischer Herkunft werden sehr geachtet und auch in El Salvador als potentielle Führungsfiguren betrachtet, die die Bedürfnisse der MigrantInnen repräsentieren können und sich in die Themen des Landes einbringen.[23] Diese gut wahrnehmbaren Beispiele zeigen, wie politische Aktivitäten Grenzen überschreiten. Migration führt bisweilen zu einem neuen Verständnis von Rechten, die man im Zielland erfährt. Dieser Prozess kann in Bezug auf den politischen ‚Transnationalismus' besondere Dynamik bekommen. Es gibt konkrete Beispiele von MigrantInnen, die Forderungen stellen oder ihr Wissen über verschiedene soziale Rechte (wie bürgerschaftliche oder Konsumrechte etc.) auf Grundlage der Erfahrung in einer anderen Gesellschaft auf ihre Herkunftsländer projizieren. Politischer Austauschs und seine Folgen für die Region sind relativ unbekannt, jedoch ist offensichtlich, dass seine verschiedenen Ausformungen regelmäßig auftreten.

Die Organisationen von MigrantInnen äußern sich nicht nur nationalistisch oder lokalpatriotisch. Eines der interessantesten Beispiele ist die Nationale Allianz der Gemeinden aus Lateinamerika und der Karibik (*National Alliance of Latin American and Caribbean Communities, NALACC*), ein Netzwerk aus 80 Gemeindeorganisationen, das von in den USA lebenden MigrantInnen geleitet wird. Die Mitglieder der NALACC wollen eine bessere Lebensqualität in ihren Gemeinden erreichen – sowohl in den USA wie in ihren Herkunftsländern. Sie bilden sich für transnationale Führungspositionen weiter und fördern die zivilgesellschaftliche Partizipation der MigrantInnen, damit sich diese selbst effektiv für öffentliche Politikansätze einsetzen, welche die Ursachen der Migration ins Visier nehmen. Zugleich gehen sie Herausforderungen an, die ihre Bevölkerung in den USA betreffen. Sie fordern bspw. eine humane Reform der Einwanderungsgesetze in den USA – diese Bemühungen haben sich allerdings in den letzten Monaten zerschlagen.

Aber auch die progressivste Reform des Einwanderungsgesetzes ließe die Gründe für die Migration in den Herkunftsländern völlig unangetastet. Eine der

---

[22] Ironischerweise war Alemán als Bürgermeister von Managua einer der ersten Politiker, der sich um politische Unterstützung in der Diaspora, v.a. in Miami, gekümmert hatte.
[23] Beispielsweise wurde eine kalifornische Senatorin mit salvadorianischen Eltern vom Medizinischen Institut El Salvadors eingeladen, um zwischen der Regierung und der ÄrztInnenschaft zu vermitteln. Sie äußerte ihre Bereitschaft dazu, aber die Regierung verweigerte sich der Idee.

Schlüsselfragen ist, wie in den lokalen Ökonomien in Zentralamerika und Mexiko Möglichkeiten geschaffen oder eingeschränkt werden. Themen rund um regionale Integration und Freihandel innerhalb des amerikanischen Kontinents spielen ebenfalls eine Rolle. Deshalb ist die NALACC dabei, eine Agenda mit transnationaler Reichweite zu erstellen, welche die Ursachen für Migration untersucht und dabei besonders auf die Rolle von regionaler Wirtschaftsintegration und von Mikrokrediten für KleinproduzentInnen sowie die Gewalt und Kriminalisierung bestimmter gesellschaftlicher Sektoren und die ökologischen Folgen der Politik eingeht. Was NALACC vorschlägt, geht weit darüber hinaus, durch *remesas* und die Kooperation mit anderen MigrantInnenorganisationen Infrastruktur aufzubauen oder Stipendien zu finanzieren. Vielmehr besuchen die LeiterInnen der MigrantInnenenorganisationen die Interamerikanische Entwicklungsbank (IADB) und diskutieren, über den Umgang der IADB mit Anleihen und Spenden und welche Konsequenzen das für die zentralamerikanische Produktion hat. Beim US-Kongress wird man sich mit für die Gesetzgebung im Bereich der US-Handels- und Agrarpolitik verantwortlichen Komitees treffen und faire Arbeitsbedingungen sowohl in den Herkunftsländern wie auch in den USA fordern. Treffen mit den Botschaftern aus El Salvador, Guatemala und Honduras sind von Themen wie der Reform und Regulierung des Freihandels, dem fairen Handel und regionaler Integration geprägt. Die Vorschläge von NALACC implizieren ein radikales Umdenken für das Potential von MigrantInnenorganisationen. Zum einen werden sie damit als Akteure, die in den Debatten über Einwanderungspolitik aktiv sind und die Milliarden von Dollar als *remesas* an Familien und Herkunftsorte schicken, gesehen. Zum anderen, und dies scheint noch wichtiger, ist dass sie zu Vertretern und Ansprechpartnern in den Debatten um die Ursachen der großen Wanderbewegungen werden, die die Länder erleben und die weiter bestehen werden, solange nicht angemessene Bedingungen für ein Leben in Würde in Zentralamerika geschaffen werden. Es wird sich zeigen, ob die Mitglieder der NALACC erreichen, sich mit diesen Forderungen und Vorstellungen durchzusetzen.

Angesichts dieser Palette an neuen Akteuren darf die Rolle der Regierung nicht vernachlässigt werden. Der hondureñische Staat hat bereits versucht, die Stimmen und die Wahlentscheidungen der Auslandsbevölkerung mit einzubeziehen, obwohl die doppelte Staatsbürgerschaft noch nicht zugelassen ist. Aufgrund des von der Diaspora der Hondureños/as geäußerten Interesses gab es in den USA in 17 Städten Wahllokale, in denen Stimmen für die Präsidentenwahlen 2001 abgegeben werden konnten. Gemessen daran, dass Hunderttausende Stimmen erwartet wurden, war die

Angelegenheit allerdings ein Flop, da nur 4.000 Hondureños/as das Angebot nutzten. GuatemaltekInnen können doppelte Staatsbürgerschaften annehmen, wenn auch noch keine Möglichkeit besteht, vom Ausland aus an Wahlen teilzunehmen. In der Verfassung von El Salvador ist zwar die doppelte Staatsbürgerschaft erlaubt, aber die Behörden haben immer noch Schwierigkeiten, einen Mechanismus zu schaffen, der die Teilnahme an Wahlen ermöglicht. Der Druck und die Forderungen der Diaspora nach Wahlrecht nehmen allerdings stets zu. Im Januar 2000 hat der Außenminister von El Salvador eine „Allgemeine Anlaufstelle für die Exilgemeinden" (*Dirección General de Atención a la Comunidad en el Exterior*, DGACE) eingerichtet, um die Beziehungen mit salvadorianischen Gemeinden in aller Welt zu stärken. 2004 hat die Administration des Präsidenten Saca den Posten „Vize-Minister der Salvadorianer im Ausland" im Außenministerium geschaffen. Basierend auf dem mexikanischen Modell ist das salvadorianische Regierungsprogramm das bislang am weitesten entwickelte der Region. Der Vizeminister entwirft seine Politik in folgenden Aktionsfeldern: 1) Menschenrechte und rechtlicher Beistand; 2) Stabilität der Migration und Familienzusammenführung; 3) *Remesas* und lokale Entwicklung; 4) Soziale und humanitäre Hilfe; 5) Wirtschaftliche Integration; 6) Konsulardienste; 7) Kontakte zu den Exilgemeinden und ihre bürgerschaftliche Partizipation; 8) Nationale Identität. Sowohl Honduras wie auch Guatemala sind dem Beispiel El Salvadors im Aufbau von Sonder-Institutionen innerhalb des Außenministeriums gefolgt. Das Ziel dieser verstärkten Koordination zwischen verschiedenen Regierungsbehörden liegt nicht nur darin, die Initiativen zu bündeln, die der ausgewanderten Bevölkerung nützen; zugleich wird versucht, den Folgen der verschiedenen nationalen Aktivitäten auf die Emigrantengemeinde Rechnung zu tragen. Die Bedeutung dieses Aspekts wurde deutlich, als das Parlament von El Salvador beschloss, anstelle des alten Personalausweises ein einheitliches Ausweisdokument (*documento único de identidad*, DUI) einzuführen. Das DUI ersetzte nicht nur die von den Kommunen ausgegebenen Ausweise, sondern ist auch die Grundlage für das neue Wahlregister. Trotzdem kann das DUI nur innerhalb El Salvadors beantragt werden und dies schließt Millionen von Personen aus, die ohne salvadorianischen Pass außerhalb der Grenzen leben. Der Pass wäre allerdings nötig, um an den verschiedenen Vorgängen im Land teilzunehmen. Aufgabe des DGACE ist es, dieser Art von Problemen vorzubeugen[24] oder ihre Lösung zu vereinfachen: es sollen angemessene Mechanismen

---

[24] Dazu muss erwähnt werden, dass das Parlament diese Entscheidung getroffen hat, bevor die DGACE funktioniert hat. Sie will eine Möglichkeit schaffen, die die Ausstellung des DUI auch im Ausland er-

geschaffen werden, die der Tatsache Rechnung tragen, dass ungefähr 20% der Bevölkerung in den USA leben. Wenn auch eher sporadisch und weniger koordiniert, suchen aber auch die Lokalregierungen Kontakt zur Diaspora. Die Initiativen lokaler FunktionärInnen hängen in hohem Maße von ihrem persönlichen Führungsstil und ihren eigenen Interessen ab. Zugleich fühlen sich einige lokale Autoritäten von Initiativen der EmigrantInnen bedroht und versuchen deshalb, deren Initiativen zu blockieren, insbesondere dann, wenn etwa Transparenz in der Rechnungslegung gefordert, die Verwendung öffentlicher Gelder seitens der Lokalregierung hinterfragt werden, oder wenn beobachtet wird, dass in den lokalen Ämtern Korruption herrscht. Aus diesen Gründen halten sich viele MigrantInnenorganisationen von unsicheren und konfliktgeladenen politischen Initiativen fern und meiden nicht nur enge Beziehungen mit politischen Parteien, sondern auch mit gewählten lokalen FunktionärInnen.

Schlussfolgerungen

Zusammenfassend lässt sich feststellen, dass die Transnationalisierung Zentralamerikas durch die Migration verschiedene Arten von Austausch (wirtschaftlichen, sozio-kulturellen und politischen) zwischen unterschiedlichen Typen von Gemeinschaften geformt hat. Die Mitglieder ein und derselben Familie können Teil von wirtschaftlichen, politischen und sozialen transnationalen Austauschbeziehungen werden, aber in der Art und Weise, wie sich die Familienmitglieder in spezifischen Territorien verorten, wächst – zusammengenommen mit den Austauschbeziehungen anderer Familien – das Beziehungsgefüge. Wenn diese Netze mit Beziehungen anderer Personen aus der gleichen ethnischen Gruppe zusammengenommen werden, kann sich nicht nur die Dichte, sondern auch die Vielfalt des Austauschs erhöhen. Außerdem haben wir gezeigt, dass zahlreiche Akteure in diesen Prozessen von elementarer Bedeutung sind. Nicht alle diese Akteure sind neu: Die Finanzinstitutionen, die Kirche und die Regierungen gab es natürlich lange vor der massiven Zunahme der Migration und der Transnationalisierung von familiären und gesellschaftlichen Beziehungen. Trotzdem hat es fundamentale Veränderungen in den Aktivitäten der Institutionen gegeben, weil sie direkt auf die transnationalen Migrationsprozesse reagierten. Allerdings sind auch neue Akteure als wichtige Vertreter für

---

laubt, hat dieses Projekt bisher allerdings noch nicht konkretisieren können.

bestimmte transnationale Gemeinden aufgetreten. Von besonderer Bedeutung sind diejenigen, die auf räumlicher Ebene ihren Ausdruck finden, wie die transnationalen *encomenderos/as*, die Jugendbanden und die Vereine der Ausgewanderten aus demselben Herkunftsort. Ihre Aktivitäten sind ein wichtiger Teil der neuen familiären, ethnischen, religiösen und territorialen Beziehungen in den transnationalen Räumen.

Es gibt diverse Schlüsselthemen, die mit verschiedenen Aktionsfeldern verknüpft sind, die alle auf den vorangegangenen Seiten angerissen worden sind. Im Bereich der wirtschaftlichen Ströme wird die mögliche Entstehung einer *Migrationsökonomie* erwogen. Dabei muss die Betrachtung über die *remesas* hinausgehen, um die wirtschaftlichen Veränderungen in Haushalten, Gemeinden und Ländern, in denen die Arbeitsmigration einen bedeutenden Teil der Bevölkerung betrifft, analysieren zu können. Im Bereich der sozio-kulturellen Ströme kommt das Thema der *Identität* als drängender Aspekt für eine genauere Untersuchung auf. Die Art und Weise wie die sozio-kulturellen Ströme die Identitäten von Individuen, Familien und anderen Gruppen transformieren und die Möglichkeiten und Risiken, die dies mit sich bringt, können zu einem neuen Verständnis dieser Prozesse führen. Wie lebt man zum Beispiel mit einer guatemaltekisch-amerikanisch-kanjobalen Identität und welche Folgen hat diese für die Bewahrung der Kultur und des sozialen Gefüges in Guatemala?

Die letzte Kategorie, die politischen Ströme, betont das Thema der *Bürgerschaft*, besonders was die Aneignung von Rechten angeht. Bei dieser Überlegung ist es wichtig zu verstehen, wie sich die transnationalen politischen Ströme und die Aneignung von Rechten auf die Rolle auswirken, die Individuen in ihrem Lebensumfeld haben, aber auch an dem Ort, den sie als ihre Heimat verstehen. Diese Wandlung kann zu neuen Demokratisierungs- und Partizipationsprozessen gerade auf lokaler Ebene, aber auch zur Herausbildung neuer klientelistischer Beziehungen führen. In diesem Sinne und angesichts des Interesses an lokaler Entwicklung in der Region wäre eine *transnationale* oder *translokale räumliche* Analyse wichtig, um die Veränderungen zu verstehen, welche die internationale Migration im sozioproduktiven Gefüge hinterlässt. Die lokalräumlichen Verbindungen sind besonders relevant, nachdem die Staaten der Region spürbar dezentralisiert wurden: lokale Entscheidungsinstanzen wurde mehr Verantwortung übertragen, das Auskommen und Wohlergehen der EinwohnerInnen zu unterstützen.[25] Es werden neue Wege

---

[25] Siehe zur Analyse dieser Prozesse in der Region die Artikelsammlung in: González, Andrade-Eekhoff und Ramos (2003).

erkennbar, die für eine Politik und einzelne Programme werben, die die Migration in den Dienst der lokalen Entwicklung stellen. Diese Prozesse bringen bisher wenig beachtete Herausforderungen ans Licht, wo die transnationale Migration das sozio-produktive Gefüge eines Ortes stärken, schwächen oder transformieren kann.

Offensichtlich ist die transnationale Migrationsdynamik kein homogener Prozess. Hier wurden verschiedene Elemente erwähnt, die zu beachten wären: wichtig ist erstens, welche Rolle die ausgewanderte Person in ihrem Haushalt gespielt hat und wie der Rest der Familie sich an die Veränderung anpasst. Zweitens sind die Bedingungen, in denen der Weggang und die Ankunft stattfinden, wichtige Faktoren dafür, wie der EmigrantInnen in die neue Umgebung eingebunden wird. Bei der Analyse sollte m. E. besonderer Wert auf den lokalen und globalen Arbeitsmarkt gelegt werden, und darauf, wie dieser Integration und/oder Desintegration der Bevölkerung erzeugt. Drittens spielen die neuen Akteure, die aus diesen Veränderungen entstehen, sowie die Reaktionen der bereits existierenden Akteure auf die Transnationalisierung eine wichtige Rolle. Auf lokaler Ebene können die Vereine der EmigrantInnen in Zusammenarbeit mit lokalen Akteuren wichtige Verbündete für sozio-ökonomische Initiativen am Herkunftsort sein. Diese sind jedoch häufig fragil und angesichts der geringen Präsenz von Frauen und Jugendlichen nicht immer die besten Beispiele für breite Partizipation.

Es wird deutlich, dass die Transnationalisierung in diesen Bereichen aufgrund der Dichte und Diversität des Austauschs auf lokaler Ebene ganz unterschiedliche Prozesse auslösen kann. Eine Möglichkeit ist die Verbesserung der Lebensbedingungen in einem bestimmten Gebiet, aber genauso kann es auch zu einer Schwächung des lokalen sozio-produktiven Gefüges kommen und ein Teufelskreis *(circulo vicioso)* entstehen. Die Verbesserungen der Wohnsituation, der Anstieg der Einkommen und das Sinken der Armutsquoten sind Folge davon, dass viele junge SalvadorianerInnen einen Platz im Arbeitsmarkt des Nordens gefunden haben. Ohne attraktive Beschäftigungsmöglichkeiten vor Ort entfernen die jungen Leute lieber Asbest in Virginia, wo sie deutlich mehr verdienen, lassen aber in der Konsequenz ein schwächeres soziales Gefüge zurück und produzieren so mehr Migration. Die Migration kann das lokale sozio-produktive Gefüge in Zentralamerika aber auch revitalisieren und so einen „virtuosen Kreis" *(circulo virtuoso)* auslösen: Die Chancen, welche die Migration bietet, können nur schwer auf lokaler Ebene erreicht werden. *Remesas* speisen neues Kapital in die Ökonomie ein; es entstehen transnationale UnternehmerInnen, die von den Möglichkeiten hier und dort profitieren, und die MigrantInnen können für transparentere Politikprozesse sorgen. Werden sie in die richtigen Kanäle gelenkt, können diese Dynamiken eine Revitalisierung des Ortes auslösen.

Zwischen den pessimistischen und optimistischen Extremen liegt eine große Fülle von Möglichkeiten, wie das sozio-produktiven Gefüge transnationalisiert und transformiert wird. Dies haben wir als Entstehen einer *Migrationsökonomie* beschrieben. In dem Maße, in dem sich Dichte und Vielfalt des transnationalen Austauschs erhöhen, entfalten sich Prozesse, in denen bestimmte Tätigkeiten (wie die Landwirtschaft) an Bedeutung verlieren und neuen Aktivitäten, basierend auf der Migration, Platz machen. Hier wurden auch neue Arbeitsfelder angesprochen, die direkt mit der Migration zusammenhängen (kleine transnationale *encomenderos* und *coyotes*) oder die sich angesichts der Migration verändert haben („nostalgischer Tourismus", Telekommunikation, Bauwesen). So dreht sich das soziale Leben in manchen Gemeinden, wo sich die ökonomischen, sozialen und politischen Beziehungen transnationalisieren, völlig um die Migration.

Während sich auf der einen Seite viele Chancen ergeben, haben sich z.B. Lokalregierungen andererseits neuen Aufgaben zu stellen, wenn Teile der Gemeinde, die sich für die örtlichen Themen interessieren, in einem anderen Land leben und dort sogar StaatsbürgerInnen sind. Die transnationale Migration wirft viele neue (Forschungs-)Fragen auf. Sind die Stimmen der Auswanderer etwa wichtiger als die der BewohnerInnen der Heimatgemeinde? Sind die Positionen der MigrantInnen repräsentativ für die Bedürfnisse der nicht-migrierten Familien? Können die Ausgewanderten eher Transparenz und Verantwortung der Lokalregierung einfordern als die AnwohnerInnen, die sich in Organisationen vor Ort engagieren? Wie können lokale Exklusionsprozesse auf der Grundlage von Geschlecht, Alter, ethnischer Zugehörigkeit etc. überwunden werden – in einem transnationalen Kontext, in dem Männer und Frauen verschiedener Generationen und Ethniziät mehr oder weniger ähnliche Möglichkeiten haben zu migrieren? Wie beeinflussen die neuen transnationalen Akteure die Entwicklungsdynamik vor Ort? Werden Gesundheitsprobleme (die zum Beispiel die Arbeitsmärkte mit hohen Risiken in sich bergen) durch die transnationalen Ströme an die Herkunftsorte verlagert? Wie können oder müssen die lokalen Autoritäten auf die Probleme mit jugendlichen Gangs reagieren, die höchstwahrscheinlich mit der Migration zusammenhängen? Wie könnten familiäre Bindungen und Verantwortlichkeiten in Bezug auf Kinder und SeniorInnen angesichts der fehlenden transnationalen Institutionalität am besten abgesichert werden? Werden dauerhaft Strukturen geschaffen, durch die Chancen, die die Migrationsströme mit sich bringen, in den Herkunftsländer genutzt werden können? Oder handelt es sich nur um vorübergehende und klientelistische Strukturen? Das Phänomen der Migration wird hier als vielschichtiger Prozess mit einer breiten Palette an translokalen Bindungen zwischen Familien, Gemeinden und Ländern verstanden. Die „Empfängerländer" der Migration brauchen die Arbeitskräfte, um in der globalen Welt zu funktionieren. Die „Entsendeländer" finden im extraterritorialen Arbeitsmarkt ein Ventil für bestimmte gesellschaftliche Segmente. Angesichts dieses *wechselseitigen Abhängigkeiten und vielschichtigen* Prozesses ist die internationale Arbeitsmigration struktureller Teil des Lebens vieler Gemeinden und tausender Familien.

Es entstehen also vielfältige Herausforderungen durch die transnationale Migration und die damit einhergehende Globalisierung der Arbeitsmärkte peripherer Gebiete. Für dieses Szenario muss der Ausdruck „global denken, lokal handeln" sozusagen in „lokal denken, global handeln" umgewandelt werden. Mit anderen Worten verlangt die Lösung der Probleme in der zentralamerikanischen Peripherie koordinierte Interventionen ausgehend von Akteuren in den Großstädten Los Angeles und New York und umgekehrt. Es wäre von fundamentaler Wichtigkeit in der zukünftigen Forschungsagenda und für die Formulierung öffentlicher Politiken in der Region und über sie hinaus, das Zusammenspiel von Chancen und Risiken der transnationalen Migration für die lokalen Gebiete besser zu verstehen.

Übersetzung: Anne Tittor und Alke Jenss

Literatur

Andrade Eekhoff, K. (2003): Mitos y Realidades: un análisis de la migración internacional de las zonas rurales de El Salvador. SanSalvador: FLACSO-FUNDAUNGO

Andrade Eekhoff, K. (1997): Asociaciones Salvadoreñas en Los Angeles y las posibilidades de desarrollo en El Salvador. In: Lungo, M. (Hrsg.): Migración y Desarrollo Internacional. Tomo II. San Salvador: FUNDE

Andrade-Eekhoff, K./González, M. (2003): Remesas, migración y microempresas en El Salvador, Bericht für das Instituto Latinoamericano de la Pequeña Empresa

Andrade-Eekhoff, K./ Silva Ávalos, C. (2003): Globalización de la periferia: Los desafíos de la migración transnacional para el desarrollo local en Centroamérica, Working Paper, El Salvador-FLACSO

Baumeister, E. (2001): Nicaragua: migraciones externas, Cuadernos de CONPES. Consejo Nacional de Planificación Económica y Social. Nicaragua

CEPAL (2000): Uso productivo de las remesas en Centroamérica: Estudio Regional. México: CEPAL

CEPAL (2006): Anuario Estadístico de América Latina y el Caribe. Santiago: CEPAL

CONGCOOP (2002): Bienvenidos a Soloma. Bienvenidos B'ay Tz'ulum'a. Welcome to Soloma. Un acercamiento a la migración hacia los Estados Unidos de América. Guatemala: CONGCOOP

Fundación Interamericana (2001): Enfoques para aumentar el valor productivo de las remesas. Estudio de caso de la fundación en sistemas de transferencia de alternativas y vinculación de las comunidades en envían y reciben remesas, Dokument für Kongress der Weltbank, März

Glick Schiller, N./Basch, L.G./Blanc Szanton, C. (Hrsg.) (1992): Toward a transnational perspective on migration New York- New York Academy of Sciences

Guarnizo, L. (2000): Notes on transnationalism, Documento presentado en la conferencia „Transnational Migration: Comparative Theory and Research Perspectives", ESRC Transnational Communities Program, Oxford, UK, Juni

Guarnizo, L/ Smith, M. P. (1998): The locations of transnationalism. In: M.P. Smith/Guarnizo L.(Hrsg.): Transnationalism from Below. Comparative Urban and Community Research. New Brunswick and London: Transaction Publishers

Itzigsohn J. u.a. (1999): Mapping Dominican transnationalism: Narrow and broad transnational practices. In: Ethnic and Racial Studies 22 (2)

Landolt, P. (2001): Salvadoran economic transnationalism: embedded strategies for household mainte-nance, immigrant incorporation and entrepreneurial expansion. In: Global Networks: A Journal of Transnational Affairs 1 (3)

Levitt, P. (2001a): Transnational migration: taking stock and future directions. In: Global Networks: A Journal of Transnational Affairs 1 (3)

Levitt, P. (2001b): The Transnational Villager. Berkley: University of California Press

Lungo, M./Andrade-Eekhoff, K. (1999): Migraciones y microempresas en ciudades principales de El Salvador, In: Lungo M./Kandel (Hrsg.): Transformado El Salvador: Migración, Sociedad y Cultura. San Salvador: FUNDE

MIF/New Hispanic Center (2003): Receptores de remesas en Centroamérica, Bericht für die Konferenz "Remesas y Microfinanzas del Banco Interamericano de Desarrollo". Guatemala, September 2003

Miller Matthei, L./Smith, D. (1998): Belizean 'Boyz 'n the 'Hood'? Garífuna Labor Migration and Transnational Identity. In: Smith/Guarnizo (Hrsg.): Transnationalism from Below. New Brunswick

Orozco, M. (2003): Globalization and Migration: Integrating the Global Economy, Ponencia en la Confe-rencia „International Migration in the Americas: Emerging Issues". Centre for Research on Latin America and the Caribbean. York University y FLACSO-República Dominicana. Toronto Canadá, Septiembre

Orozco, M. (2002): Attracting Remittances: Practices to reduce costs and enable a money transfer envi-ronment, Bericht des Fonds für multilaterale Investitionen der Interamerikanischen Entwicklungs-bank. Washington D.C.

Orozco, M. (2000): Latino Hometown associations as agents of development in Latin America, Docu-mento de Trabajo. Inter-American Dialogue/The Tomás Rivera Policy Institute. Washington D.C. (www.iadialog.org/publications/default.asp)

Popkin, E. (1999): Guatemalan Mayan migration to Los Angeles: Constructing transnational linkages in the context of the settlement process. In: Ethnic and Racial Studie 22: 2

Popkin, E. (1998): In Search of the Quetzal: Guatemalan Mayan Transnational Migration and Ethnic Identity Formation, Ph.D. Dissertation. Department of Sociology. Los Angeles: University of Cali-fornia

Popkin, E./Andrade-Eekhoff, K. (2000): The Construction of Household Labor Market Strategies in Central American Transnational Migrant Communities, Working Paper für die Konferenz „Globalización and Labor in Latin America, Following a Decade of Adjustment", SSRC/FLACSO-Sede Costa Rica, 10. bis 11.Juli 2000

Portes, A. (2001): Introduction: The debates and significance of immigrant transnationalism. In: Global Networks: A journal of transnational affairs 1 (3)

Portes, A./Fernández-Kelly, P. (2002): Subversions and compliance in transnational communities: Implications for social justice. In Eckstein, S.E./Wickham-Crowley, R. P. (Hrsg.): Struggles for Social Rights in Latin America. New York and London: Routledge

Portes, A./Guarnizo, L. E./Haller, W. (2002): Transnational entrepreneurs: An alternative form of immigrant economic adaptation. In: American Sociological Review No. 67

Portes, A./Guarnizo, L.E./Landolt, P. (1999): Introduction: Pitfalls and promise of an emergent research field, In: Ethnic and Racial Studies 22 (2)

Ribando, C.M. (2007): Gangs in Central America" CRS Report for Congress. Order Code RL 34112. unter http://www.wola.org/media/crs%20gangs_07.pdf, Zugriff 05.09.2007

Rogers D. (1999): Youth Gangs and Violence in Latin America and the Caribbean: A Literature Survey. LCR Sustainable Development. Urban Peace Program Series Working Paper 4, Washington D.C: World Bank

Sassen, S. (1998): Globalization and its Discontents. New York: The New Press

Smutt, M./Miranda, L. (1998): El fenómeno de las pandillas en El Salvador San Salvador. San Salvador-FLACSO-UNICEF

Taylor, E./Zabin, C./Eekhoff, K. (1999): Migration and Rural Development in El Salvador: A Micro Economywide Perspective. In: The North America Journal of Economics and Finance 10

Vásquez, M. (2001): Saving Souls Transnationally: Pentecostalism and Gangs in El Salvador and the United States, Papers from the Lived Theology and Community Building Workgroup meetings, Meeting I V, Charlottesville,VA, (http://livedtheology.org/pdfs/Mvasquez.pdf)

Vertovec, S. (2001): Transnational social formations: Towards conceptual cross-fertilization, Paper presented at the conference „Transnational Migration: Comparative Perspectives". Princeton University. Junio- Julio (www.transcomm.ox.ac.uk/workin papers.htm)

Christof Parnreiter

Vom „urban bias" zu „anti-urban" Strukturanpassungs-programmen: Stadtentwicklung in Lateinamerika seit Ende der importsubstituierenden Industrialisierung

Einleitung: Die Stadtentwicklung während der Importsubstitution

1982, als die Schuldenkrise Mexikos die importsubstituierende Industrialisierung beendete und in Lateinamerika den Übergang zu einer auf den Weltmarkt orientierten wirtschafts- und gesellschaftspolitischen Entwicklungsstrategie einläutete, war der Subkontinent bereits mehrheitlich verstädtert: Nach Angaben der Vereinten Nationen lebten 1980 etwa 235 Mio. LateinamerikanerInnen in Städten, also knapp zwei Drittel der damaligen Bevölkerung. 50 Jahre zuvor waren es erst 18 Mio. bzw. 17% der Bevölkerung gewesen (zum Folgenden siehe die zusammenfassende Darstellung der Stadtentwicklung in Lateinamerika während der Importsubstitution in Parnreiter 2007a: 21-31).

Der rasche Verstädterungsprozess in der Zeit der Importsubstitution, der etwa zur Hälfte durch Land-Stadt-Wanderungen gespeist wurde, war in den meisten Staaten von einer wachsenden Bevölkerungskonzentration in der jeweils größten Stadt des Landes begleitet. In Montevideo beispielsweise lebten 1980 fast 42% der Uruguayos, während Buenos Aires, Santiago de Chile und Panama City immerhin noch jeweils etwa ein Drittel der Landesbevölkerung beherbergten. Die Entstehung von riesigen städtischen Agglomerationen war vor allem in den großen Staaten eine typische Form der Verstädterung: 1980 zählte Lateinamerika vier Megastädte[1]: Mexico City, São Paulo, Buenos Aires und Rio de Janeiro.

Der Verstädterungsprozess war allerdings nicht auf die Bevölkerung beschränkt – die ökonomische Entwicklung während der Importsubstitution war geprägt durch einen markanten „urban bias" (Lipton 1977). Das Wachstum der Produktion, das

---

[1] Damals definiert als Städte mit mehr als fünf Mio. EinwohnerInnen. Zur Kritik am Begriff und Konzept Megastadt siehe Parnreiter 2007: 78-84.

von der Industrialisierung angetrieben wurde, war v.a. auf die großen urbanen Zentren konzentriert, wodurch diese zu den unumstrittenen Epizentren der wirtschaftlichen Entwicklung wurden. Mexico City beispielsweise trug 1980 fast 38% zum mexikanischen BIP bei, bei der Erzeugung von Industriegütern lag der Anteil der Stadt bei 47% der nationalen Produktion.

Trotz des Bedeutungsgewinns der Industrie dominierte diese aber weder die städtische Produktion noch den Arbeitsmarkt: Der Anteil der Industrie an der städtischen Beschäftigung erreichte im Schnitt nicht mehr als etwa ein Viertel (in Chile aber z.B. 30, in Mexiko hingegen nur 19% [jeweils 1980]), wobei allerdings in den Hauptstädten bis zur Hälfte der Beschäftigten in der Industrie arbeiteten. Hinsichtlich der Produktion kam die Industrie gegen Ende der Importsubstitution auf etwa ein Viertel bis ein Drittel des Bruttoregionalprodukts. Industriearbeit war, obwohl die weibliche Erwerbsbeteiligung auf den städtischen Arbeitsmärkten während der Importsubstitution spürbar anstieg, Männersache: 1980 waren vier von fünf Industriearbeitskräften in Lateinamerika männlich.

Ein zentrales Merkmal der Stadtentwicklung in der Zeit der Importsubstitution war, dass die Lohnarbeit zur dominanten Form der Arbeitsbeziehungen wurde. 1980 waren zwischen 60 und 80% der Arbeitskräfte auf den städtischen Arbeitsmärkten LohnarbeiterInnen, etwa 5% waren UnternehmerInnen, der Rest arbeitete im informellen Sektor. Die Ausbreitung der Lohnarbeit und die insgesamt expansive Lohnpolitik führten dazu, dass es für einen erheblichen Teil der Stadtbevölkerung zu spürbaren sozialen Verbesserungen kam. Der Human Development Index ist deutlich gestiegen, der Anteil der Armen war in den Städten deutlich geringer als am Land. In Brasilien beispielsweise galten gegen Ende der Importsubstitution zwei Drittel der ländlichen, aber „nur" ein Drittel der städtischen Bevölkerung als arm, in Mexiko waren es 36% der StädterInnen, aber 54% der Landbevölkerung.[2]

Die sozial-räumliche Entwicklung der lateinamerikanischen Stadt während der Importsubstitution war geprägt durch die weite Verbreitung von verschiedenen Typen informeller Unterschichts- oder Marginalviertel, die mindestens die Hälfte, in manchen Staaten sogar drei Viertel der großstädtischen Bausubstanz ausmachten. Viele ForscherInnen nehmen zudem an, dass die sozialräumliche Struktur von einer klaren Trennung der Bevölkerungsgruppen gekennzeichnet war.

---

[2] Gemäß der Definition der CEPAL gelten jene Personen als arm, die in Haushalten leben· deren Einkommen nicht ausreicht, um Grundbedürfnisse über die elementarsten Lebensmittel hinaus abzudecken.

Mit dem Ende der Importsubstitution und der Implementierung einer wirt-
schafts- und gesellschaftspolitischen Politik, die durch Stichworte wie Deregulierung, Öffnung des Binnenmarktes für Importe und ausländische Investitionen und
Umorientierung der Produktion auf externe Märkte beschrieben werden kann, haben
sich die Rahmenbedingungen für die Stadtentwicklung in Lateinamerika grundlegend verändert. Dieser Wandel soll in den folgenden Abschnitten skizziert werden.

Bevölkerungsentwicklung

Das auffälligste Merkmal der demographischen Entwicklung Lateinamerikas seit
1980 ist, dass nahezu die gesamte Bevölkerungszunahme – nämlich 99,8% – in den
Städten erfolgte: Die Stadtbevölkerung nahm zwischen 1980 und 2005 um 198 Mio.
Personen zu (+ 84%); im Jahr 2005 lebten 434 Mio. LateinamerikanerInnen in Städten. Allerdings hat die Dynamik des Wachstums abgenommen: Wurden in den
1950er und 1960er Jahren noch jährliche Wachstumsraten von über 4% verzeichnet,
so machte die Zunahme der Stadtbevölkerung zwischen 2000 und 2005 weniger als
2% jährlich aus. Mit einem Verstädterungsgrad von 77% ist Lateinamerika mittlerweile die am zweithöchsten verstädterte Großregion der Welt; es übertrifft Europa
und liegt nur knapp hinter den USA (UNPD 2006). Der Beitrag der Land-Stadt-
Migrationen zum Städtewachstum hat abgenommen – in den 1990er Jahren gingen
als Folge der gestiegenen Bedeutung des endogenen Wachstums der Städte „nur"
mehr 38% der Bevölkerungszunahme in den Städten Lateinamerika auf Zuwande-
rung vom Land zurück (Cerrutti/Bertoncello 2003).
    Was die räumliche Konzentration der Bevölkerung in nur einer Stadt betrifft,
die ja eines der charakteristischsten Merkmale der Verstädterung während der Importsubstitution gewesen war, so setzt sich diese Entwicklung nach 1980 nicht mehr
ungebrochen fort. Seit 1980 ist es in einer Reihe von Staaten zu einer gewissen Dezentralisierung gekommen – Caracas, Montevideo, Buenos Aires und Mexico City
büßten in Relation zur Gesamtbevölkerung ihres Staates Anteile ein, während die
Bevölkerungsanteile von Havanna, São Paulo und Lima etwa gleich blieben. In den
meisten mittelgroßen und kleinen Staaten ist hingegen ein weiterer Zentralisierungs-
prozess der Bevölkerung in der jeweils größten Stadt zu beobachten. Auch hinsichtlich der Entwicklung des Primacy Index gibt es keine einheitliche Tendenz. In manchen Staaten verringerte sich der relative Größenunterschied zwischen der größten
und der zweitgrößten Stadt, beispielsweise in Mexiko, Argentinien und Peru, wäh-

rend der Primacy Index von Santiago de Chile oder Bogotá weiter zunahm (UNPD 2006).

Die Zahl der Millionenstädte in Lateinamerika hat sich zwischen 1980 und 2005 von 26 auf 55 erhöht, sechs davon gehören zu den 30 größten Städten der Welt (Mexico City [2], São Paulo [4], Buenos Aires [10], Rio de Janeiro [14], Bogotá [27] und Lima [30]). Die Zahl der sogenannten Megastädte in Lateinamerika hat sich aber nicht verändert, weil die Definition mit den Städten „mitgewachsen" ist. Gemäß der aktuellen Festlegung der Vereinten Nationen wird eine Stadt mit mehr als 10 Mio. EinwohnerInnen als Megastadt bezeichnet; demzufolge waren im Jahr 2005 Mexico City (19,4 Mio.), São Paulo (18,3 Mio.), Buenos Aires (12,6 Mio.) sowie Rio de Janeiro (11,5 Mio.) Megastädte (ebd.).

Die Städtenetze, die während der Importsubstitution geschaffen wurden, waren, wie erwähnt, auch bezüglich der räumlichen Verteilung der ökonomischen Aktivitäten sehr ungleich gewesen. Häufig wurden zwischen 30 und 40% der Wirtschaftsleistung eines Staates in der größten Stadt erbracht, bei der industriellen Produktion war die Konzentration noch höher. Für die Zeit seit dem Ende der Importsubstitution lässt sich bezüglich der wirtschaftlichen Zentralisierung keine einheitliche Tendenz mehr ausmachen. Mexiko und Chile stehen – ähnlich wie hinsichtlich der demographischen Primacy – als Fallbeispiele für zwei entgegengesetzte Entwicklungswege. Während in Chile der Transformationsprozess und die verstärkte Integration in den Weltmarkt einen (leichten) Anstieg der ökonomischen Konzentration in der Hauptstadt mit sich brachte, verlor Mexico City Anteile am BIP des Landes (Parnreiter 2003).

Wirtschaft und Arbeitsmarkt

Entgegen aller (entwicklungs)politischen Rhetorik, Wachstum und Entwicklung könnten nur über exportorientierte Industrialisierung angekurbelt werden, ist es in den letzten 25 Jahren in Lateinamerika zu partieller Entindustrialisierung gekommen. Nach Angaben der CEPAL[3] sank der Anteil der Industrie an der Gesamtproduktion um sieben Prozentpunkte auf 17% (1980–2005); einen relativen Bedeutungsgewinn der Industrie verzeichneten nur kleine Länder (Honduras, Dominikani-

---

[3] http://www.cepal.org/estadisticas/ (wenn nicht anders angegeben)

sche Republik, Nicaragua, Costa Rica, El Salvador) und, als einziges größeres Land, Mexiko.

Die rückläufige Bedeutung der Industrie schlug sich auf die städtischen Arbeitsmärkte nieder. Seit den frühen 1980er Jahren ging der Anteil der Industrie an der Beschäftigung in den Städten in ganz Lateinamerika zurück, wobei in Argentinien, Uruguay, Kolumbien, Venezuela, Chile und Costa Rica die Anteilsverluste der Industrie besonders ausgeprägt waren. Im Jahr 2006 arbeiteten laut CEPAL in Argentinien, Brasilien und Chile rund 15% der städtischen Erwerbsbevölkerung in der Industrie, in Mexiko waren es 18, in Honduras 21%. Beschäftigungsstärkste Sparte ist durchwegs der Handel – hier ist zwischen einem Fünftel und einem Drittel der städtischen Erwerbsbevölkerung tätig. Als Folge davon ist der Anteil der ArbeiterInnen, HandwerkerInnen und der ungelernten Arbeitskräfte an der städtischen Beschäftigung zurückgegangen, während der Anteil der VerkäuferInnen und der Angestellten im Dienstleistungssektor ebenso zugenommen hat wie der Anteil der Führungskräfte in Unternehmen. Allerdings sind große regionale Unterschiede festzustellen: Während in Brasilien nur ein Viertel der städtischen Beschäftigten in der Industrie arbeiten (2006), sind es in Costa Rica zwei Fünftel, und in Mexiko immerhin ein Drittel.

Kontinuität ist hingegen bezüglich der zunehmenden Beteiligung von Frauen an der Lohnarbeit festzustellen. Die während der Importsubstitution zu beobachtende Tendenz, dass der Anteil der ökonomisch aktiven Frauen in nahezu allen Ländern Lateinamerikas gestiegen ist, hat sich seit 1980 fortgesetzt. Generell weisen der Handel und der Dienstleistungssektor einen höheren Frauenanteil auf als die Industrie; in Staaten wie El Salvador, Honduras oder Mexiko, die seit den 1980er Jahren Lohnfertigungsindustrien für den Export (maquiladoras) auf- oder ausgebaut haben, ist die weibliche Beschäftigung in der Industrie aber stark gestiegen.

Eines der wichtigsten Kennzeichen der Entwicklung der städtischen Arbeitsmärkte seit dem Ende der Importsubstitution ist, dass zahlreiche Indikatoren auf eine Verschlechterung der Bedingungen für die Arbeitenden hinweisen. Die offene Arbeitslosigkeit in den Städten nahm in ganz Lateinamerika zu – lag sie 1980 bei 6%, so betrug sie 2006 bereits 9%. Allerdings sagt das Kriterium „Arbeitslosigkeit" in Lateinamerika wegen der in vielen Ländern fehlenden Arbeitslosenversicherungen kaum etwas über die tatsächliche soziale Entwicklung aus. Aussagekräftiger ist, dass die informelle Ökonomie deutlich angewachsen ist, und zwar zu Lasten der formellen Lohnarbeit, insbesondere im öffentlichen Sektor. Anders als ModernisierungstheoretikerInnen und Entwicklungsagenturen prophezeit haben, ist der informelle

Sektor nicht nur nicht aus den Städten Lateinamerikas verschwunden, er ist in den letzten zweieinhalb Jahrzehnten sogar deutlich gewachsen.

Befanden sich 1980 etwa 30% der Arbeitskräfte in den Städten im informellen Sektor (Portes 1995), so ist der Anteil bis 1998 nach Angaben der Internationalen Arbeitsorganisation auf 48% gestiegen (ILO 2001). Außer in Chile, Brasilien, El Salvador und Guatemala kam es seit den 1990er Jahren überall zu einer weiteren Informalisierung des Arbeitsmarktes, wobei in den drei letztgenannten Ländern der Anteil der Informalität an der Gesamtbeschäftigung in den Städten sehr hoch blieb – in Brasilien macht er 44% aus (2005), in El Salvador und in Guatemala jeweils deutlich mehr als die Hälfte. In neun der 18 Staaten, für die Daten vorliegen, macht der informelle Sektor mehr als die Hälfte der städtischen Beschäftigung aus (Angaben für 2002–2005), nämlich in Bolivien (71%), Peru (65%), Paraguay (61%), Nicaragua (60%), Honduras (59%), Guatemala und Ekuador (je 58%), El Salvador (55%) und Venezuela (52%). Das einzige Land, in dem der Anteil an Informalität in den Städten unter 40% liegt, ist Chile, wo auch – ebenfalls einzigartig in Lateinamerika – eine substantielle Reduktion der Informalität gelang (2003: 31%; 1990: 39%) (CEPAL 2007).

Auffällig ist, dass der informelle Sektor nicht nur während der sprichwörtlich „verlorenen Dekade" der 1980er Jahre expandierte, sondern auch in den 1990er Jahren. Das Beschäftigungswachstum spielte sich überwiegend in der Informalität ab – 84% der zwischen 1990 und 1997 in Lateinamerika neu geschaffenen Arbeitsplätze entstanden im informellen Sektor (Pérez Herrera 1999). Obwohl Männer wie Frauen von der Informalisierung betroffen waren, fiel der Zuwachs bei Männern deutlich stärker aus. Innerhalb des informellen Sektors umfasst die größte Gruppe die self-employed (Selbsttätige ohne Angestellte), gefolgt von den Beschäftigten in micro-enterprises (Betriebe mit weniger als fünf Beschäftigten), den Hausangestellten sowie den UnternehmerInnen der *micro-enterprises* (ILO 2001). Das Wachstum des informellen Sektors erfolgte vor allem zu Lasten der Beschäftigung im öffentlichen Sektor. Mit Ausnahme von Paraguay und Peru verzeichneten in diesem Bereich alle lateinamerikanischen Staaten einen Rückgang, wobei die Auswirkungen auf den städtischen Arbeitsmarkt zum Teil dramatisch waren: In Guatemala ging die Beschäftigung im öffentlichen Sektor um mehr als 50% zurück, in Bolivien und Nicaragua um jeweils mehr als 40%, in Costa Rica, Ekuador, Honduras, Kolumbien und Venezuela immerhin noch um je ein Drittel (CEPAL 2004).

Soziale Entwicklung

Die Einschätzung der sozialen Entwicklung in den Städten Lateinamerikas ergibt ein widersprüchliches Ergebnis. Einerseits zeigt das Ansteigen des vom Entwicklungsprogramm der Vereinten Nationen (UNDP) erstellten Human Development Index, dass in den letzten 20 Jahren in allen Staaten Lateinamerikas Fortschritte hinsichtlich der Lebenserwartung, des Lebensstandards und der Bildung erzielt worden sind. Allerdings hat sich die Dynamik der sozialen Aufwärtsmobilität gegenüber den letzten zwei Jahrzehnten der Importsubstitution verlangsamt (UNDP 2006; Thorp 1998).

Den Fortschritten, die sich im Ansteigen des Human Development Index widerspiegeln, steht gegenüber, dass die Armut nicht reduziert werden konnte. Laut CE-PAL[4] liegt der Anteil der Armen in Lateinamerika seit 1980 bei 40% der Bevölkerung, wobei allerdings der Anteil der extrem Armen ebenso rückläufig ist (von 19 auf 15% [1980–2005]) wie der Anteil derer, die Hunger leiden müssen (von 13 auf 10% [1979/81–2002/04]). Trotz der graduellen Verbesserungen der Lebenssituation lebten zu Beginn des dritten Jahrtausends also zwischen einem Fünftel (Chile, Costa Rica) und mehr als zwei Drittel (Nicaragua, Honduras) der Bevölkerung in Armut, wobei in den letztgenannten Ländern mehr als 40% der Bevölkerung in extremer Armut lebten. In absoluten Zahlen gemessen ist die Armut in den letzten zweieinhalb Jahrzehnten deutlich gestiegen: 2005 waren 215 Mio. Menschen in Lateinamerika arm, das sind 76 Mio. mehr als 25 Jahre zuvor. Die Zahl der extrem Armen hat um fast 20 Mio. auf 83 Mio. zugenommen, die Zahl der Hungernden ist um fast 8 Mio. auf 52 Mio. angewachsen.

Den markantesten Bruch mit der Zeit der Importsubstitution stellt jedoch die Verarmung der Städte dar. Relativ zur ansässigen Bevölkerung ist die Armut am Land zwar immer noch weiter verbreitet als in der Stadt, absolut gesehen aber ist es zu einer Verstädterung der Armut gekommen. Während in den ländlichen Gebieten die Zahl der Armen und extrem Armen seit 1980 zurückging, hat sich die Armut in Städten rasant ausgebreitet. Gegenüber 1980 waren im Jahr 2005 77 Mio. mehr StädterInnen arm (gesamt: 143. Mio.), die Zahl der extrem Armen ist um 19 Mio. auf 43 Mio. gestiegen. Parallel zum ausschließlich auf die Städte konzentrierten Bevölkerungswachstum erfolgte auch die absolute Zunahme der Armut nahezu ausschließlich in den Städten, die mittlerweile 67% der Armen und 52% der extrem

---

[4] Zur CEPAL-Definition von Armut siehe Fußnote 2.

Armen beherbergen. Die Armut ist in den Städten aber auch relativ zur Gesamtbevölkerung gestiegen – 1980 waren 30% der StädterInnen arm, 2005 schon 34%.

Deutlich überdurchschnittliche Armutsraten weisen die Städte in der Dominikanischen Republik, in El Salvador, Ekuador, Guatemala, Kolumbien und Peru auf, wo zu Beginn des dritten Jahrtausends mehr als 40% der StädterInnen in Armut lebten. In Paraguay war es mehr als die Hälfte, in Honduras fast zwei Drittel. In Argentinien ist die städtische Armut in den letzten Jahren zwar wieder rückläufig, dennoch ist Argentinien das Land mit der stärksten Zunahme des Anteils der Armen (1980: 9%; 2005: 26%). Lateinamerikaweit sind die Arbeitskräfte in der informellen Ökonomie besonders armutsgefährdet: Über die Hälfte der häuslichen DienstbotInnen und der Beschäftigten in Betrieben mit weniger als fünf Arbeitskräften sind arm, bei den Selbsttätigen ist es immerhin noch ein Drittel. Umgekehrt arbeitet in den meisten Ländern Lateinamerikas der Großteil der städtischen Armen (zwischen 60 und 75%) in der Informalität. Bemerkenswerte Ausnahmen stellen Chile dar, wo „nur" 41% der Armen der Städte im informellen Sektor tätig sind, und vor allem Argentinien: Dort war im Jahr 2002 ein Viertel der städtischen Armen im öffentlichen Dienst beschäftigt, weitere 26% arbeiten in Betrieben in der formellen Ökonomie (CEPAL 2004).

Neben und in Zusammenhang mit der bereits dargestellten Informalisierung gehört der Rückgang der Einkommen seit dem Ende der Importsubstitution zu den wesentlichen Ursachen für die Verarmung der Städte. In elf lateinamerikanischen Staaten sanken zwischen den frühen 1990er Jahren und ca. 2005 die durchschnittlichen Einkommen der in den Städten Beschäftigten im Verhältnis zu den jeweiligen nationalen Armutslinien (nämlich in Argentinien, Bolivien, Brasilien, Dominikanische Republik, Guatemala, Honduras, Nicaragua, Peru, Paraguay, Uruguay, Venezuela), während sich nur in fünf (Chile, Costa Rica, Ekuador, Kolumbien und Panama) die Einkommen im Verhältnis zur Armutslinie erhöht haben (in El Salvador und Mexiko blieb das Verhältnis gleich). Die im Verhältnis zur nationalen Armutsgrenze höchsten Einkommen erreichten die in den Städten Beschäftigten in Chile, Argentinien, Costa Rica und Panama, am niedrigsten waren die Einkommen der in den Städten Beschäftigten in Bolivien, Guatemala, Honduras, Paraguay und Peru (CEPAL 2007).

In der Mehrzahl der Staaten, für die Daten vorliegen, sind die realen Löhne in den zwei Jahrzehnten seit den frühen 1980er Jahren gefallen, nämlich in den drei großen Staaten Argentinien, Brasilien und Mexiko, und darüber hinaus noch in Nicaragua, Peru, Uruguay und Venezuela. In Bolivien, Chile, Costa Rica, Kolumbien und Paraguay hingegen sind die Reallöhne gestiegen. Auch die realen Mindestlöhne der in den Städten Beschäftigten weisen in den letzten zweieinhalb Jahrzehnten eine abwärtsgerichtete Dynamik auf, im lateinamerikanischen Durchschnitt verloren sie 4% ihres Wertes (1980–2005). Während sie in Chile (+ 43%), Argentinien, Guatemala (jeweils + 35%), Costa Rica (+ 33%), Panama und Paraguay (jeweils + 25%) zugenommen haben, sind die realen Mindestlöhne in den Städten El Salvadors (- 74%), Mexikos (- 70%), Perus (- 65%), Boliviens (- 58%), Venezuelas (- 52%), Ekuadors (- 50%) und Uruguays (- 45%) markant gefallen (OIT 2000, 2006).

Parallel zur Zunahme der Armut hat seit dem Ende der Importsubstitution die soziale Polarisierung in den Städten Lateinamerikas zugenommen. In den meisten Ländern lag der GINI-Koeffizient Mitte der 1990er Jahre deutlich höher als 20 Jahre zuvor (Roberts 1995; Korzeniewicz/Smith 2000). Wegen Datenmangels ist ein systematischer Vergleich des GINI-Koeffizienten in den Städten leider erst ab Beginn der 1990er Jahre möglich, also nach der „verlorenen Dekade" der 1980er. Die größten Einkommensunterschiede finden sich in den Städten Brasiliens, Kolumbiens, der Dominikanischen Republik und Uruguays, die geringsten in Venezuela, Costa Rica und Peru (Angaben jeweils für ca. 2002–2005). Vergleicht man die Angaben für die frühen 1990er Jahre mit denen ein Jahrzehnt später, so zeigt sich, dass der Gin-Koeffizient (und damit die Einkommensungleichheit) in den Städten Uruguays, Paraguays und Ekuadors am stärksten zugenommen hat, während in Peru, Panama, Honduras, Guatemala und Mexiko die Einkommensunterschiede abgenommen haben.

In mehr als der Hälfte der Staaten, für die Zeitreihen für die Einkommensverteilung in den Städten vorliegen, haben sowohl das reichste Zehntel als auch das reichste Fünftel der StadtbewohnerInnen ihren Anteil am Gesamteinkommen erhöht. Dies war besonders deutlich in Kolumbien, Paraguay und Ekuador der Fall, aber auch in Argentinien, Bolivien, Chile und Costa Rica konnten die Wohlhabenden ihre Einkommen relativ stärker erhöhen als die Armen. Relative Einkommenseinbußen erlitten das reichste Zehntel bzw. Fünftel der Stadtbevölkerung hingegen in Guatemala, Honduras, Mexiko, Panama und Uruguay. Brasilien stellt insofern einen Sonderfall dar, als dort zwar das reichste Zehntel seinen Einkommensanteil erhöhte, das nächste Dezil aber relative Einkommensverluste erlitt. Mit der Ausnahme von Brasilien, Guatemala, Honduras, Mexiko und Panama gingen die Einkommensgewinne der Reichsten zu Lasten der mittleren Einkommen (Dezile 4–7), in Argentinien, Costa Rica, Ekuador, Kolumbien, Paraguay und Uruguay musste aber auch das ärmste Fünftel der Stadtbevölkerung relative Einkommensverluste hinnehmen. Am tiefsten gespalten sind die Städte in Brasilien, Kolumbien und Nicaragua, dort kann sich das reichste Zehntel der städtischen Bevölkerung 40 bis 60 mal so viel Einkommen aneignen wie das ärmsten Zehntel (ca. 2002/05). In Costa Rica, El Salvador, Mexiko und Paraguay weisen die Städte die verhältnismäßig geringste Polarisierung auf, das reichste Dezil kommt auf etwa 20 bis 30 mal höhere Einkommen als das ärmste.

Wohnen und sozialräumliche Segregation

Bezüglich des Habitats der städtischen Bevölkerung bringen die 1990er Jahre im Wesentlichen eine Verbesserung.[5] Für die 1990er Jahre zeigen die Überblicksdaten der Vereinten Nationen für ganz Lateinamerika, dass der Zugang zu Wohnraum im Eigentum im Verhältnis zu den Einkommen zwischen 1993 und 1998 nicht teurer geworden ist – Häuser/Wohnungen kosten im Durchschnitt 5,8 jährliche Durchschnittseinkommen. Anders verhält es sich bei Mietwohnungen: Mussten 1993 „erst" 32% des Einkommens für die Miete ausgegeben werden, waren es fünf Jahre später bereits 38%. Da aber nur ein Fünftel der städtischen Bevölkerung Lateinamerikas in Mietwohnungen lebt und vor allem die ärmeren Bevölkerungsschichten ihren Wohnraum auch besitzen (weshalb Wohnungseigentum, anders als etwa in Deutschland, kein Zeichen von Wohlstand ist), trifft diese Verschlechterung nur einen relativ kleinen Teil der Stadtbevölkerung (UNCHS 2001).

Gleichzeitig hat sich der Prozess der baulichen und infrastrukturellen Konsolidierung, der schon während der Importsubstitution begann, fortgesetzt. So hatte nach Angaben der CEPAL im Jahr 2000 der überwiegende Teil der städtischen Bevölkerung Lateinamerikas Zugang zu Trinkwasser, lediglich in Peru und Venezuela lag der Anteil der StadtbewohnerInnen ohne Zugang zu Wasser noch über 10%. Auch der Zugang zu angemessener Abwasserentsorgung hat sich ausgeweitet: Mit der Ausnahme der Dominikanischen Republik und Venezuelas waren die Wohnungen von mehr als vier Fünftel der Stadtbevölkerung an die öffentliche Kanalisation angeschlossen oder hatten wenigstens eine Klärgrube bzw. eine Latrine. Stromanschlüsse versorgten immerhin über 90% der städtischen Haushalte, während in der Hälfte der Haushalte auch ein Telefon zur Verfügung stand.

---

[5] Wiederum erlauben die Daten keinen längeren historischen Vergleich.

Diese Überblicksdaten sollen aber nicht darüber hinwegtäuschen, dass in marginalen Siedlungen der Zugang zu städtischer Infrastruktur deutlich schlechter ist. Nach UN-Angaben lebte im Jahr 2001 ein knappes Drittel aller LateinamerikanerInnen (130 Mio. Personen) in Slums, die durch einen nicht ausreichenden Zugang zu Trinkwasser, eine ungenügende Abwasserversorgung und andere Basisinfrastrukturen, generell schlechte Wohnqualität, überbelegte Räume und unsicheren Rechtsstatus definiert werden (UN-Habitat 2003).[6] In informellen Siedlungen verfügen nur zwei Drittel der Haushalte über Fließwasser und weniger als ein Drittel hat eine angemessene Abwasserentsorgung. Am weitesten verbreitet ist noch Elektrizität (85% der Haushalte in informellen Siedlungen) (UNCHS 2001).

Den Konsolidierungsprozess des Habitats bestätigt auch eine Untersuchung der residenziellen Segregation in Mexico City. Rubalcava und Schteingart (2000) stellen fest, dass jene Faktoren, die den Wohnraum der Bevölkerung betreffen (wie Wohnungseigentum oder Miete, Zugang zu Fließwasser, Belegung pro Schlafzimmer), an erklärender Kraft für die sozialräumlichen Differenzierungen in der Stadt verloren haben, während sozioökonomische Aspekte, die sich vor allem auf die Stellung der Bevölkerung am Arbeitsmarkt beziehen (Anteil der ökonomisch aktiven Bevölkerung, Schulbildung, Einkommen), immer mehr ins Gewicht fallen.

Was die sozialräumliche Ordnung der Städte betrifft, so stellen in den letzten Jahren zahlreiche Arbeiten das Bild einer klaren räumlichen Polarisierung in Frage, das lange Zeit von der Stadtforschung favorisiert wurde. Als signifikante Veränderung wird in der Literatur vor allem festgehalten, dass sich in städtischen Teilgebieten eine größere soziale Komplexität herausbildet, weil „arm" und „reich" in kleineren Räumen aufeinandertreffen, also physisch näher beieinander leben. Städtische Teilgebiete werden, so der Tenor jüngerer Arbeiten, sozial inhomogener.

So zeigt beispielsweise die Analyse der residenziellen Segregation in Mexico City, dass die Orte der Global City, also dort, wo die transnationalen Unternehmen, die Banken und andere Unternehmensdienstleister ihren Sitz haben, umgeben sind von städtischen Peripherien. Im Jahr 1995 lebten in den drei inneren Bezirken (*delegaciones*) von Mexico City, Miguel Hidalgo, Benito Juárez und Cuauhtémoc, 245.000 Personen, die als arm oder sehr arm eingestuft wurden (weniger als 3.000 mexikanische Peso durchschnittliches monatliches Haushaltseinkommen [= €

---

[6] Allerdings gibt der gleiche UN-Bericht an, dass in den Städten Lateinamerikas 94% der Bevölkerung Zugang zu Trinkwasser und 86% zu Abwasserversorgung haben, was im Widerspruch zur hohen Zahl von SlumbewohnerInnen steht.

185][7]), was einem Viertel der dort lebenden Bevölkerung entspricht. Ein weiteres knappes Viertel (234.000 Personen) gilt als reich, womit etwa die Hälfte der BewohnerInnen des Zentrums von Mexico City entweder am oberen oder am unteren Ende der Einkommenshierarchie zu finden ist (vgl. Abbildung 1 sowie eigene Berechnung, basierend auf BIMSA 1998).

Besonders markant zeigt sich das Aufeinandertreffen großer sozialer Gegensätze auf engem Raum rund um den *Paseo de la Reforma*. Diese ist eine der wichtigsten Geschäftsstraßen, wo sich die mexikanische Börse ebenso befindet wie die Sitze zweier der zehn größten Unternehmen Mexikos (die Elektrizitätswerke [*Comisión Nacional de Electricidad*], Ford) sowie zahlreiche Finanzdienstleister und andere wichtige Unternehmen. Zum anderen ist dieser „globale Ort" eingebettet in lokale Armut: Rund um den *Paseo de la Reforma* treffen Haushalte mit Monatseinkommen von mehr als 50.000 mexikanischen Peso (= € 3.100) auf Haushalte, die monatlich über weniger als 5.000 Peso verfügen (= € 310). Im Umkreis von Börse und Unternehmenszentralen finden sich gleich drei Gebiete, die vom mexikanischen Sozialministerium SEDESOL als Bereiche höchster Armutskonzentration identifiziert werden, und einige weitere Häuserblocks mit mittlerer oder hoher Armutskonzentration (vgl. Abbildung 2).

Besondere Aufmerksamkeit wird – insbesondere in der deutschsprachigen stadtgeographischen Forschung (siehe z.B. Themenheft der Geographica Helvetica 2002/4) – der Frage der *gated communities* geschenkt, die in Lateinamerika unter verschiedenen Bezeichnung bekannt sind (*barrios cerrados, fraccionamientos cerrados, condominios [cerrados], condominios fechados*). Diese werden vielfach als Ausdruck und Triebfeder des Wandels der Muster in der sozialräumlichen Ordnung der Stadt beschrieben. Allgemein wird ein regelrechter Bauboom an *condominios* festgestellt, der in allen lateinamerikanischen Metropolen in den 1980er Jahren einsetzt und bis dato ungebrochen anhält. Gegenüber den noch vereinzelten *gated communities* der Superreichen in den 1960er und 1970er Jahren unterscheidet sich die Ausbreitung der *barrios cerrados* in den letzten zwei Jahrzehnten aber nicht nur durch die quantitative Dimension, sondern auch dadurch, dass das Wohnen hinter Mauern und anderen Sicherheitseinrichtungen auch für die Mittelschichten zum erstrebenswerten Ziel zu werden scheint.

---

[7] Stand: 4.1.2008

Abbildung 1: Residenzielle Segregation in Miguel Hidalgo, Benito Juárez und Cuauhtémoc nach Einkommensgruppen (1998)

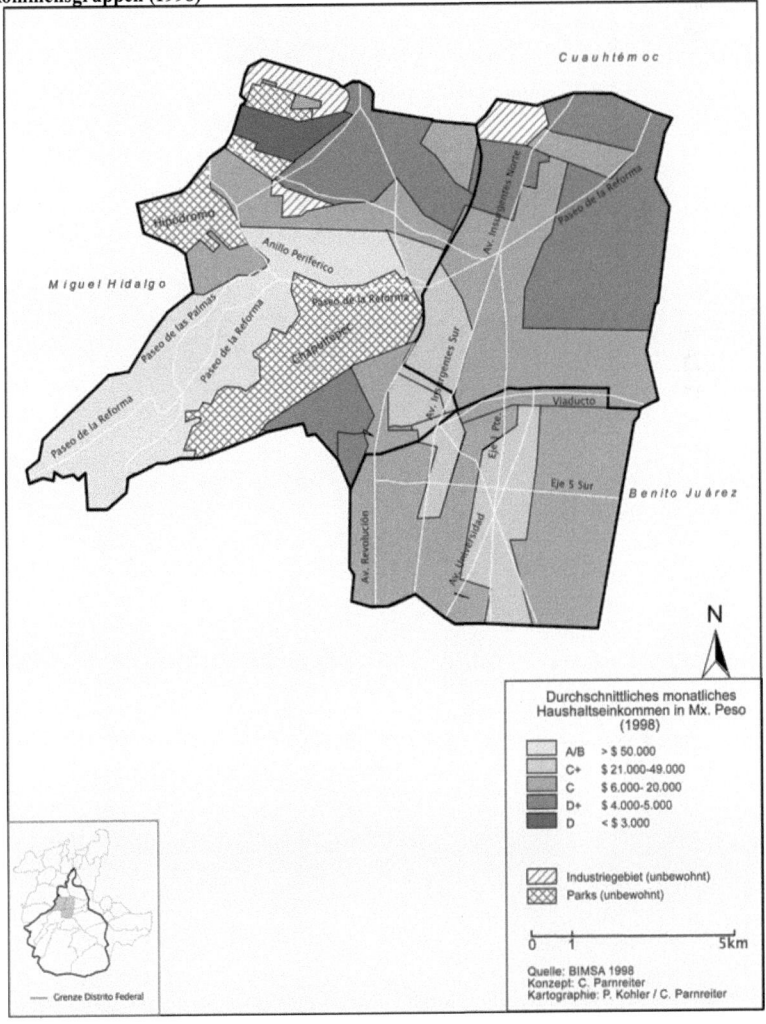

Abbildung 2: Paseo de la Reforma: Firmensitze (Top 1.000 Unternehmen in Mexiko) und Konzentration armer Haushalte (2002)

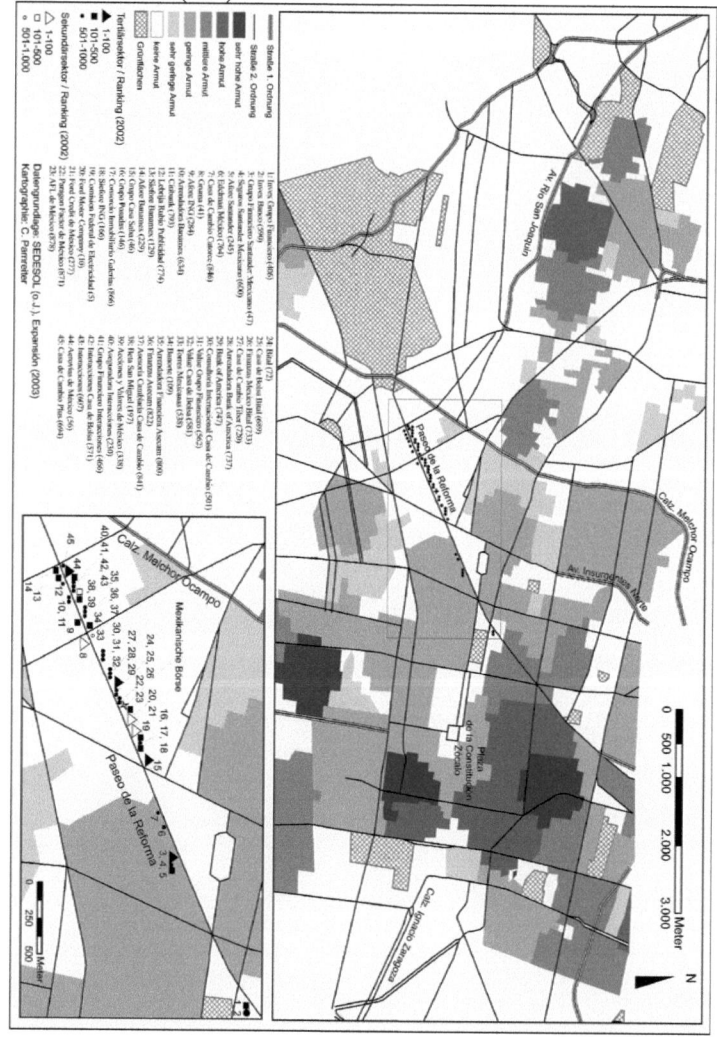

Da die jüngere Segregationsforschung vermuten lässt, dass die lange angenommene klare räumliche Differenzierung der Wohngebiete unterschiedlicher sozialer Gruppen dem komplexen Bild der gegenwärtigen Stadtentwicklung in Lateinamerika nicht (mehr) entspricht, sind auch die Modelle zur Stadtstruktur der lateinamerikanischen Stadt angepasst worden (Borsdorf u.a. 2002). Inwiefern die von zahlreichen AutorInnen beobachtete Komplexität tatsächlich das Ergebnis einer rezenten Entwicklung ist, kann derzeit nicht beurteilt werden. Der wichtigste Grund dafür ist, dass die Datenlage es nicht erlaubt, einzelne Stadtteile mit großem Maßstab historisch zu vergleichen.

Die Megastadt – Entwicklungshemmnis oder Motor?

Mike Davis hat kürzlich ein sehr düsteres Bild der Städte des globalen Südens gezeichnet (Davis 2007). Er polemisiert gegen die „Verslumung" der Welt, womit er zwei ineinandergreifende Prozesse meint. Erstens werde das gesamte zukünftige Wachstum der Menschheit in Städten der „Dritten Welt" stattfinden, und zweitens werden diese Städte, so der Klappentext der deutschen Ausgabe, „weitgehend ohne Industrialisierung, schlimmer noch, ohne jegliche Entwicklung" wachsen. Der Slum, das ist für Davis die Endstation, für eine Milliarde oder mehr Menschen ein realer Ort des Lebens und Sterbens und zugleich Sinnbild für die durch Kolonialismus, Kapitalismus und jüngst Strukturanpassungsprogramme ausgelöste Verarmung weiter Teile der Welt. Der Slum, das ist „eine Zone der Verbannung, ein neues Babylon" (ebd.: 210).

Ungeachtet seiner politischen Argumentation gegen Weltbank und Internationalen Währungsfonds benützt Davis immer wieder biologistische Metaphern und schreibt in malthusianischer Manier von „Bevölkerungsexplosion" (ebd.: 159) und „wuchernden Städte(n)" (ebd.: 13), die Land-Stadt-Wanderungen bezeichnet er als die „Invasion der armen Leute" (ebd.: 106), als „Anstürme der Armut" (ebd.: 159) und gar als „Sintflut" (ebd.: 60) (zu einer kritischen Auseinandersetzung mit „Planet der Slums" siehe Parnreiter 2007b). Mit den antistädtischen und vor allem antigroßstädtischen Ressentiments ist Davis allerdings nicht alleine. Anders als die Metropolen des Nordens, denen heute allgemein bescheinigt wird, dass sie Motoren wirtschaftlichen Wachstums und gesellschaftlichen Wandels sind, dominiert hinsichtlich der großen Städte Lateinamerikas (und Afrikas und Asiens) jene skeptische bis negative Einschätzung, die im 19. Jahrhundert auch für die europäischen Städte üblich war. Jahrzehnte, nachdem Hoselitz vom Gegensatz zwischen der generativen und der parasitären Stadt schrieb (Hoselitz 1955), urteilte der Wirtschaftshistoriker Paul Bairoch über den Verstädterungsprozess, den viele Länder der „Dritten Welt" ab den 1930er Jahren durchmachten, wie folgt: „Urbanization as it has unfolded in the Third World for nearly a half century now has certainly not helped development. (…) the current level of urbanization in the Third World constitutes a handicap much more than an asset for economic development" (Bairoch 1988: 490). Im gleichen Jahr schrieb der Politikwissenschaftler Henry Teune, dass „(g)rowth, especially rapid growth, generates visible pathologies. (...) Growth of anything requires a particular niche. Pathologies occur if growth is faster than the growth of the boundaries of the niche – in the case of cities, physically and politically defined ones. (...) Thus, the concept of growth is necessarily tied to some notion of equilibrium (...). Growth thus may not only be destabilizing but also may produce negative outcomes for other niche compartments" (Teune 1988: 361f). Lärm, Luftverschmutzung, verunreinigtes Wasser, Unsicherheit, Verkehrsüberlastung, Kriminalität, soziale Desintegration und deviantes Verhalten, Aggression, Armut, Korruption – all das sind nach Teune „Krankheitszustände" der großen Städte der Dritten Welt.

Auch heute bestimmen solche negativen Konnotationen die einschlägige Forschung. So nennt Bohle (2007: 808) „Megaurbanisierung" gemeinsam mit Bürgerkriegen und Fragmentierung als Zeichen von „umfassenden Gesellschaftskrisen" (ebd.), und die „MegaCity TaskForce" der „International Geographical Union" beginnt ihre Selbstdarstellung mit den Worten: „Megacities are major global risk areas. Due to highest concentration of people and extreme dynamics they are particularly prone to supply crisis, social disorganization, political conflicts and natural disasters".[8]

Solchen Einschätzungen kann auch dann nicht zugestimmt werden, wenn die zweifelsohne vielfältigen Probleme der Verstädterungsprozesse in der Peripherie nicht geleugnet werden. Das Problem der Angst- und Katastrophenszenarien ist, dass sie die Stadt des Südens aus der Geschichte und dem gesellschaftlichen Kontext ihrer Entstehung herauslösen, weshalb die Zusammenhänge zwischen nachholender und abhängiger Entwicklung und bestimmten Formen der Verstädterung im Dunkeln bleiben. Diese Vernachlässigung ist umso bemerkenswerter, als ja postu-

---

[8] www.megacities.uni-koeln.de, letzter Zugriff 29.06.2008

liert wird, es bestünde ein „unmittelbarer kausaler Zusammenhang" (Bronger 2004: 105) zwischen funktionaler Primacy[9] und (niedrigem) Entwicklungsstand. Abgesehen davon, dass diese Ansicht empirisch widerlegt werden kann (z.b. weist Santiago de Chile, Hauptstadt des im lateinamerikanischen Vergleich hoch entwickelten Chile, in vielen Aspekten eine höhere funktionale Primacy auf als andere Hauptstädte in Lateinamerika), wird von Bronger und anderen nicht diskutiert, warum in Lateinamerika die Herausbildung von Megastädten im allgemeinen und die Zunahme der funktionalen Primacy im besonderen gerade in der Zeit relativ großer wirtschaftlicher und sozialer Fortschritte erfolgte, nämlich während der Importsubstitution.

Rekapituliert man die oben beschriebenen Muster der Stadtentwicklung in Lateinamerika seit Beginn des 20. Jahrhunderts, so lässt sich festhalten: Die Zeit der Importsubstitution ist einerseits die Zeit schneller Verstädterung von Wirtschaft und Bevölkerung, die in den meisten Ländern die Form eines stark dominierenden urbanen Zentrums annahm. Zugleich ist die Importsubstitution aber auch eine für lateinamerikanische Verhältnisse erfolgreiche Zeit, was wirtschaftliche und soziale Entwicklung angeht: Zwischen 1930 und 1980 wurde die Wirtschaftsleistung verzehnfacht, der soziale Entwicklungsstand Lateinamerikas konnte, gemessen am Human Development Index, zwischen 1950 und 1980 um 75% angehoben werden.[10] 1980 betrug die Lebenserwartung 64 Jahre – gegenüber 1950 eine Verlängerung um immerhin 17 Jahre. Die AnalphabetInnenrate wurde von 54 auf 21% gesenkt, das Pro-Kopf-Einkommen wuchs um 125% (Thorp 1998). Mit dem Ende der Importsubstitution und der Durchsetzung einer weltmarktorientierter Wirtschaftsstrategie ist bezüglich der Verstädterung festzustellen, dass die Konzentration von Wirtschaft und Bevölkerung in nur einer Stadt nicht mehr generell zunimmt und in einigen Fällen (Mexiko, Argentinien, Venezuela, Uruguay) abgenommen hat. Zum anderen sind die zwei Jahrzehnte der Strukturanpassungsprogramme und Globalisierungsprozesse von einer partiellen Entindustrialisierung der Städte ebenso geprägt wie von einem Zurückdrängen der formalisierten Lohnarbeit, während informelle Arbeitsbeziehungen sich (wieder) mehr und mehr ausbreiten. Die soziale Aufwärtsbewegung, die zwischen 1930 und 1980 für Millionen städtischer Arbeitskräfte spürbare Verbesserungen gebracht hatte, wurde verlangsamt, in zahlreichen Fällen auch ge-

---

[9] In der stadtgeographischen Literatur wird mit den Begriffen *urban primacy*, Primatstruktur oder Primatstellung eine Siedlungsstruktur bezeichnet, die durch ein städtisches Zentrum geprägt ist, das die nächstgrößere(n) Stadt (Städte) bezüglich der Bevölkerungszahl und bezüglich der funktionalen Stellung deutlich übertrifft.
[10] Für den HDI sind für 1930 keine Daten verfügbar.

stoppt. Die Zeit seit 1980 ist in vielen (wenn auch nicht in allen) lateinamerikanischen Ländern durch sinkende städtische Einkommen und eine wachsende Kluft zwischen den Reichen und den Armen geprägt. Zum anderen kommt es zunehmend zu einer Verstädterung der Armut – anders als in den Jahren der Importsubstitution kann also nicht mehr davon ausgegangen werden, dass die Stadt jedenfalls mehr Möglichkeiten bietet als das Land.

Die lateinamerikanische Megastadt ist also nicht einfach ein Phänomen von Unterentwicklung: Vielmehr ist sie das Produkt einer bestimmten Art von Entwicklung, nämlich der peripheren, abhängigen und nachholenden Industrialisierung im Rahmen der Importsubstitution. Die Zentralisierung der Wirtschaft im Allgemeinen und der Industrie im Speziellen (und, daraus folgend, die hohe Bevölkerungskonzentration in der jeweils größten Stadt) hingegen mit der Importsubstitution insofern zusammen, als deren extensiver Charakter, die Ausrichtung der Produktion und Konsumption auf den Binnenmarkt und die enge Verquickung von Staat, Politik und Unternehmertum die Konzentration der Investitionen in der Hauptstadt geboten haben. Das starke „urban bias" (Lipton 1977) der Importsubstitution hängt folglich unmittelbar mit dem Charakter dieser Entwicklungsstrategie zusammen. „Urban dominance" war, wie Weaver (2000: 137) es ausdrückt, „a necessary condition for ISI" (Herv.C.P.). Die Geographie vieler lateinamerikanischer Staaten, die am Ende der Importsubstitution geprägt war von einer großen städtischen Agglomeration, entsprang also den Möglichkeiten und Zwängen der importsubstituierenden Industrialisierung als einer bestimmten historischen Entwicklungsstrategie (Parnreiter 2007a).

Wie die beschriebenen Tendenzen der Stadtentwicklung seit den 1980er Jahren mit den Globalisierungsprozessen zusammenhängen, soll im Folgenden an zwei Beispielen erläutert werden. Hinsichtlich der Frage der wirtschaftlichen und demographischen Konzentration ist es hilfreich, zwei kontrastierende Fälle zu beleuchten. Währen in Mexiko der Anteil von Mexico City an Produktion und Bevölkerung rückläufig ist, konzentriert Santiago de Chile heute mehr als vor 20 Jahren Bevölkerung und Wirtschaft. Globalisierungsprozesse, von denen beide Länder erfasst sind, zeigen also durchaus keine einheitlichen Auswirkungen – die Annahme, dass „the greater the shift from import-substitution toward an export oriented model of development, the greater the probability of secondary city growth and a decline in urban primacy" (Portes/Itzigsohn/Dore-Cabral 1997: 19), trifft also nicht zu.

Tatsächlich zeigt die vergleichende Fallstudie zu Mexiko und Chile (Parnreiter 2003), dass weder das Ausmaß des Wandels von der binnenorientierten Entwicklungsstrategie der Importsubstitution zum exportorientierten Weg der Globalisierung noch die Geschwindigkeit dieses Wandels entscheidend sind für die Entwicklung der wirtschaftlichen und demographischen Primatstellung der jeweiligen Hauptstadt. Vielmehr sind es die jeweils spezifischen Bedingungen und Charakteristika des Globalisierungsprozesses, die zu einer jeweils konkreten Raumproduktion führ(t)en. Während in Mexiko Globalisierung vor allem bedeutet, dass im Norden des Landes Standorte neu geschaffen wurden, um sie als Plattformen der industriellen Produktion für den US-Markt in globale Produktionsnetzwerke zu integrieren, überwiegen im chilenischen Fall die Kontinuitäten bezüglich der exportierten Güter (v.a. Kupfer und andere Ausfuhren des primären Sektors). Zum anderen ist die Industrieproduktion Chiles weiterhin primär auf den Binnenmarkt ausgerichtet, lediglich in einigen wenigen Sparten, die mit der Primärgüterproduktion verbunden sind (Lebensmittel, Holz und Holzverarbeitung sowie chemische Industrie), haben die Exporte deutlich zugenommen. Für alle anderen Branchen gilt, dass ihr Erfolg im Wesentlichen auf inländischer Nachfrage beruht.

Damit setzt sich der in der Zeit der Importsubstitution begründete Kreislauf fort: Die auf den Binnenmarkt orientierte Industrie braucht den heimischen Absatzmarkt, der in komprimierter Form in großen Städten – und in Chile eben vorwiegend in einer Stadt, nämlich in Santiago – geschaffen wird. Die Industrie siedelt sich dort an, wo die Nachfrage nach Gütern konzentriert ist, und umgekehrt fördert die Zentralisierung der Industrie die Verdichtung der Arbeitskräfte (und also der Bevölkerung) auf wenige bzw. im chilenischen Fall auf eine urbane Agglomeration. Damit kam es in Chile – anders als in Mexiko – zu keiner räumlichen Neuordnung der Produktion. Der Exportboom stärkte zwar Regionen nördlich (Bergbau) und südlich (Holz) der Hauptstadt, dieses Wachstum wurde aber aus zwei Gründen von Santiago wettgemacht. Erstens sind die dynamischsten Sektoren des gehobenen Dienstleistungsbereiches in der Hauptstadt angesiedelt, und zweitens machte die – traditionell auf Santiago konzentrierte – Industrie keinen so grundlegenden Wandel durch wie die mexikanische (Parnreiter 2007a).

Das zweite Beispiel, an dem die Zusammenhänge zwischen der Stadtentwicklung seit den 1980er Jahren und den Globalisierungsprozessen erläutert werden soll, ist die Verstädterung der Armut. Entgegen expliziter Formulierungen und impliziter Annahmen, zu schnelle und/oder zu starke Verstädterung sei die Ursache von Armut und Unterentwicklung, sei hier der Prozess der Verarmung der städtischen Bevölkerung als Folge von Strukturanpassungsprogrammen und der Umorientierung der Wirtschaft auf den Weltmarkt unterstrichen. Die Strukturanpassungsprogramme waren, so stellt UN-Habitat fest, „deliberately anti-urban in nature", was zur Folge hat(te), dass „(t)he absolute number of poor and undernourished in urban areas is increasing, as is the share of urban areas in overall poverty and malnutrition" (UN-Habitat 2003: 33). Preissteigerungen für Lebensmittel, die Abwertung der Arbeitsbedingungen durch die Informalisierung der Arbeitsbeziehungen und Reallohnreduktionen und Einschnitte in öffentlichen Ausgaben gehören zu den wesentlichsten Ursachen der städtischen Verarmung in Lateinamerika und Afrika.

Über die Strukturanpassungsprogramme hinaus hat der Wechsel von einer binnen- zu einer außenorientierten Wirtschaftsstrategie wesentliche Implikationen für die Städte Lateinamerikas. Stellte während der Importsubstitution die interne Nachfrage einen zentralen Faktor dar, um die Produktion anzutreiben, so wurden ab den 1980er Jahren die (großen) Städte als Absatzmärkte entwertet, da die Produktion sich mehr und mehr auf den externen Markt richtete (wiewohl Unterschiede in den Entwicklungsstrategien, wie am Beispiel von Mexiko und Chile thematisiert, zu einer regional unterschiedlichen Ausprägung dieses Phänomens führten). In diesem Szenario stellen Löhne primär einen Kostenfaktor in der globalen Konkurrenz dar, und nicht mehr eine Möglichkeit, den Binnenkonsum anzukurbeln. Zutreffenderweise definierte der ehemalige mexikanische Wirtschaftsminister Pedro Aspe Armella (1993) kurz vor dem NAFTA-Beitritt die Funktion der mexikanischen Wirtschaft am Weltmarkt damit, billige Arbeitskraft bereitzustellen.[11] Dass in Lateinamerika Mexiko zwischen 1980 und 2005 nach El Salvador den zweithöchsten Verfall der realen Mindestlöhne in den Städten zu verzeichnen hatte (OIT 2000: 2006) ist ebenso eine direkte Folge dieser Politik wie die oben beschriebene Ausweitung der informellen Beschäftigung.

Mit den Strukturanpassungsprogrammen und der neoliberalen Modernisierung gerieten die geschützten Arbeitsbeziehungen, die während der Importsubstitution für einen Teil der in den Städten Arbeiten (v.a. Angestellten des Staatsapparates, der in der Zeit der Importsubstitution rasch expandierte, und ArbeiterInnen des sich im Aufbau befindlichen „modernen" Industriesektors) in die Schusslinie von Weltbank, Internationalem Währungsfonds, Interamerikanischer Entwicklungsbank und den jeweiligen nationalen „Reformallianzen", die aus (vielfach in den USA ausgebildeten) Technokraten der Regierungen, Unternehmern und Vertretern des Finanzsektors

---

[11] Daran hat sich bis heute nichts geändert, auch wenn angesichts der zunehmenden Konkurrenz aus China der wirtschaftliche Erfolg einer Strategie, die auf dem Export von Industriegütern, die durch billige Arbeitskräfte montiert werden, immer fraglicher wird (Jenkins/Dussel Peters 2007).

gebildet wurden. Die Neuregelung der Beziehungen zwischen Staat, Kapital und Arbeit stand auf deren Prioritätenliste ganz oben, um die Orientierung der Wirtschaft auf globale Märkte zu ermöglichen und lateinamerikanische Unternehmen bzw. transnationale Konzerne, die in Lateinamerika produzierten, am Weltmarkt konkurrenzfähig zu machen. Die Veränderung der Arbeitsorganisation über die Liberalisierung, Flexibilisierung, „Entkollektivierung" (Boris 2001: 100) und schließlich Informalisierung der städtischen Arbeitsmärkte gehört damit zum Kern der Transformationspolitik der 1980er und 1990er Jahre, wobei v.a. die Staatsbetriebe zu einem zentralen Angriffspunkt der Transformation wurden. Hier lag die Machtbasis der korporativistischen Gewerkschaften, die in strategischen Bereichen wie Eisenbahnen, Elektrizität, Bergbau oder Erdöl arbeitsrechtliche Bestimmungen und sozialpolitische Errungenschaften durchsetzen konnten, die eine Vorbildfunktion für den gesamten privaten Industriesektor hatten. Mit der Neuregelung der Beziehungen zwischen Staat, Kapital und Arbeit wurde ein neuer sozialer Kompromiss durchgesetzt, der die Macht hin zu den Eigentümern und Verwaltern nationalen und internationalen Kapitals und zu den Managern der Industriebetriebe verschob, und der damit eindeutig zu Lasten des Großteils der Arbeitenden ausfiel. Der wachsende Anteil informeller Beschäftigung auf den städtischen Arbeitsmärkten ist also das Ergebnis einer Informalisierung von „oben" (Parnreiter 2001).

Die Abwertung der großen Städte als Zentren der Nachfrage, die der Schwenk hin zur Exportproduktion brachte, hatte aber nicht nur negative Folgen für die Löhne und die Arbeitsbedingungen. Das Sinken der städtischen Massenkaufkraft brachte für die weiterhin auf den Binnenmarkt orientierten Unternehmen erhebliche Probleme mit sich, weil die Nachfrage zurückging. Gemeinsam mit der zunehmenden Ersetzung nationaler Produkte durch importierte führt der Rückgang der Kaufkraft zu einem Abbau des während der Importsubstitution aufgebauten produktiven Apparats. Die partielle Entindustrialisierung der Städte seit den 1980ern ist die Folge.

Literatur

Aspe Armella, Pedro (1993): El camino mexicano de la transformación económica. Fondo de Cultura Económica. México DF

Bairoch, Paul (1988): Cities and Economic Development. From the Dawn of History to the Present. Chicago: The University of Chicago Press

Bohle, Hans-Georg (2007): Geographische Entwicklungsforschung. In: Gebhardt, Hans u.a. (Hrsg.): Geographie. Physische Geographie und Humangeographie. München: Spektrum Akademischer Verlag: 797-813

Boris, Dieter (2001): Zur Politischen Ökonomie Lateinamerikas. Der Kontinent in der Weltwirtschaft des 20. Jahrhunderts. Hamburg: VSA

Borsdorf, Axel/Bähr, Jürgen/Janoschka, Michael (2002): Die Dynamik stadtstrukturellen Wandels in Lateinamerika im Modell der lateinamerikanischen Stadt. In: Geographica Helvetica 57 (4): 300-310

Bronger, Dirk (2004): Metropolen, Megastädte, Global Cities. Die Metropolisierung der Erde. Darmstadt: Wissenschaftliche Buchgesellschaft

BIMSA (Buro de Investigación de Mercados) (1998): Libro Mercadológico de la Megaciudad de México. México DF: BIMSA

Cerrutti, Marcela/Bertoncello, Rodolfo (2003): Urbanization and Internal Migration Patterns in Latin America. Paper prepared for Conference on African Migration in Comparative Perspective, Johannesburg, 4 bis 7 Juni 2003, http://pum.princeton.edu/pumconference/papers/1-Cerrutti.pdf, Zugriff: 15.02.2007

CEPAL (Comisión Económica para América Latina y el Caribe) (2007): Información estadística. http://www.cepal.org/estadisticas/, Zugriff: 30.12.2007

CEPAL (2004): Panaroma Social de América Latina 2002–2003. Santiago de Chile: CEPAL

CEPAL (2007): Social Panorama of Latin America 2006. Santiago de Chile: CEPAL

Davis, Mike (2007): Planet der Slums. Hamburg: Assoziation A

Expansión (2003): Las 500 Empresas más Importantes de México. Grupo Editorial Expansión. México

Geographica Helvetica (2002/4): Sozialräumliche Segregation in Lateinamerika. Bern: Verband Geographie Schweiz

Hoselitz, Bert F. (1955): Generative and Parasitic Cities. In: Economic Development and Cultural Change 3 (3): 278-294

ILO (International Labour Organization) (2001): World Employment Report 2001. Life at Work in the Information Economy. Genf: ILO

Jenkins, Rhys/Dussel Peters, Enrique (2007): The Impact of China on Latin America and the Caribbean. IDS Working Paper 281. Institute of Development Studies at the University of Sussex

Korzeniewicz, Roberto P./Smith, William (2000): Poverty, Inequality, And Growth In Latin America: Searching for the High Road to Globalization. In: Latin American Research Review 35: 7-54

Lipton, Michael (1977): Why Poor People Stay Poor: A Study of Urban Bias in World Development. London: Temple Smith

OIT (Organización Internacional del Trabajo) (2000): Panorma laboral 2000. Ámerica Latina y el Caribe. Lima: OIT

OIT (2006): Panorma laboral 2006. Ámerica Latina y el Caribe. Lima: OIT

Parnreiter, Christof: 2001 Informalisierung von „unten" oder von „oben"? Über das Wachstum des informellen Sektors in den Jahren der lateinamerikanischen Transformation. In: Borsdorf, Axel/

Krömer, Gertrut/Parnreiter, Christof (2001) (Hrsg.): Lateinamerika im Umbruch. Geistige Strömungen im Globalisierungsstress. Innsbrucker Geographische Studien. Heft 32: 87-100

Parnreiter, Christof (2003): Entwicklungstendenzen lateinamerikanischer Metropolen im Zeitalter der Globalisierung. In: Mitteilungen der Österreichischen Geographischen Gesellschaft 145: 63-94

Parnreiter, Christof (2007a) Historische Geographien, verräumlichte Geschichte. Mexico City und das mexikanische Städtenetz von der Industrialisierung bis zur Globalisierung. Stuttgart: Franz Steiner Verlag

Parnreiter, Christof (2007b) Rezension zu: Davis, Mike: Planet der Slums. Aus dem Englischen von Ingrid Scherf. Berlin 2007. In: H-Soz-u-Kult, 01.08.2007, http://hsozkult.geschichte.hu-berlin.de/rezensionen/ Zugriff: 03.09.2007

Pérez Herrera, Guillermo (1999): Sector informal y sindicalismo en América Latina. Organización Internacional de Trabajo/CINTERFOR, http://www.cinterfor.org.uy/public/spanish/region/ampro/cinterfor/temas/worker/doc/sind/xviii/, Zugriff: 05.05.2007

Portes, Alejandro/Itzigsohn, José/Dore-Cabral, Carlos (1997): Urbanization in the Caribbean Basin: Social Change during the Years of the Crisis. In: Portes, Alejandro/Carlos Dore-Cabral/Patricia Landolt (Hrsg.): The Urban Caribbean: Transition to the New Global Economy. Baltimore: The John Hopkins University Press: 16-54

Roberts, Bryan (1995): The Making of Citizens. Cities of Peasant Revisited. London: Arnold

Rubalcava, Rosa Mariá/Schteingart, Martha (2000): Segregación socio-espacial en el Área Metropolitana de la Ciudad de México. In: Garza, Gustavo (Hrsg.): La Ciudad de México en el fin del segundo milenio. México DF: El Colegio de México: 287-296

SEDESOL (Secretaría de Desarrollo Social) (o. J.): Concentración de Pobreza. México DF: SEDESOL

Teune, Henry (1988): Growth and Pathologies of Giant Cities. In: Dogan, Mattei/John D. Kasarda (Hrsg.): The Metropolis Era. Bd. 1: A World of Giant Cities. Newbury Park: Sage Publications: 351-376

Thorp, Rosemary (1998): Progress, Poverty And Exclusion. An Economic History of Latin America in the 20th Century. Baltimore: John Hopkins University Press

UNCHS (United Nations Centre for Human Settlements) (2001): Analysis of urban indicators, http://ww2.unhabitat.org/programmes/guo/guo_analysis.asp, Zugriff: 05.05.2007

UNDP (United Nations Development Program) (2006): Human Development Report 2006. Beyond scarcity: Power, poverty and the global water crisis. New York: UNDP

UN-Habitat (United Nations Human Settlements Programme) (2003): The Challenge Of Slums. Global Report On Human Settlements 2003. London: Earthscan Publications

UNPD (United Nations Population Division) (2006): World Urbanization Prospects. The 2005 Revision. New York: United Nations

Weaver, Frederic Stirton (2000): Latin America in the World Economy. Mercantile Colonialism to Global Capitalism. Boulder: Westview Press

Cristóbal Kay

Veränderungen der ländlichen Wirtschafts- und Sozialstrukturen im Zuge der neoliberalen Globalisierung

Das verloren gegangene Versprechen der Agrarreform

Lateinamerika hat eine der am stärksten polarisierten Agrarstrukturen der Welt. Um 1960 machten die *latifundios* 5% der Landwirtschaftsbetriebe und rund 80% des Landes aus, *minifundios* hingegen bildeten 80% der Betriebe und nur 5% des Landes (Barraclough 1973: 16). Der mittelständische Landwirtschaftssektor war relativ unbedeutend. Um Lateinamerikas schlechte landwirtschaftliche Leistungsfähigkeit zu erklären, betonten Strukturalisten den hohen Konzentrationsgrad an Land (Barraclough/Domike 1966), während neoliberale Interpretationen die Regierungspolitik hervorhoben, insbesondere eine Preis- und Handelspolitik, die angeblich die Landwirtschaft benachteiligte (Valdés/Siamwalla 1988). Die Tatsache, dass entgegen gesetzte regierungspolitische Maßnahmen häufig große landwirtschaftliche Erzeuger förderten, wird im Allgemeinen von den neoliberalen Interpretationen ignoriert (Kay 2000a). So erhielten Großgrundbesitzer hoch subventionierte Kredite, und sie profitierten von billigen Importen landwirtschaftlicher Maschinen und Zusätze. Die Regierungspolitik richtete sich also weniger gegen die Landwirtschaft im Allgemeinen, als vielmehr gegen die Kleinbäuerinnen und -bauern und LandarbeiterInnen. Aufgrund rechtlicher Hürden und repressiver Zwänge waren die ländlichen Arbeitskräfte vorwiegend unorganisiert. Die Arbeitsbedingungen im ländlichen Lateinamerika waren durchwegs ausbeuterisch und unterdrückend (Feder 1973; Duncan/Rutledge 1977).

 Hauptsächlich zwischen 1960 und 1970 führten die meisten lateinamerikanischen Länder Agrarreformen durch. Diese konnten das Gros der an sie gerichteten Erwartungen aus einer Vielzahl von Gründen jedoch nicht erfüllen (Kay 2001a). Fehler in Entwurf und Umsetzung der Reformen trugen schließlich zu ihrer Dekonstruktion bei. Oft wurden die Reformen nur halbherzig durchgesetzt; in anderen Fällen schränkte die erbitterte politische Opposition der Großgrundbesitzer die Wirkung der Reformen ein. Die historische Erfahrung beweist hingegen, etwa in Südkorea und Taiwan, dass eine umfassende Agrarreform Schlüsselbestandteil erfolgreicher wirtschaftlicher Entwicklungsprozesse sein muss (Kay 2002a). Die Hauptursachen von sozialer und politischer Instabilität werden weiter bestehen, so lange die Bauern und Bäuerinnen marginalisiert werden und ländliche Armut fortbesteht (Kay 2001b).

Die neoliberale Dekonstruktion der Agrarreform

Die Wende zur neoliberalen Regierungspolitik führte zu Gegenreformen, der Privatisierung des reformierten Sektors und zur Beendigung der Agrarreformen. Die neoliberale Landverteilungspolitik verschob die Prioritäten von der Enteignung von Anwesen, die für die populistische Phase der Agrarreform kennzeichnend war, hin zu der Entkollektivierung und Privatisierung, der Registrierung von Land, der Eintragung neuer Eigentumstitel und zu Grundsteuerdebatten. In manchen Ländern erleichterte die Gesetzgebung nun auch die Privatisierung und den Verkauf von Land indigener Gemeinden. Chile war das erste Land, das diesen Prozess Mitte der 1970er Jahre anstieß, Peru folgte etwas vorsichtiger seit 1980, Nicaragua seit 1990 und Mexiko und El Salvador seit 1992. Ein Teil des enteigneten Landes wurde an seine früheren Besitzer zurückgegeben – so in Chile und Nicaragua –, der größte Teil wurde jedoch in Familieneinheiten, so genannte *parcelas,* unterteilt und an Mitglieder des reformierten Sektors verkauft, die fortan als *parceleros* bezeichnet wurden (Jarvis 1992). In einigen Fällen war eine Vielzahl der *parceleros* aber nicht imstande, ihre Parzelle langfristig zu halten. Häufig politische und manchmal finanzielle Gründe sorgten dafür, dass sie in die Reihen des ländlichen Proletariats treten mussten. Zwar erhöhte der Prozess der Parzellierung zunächst den Anteil der Landfläche unter der individuellen Kontrolle von Kleinbäuerinnen und -bauern, insbesondere in Peru. Nach einigen Jahren jedoch waren viele der *parceleros* entweder nicht mehr in der Lage, ihre Landzahlungen aufrecht zu erhalten, oder ihre landwirtschaftlichen Aktivitäten zu finanzieren. Sie mussten ihr Land aufgeben.

Die Agrarreformen und die folgende neoliberale Dekonstruktion des reformierten Sektors haben eine komplexere und heterogenere Agrarstruktur hervorgebracht. Diese hat die Bedeutung des Latifundiensystems verringert und transformiert: Der bäuerliche und der kommerzielle Sektor der Mittel- und Großbetriebe wurden erweitert. Die Parzellierung verstärkte auch die Differenzierung innerhalb der Bauernschaft (Murray 2002). Kapitalistische Großlandwirte haben von der Liberalisierung des Landbesitzes, der Arbeit und der Finanzmärkte, von der neuen Exportorientierung und von der Abschaffung von Unterstützungsmaßnahmen für die Bauern und Bäuerinnen profitiert. Ihr größeres Vermögen an Land, Kapital und technischen Ressourcen, ihre überlegenen Verbindungen zu nationalen und vor allem internationalen Märkten und ihr größerer Einfluss auf die Agrarpolitik sorgen dafür, dass sie die neuen Marktchancen besser ausschöpfen können.

Die fortdauernde Suche nach der Agrarreform

Armut, Ausgrenzung und (annähernde) Landlosigkeit sind in Lateinamerika immer noch alltäglich. Die Landfrage ist nicht gelöst und der Bedarf nach Agrarreformen besteht vielerorts weiter (Barraclough 1994). Der gegenwärtige Kampf für ein Stück Land, der von der Masse landloser Bauern und Bäuerinnen in Brasilien geführt wird – mit dem *Movimento* (*dos Trabalhadores Rurais*) *sem Terra* (MST, Bewegung der landlosen Landarbeiter) als Speerspitze – unterstreicht diesen Bedarf.

Der vollzogene Wandel von staatlich geleiteten interventionistischen Agrarreformprogrammen hin zu einer marktorientierten Landverteilungspolitik wird paradoxerweise stark vom Staat und internationalen zwischenstaatlichen Organisationen vorangetrieben. Vermutlich liegt der Fokus zukünftiger staatlicher Intervention in den Landbesitz nicht auf der Enteignung von Land, sondern er wird auf progressive Besteuerung, Besiedlung, Marktsteuerung, die Registrierung und Vergabe von Landtiteln und die Sicherung von Eigentumsrechten beschränkt bleiben. Eine Vielzahl von Studien deutet darauf hin, dass solche Landverteilungspolitiken nicht das versprochene Wundermittel sind (Zoomers/van der Haar 2000; Zoomers 2001). Einige Programme zur Vergabe von Landtiteln haben jedoch die Eigentumsrechte von Frauen fördern können (Deere/Léon 2001).

Mögen die potentiellen Vorteile klar definierter Eigentumsrechte beträchtlich sein, wenn man bedenkt, dass rund die Hälfte aller ländlichen Haushalte über keinerlei Landtitel verfügt (Vogelgesang 1996), so wendet sich der ökonomische und sozialpolitische Kontext, in dem die Kleinbauern und -bäuerinnen agieren, gegen sie. Aufgrund ihrer schwachen Position auf dem Markt und in einem politischen System, das unfähig ist, ihre Landrechte zu schützen, ziehen sie aus diesen Titeln aber letztlich keinen reellen Nutzen (Carter/Salgado 2001).

Als Haupterbe der Agrarreformen bleibt, dass sie den Niedergang der Landoligarchie beschleunigt und den institutionellen Schutt beseitigt haben, wenn auch erst nach der Dekonstruktion des reformierten Sektors, der die Entwicklung der Märkte und die vollständige Kommerzialisierung der Landwirtschaft bis dato verhindert hatte. Die Hauptgewinner sind also die kapitalistischen Großbauern. Zwar hat eine Minderheit von Kleinbauern, -bäuerinnen und landlosen LandarbeiterInnen einige Vorteile aus der Entwicklung ziehen können. Für die Mehrheit jedoch bleiben die Versprechen der Agrarreformen unerfüllt (Thiesenhusen 1995).

Globalisierung, Neoliberalismus und Landwirtschaft

In der „Ära nach der Agrarreform" wird die ländliche Wirtschaft und Gesellschaft in Lateinamerika hauptsächlich von der neoliberalen Globalisierung geformt. In den letzten zwei Jahrzehnten gab es eine Abkehr von einer staatsgelenkten binnen-orientierten Entwicklungsstrategie mit der importsubstituierenden Industrialisierung als ihrem Kernbestandteil. Stattdessen überwiegt nun eine Entwicklungsstrategie, die hauptsächlich auf Exporte, insbesondere von Primärgütern, setzt. Nach Ansicht der ProtagonistInnen neoliberaler Politik sollte Lateinamerikas Agrarsektor zu den Hauptprofiteuren der Weltmarktöffnung gehören. Die komparativen Kostenvorteile der Region in diesem Sektor sollten sich mit der Abschaffung politischer Maßnah-men, die bis dahin angeblich den Agrarsektor benachteiligt hatten, besser entfalten können. Folglich sollten vor allem die landwirtschaftlichen Exporte florieren. Si-cherlich hat die neoliberale Wende bedeutende Auswirkungen auf die Landwirt-schaft gehabt, nicht immer allerdings so, wie von den Neoliberalen erwartet (David u.a. 2000).

Die neoliberale Transformation hat einen großen Einfluss auf ländliche Le-bensweisen gehabt. Sie hat sowohl die landwirtschaftlichen Produktionsmuster, als auch die ländliche Sozialstruktur in Lateinamerika verändert. Nutzen und Profit aus den neuen Möglichkeiten der Marktliberalisierung und Globalisierung konnten ü-berwiegend die kapitalistischen Großbauern und besonders transnationale agrarin-dustrielle Kapitalisten ziehen. Die finanziellen, organisatorischen und technologi-schen Anforderungen für eine landwirtschaftliche Intensivierung und die Exportpro-duktion lagen meist außerhalb der Reichweite der kleinbäuerlichen Ökonomie (Ru-bio 2001). Dennoch haben es einige kleine LandbesitzerInnen geschafft, sich durch Vertragsproduktion für das Agrobusiness an der Exportproduktion und der Beliefe-rung einkommensstarker städtischer KonsumentInnen zu beteiligen (Schejtman

1996). Obwohl der neoliberale Diskurs mit den Marktreformen die Schaffung eines „*level playing field*" versprach, beweist die Situation bis heute, dass die realen Märkte im Gegensatz zu den „abstrakten Märkten" in der neoliberalen Literatur nach wie vor kapitalistische Großbauern bevorzugen und Kleinbauern und -bäuerinnen benachteiligen (Ruben/Bastiaensen 2000). Die neoliberale Integration einiger Bäuerinnen und Bauern in den weltweiten Komplex der Agrar- und Agrarprodukte verarbeitende Nahrungsmittelindustrie *(global agro-food-complex)* hat den sozioökonomischen Differenzierungsprozess akzentuiert (Teubal 1995). Einige von ihnen konnten durch Kapitalakkumulation und erweiterte Reproduktion zu Wohlstand gelangen und so zu „kapitalisierten Familien-Landwirten" (Lehmann 1982) oder „kapitalistischen kleinbäuerlichen Landwirten" (Llambí 1988) werden. Andere wurden zu „verdeckten ProletarierInnen" – formell BesitzerInnen eines kleinen Hofs, aber angebunden ans und abhängig vom Agrobusiness. Ihre Einnahmen kommen dem Durchschnittslohn im ländlichen Raum nahe. Eine weitere Kategorie ist die der „Semi-ProletarierInnen", die ihr Haupteinkommen nicht mehr aus der Bewirtschaftung des eigenen Hofs, sondern aus dem Verkauf ihrer Arbeitskraft gewinnen. Darüber hinaus ist ein nennenswerter Anteil der Kleinbauern und -bäuerinnen vollständig proletarisiert worden und hängt nun gänzlich vom Verkauf der eigenen Arbeitskraft gegen Lohn ab (Kay 2000b).

Landwirtschaft, nicht-traditionelle Exporte und Heterogenität

Während der Anteil der Landwirtschaft am Bruttoinlandsprodukt (BIP) in Lateinamerika in den Jahrzehnten vor der neoliberalen Wende abgenommen hatte, ist er zwischen 1980 und 2000 relativ stabil bei 8% geblieben. Die durchschnittliche jährliche Wachstumsrate der Landwirtschaft lag in den 1980er Jahren bei 2% und in den 1990er Jahren bei 2,6%. Im Vergleich zu 3,5% Wachstum im Landwirtschaftssektor in der Zeit von 1950-1980 schneiden beide Jahrzehnte schlecht ab (ECLAC/IICA 2002: 27). Das neoliberale Versprechen einer neuen landwirtschaftlichen Dynamisierung bleibt bis jetzt also unerfüllt. Die landwirtschaftlichen Exporte hingegen haben stärker zugelegt. Im Durchschnitt wuchsen sie in den 1980er Jahren jährlich um 3,3 und um 6,4% in den 1990er Jahren (ebd.: 115). Die Ausfuhr nicht-traditioneller landwirtschaftlicher Exportgüter (NTAEs) wie Sojabohnen, frischer und verarbeiteter Früchte entwickelte sich besonders dynamisch, während die meisten traditionellen Exportgüter wie Kaffee, Zucker, Bananen und Baumwolle unterhalb der durchschnittlichen Exportwachstumsraten blieben (Spoor 2002).

Subsistenzerträge, insbesondere die von Kleinbäuerinnen und -bauern, schnitten schlecht ab, bedingt durch einen ungerechten internationalen Wettbewerb – Marktverzerrung infolge von Subventionen für die Landwirtschaft in der EU und den USA –, den Entzug der Unterstützung durch die Regierungen – etwa durch günstige Kredite – und durch Veränderungen in urbanen Konsummustern. Der Umstieg auf NTAEs und deren rapide Ausbreitung konnten das schwache Wachstum und den teilweisen Rückgang der traditionellen Agrargüter, die überwiegend für den heimischen Markt bestimmt gewesen waren, nicht kompensieren.

Auch wenn die Landwirtschaft in Lateinamerika weiterhin einen großen Teil der Deviseneinkünfte liefert, so ist ihre Bedeutung doch gesunken. Waren in den 1970er Jahren noch 51% des gesamten Exports landwirtschaftliche Ausfuhren, so waren es in den 1980er Jahren noch 35% und in den 1990er Jahren 26% (Spoor 2001: 146). Nur in Ausnahmefällen wie Chile wuchs der Anteil der landwirtschaftlichen Exporte an der Gesamtausfuhr (Kay 2002b). Auch hat Lateinamerika an Wettbewerbsfähigkeit am internationalen Markt eingebüßt, trotz der dynamischeren Entwicklung des landwirtschaftlichen Exports im Vergleich zur Produktion für den heimischen Markt. Stellten die landwirtschaftlichen Exporte aus Lateinamerika 1990 noch 12% der gesamten Agrarimporte der Industrieländer dar, so verringerte sich dieser Anteil auf 6% am Ende des Jahrzehnts (ECLAC/IICA 2002: 193).

Dieser Verlust an Wettbewerbsfähigkeit kann auch anhand des starken Anstiegs landwirtschaftlicher Importe beurteilt werden. Sanken die landwirtschaftlichen Importe im „verlorenen Jahrzehnt" der 1980er Jahre infolge des wirtschaftlichen Niedergangs im Jahresdurchschnitt um 0,9%, so stiegen sie im Verlauf der 1990er Jahre mit durchschnittlich 8,6% pro Jahr wieder stark an (ebd.: 117). Infolgedessen wuchs das Verhältnis von landwirtschaftlichen Importen zu Exporten von 40% 1980 auf 60% im Jahr 2000. Der Beitrag der Landwirtschaft an den lateinamerikanischen Deviseneinkünften sank entsprechend (García Pascual 2003: 13). In einigen Ländern könnte die gestiegene Abhängigkeit von Nahrungsmittelimporten, besonders in Phasen von Währungskrisen, die Ernährungssicherheit gefährden.

Die neoliberale Politik hat die technologische Kluft zwischen kapitalistischen und bäuerlichen LandwirtInnen vergrößert (Ocampo 2001) und dadurch die Heterogenität der ländlichen Gesellschaft verstärkt (David u.a. 2001). Für Bauern und Bäuerinnen ist es schwierig, wenn nicht unmöglich, sich neue, kapitalintensive Technologien anzueignen. Solche Technologie ist für sie nicht nur finanziell unerreichbar, sondern häufig auch ungeeignet für die minderwertigen Böden kleiner

Höfe. Des Weiteren sind für sie auch chemische Dünger, Pestizide und Herbizide zu teuer, besonders seit der Einstellung regierungssubventionierter Kredite und Hilfsprogramme. In den letzten Jahren werden außerdem verstärkt die schädlichen Umweltauswirkungen einer auf fossilen Energiequellen basierenden Technologie thematisiert. Der kapitalintensive – und oft auch importintensive – Charakter dieser Technologie ist auch deshalb für lateinamerikanische Ökonomien ungeeignet, weil die knappen Kapitalressourcen – z.b. Deviseneinkünfte – durch sie zu stark beansprucht und Arbeitsplätze verdrängt werden.

Veränderungen ländlicher Arbeits- und Lebensgrundlagen

Die neoliberale Transformation der Landwirtschaft hat zu entscheidenden Veränderungen in den ländlichen Arbeitsbedingungen und Lebensweisen geführt. Der Anteil der in der Landwirtschaft erwerbstätigen Bevölkerung sank zwischen 1980 und 2000 von 35 auf 21% (ECLAC/IICA 2002: 49). Die Modernisierung der Latifundien und ihre Transformation zu kapitalistischen Großbetrieben haben zu einer bedeutenden Reduzierung ihrer Beschäftigtenzahl und zu neuen Formen der Arbeitskraftverwertung und -subordination geführt. Die Haupttendenz besteht in einer stärkeren Flexibilisierung der Arbeit und einer größeren Diversifizierung der ländlichen Lebensgrundlagen (Reardon u.a. 2001).

Die folgenden fünf Veränderungen, haben die größten Auswirkungen auf die Lebensgrundlagen der ländlichen Bevölkerung und können somit hervorgehoben werden:

1) Die Verdrängung von Pachtarbeit durch Lohnarbeit;
2) ein Anstieg der befristeten und Saisonarbeitsverhältnisse;
3) eine zunehmende Feminisierung der ländlichen Lohnarbeit;
4) eine „Urbanisierung" der ländlichen ArbeiterInnen;
5) die wachsende Bedeutung von Beschäftigung außerhalb der Landwirtschaft (*non-farm-employment*).

1) Die Verdrängung von Pachtarbeit durch Lohnarbeit

Durch Pachtarbeit wurde auf den Latifundien lange Zeit der größte Teil des Bedarfs an Arbeitskräften abgedeckt. Mit der Modernisierung der *latifundios* wurde Pachtarbeit für die Großgrundbesitzer zunehmend teurer als Lohnarbeit, da die Grundrente der Pächter unter die Profite sank, die die Eigentümer durch die direkte Bewirtschaftung mittels Lohnarbeit erzielen konnten. Die Mechanisierung, die durch staatlich subventionierte Kredite attraktiv wurde, machte die direkte Kultivierung durch die Großgrundbesitzer zu einem profitableren Geschäft als die Pacht. PachtarbeiterInnen wurden also zu LohnarbeiterInnen und viele wanderten in städtische Gebiete ab (Chase 1999). Zudem beschäftigten die Grundeigentümer auch weniger Pächter, um den Druck nach Landreformen zu verringern.

2) Der Anstieg temporärer und saisonaler Arbeit

Mit dem Übergang zur Lohnarbeit vollzog sich ein merklicher Anstieg des Anteils zeitlich begrenzter, häufig saisonaler Arbeit. In vielen Ländern ist die permanente Lohnarbeit sogar in absoluten Zahlen zurückgegangen, während in allen Ländern der Anteil temporärer Arbeitsverhältnisse stark angestiegen ist. Man schätzt, dass in Brasilien nur noch ein Drittel der ländlichen LohnarbeiterInnen in permanenter Beschäftigung ist (Grzybowsky 1990: 21). Dieser Anstieg befristeter Arbeitsverhältnisse hängt zum Teil mit der Ausbreitung der Agrarindustrie zusammen, die saisonales Obst und Gemüse exportiert, und ist besonders stark in den lateinamerikanischen Ländern zu beobachten, die diese Produkte exportieren. Dies hat zu einem stärkeren Gelegenheitscharakter und einer prekären Natur der ländlichen Lohnarbeit geführt. Temporär beschäftigte ArbeiterInnen werden meist nach Akkord bezahlt, haben üblicherweise kein Recht auf Sozialversicherung und Beschäftigungsschutz. Diese Veränderungen in der Einstellungspraxis zugunsten flexiblerer Beschäftigung und tendenziell von Gelegenheitsarbeit ermöglichen es den Arbeitgebern, ihre Kontrolle über die ArbeiterInnen auszuweiten. Die Einführung dieser Veränderungen wurde durch einen regressiven Wandel in der Arbeitsgesetzgebung erleichtert. Die Ausbreitung von zeitlich beschränkter Lohnarbeit bedeutet demnach eine starke Verschlechterung der Arbeitsbedingungen.

Die Prekarisierung der ländlichen Arbeit hat zur Fragmentierung der Bauern- und Bäuerinnenbewegung beigetragen. SaisonarbeiterInnen können zwar höchst kämpferisch sein, aufgrund ihrer vielfältigen Zusammensetzung und wechselnden Wohnorte sind sie jedoch schwer zu organisieren. Demnach hat der Umbruch von der permanenten zur Saisonarbeit auf dem Land bäuerliche Organisationen im Allgemeinen geschwächt und es für sie schwieriger gemacht, Verbesserungen ihrer Arbeitsbedingungen mit ihren Arbeitgebern zu verhandeln oder durch Druck auf den Staat zu erreichen.

3) Die Feminisierung ländlicher Lohnarbeit

Mit der Ausweitung temporärer und saisonaler Arbeit geht der deutliche Anstieg des Frauenanteils an der Erwerbsbevölkerung einher. Früher arbeiteten Frauen auf dem Land als Tagelöhnerinnen, Milchmägde, Köchinnen oder Hausbedienstete auf dem Gut der Großgrundbesitzer. Auch fanden sie saisonweise Anstellung während der arbeitsintensiven Ernte auf Kaffee-, Baumwoll- und Tabakplantagen. Mit der ansteigenden Kommerzialisierung der Landwirtschaft und der Krise der kleinbäuerlichen Wirtschaft aber strömten viele Frauen auf den Arbeitsmarkt (Lara Flores 1995). Dies hat auch zu einer Neuverhandlung der Geschlechterbeziehungen im Haushalt geführt (Barrientos u.a. 1999: 124).

Die schnelle Ausbreitung neuer Exportgüter wie Obst, Gemüse und Blumen schuf neue Beschäftigungsmöglichkeiten für Frauen (Collins 2003). Die Agrarindustrie stellt zunehmend weibliche Arbeitskräfte ein, da Frauen als schneller einsetzbar und abkömmlich gelten und eher bereit seien, Saisonarbeit anzunehmen. Sie akzeptieren niedrigere Löhne, sind weniger organisiert und nach der Meinung der Arbeitgeber besser für Tätigkeiten geeignet, die besondere Vorsicht verlangen. Jegliche permanente Beschäftigung hingegen scheint in der Domäne der Männer zu verbleiben. Für viele junge Frauen bieten die Jobs, obwohl sie üblicherweise in niedrig qualifizierter und schlecht bezahlter Arbeit bestehen, eine Möglichkeit, ein unabhängiges Einkommen zu verdienen und (zumindest teilweise und kurzzeitig) den Zwängen eines patriarchalischen bäuerlichen Familienhaushalts zu entfliehen. Die Frauen auf dem Land haben mit ihrer Eingliederung in den formalen Arbeitsmarkt begonnen, einen wachsenden Einfluss in der Arbeit bäuerlicher Organisationen auszuüben. In manchen Fällen haben sie sogar ihre eigenen Organisationen etabliert (Stephen 1993). In Mexiko sind 25% der erwerbstätigen Landbevölkerung in der Produktion von Obst und Gemüse beschäftigt, die Hälfte hiervon sind Frauen. In Kolumbien sind über 70% der Arbeitskräfte, die in der Blumenzucht beschäftigt sind, Frauen (ECLAC 1992: 103).

4) Die Urbanisierung der LandarbeiterInnen

Eine weitere Dimension des Anstiegs der befristeten Lohnarbeit besteht in der geographischen Herkunft der angestellten ArbeiterInnen. Aufgrund mangelnder Beschäftigungsmöglichkeiten in der Stadt und mithilfe verbesserter Transportmöglichkeiten kommt eine steigende Zahl der LandarbeiterInnen aus städtischen

Gebieten. In vielen lateinamerikanischen Ländern wohnt derzeit ein Viertel der Erwerbstätigen in der Landwirtschaft in Städten. In Brasilien ist rund die Hälfte der temporär in der Landwirtschaft Beschäftigten städtischer Herkunft. Diese Menschen sind unter dem Namen *bóias frias* (dt. kalte Speisen) bekannt, weil sie morgens mit eingepacktem kalten Essen zur Arbeit gehen, oder als *volantes* („fliegende" Arbeite-rInnen), weil sie an der Peripherie der Städte leben und zwischen Landarbeit und Stadtarbeit pendeln. Rund drei Viertel der weiblichen *volantes* sind im Kaffeeanbau angestellt. Wenn es dort keine Arbeit gibt, suchen sich viele unter ihnen in den Städten eine Arbeit, meist als Hausangestellte (ebd.: 98). Die wachsende Präsenz von ArbeitsvermittlerInnen, die Gruppen von ArbeiterInnen aus Klein- und Großstädten für die Feldarbeit anheuern, macht deutlich, dass der direkte Arbeitgeber nicht un-bedingt auch der Betriebsbesitzer oder Manager ist. Zunehmend müssen ländliche Arbeitskräfte mit städtischen ArbeiterInnen um landwirtschaftliche Arbeit in Wett-bewerb treten und umgekehrt. Dies führt zu flexibilisierten Arbeitsmärkten und verringert, zumindest auf dem Arbeitsmarkt, die Kluft zwischen Stadt und Land.

5) Steigende Bedeutung von Beschäftigung außerhalb der Landwirtschaft

Die Begriffe der ländlichen Beschäftigung außerhalb der Landwirtschaft RNFE (*rural non farm employment*) oder RNAE (*rural non-agricultural employment*), beziehen sich auf die Beschäftigung der Mitglieder ländlicher Haushalte außerhalb der Agrarbetriebe oder im nicht-landwirtschaftlichen Sektor, d.h. entweder als Selbstständige oder Angestellte in der Verarbeitung und im Dienstleistungssektor – z.B. im ländlichen Tourismus und Handel. Das hieraus erzielte Einkommen wird als „*rural non-farm income*" (RNFI) oder „*rural non-agricultural income*" (RNAI) bezeichnet und kann u. U. auch Geldsendungen aus den Städten oder dem Ausland und Altersbezüge beinhalten (Ellis 2000: 11-12). Erst in letzter Zeit wird die wach-sende Bedeutung des RNFE deutlich. Gegenüber 1970 als 17% der ländlichen Be-völkerung ihre Hauptbeschäftigung in RNFE hatten, waren dies 1981 schon 24% (Klein 1992). Die landwirtschaftliche Beschäftigung stagnierte oder sank in diesem Zeitraum. Viele der nicht-landwirtschaftlichen Aktivitäten sind jedoch aus der Landwirtschaft abgeleitet, wie etwa die Nahrungsmittelverarbeitung, das Verpacken, und die Vermarktung landwirtschaftlicher Produkte. Folgestudien belegen, dass der Umbruch zu RNFE und RNFI in den letzten Jahrzehnten noch beschleunigt wurde. Betrug der Anteil der RNAI zu Beginn der 1980er Jahre 25 bis 30% des gesamten ländlichen Einkommens, so stieg dieser Anteil in der zweiten Hälfte der 1990er Jahre auf über 40% (Berdegué u.a. 2000: 2). Zudem sind weitaus mehr Frauen in nicht-landwirtschaftlichen Jobs beschäftigt als Männer. Schwankt die RNFE-Quote bei den werktätigen Männern zwischen 20 und 55%, so liegt sie bei den Frauen zwischen 65 und 90% (Reardon u.a. 2001: 400).

Die Beschäftigung außerhalb der Landwirtschaft hat für verschiedene ländliche Haushalte, abhängig von deren Einkommensniveau, unterschiedliche Bedeutung. Für arme kleinbäuerliche Haushalte ist RNFE ein Schlüsselmechanismus, um den Zugang zu ihrem kleinen Stück Land zu behalten und sich ein Subsistenzeinkommen zu sichern. Für Reiche hingegen ist sie ein Mittel, mehr Kapital zu akkumulieren. Dieses kann genutzt werden, um Land hinzu zu kaufen, oder dessen Produktivität durch Maschinen und Dünger zu steigern, Arbeits- und Verwaltungstechniken durch Weiterbildung zu verbessern etc. Obwohl der Betrag der Einkommen außerhalb der Landwirtschaft in den armen Haushalten weitaus geringer ist als in den reichen, sind die armen Kleinbauern und -bäuerinnen zu einem viel höheren Grad abhängig von diesen Einkommen (Berdegué u.a. 2000: 3).

Kleinbäuerliche Zukunftsperspektiven: ein dauerhaftes Semi-Proletariat?

Die zunehmende Globalisierung des ländlichen Sektors in Lateinamerika hat großen Einfluss auf die Bauernschaft. Wie wirken sich diese großen Transformationen auf die Entwicklung der bäuerlichen Wirtschaft aus, besonders angesichts der umfassenden und tief greifenden neoliberalen Politik?

Herausforderungen für die Bauernschaft: Diversifizierung der ländlichen Lebensgrundlagen

Der bäuerliche Sektor ist nach wie vor ein wichtiger Bestandteil der ländlichen Wirtschaft und Gesellschaft in Lateinamerika. Tatsächlich feiern einige AutorInnen das Überdauern der Bauernschaft und stehen damit im Gegensatz zu denen, die ihr Verschwinden vorhergesagt haben (Edelman 2000). Die bäuerliche Wirtschaft hat sicherlich keinen geradlinigen Abstieg erfahren, und sie hat eine bemerkenswerte Überlebensfähigkeit gegenüber den Herausforderungen der neoliberalen Globalisierung gezeigt. Kleinbäuerinnen und -bauern mussten zur Überlebenssicherung sowohl ihre Lebenshaltungsstrategien verändern (Bebbington 2000), als auch neue Formen der sozialen Mobilisierung und Politik entwickeln (Bernstein 2000).

In den 1980er Jahren umfasste die bäuerliche Landwirtschaft in Lateinamerika schätzungsweise vier Fünftel der Betriebe, ein Fünftel des gesamten landwirtschaftlich nutzbaren Landes und über zwei Fünftel der geernteten Fläche (López Cordovez 1982: 26). Sie beschäftigte zwei Drittel der Arbeitskräfte, das übrige Drittel war auf kapitalistischen Großbetrieben angestellt. Außerdem lieferte die bäuerliche Wirtschaft zwei Fünftel der Produktion für den inländischen Markt und ein Drittel der Produktion für den Export.

Zwar sind die Bäuerinnen und Bauern weit davon entfernt, zu verschwinden. Gut geht es ihnen jedoch nicht, da ihre relative Bedeutung als landwirtschaftliche ProduzentInnen verstärkt abnimmt. Die lateinamerikanische Bauernschaft erlebt eine doppelte Bedrängnis. Erstens ist sie mit Landknappheit konfrontiert. Da der Erwerb von zusätzlichem Land, zur Befriedigung der wachsenden Bevölkerungszahl, nicht möglich war, hat die durchschnittliche Größe ihrer Höfe abgenommen. Dies betrifft vor allem die *minifundistas*, die etwa zwei Drittel der bäuerlichen Haushalte bilden. Deren durchschnittlicher Hof war 1980 1,9ha groß, 1950 dagegen noch 2,1ha. Der übrige bäuerliche Sektor konnte, teilweise wegen umverteilender Landreformen, eine Hofgröße von 17ha aufrecht erhalten (de Janvry u.a. 1989: 74). Zweitens erleben die Bäuerinnen und Bauern einen Beschäftigungsengpass, da die Beschäftigungsmöglichkeiten nicht mit dem Wachstum der bäuerlichen Bevölkerung Schritt hielten, und weil sie einer wachsenden Konkurrenz städtischer ArbeiterInnen auf dem Land ausgesetzt sind. Sie reagierten darauf, indem sie jenseits der eigenen Höfe nach Einkommen suchten und Beschäftigung als SaisonarbeiterInnen auf kapitalistischen Großbetrieben oder außerhalb der Landwirtschaft annahmen. Der Anteil der erwerbstätigen ländlichen Bevölkerung, die in nichtlandwirtschaftlichen Aktivitäten beschäftigt ist, wächst (wie oben diskutiert) schneller als der Anteil derer, die in der Landwirtschaft arbeiten. Ein wachsender Anteil des jeweiligen Einkommens ländlicher Haushalte stammt aus Lohnarbeit, während die Einnahmen aus eigener landwirtschaftlicher Tätigkeit oft weniger als die Hälfte des Gesamteinkommens ausmachen.

Die notwendige Diversifizierung der bäuerlichen Aktivposten zur Verbesserung der Lebensgrundlagen betrifft sowohl natürliches Kapital (Land, Wasser, Bäume), produziertes Kapital (Werkzeuge, Maschinen und Landverbesserungen, z.B. Bewässerungskanäle), Humankapital (Bildung und Gesundheit), finanzielles Kapital (Bargeld oder Guthaben) und soziales Kapital (soziale Netzwerke und Organisationen). Nur die wohlhabenderen Bauern und Bäuerinnen, die in der Minderheit sind, waren in der Lage, diesen Prozess der Diversifizierung der ländlichen Lebensgrundlagen als Akkumulationsstrategie zu nutzen und dadurch ihren Wohlstand zu vergrößern. Für die Mehrheit der lateinamerikanischen Bauern und Bäuerinnen bedeutet die Diversifizierung ihrer Lebensgrundlagen die Suche nach unterschiedlichen Lohnarbeitsaktivitäten als Überlebensstrategie. Dies betrifft vor allem die semi-proletarisierten Kleinbauern und -bäuerinnen. Weil diese die zahlenmäßig größte Gruppe der Landbevölkerung sind, kann der Prozess der Semi-Proletarisierung als die Haupttendenz in der lateinamerikanischen Bauernschaft bezeichnet werden. Nur in den wenigen lateinamerikanischen Ländern, in denen die Landreform Bauern und Bäuerinnen den Zugang zu eigenem Land merklich erleichtert hat, ist sie weniger ausgeprägt.

Der doppelte Engpass in der bäuerlichen Wirtschaft hat viele Bäuerinnen und Bauern gezwungen abzuwandern und hat so die anhaltende Landflucht gefördert (Salman/Zoomers 2002). Manche migrieren nur vorübergehend, um das Überleben ihrer Haushalte durch die Rücküberweisungen zu sichern. Die Dauer dieser Form der Migration kann allerdings zwischen einigen Monaten bis einigen Jahren variieren und sogar dauerhaft werden. Die Migration wird zunehmend transnational. Das bekannteste Beispiel ist die Migration der ländlichen Arbeitskräfte von Mexiko in die USA. Auch innerhalb Lateinamerikas ist die transnationale Migration in den letzten zwei Jahrzehnten jedoch geläufiger geworden, wie im Fall der bolivianischen Bäuerinnen und Bauern, die als LandarbeiterInnen in Argentinien arbeiten. In wenigen Fällen führt diese Art der Migration zu erheblichen Rücküberweisungen, die manche Investitionen im heimischen Bauernbetrieb und eine Steigerung des dortigen Einkommens ermöglichen. Jedoch stellen Reardon u.a. (2001: 402) fest, dass der Einfluss des Migrations-Einkommens auf ländliche Haushalte, sogar im Fall Mexikos, weitaus geringer ist als angenommen.

Kurz, die lateinamerikanische Bauernschaft scheint in einem fortwährenden Prozess von Semi-Proletarisierung und struktureller Armut gefangen zu sein. Der Zugang zu Einkommensquellen außerhalb der eigenen Höfe ermöglicht es ihr, das eigene Land noch zu behalten und eine vollständige Proletarisierung abzuwehren. Damit jedoch werden sie in billige Arbeitskräfte verwandelt, ein Prozess, der den ländlichen Kapitalisten zugute kommt, weil er die Kleinbäuerinnen und -bauern als KonkurrentInnen in der landwirtschaftlichen Produktion beseitigt. Für letztere ist die Semi-Proletarisierung jedoch die einzige noch verbleibende Strategie, wenn sie aus

Sicherheits- und Überlebensgründen ihr eigenes Land behalten wollen, oder keine andere Arbeit in der Stadt oder auf dem Land finden können, die ihnen einen minimalen Lebensstandard sichern würde.

Das Fortbestehen ländlicher Armut

Die landwirtschaftliche Modernisierung in Lateinamerika steht mit ihrem Fokus auf kapitalintensive Landwirtschaft und dem Druck auf die bäuerliche Wirtschaft für das Weiterbestehen der ländlichen Armut als beständiges und unlösbares Problem. Die Strukturanpassungsprogramme und Stabilisierungspolitiken der 1980er Jahre verstärkten die Armut, wenn auch deutlicher in den Städten als auf dem Land. Der Anteil der Armen bleibt dennoch auf dem Land höher. Die Anpassungspolitiken erhöhten die Armut, da sie die Ausgaben für Sozialsysteme, Subventionen für Grundnahrungsmittel und andere lebensnotwendige Waren und Dienstleistungen gekürzt haben (Altimir 1994). Einige Regierungen federten diese negativen Auswirkungen ab, indem sie nachträglich Zahlungen aus den Sozialsystemen genauer planten und Armutsreduktionsprogramme einführten. In den 1990er Jahren begann die ländliche Armut abzunehmen, allerdings sehr langsam. Während 1990 65,4% der ländlichen Haushalte in Lateinamerika unterhalb der Armutsgrenze lebten, waren es 1999 63,7% (ECLAC 2002: 212). Die entsprechenden Daten für extreme Armut belaufen sich auf 40,4 bzw. 38,3%. Nur in ein paar Ländern ist die Armut signifikant gesunken, wie etwa in Chile von 1990 39,5 auf 23,8% im Jahr 2000. Dort sank die extreme Armut im gleichen Zeitraum von 15,2 auf 8,3% (ebd.: 211).

Die Hauptursache der ländlichen Armut ist strukturell und hängt mit der ungleichen Landverteilung und der wachsenden Zahl semi-proletarischer und landloser Bauern und Bäuerinnen zusammen. Faktoren, die das Fortbestehen ländlicher Armut fördern, sind die neoliberalen Politiken, die ein exkludierendes Muster ländlicher Entwicklung fördern, das die Bauernschaft an den Rand drängt. Die Wurzeln der Armut anzugreifen, wird eine groß angelegte Umverteilung von Land und Investitionen erfordern, bessere Beschäftigungsmöglichkeiten ebenso wie eine gesteigerte Produktivität besonders von KleinproduzentInnen. Vielversprechend im Sinne einer Reduzierung der Armut auf dem Land sind auch Maßnahmen, die ländliche Beschäftigung außerhalb der Landwirtschaft fördern. Diese sollten allerdings nicht auf Kosten der Landwirtschaft gehen (López/Valdés, 2000). In einer angemessenen Mischung politischer Strategien sollten sich landwirtschaftliche und nichtlandwirtschaftliche Aktivitäten gegenseitig stärken, indem sie Schnittstellen entwickeln. Nur mit einem derartigen Angriff an mehreren Fronten wird es möglich sein, die ländliche Armut signifikant zu verringern. Die lateinamerikanische Armut steht in einem direkten Zusammenhang mit der ungelösten Agrarfrage (Kay 2006).

Die landwirtschaftliche Schlüsselfrage: Vermögen und Macht

Jede größere Annäherung hin zu einer Lösung der Agrarfrage erfordert eine Umverteilung von Vermögen und eine Ermächtigung von Bauern, Bäuerinnen und LandarbeiterInnen. Auch wenn Agrarreformen nicht mehr auf der politischen Agenda stehen, bleibt das Problem der Landkonzentration und Landlosigkeit bestehen. Reformen in der Landverteilungspolitik behalten ihre Relevanz, da für eine nachhaltige Entwicklungsstrategie auf breiter Basis eine gerechtere Verteilung von Landvermögen nötig ist (Borras u.a. 2007). Allerdings werden auch der Zugang zu Finanzen und Wissen zunehmend wichtig. Regierungspolitiken sollten folglich den bäuerlichen Zugang zu diesen weiteren Ressourcen durch Marktreformen, Weiterbildungsprogramme, Kredite und technische Hilfe fördern. NGOs und der Privatsektor können manche dieser Programme durchführen. Regierungen müssen der ländlichen Diversifizierung, Bildung und Infrastruktur mit besonderem Hinblick auf kleinbäuerliche Gemeinden größere Bedeutung beimessen.

Solche Reformen haben wenig Aussicht auf Erfolg, wenn Bauern, Bäuerinnen und LandarbeiterInnen nicht ihre eigenen Konsum- und Produktionsvereinigungen, Kooperativen und Gewerkschaften entwickeln. Nur die Entwicklung von Gegenmacht befähigt sie, die Zukunft zu ihrem Vorteil zu gestalten. Während der Staat, politische Parteien und NGOs hierbei zweifelsohne notwendige Unterstützung bieten können, hängt die Entwicklung solcher Organisationen doch von ihnen selbst ab. Die Frage, ob diese Vorschläge angenommen werden, bleibt offen. Die Herausbildung neuer indigener, ökologischer und Bäuerinnen- und Bauernbewegungen, die die neoliberalen Politiken bekämpfen gibt jedoch Anlass zur Hoffnung.

Die neue Bäuerinnen- und Bauernbewegung: Indigene und ökologische Dimensionen

Das neoliberale Projekt ist von Bauern und Bäuerinnen in großen Teilen Lateinamerikas nicht unwidersprochen hingenommen worden. Eines der bedeutendsten Ereignisse, das symbolisch für den neuen Charakter der Bewegung ist, war der Aufstand 1994 in Chiapas, der südlichsten und am stärksten indigen geprägten Region Mexikos (Burbach 1994). Dieser wurde von dem *Ejército Zapatista de Liberación Naciona* (EZLN, Zapatistisches Heer zur nationalen Befreiung) angeführt und durch eine Reihe von Faktoren mit voran getrieben (Harvey 1994). Einige der Hauptursachen waren die exkludierenden Folgen der landwirtschaftlichen Modernisierung in Mexiko, die Außerkraftsetzung der Landreformgesetze im Jahr 1992 und das Verlangen der Aufständischen nach mehr Autonomie und Kontrolle über ihre Lebensgrundlagen (Stavenhagen 2003). Auch die Angst, dass die neoliberale Integration Mexikos in das nordamerikanische Freihandelsabkommen (NAFTA - *North American Free Trade Agreement*) sie noch weiter marginalisieren würde, hatte Einfluss auf die Ereignisse (de Janvry u.a. 1997). Mexikos Bauern und Bäuerinnen können nicht mit den mechanisierten Mais- und Getreide-Großbetrieben in Nordamerika mithalten, ohne dass besondere Schutz- und Entwicklungsmechanismen zu ihren Gunsten eingeführt werden (Collier 1999).

Seit der neoliberalen Freihandelspolitik der 1980er Jahre haben sich die Bauern und Bäuerinnen als bedeutende Kraft des sozialen Wandels re-etabliert, nicht nur in Mexiko, sondern unter anderem auch in Bolivien, Brasilien, Kolumbien, Costa Rica, Ekuador, El Salvador und Paraguay. Die Bäuerinnen und Bauern schlagen zurück, und es wäre ein großer Fehler, diese neuen Bewegungen als letzten Atemzug der Rebellion abzutun (Petras 1997). Die neuen Bewegungen bringen neue ethnische und Klassenidentitäten hervor und stellen ihre Fähigkeit unter Beweis, ihre eigene Geschichte zu schreiben und Geschichte zu machen. Behauptungen – aus entgegengesetzten politischen Lagern – vom „Ende der Geschichte" (Fukuyama 1992) und vom „Tod der Bauernschaft" (Hobsbawm 1994: 289) erweisen sich als verfrüht.

In Brasilien war die Hauptkraft auf dem Land die MST, mit einer Mitgliederschaft von über 500.000 Familien die größte Bäuerinnen- und Bauernbewegung in Lateinamerika (Robles 2001: 147). Sie hat über 1.500 Landbesetzungen auf großen Ländereien angeführt und deren Enteignung gefordert (Meszaros 2000). Unter der Führung von 20.000 MST-AktivistInnen waren rund 350.000 Familien an diesen Mobilisierungen beteiligt (Stédile 2002: 85). Angesichts der besonders drastischen Ungleichheit in Brasilien sind die Landbesetzungen nicht überraschend. Durch direkte Aktion, einschließlich von Straßenblockaden und Sit-ins in lokalen Büros des staatlichen Instituts für Agrarreformen (INCRA - *Instituto Nacional de Colonização e Refomra Agrária*), hat die MST das Vorgehen der Regierung bei den Enteignungen beschleunigt. Seit ihrer Gründung 1984 war die MST an der Gründung von über 1.300 Landreformsiedlungen beteiligt, die weitestgehend genossenschaftlich organisiert sind (Navarro 2000: 37). Geschätzte 350.000 Familien wurden auf diesen Genossenschaftsbetrieben angesiedelt. Mehr als 100.000 weitere Familien, die nicht in der MST organisiert sind, haben Land im Rahmen des Reformprogramms der Regierung erhalten, das ohne die MST wohl nicht existieren würde (Wright 2003: 1).

Die MST hat maßgeblich zur Demokratisierung des ländlichen Lebens, v.a. in den Siedlungsgebieten, beigetragen. In ihrem Kampf gab es viele Opfer, da die Großgrundbesitzer (*fazendeiros*) und die von ihnen angeheuerten Milizen meist straffrei Gewalt ausübten. Viele Bäuerinnen und Bauern wurden auch in Auseinandersetzungen mit der Militärpolizei verwundet oder getötet. Von 1984 bis 2000 wurden 1.600 Personen in Landkonflikten ermordet, davon aber nur 250 MST-Mitglieder (Cadji 2000: 30; Branford/Rocha 2002: 251). Seit die Zahl der Reformansiedlungen gestiegen ist, hat die Zahl der Morde auf dem Land allerdings stark abgenommen (Margolis 2002: 26). Die 2003 gewählte Mitte-Links-Regierung von Präsident Luis Inácio „Lula" da Silva hat, entgegen der Erwartungen und Hoffnungen der armen Bevölkerung, der Landreform keine stärkeren Impulse gegeben. Aber sie wird, wenn auch in einem viel langsameren Tempo, weitergeführt (Deere/Medeiros 2007).

In den vergangenen Jahrzehnten hat es ein Wiederaufleben indianischer ethnischer Identitätsbewegungen gegeben, das den Charakter der sozialen Bewegungen auf dem Land verändert hat. Die neue Stärke indigener Bewegungen formuliert die Beziehungen zwischen Staat und Gesellschaft neu und bringt die Rechte der Indigenen, kulturelle Vielfalt, Dezentralisierung und Demokratie voran (Bengoa 2000; Sieder 2002). Ethnische und ökologische Belange sind auch deshalb immer wichtigere politische Themen geworden, weil die Schicksale der tropischen Regenwälder und der indigenen Völker verstärkt miteinander verflochten sind. Ökologische Bewegungen widmen sich verstärkt Kämpfen um soziale Gerechtigkeit, weil indigene Gruppen durch die Aktivitäten von Unternehmen in ihren Lebensgrundlagen bedroht oder vertrieben wurden. Diese beuten die Natur durch Bergbau, Erdölförderung, Dämme und die Abholzung von Wäldern für Weideland und Viehzucht aus. Die fortgesetzten Konflikte zwischen Unternehmen, Viehzüchtern und der lokalen Bevölkerung, die häufig Tote und Verletzte mit sich brachten, haben Menschenrechtsgruppen auf den Plan gerufen. Diese Allianz aus indigenen, bäuerlichen, ökologischen und Menschenrechtsorganisationen wurde zu einer der Hauptkräfte im Kampf für soziale Gerechtigkeit (Assies u.a. 2001).

Im Fall von Chiapas mit seiner großen Maya-Bevölkerung hat die Verknüpfung der indigenen Frage mit den ökologischen Belangen den Aufstand gestärkt. In Brasilien führte der Bau der transamazonischen Straße in den 1970er Jahren zu großflächigen Abholzungen und der Ausweitung von Weideland. Auch führten die Zollsenkungen, Subventionen und billige Kredite dazu, dass großes Kapital nach Amazonien gelockt wurde. Dies führte zu einer großen Migrationswelle von SiedlerInnen vor allem aus dem verarmten Nordosten Brasiliens in die Regenwaldgebiete, die zur Umweltzerstörung beitrug. Die Ausweitung von Viehwirtschaft und Bergbau drang in Gebiete ein, die bis dahin von indigenen Gruppen und Kautschukzapfern genutzt worden waren. Dore (1995: 262) bezeichnet diese Entwicklung als die weitreichendste *Enclosure*-Bewegung der Geschichte. Die KautschukzapferInnen-Bewegung, ebenso wie die Aktionen der indigenen Gruppierungen zur Verteidigung ihrer Lebensgrundlagen, wurden hierdurch losgetreten. Durch sie wurde die Umweltthematik in Amazonien weltweit bekannt. Das tödliche Attentat auf „Chico" Mendes, den Anführer der KautschukzapferInnen-Bewegung, 1988 rief international Empörung hervor. Infolge seiner Ermordung entwickelte sich national und international starker Druck, der die Regierung zwang, auf einige der Forderungen der KautschukzapferInnen einzugehen, indem Kautschukreservate und weitere Schutzprogramme für die Produktion eingeführt wurden. Diese Projekte zielten darauf ab, den Erhalt des Regenwalds durch die Unterstützung lokaler Lebensgrundlagen mit seiner nachhaltigen Nutzung vereinbar zu machen (Hall 1996).

In Ekuador gab es in den 1990er Jahren massive Mobilisierungen, die vom Zusammenschluss der indigenen Nationalitäten Ekuadors (CONAIE - *Confederación de Nacionalidades Indígenas del Ecuador*) organisiert wurden. 1990 blockierten Tausende von indigenen Bäuerinnen und Bauern über eine gesamte Woche Landstraßen, veranstalteten Märsche in diverse Provinzhauptstädte und besetzten Regierungsbüros (Zamosc 1994). Ihr Protest hatte sich an der wirtschaftlichen Rezession infolge des Strukturanpassungsprogramms entzündet. In einer zweiten Welle der Mobilisierung 1994 richtete sich der Protest speziell gegen die Einführung neoliberaler Politiken, insbesondere des so genannten „Gesetzes über die landwirtschaftliche Entwicklung". Dieses Gesetz bedrohte das indigene Gemeineigentum an Land, indem es dessen Privatisierung erleichterte und durch den Marktmechanismus schließlich dessen Übergang in die Hände kapitalistischer LandwirtInnen ermöglichte. Tausende indigener Gemeinschaften, Kleinbauern und -bäuerinnen, Gewerkschaften und eine breite öffentliche Mobilisierung schlossen sich dem Protest an.

Internationale ökologische und Menschenrechtsgruppen lieferten Unterstützung (Picari 1996). Im Januar 2000 rückte Ekuadors indigene Bewegung in den Mittelpunkt, als eintausend DemonstrantInnen, vorrangig Indigene, unter der Führung der CONAIE das Gebäude des Nationalkongresses besetzten, um einen Regierungs- und Politikwechsel einzufordern (Collins 2000). Obwohl die Besetzung nur einen Tag dauerte, ebnete sie zusammen mit den folgenden Aufständen den Weg für die Wahl des Armeeoberst Lucio Gutiérrez, einer der Schlüsselfiguren in den Protesten, zum Präsidenten im Jahr 2002. Trotz einiger Fortschritte war die Regierung Gutiérrez nicht in der Lage, die meisten politischen, sozialen, ländlichen und wirtschaftlichen Forderungen der Indigenen zu erfüllen. Mit der linken Regierung von Rafael Correa, der Ende 2006 zum Präsidenten gewählt wurde, besteht jedoch wiederum mehr Hoffnung auf die Erfüllung zumindest einiger dieser Forderungen.

In Bolivien fand 1990 ein historischer „Marsch für Würde und Land" statt. Hunderte Menschen aus indigenen Gruppen des Tieflandes zogen vom Amazonas Regenwald über die schneebedeckte Andenroute in die Hauptstadt, um gegen die Rodung von Wald auf indigenem Gebiet zu protestieren und ein gesetzlich verankertes Recht auf dieses Land zu fordern (Albó 1996: 15). Sie formulierten ihre Forderungen jedoch nicht nur im Rahmen des Rechts auf Ressourcen, sondern auch in Bezug auf die Rechte der Indigenen: Hierdurch wuchs die Unterstützung aus der Zivilgesellschaft für ihre Anliegen. Der historische Marsch und die anschließende Mobilisierung führten zur bolivianischen Verfassungsreform von 1995, die Bolivien zum multiethnischen Staat erklärte. Die sozialen und politischen Bewegungen der Indigenen erzielten zehn Jahre später einen historischen Höhepunkt mit der Wahl von Evo Morales zum Präsidenten von Bolivien. Zum ersten Mal in der republikanischen Geschichte von Bolivien wird ein Indigener Präsident.

Die neue Bewegung der Bäuerinnen und Bauern in Lateinamerika unterscheidet sich von vergangenen sozialen Bewegungen auf dem Land in verschiedener Hinsicht. Hervorzuheben sind vier Unterschiede:

1. Ethnische Gruppen haben heute eine weitaus größere Präsenz als früher. Es gibt zudem ein größeres ethnisches Bewusstsein und in manchen Fällen sogar die Forderung nach nationaler Autonomie, die ihren Ausdruck in Selbstverwaltung und territorialer Souveränität findet. Zwar haben die Regierungen den Forderungen nach nationaler Autonomie nicht nachgegeben. Länder wie Bolivien, Ekuador, Kolumbien und Brasilien haben aber ihre Verfassungen dahingehend geändert, dass diese den multiethnischen Charakter der Nation anerkennen und Vorkehrungen zur

Anerkennung der sprachlichen, kulturellen, sozialen und territorialen Rechte der verschiedenen indigenen Gruppen beinhalten (Kearney/Varese 1995).

2. Bedingt durch die soziale Transformation der bäuerlichen Bevölkerung ist die Bewegung urbaner und internationaler geworden. Hierzu trugen die fließenderen Übergänge zwischen städtischer und ländlicher Wirtschaft bei, die größere Mobilität der Landbevölkerung, die Verbesserungen in der Bildung auf dem Land und die durchdringendere Wirkung der Medien. Der Umgang der SprecherInnen mit den Medien ist geschickter geworden. Durch einen verbesserten Umgang mit Medien und Internet wird im Inland und international ein größeres Publikum erreicht. Der „Globalisierung von oben" haben sie eine „Globalisierung von unten" entgegen setzen können, indem sie nationale Regierungen umgehen und durch ihre internationale Anhängerschaft Druck auf unterschiedliche Organisationen ausüben (Borras u.a. 2008).

3. Die Bewegung der Bauern und Bäuerinnen hat gegenüber Parteien und Regierungen einen größeren Grad an Unabhängigkeit erreicht. Während dies einerseits der größeren Reife der Bewegung durch ihre vergangenen Kämpfe geschuldet ist, ist dies andererseits nur durch das politische Vakuum möglich geworden, das aus der Krise der linken Parteien entstand. Die weltweite Krise des Sozialismus hat auch sozialistische Organisationen geschwächt und linke Parteien dazu gebracht, Elemente der neoliberalen Agenda zu übernehmen. Des Weiteren hat die gesunkene Dominanz der Großgrundbesitzer über die Bauernschaft in den Ländern mit einer radikalen Agrarreform neue politische Räume für Bäuerinnen und Bauern und neue soziale Akteure geöffnet.

4. Die Bewegungen der Bäuerinnen und Bauern sind zahlreiche Verknüpfungen mit NGOs eingegangen, die wichtige Unterstützungsleistungen für die Gründung und Stärkung der Graswurzelorganisierung auf dem Land erbracht haben. Auch haben internationale NGOs sich als nützlich für die Mobilisierung weltweiter Unterstützung für die Anliegen der neuen Bewegungen erwiesen, besonders wenn diese ökologische, Geschlechter- und Menschenrechtsfragen, sowie Fragen sozialer Gerechtigkeit berühren (ebd). Zudem haben Frauen eine wesentlich stärkere Präsenz in den Bewegungen erreicht, wenn auch noch längst nicht in dem Maße, wie es ihnen zustünde. Besonders in einigen indigenen und ökologischen Bewegungen haben sich Frauen stark hervorgetan.

Dieser neue Charakter der sozialen Bewegung auf dem Land bedeutet nicht, dass traditionelle Anliegen verschwunden wären. Forderungen nach besseren Löhnen und Arbeitsbedingungen, angemesseneren Preisen für bäuerliche Produkte und einfacherem und billigerem Zugang zu Krediten werden weiter erhoben. Aber es haben sich neue Formen der Organisierung und Mobilisierung herausgebildet. Die Landfrage hat mit den konfligierenden Landansprüchen von Kapitalisten, kleinen SiedlerInnen und indigenen Gruppen zusammen mit ökologischen Themen neue Bedeutungen erhalten.

Die neuen Bewegungen der Bäuerinnen, Bauern und Indigenen kämpfen nicht für eine mythische Vergangenheit und Utopie. Sie lehnen jedoch die gegenwärtige Modernität mit den neoliberalen und Globalisierungsprozessen ab, weil diese exkludierend sind und häufig ihr Überleben bedrohen, sei es physisch, sozial oder kulturell. Eine derartige Modernität wird als rücksichtslos, heuchlerisch und engstirnig angesehen. Stattdessen kämpfen sie für eine andere Modernität, die auf ihrem eigenen emanzipatorischen Projekt fußen soll, das größere Kontrolle über ihre Leben, mehr Sicherheit und einen höheren Lebensstandard umfasst (Petras/Veltmeyer 2001). Die Herausforderung für die neuen Bewegungen liegt also darin, die gegenwärtigen Modernisierungsprozesse in ihrem eigenen Sinne nutzbar zu machen und, wo möglich, ihre eigenen Alternativen zu entwickeln. Die Bäuerinnen und Bauern müssen ihre Fähigkeit verbessern, ihre eigene Umwelt zu gestalten und zu besseren Bedingungen am globalen Umfeld teilzunehmen. Dazu müssen neue Allianzen geknüpft und alte Allianzen mit anderen sozialen Gruppen verstärkt werden, wie die Beziehungen zum Staat umgestaltet werden müssen, der immer noch hauptsächlich die Interessen der Kapitalisten bedient und trotz der neoliberalen Globalisierung ein wichtiger Akteur bleibt (Petras/Veltmeyer 2002). Die Agrarfrage in Lateinamerika bleibt immer noch zu lösen (Akram-Lodhi u.a. 2008).

Fazit

Lateinamerikas ländliche Wirtschaft und Gesellschaft sind in den letzten Jahrzehnten infolge neoliberaler Reformen und der Globalisierung transformiert worden. Die Landwirtschaft Lateinamerikas ist nun stärker mit dem neuen Weltnahrungsregime verwoben. Das transnationale Agrobusiness hat seine Dominanz gefestigt. Die spezifische Form der Modernisierung hat nur einer Minderheit der ländlichen Bevölkerung genützt und hat die allergrößte Mehrheit der Bauernschaft ausgeschlossen. Die Gruppe der Nutznießer ist heterogen und schließt agrarindustrielle Konzerne, kapitalistische Landwirte und einige kapitalisierte bäuerliche Haushalte ein. Die Verlierer sind die vollständig und semi-proletarisierten Bauern und Bäuerinnen und die Mehrheit der LandarbeiterInnen, deren Beschäftigungsbedingungen prekär – temporär und „flexibel" – geworden sind.

Die Grenzen zwischen ländlich und städtisch verschwimmen. Die massive Landflucht hat die städtischen Regionen teilweise „verländlicht" – insbesondere die Slums –, und das Land verstädtert zunehmend. Städtische und ländliche Arbeitsmärkte sind stärker miteinander verbunden. Der Grundstücksmarkt ist offener und umkämpfter geworden und ermöglicht städtischen Investoren und internationalem Kapital den Zugang zu landwirtschaftlicher Fläche. Der Wettbewerb zwischen den landwirtschaftlichen ProduzentInnen ist aufgrund der offeneren Waren-, Grundstücks-, Kapital- und Arbeitsmärkte verstärkt worden.

Auch wenn die ländliche Wirtschaft heute weniger wichtig ist als in der Vergangenheit, bleibt sie in den meisten lateinamerikanischen Ländern von kritischer Bedeutung. Das Problem von ungleichem Zugang zu Land, ländlicher Armut und exkludierender Modernisierung kann nicht geleugnet werden. Armut bleibt in ländlichen Gegenden weit verbreitet, und die Benachteiligung von Bauern, Bäuerinnen und indigenen Gemeinden ist immer noch tiefgreifend. Die fortgesetzte Förderung von land-, forst- und fischereiwirtschaftlichen Exporten dezimiert weiterhin die natürlichen Ressourcen und trägt so zur Umweltzerstörung bei.

Obwohl der Wechsel von einer binnenorientierten, staatszentrierten Entwicklungsstrategie zu einem markt- und exportorientierten Modell die Macht traditioneller ländlicher Organisationen durch die Fragmentierung der ländlichen Arbeiterschaft geschwächt hat, sind auf dem Land neue Konflikte ausgebrochen. Eine neue Bewegung der Bäuerinnen, Bauern und Indigenen hat sich entwickelt, die die neoliberalen Politiken anficht. Es wird deshalb für Regierungen politisch schwierig, das neoliberale Modell ohne Rücksicht auf die Konsequenzen für die Landbevölkerung weiter zu implementieren. Es braucht eine radikale Umkehr zu einer post-liberalen Entwicklungsstrategie. Dieser Wandel muss durch eine kreative Interaktion zwischen der Zivilgesellschaft und einem eingreifenden, aber demokratischen Staat geprägt werden, in dem der neuen indigenen und bäuerlichen Bewegung eine entscheidende Rolle zukommt, um sicher zu stellen, dass die Marktkräfte im Sinne eines partizipatorischen, inklusiven und egalitären Entwicklungsprozesses gebändigt werden.

Übersetzung: Kristy Schank und Jens Beckmann

Literatur

Akram-Lodhi, A. H./Kay, C. (Hrsg.) (2008): Peasants and globalization: political economy, rural transformation and the agrarian question. London: Routledge

Albó, X. (1996): Bolivia: making the leap from local mobilization to national politics. In: NACLA Report on the Americas 29 (5): 15-20

Altimir, O. (1994): Income distribution and poverty through crisis and adjustment. In: CEPAL Review 52: 7-31

Assies, W./Haar, G. van der/Hoekema, A. (Hrsg.) (2001): The challenge of diversity: indigenous peoples and reform of the state in Latin America. Amsterdam: Thela Thesis

Barraclough, S. (1973): Agrarian structure in Latin America. Lexington, MA: D.C. Heath

Barraclough, S. (1994): The legacy of Latin American land reform. In: NACLA Report on the Americas 28 (3): 16-21

Barraclough, S./Domike, A. (1966): Agrarian structure in seven Latin American countries. In: Land Economics 42 (4): 391-424

Barrientos, S. u.a. (1999): Women and agribusiness: working miracles in the Chilean fruit export sector. Basingstoke and London: Macmillan

Bebbington, A. (2000): Reencountering development: livelihood transitions and place transformations in the Andes. Annals of the Association of American Geographers 90 (3): 495-520

Bengoa, J. (2000): La emergencia indígena en América Latina. Santiago: Fondo de Cultura Económica

Berdegué, J. A. u.a. (2000): Policies to promote non-farm rural employment in Latin America. In: Natural Resources Perspectives. London: Overseas Development Institute (ODI)

Bernstein, H. (2000): The peasantry in global capitalism: who, where and why? In: Panitch, L./Leys, C. (Hrsg.): Socialist Register 2001: Working classes, global realities. London: Merlin Press

Borras, Jr., S. M./Kay, C./Lahiff, E. (Hrsg.) (2007): Market-led agrarian reform: trajectories and contestations. In: Special issue of Third World Quarterly 28 (8): 1417-1615

Borras, Jr., S./Edelman, M./Kay, C. (Hrsg.) (2008): Transnational agrarian movements confronting globalization. Oxford: Blackwell

Branford, S./Rocha, J. (2002): Cutting the wire: the story of the Landless Movement in Brazil. London: Latin America Bureau

Burbach, R. (1994): Roots of the postmodern rebellion in Chiapas. In: New Left Review 205: 113-124

Cadji, A.-L. (2000): Brazil's landless find their voice. In: NACLA Report on the America 33 (5): 30-34

Carter, M.R./Salgado, R. (2001): Land market liberalization and the agrarian question in Latin America. In: Janvry, A. de u.a. (Hrsg.): Access to land, rural poverty, and public action. Oxford: Oxford University Press: 246-278

Chase, J. (1999): Exodus revisited: the politics and experience of rural loss in central Brazil. In: Sociologia Ruralis 39 (2): 165-270

Collier, G. A. (1999): Basta! Land and the Zapatista rebellion in Chiapas. Oakland, CA: Institute for Food and Development Policy

Collins, J. N. (2000): A sense of possibility: Ecuador's indigenous movement takes center stage. NACLA Report on the Americas 33 (5), 40-46

Collins, J. N. (2003): Transnational labor process and gender relations: women in fruit and vegetable production in Chile. In: Gutman, M. C. u.a. (Hrsg.): Perspectives on Las Américas: a reader in culture, history, and representation. Oxford: Blackwell: 160-173

David, M. B. de A./Dirven, M./Vogelgesang, F. (2000): The impact of the new economic model on Latin America's agriculture. In: World Development 28 (9): 1673-1688

David, M. B. de A./Morales, C./Rodríguez, M. (2001): Modernidad y heterogeneidad: estilo de desarrollo agrícola y rural en América Latina y el Caribe. In: David, M. B. de A. (Hrsg.): Desarrollo rural en América Latina y el Caribe. Bogotá: Alfaomega & Santiago: CEPAL: 41-88

Deere, C. D./Léon, M. (2001): Empowering women: land and property rights in Latin America. Pittsburgh, PA: University of Pittsburgh Press

Deere, C. D./Madeiros, L. S. de (2007): Agrarian reform and poverty reduction: lessons from Brazil. In: Akram-Lodhi, A. H./Borras Jr., S. M./Kay, C. (Hrsg.): Land, poverty and livelihoods in an era of globalization: perspectives from developing and transition countries. London: Routledge: 80-118

Dore, E. (1995): Latin America and the social ecology of capitalism. In: Halebsky, S./Harris, R. L. (Hrsg.): Capital, power, and inequality in Latin America. Boulder, CO: Westview Press: 253-278

Duncan, K./Rutledge, I. (Hrsg.) (1977): Land and labour in Latin America: essays on the development of agrarian capitalism in the nineteenth and twentieth centuries. Cambridge: Cambridge Univ. Press

ECLAC (1992): Major changes and crisis: the impact on women in Latin America and the Caribbean. Santiago: ECLAC

ECLAC (2002): Social panorama of Latina America 2001-2002. Santiago: Economic Commission for Latin America and the Caribbean (www.cepal.org)

ECLAC/IICA (2002): Survey of agriculture in Latin America and the Caribbean 1990-2000, Santiago: Economic Commission for Latin America and the Caribbean (ECLAC) and Inter-American Institute for Cooperation on Agriculture (IICA)

Edelman, M. (2000): The persistence of the peasantry. In: NACLA Report on the Americas 33 (5): 14-19

Ellis, F. (2000): Rural livelihoods and diversity in developing countries. Oxford: Oxford University Press

Feder, E. (Hrsg.) (1973): Gewalt und Ausbeutung: Lateinamerikas Landwirtschaft. Hamburg: Hoffman und Campe Verlag

Fukuyama, F. (1992): The end of history and the last man. London: Hamish Hamilton

García Pascual, F. (2003): El ajuste structural neoliberal en el sector agrario latinoamericano en la era de globalización. In: European Review of Latin American and Caribbean Studies 75: 3-29

Grzybowsky, C. (1990): Rural workers and democratisation in Brazil. In: Fox, J. (Hrsg.): The challenge of rural democratisation. London: Frank Cass: 15-43

Hall, A. (1996): Did Chico Mendes die in vain? Brazilian rubber tappers in the 1990s. In: Collinson, H. (Hrsg.): Green guerrillas: environmental conflicts and initiatives in Latin America and the Caribbean. London: Latin American Bureau: 93-102

Harvey, N. (1994): Rebellion in Chiapas: rural reforms, campesino radicalism, and the limits to Salinismo. In The transformation of rural Mexico, No. 5, La Jolla (CA): Center for US-Mexican Studies, University of California at San Diego: 1-49

Hobsbawm, E. (1994): Age of extremes. The short twentieth century. 1914-1991. London: Michael Joseph

Janvry, A. de u.a. (1989): Rural development in Latin America: an evaluation and a proposal. San José de Costa Rica: Instituto Interamericano de Cooperación para la Agricultura (IICA)

Jarvis, L.S. (1992): The unravelling of the agrarian reform. In: Kay, C./Silva P. (Hrsg.): Development and social change in the Chilean countryside: from the pre-land reform period to the democratic transition. Amsterdam: CEDLA: 189-213

Kay, C. (2000a): Los paradigmas del desarrollo rural en América Latina. In: García Pascual, F. (Hrsg.): El mundo rural en la era de globalización: incertidumbres y potencialidades. Madrid: Ministerio de Agricultura, Pesca y Alimentación (Serie de Estudios No. 146): 337-429

Kay, C. (2000b): Latin America's agrarian transformation: peasantization and proletarization. In: Bryceson, D./Kay, C./Mooij, J. (Hrsg.): Disappearing peasantries? Rural labour in Africa, Asia and Latin America. London: ITDG Publishing: 123-138

Kay, C. (2001a): Agrarian Reform an rural development in Latin America: lights and shadows. In: Morales, H.R./Putzel, J. (Hrsg.): Power in the village: agrarian reform, rural politics, institutional change and globalization. Quezon City: Project Development Institute and the University of the Philippines Press: 191-235

Kay, C. (2001b): Reflections on rural violence in Latin America. In: Third World Quarterly 22 (5): 741-775

Kay, C. (2002a): Why East Asia overtook Latin America: Agrarian reform, industrialisation and development. In: Third World Quarterly 23 (6): 1073-1102

Kay, C. (2002b): Chile's neoliberal agrarian transformation. In: Journal of Agrarian Change 2 (4): 464-501

Kay, C. (2006): Rural poverty and development strategies in Latin America. In: Journal of Agrarian Change 6 (4): 455-508

Kearney, M./Varese, S. (2008): Indigenous peoples: changing identities and forms of resistance. In: Harris, R. L./Nef, J. (Hrsg.): Capital, power, and inequality in Latin America and the Caribbean. Lanham, MD: Rowman & Littlefield Publishers: 196-224

Klein, E. (1992): El empleo rural no agrícola en América Latina. Documento de Trabajo, 364. Santiago: Programa Regional de Empleo para América Latina y el Caribe (PREALC)

Lara Flores, S. M. (1995): Jornaleros, temporeras y bóias-frias: el rostro femenino del mercado de trabajo rural en América Latina. Caracas: Nueva Sociedad

Lehmann, D. (1982): After Lenin and Chayanov: new paths of agrarian capitalism. In: Journal of Development Economics 11 (2): 133-161

Llambí, L. (1988): The small modern farmers: neither peasants nor fully-fledged capitalists? In: The Journal of Peasant Studies 15 (3): 350-372

López Cordovez, L. (1982): Trends and recent changes in the Latin American food and agricultural situation. In: CEPAL Review 16: 7-41

López, R./Valdés, A. (2000): Fighting rural poverty in Latin America: new evidence of the effects of education, demographics and access to land. In: Economic Development and Cultural Change 49 (1): 197-211

Margolis, M. (2002): A plot of their own. Newsweek, 21 January: 22-27

Meszaros, G. (2000): No ordinary revolution: Brazil's landless workers' movement. In: Race & Class 42 (2): 1-18

Murray, W. E. (2002): From dependency to reform and back again: the Chilean peasantry during the twentieth century. In: The Journal of Peasant Studies 29 (3/4): 190-227

Navarro, Z. (2000): Breaking new grounds: Brazil's MST. In: NACLA Report on the Americas 33 (5): 36-39

Ocampo, J. A. (2001): Agricultura y desarrollo ruralen América Latina. In: David, M. B. de A. (Hrsg.): Desarrollo rural en América Latina y el Caribe. Bogotá: Alfaomega & Santiago: CEPAL: 1-40

Petras, J, (1997): The peasantry strikes back. Latin America: the resurgence of the left. In: New Left Review 223: 17-47

Petras, J./Veltmeyer, H. (2001): Are Latin American peasant movements still a force for change? Some new paradigms revisited. In: The Journal of Peasant Studies 28 (2): 83-118

Petras, J./Veltmeyer, H. (2002): The peasantry and the state in Latin America: a troubled past and uncertain future. In: The Journal of Peasant Studies 29 (3/4): 41-82

Picari, N. (1996): Ecuador: taking on the neoliberal agenda. In: NACLA Report on the Americas 29 (5): 23-32

Reardon, T./Berdegué, J./Escobar, G. (2001): Rural nonfarm employment and incomes in Latin America: overview and policy implications. In: World Development 29 (3): 395-409

Robles, W. 2001: The landless rural workers movement (MST) in Brazil. In: The Journal of Peasant Studies 28 (2): 146-161

Ruben, R./Bastiaensen, P. (Hrsg.) (2000): Rural development in Central America: markets, livelihoods and local governance. London: Macmillan

Rubio, B. (2001): Explotados y excluidos: los campesinos latinoamericanos en la fase agroexportadora neoliberal. Mexico City: Plaza y Valdés Editores

Salman, T./Zoomers, A. (Hrsg.) (2002): The Andean exodus: transnational migration from Bolivia, Ecuador and Peru. Amsterdam: CEDLA

Schejtman, A. (1994): Agroindustry and changing production patterns in small-scale agriculture. In: CEPAL Review 53: 147-157

Sieder, R. (Hrsg.) 2002: Multiculturalism in Latin America: indigenous rights, diversity and democracy. Basingstoke and New York: Palgrave Macmillan

Spoor, M. (2001): Incidencia de dos décadas de ajuste en el desarrollo agrícola de América Latina y el Caribe. In: David, M.B. de A. (Hrsg.): Desarrollo rural en América Latina y el Caribe. Bogotá: Alfamoega and Santiago: CEPAL: 135-164

Spoor, M. (2002): Policy regimes and performance of the agricultural sector in Latin America and the Caribbean during the last three decades. In: Journal of Agrarian Change 2 (3): 381-400

Stavenhagen, R. (2003): Mexico's unfinished symphony: the Zapatista movement. In: Tulchin, J. S./Selee, A. D. (Hrsg.): Mexico's politics and society in transition. Boulder; CO: Lynne Rienner Publishers: 109-126

Stephen, L. (1993): Challenging gender inequality: grassroots organizing among women rural workers in Brazil and Chile. In: Critique of Anthropology 13 (1): 33-55

Stédile, J. P. (2002): Landless battalions: the Sem Terra Movement of Brazil. In: New Left Review 15: 77-105

Teubal, M. (1995): Globalización y expansión agroindustrial: ¿Superación de la pobreza en América Latina? Buenos Aires: Editorial La Colmena

Thiesenhusen, W.C. (1995): Broken promises: agrarian reform and the Latin American Campesino. Boulder, CO: Westview Press

Valdés, A./Siamwalla, A. (1988): Foreign trade regimes, exchange rate policy, and the structure of incentives. In: Mellor, J. W. & Ahmed, R. (Hrsg.): Agricultural price policy for developing countries. Baltimore, MD: Johns Hopkins University Press: 103-123

Vogelgesang, F. (1996): Property rights and the rural land market in Latina America. In: CEPAL Review 58: 95-113

Wright, A. (2003): The land is only the first step: mobilization and alliances in the Brazilian movement of landless rural workers. Paper presented at the XXIV International Congress of the Latin American Studies Association (LASA), Dallas, Texas, 27 bis 29 März

Zamosc, L. (1994): Agrarian protest and the Indian movement in the Ecuadorean highlands. In: Latin American Research Review 29 (3): 37-68

Zoomers, A. (Hrsg.) (2001): Land and sustainable livelihood in Latin America. Amsterdam: Royal Tropical Institute; Frankfurt: Vervuert Verlag

Zoomers, A./Haar, G. van der (Hrsg.) (2000): Current land policy in Latin America: regulating land tenure under neoliberalism. Amsterdam: Royal Tropical Institute; Frankfurt: Vervuert Verlag

Dieter Boris, Therese Gerstenlauer, Alke Jenss, Kristy Schank
und Johannes Schulten

Sozialstrukturtendenzen und politische Artikulation in Lateinamerika. Schlussfolgerungen, Thesen, Reflexionen

1. Die Frage, inwieweit die sich während der neoliberalen Periode vollziehenden ökonomischen und sozialstrukturellen Veränderungen in Lateinamerika auf die Politik bzw. den Politikwechsel ausgewirkt haben, wirft aus mehreren Gründen komplexe Probleme auf, die entsprechend vorsichtige und facettenreiche Antworten erfordern. Grundsätzlich geht es um die für jede Gesellschaftstheorie und Politikanalyse zentrale Beziehung von gesellschaftlichen Verhältnissen und ihren politischen Ausdrucksformen (v. Oertzen 2006: 37ff.). Die These, dass in der Analyse der bürgerlichen Gesellschaft (ihrer Ökonomie und ihrer Sozialstruktur) der Schlüssel für die Erklärung von politischen Entwicklungen zu suchen sei, scheint zwar in dieser Allgemeinheit plausibel zu sein, sie enthält aber eine Fülle von Annahmen und Problemen, die sich vor allem auf der Ebene der konkreten Analyse stellen. Diese Ausgangshypothese beinhaltet das alte und immer wieder neu diskutierte Spannungsverhältnis von Struktur und Handeln, von objektiver Lage/Determination und subjektivem Bewusstsein/Agieren. Die Lösungsvorschläge für die Überwindung dieses Spannungsverhältnisses sind zahlreich (vgl. Clark/Lipset 2001). Während manche AutorInnen fast keine Beziehungen zwischen objektiven Positionen und politischen Handlungen sehen, nehmen andere an, dass von vermittelten Beziehungen zwischen beiden Ebenen auszugehen sei. Das heißt, dass es nicht nur um die (ökonomisch bestimmte) Positionen im sozialen Raum geht, sondern, dass diese in der Regel auch eine soziale, kulturelle und politische „Aufladung" (bzw. Ressourcenausstattung) aufweisen, die keineswegs weniger bedeutsam ist, sondern gerade die häufig vorkommenden Brüche zwischen Position und konkreter Handlungsweise zu erklären vermag. So wird deutlich, dass die Abgrenzung von Klassen und Klassenmilieus (und der Bestimmung der objektiven Klassenlage) zwar ein erster (und notwendiger) Schritt der Sozialstrukturanalyse bildet, dieser aber eine Reihe zusätzli-

cher Analysen erfordert, die sich auf die weiteren handlungsbestimmenden Determinanten, wie u.a. die typischen Sozialisationsbedingungen und daraus resultierenden Habitusformen, Bewusstseinselemente, organisatorische Kapazitäten, strategisch-politische Vorstellungen bestimmter sozialer Gruppen und Segmente sowie die makro-soziale und makro-ökonomische Gesamtkonstellation beziehen.

Aber all dies zusammengenommen bietet immer noch nicht eine völlige Garantie für die adäquate Erklärung oder gar für die Prognose von politischen Abläufen, die ja durchaus auch kontingente und offene Momente enthalten. Diese können aus externen oder außenpolitischen Einwirkungen oder nicht vorhersehbaren Gewaltäußerungen resultieren, die mit spezifischen Sozialstrukturveränderungen nicht unbedingt zusammenhängen müssen.

Allerdings können im Zusammenspiel mit weiteren Bedingungen – beispielsweise Gewalt legitimierenden Normen – soziale Strukturen Gewalt befördern. Umgekehrt prägt dauerhafte Gewalt gesellschaftliche Strukturen. Das für die neoliberale Wende typische Verschwimmen der Grenzen zwischen formeller und informeller, legaler und illegaler Wirtschaft erleichterte im Zusammenspiel mit einem staatlichen Rückzug unter anderem die Freisetzung neuer sozialer Gruppierungen; diese bewegen sich in informellen Strukturen, in denen Gewalt als Mittel zur Verfügung über Ressourcen genutzt wird. Weitergehende Analysen müssten deshalb auch Gewaltakteure und deren Einfluss auf politische Prozesse untersuchen.[1]

Auch die Wahrnehmung von Gewalt und Kriminalität kann sehr unterschiedlich ausfallen und ist nicht immer auf tatsächliche Gewaltraten zurückzuführen. Furcht vor Gewalt erlaubt aber Sicherheitsdiskurse in Medien und Wahlkämpfen und erzeugt dadurch möglicherweise eine Legitimität, die die Behandlung von sozialen Fragen angesichts neoliberaler Politik und Rhetorik nicht mehr opportun erscheinen lässt. Die Rolle der Medien und der Darstellung von politischer Gewalt und Kriminalität sind dabei sicher nicht zu unterschätzen (Huhn/Oettler 2006). Besonders die Mittelschichten folgen diesen Sicherheitsdiskursen. So haben sich im Zusammenhang mit neoliberaler Politik durch Gewalt auch raumstrukturelle Veränderungen ergeben.[2]

---

[1] An dieser Stelle wäre z. B. das Militär zu berücksichtigen, das traditionell in Lateinamerika eine wichtige Rolle spielt.
[2] In urbanen Zentren spiegelt sich eine enorme Zunahme von Kriminalität u.a. in einer Veränderung des Habitus vor allem von Mittelschichten und herrschenden Klassen wieder: Die Segregation verschärft sich durch den Versuch der Ober- und Mittelschichten, sich auch räumlich von prekär Lebenden abzugrenzen (vgl. hierzu in diesem Band Parnreiter). Gleichzeitig hat die Auslagerung von Gewalt vom Staat zu

Insofern bietet eine im angedeuteten Sinne differenzierte Sozialstrukturanalyse zentrale (häufig vernachlässigte) Erklärungsdimensionen an, die allerdings auch nicht verabsolutiert werden dürfen. Die möglichst genaue Bestimmung der zahlreichen Vermittlungsmomente zwischen objektiver Lage/Determiniertheit und subjektiv-aktivem Handeln von Kollektiven oder Gruppen lässt sich nicht abstrakt theoretisch und ein für allemal vornehmen; vielmehr ist davon auszugehen, dass diese in den differierenden politischen Konstellationen jeweils ein unterschiedliches Gewicht erhalten. Dadurch können in derart angelegten Sozialstrukturanalysen wahrscheinliche und mögliche Handlungsspielräume relevanter gesellschaftlicher Akteure und die aus diesen Interaktionen resultierenden Entwicklungstendenzen der jeweiligen Gesellschaft zumindest eingegrenzt und zu einem bedeutenden Teil erklärt werden.

2. Wenn, wie Klaus Dörre (2007: 25) kürzlich noch einmal unterstrichen hat, „Konkurrenz, Fragmentierung, Vereinzelung und Spaltung den Normalzustand vor allem subalterner Klassenfraktionen" bezeichnet, so gilt dies umso mehr unter neoliberalen Bedingungen und besonders unter peripher kapitalistischen Gesellschaftsverhältnissen. Die Frage muss also vor allem dahin gehen, zu klären – wenigstens ex post – durch welche soziale Verkehrsformen, Kommunikationsverhältnisse, Organisationsstrukturen und neugebildete Mentalitäten ein mehr oder minder bewusstes Überschreiten habitualisierter, auf horizontale Konkurrenz ausgerichteter Praktiken ermöglicht werden konnte. Nicht wenige sozialwissenschaftliche BeobachterInnen der jüngsten lateinamerikanischen Entwicklung konstatieren den Widerspruch zwischen sozioökonomischer Polarisierung einerseits und deren geringen politischen Ausdrucksformen andererseits (vor allem Roberts 2002; Portes/Hoffman 2003 u.a.).

Mittlerweile kann dies nicht mehr ohne Weiteres behauptet werden. Stark beachtet wird der Ansatz von M.A. Garretón, der von sich wandelnden Matrixen des sozialen Protests ausgeht. Die klassische Form des sozialen Protest entwickelte sich in der staatszentrierten, nationalen Matrix und bezog sich vornehmlich auf die sozioökonomische Entwicklung (national-populare Matrix). Diese hatte einen zentralen Akteur, der andere Protestgruppen um sich herum sammelte: z.B. Gewerkschaften, Parteien und/oder populistische Bewegungen. Durch die Erfahrung der Militärdiktaturen – so Garretón – und die neoliberalen Umstrukturierungsprozesse hat sich diese Ausgangsmatrix mehr oder minder stark verändert. Die neue Matrix auf der

privaten Akteuren deutlich zugenommen und damit möglicherweise die Entpolitisierung von Gewalt (Krennerich 2000: 28).

Basis neoliberaler Strukturen zielt auf Demokratisierung in politischer und sozialer Hinsicht, auf den Wiederaufbau der Ökonomie und auf Staatsbürgerrechte. Die entsprechenden Bewegungen sind überwiegend dezentralisiert, partikular, nicht nur auf sozioökonomische Belange hin konzentriert und haben kein eindeutiges Zentrum; kulturelle und lebensweltliche Zielsetzungen stehen nicht selten im Vordergrund dieser neuen Bewegungen. Zu den hierarchisch-vertikalen Aspekten der Strukturierung sozialer Bewegungen kommt die horizontale Dimension und vor allem die Frage von Inklusion und Exklusion dazu, welche sich auf allen Stufen der gesellschaftlichen Niveaus und bezüglich vieler Gruppierungen stellt (Frauen, Jugendliche, Indígenas etc.). Von daher erscheint Garretón die Rolle der Politik und des Staates ebenso zweifelhaft wie die der Parteien hinsichtlich der Anleitung und Bündelung von Bewegungen. „Das was am meisten wahrscheinlich erscheint, ist die Differenzierung jeder Sphäre der Gesellschaft in ihren spezifischen Widersprüchen, was den Raum schafft für sehr heterogene kollektive Aktionen mit vielleicht wenigen gemeinsamen Prinzipien zwischen ihnen. Auf diese Weise kann die Diversität und die Vielfalt der sozialen Identitäten bereichernd wirken, aber sie schwächen zugleich die organischen und symbolischen Verbindungen, die die Diversität vereinigen könnten und zu einer neuen zentralen sozialen Bewegung führen könnten." (Garretón 2001: 41). Diese neuen Bewegungen, die die alten natürlich nicht völlig ersetzt haben, zielen nicht vorrangig auf Gleichheit, Freiheit und nationale Unabhängigkeit, sondern auf alltagsweltliche, interpersonale und Identitätsfragen der Anerkennung, die gelegentlich einer völlig anderen gesellschaftlichen Dimension zugehören. Dennoch kann man sagen, dass sie sich nicht ausschließlich im Reich des Privaten befinden, sondern auch Forderungen für die Öffentlichkeit und des öffentlichen Lebens bilden. Durch ihr Aufkommen sind die früheren politischen Programmatiken nicht völlig abgelöst, sondern diversifiziert und komplexer geworden. Zudem scheint es, dass diese diffuse Opposition sich nicht nur festmacht in einer Konfrontation, sondern gelegentlich auch in Kooperationsbeziehungen und dass sich hierbei der klare Gegenpart, der bei den früheren sozialen Bewegungen eindeutig war, weitgehend aufgelöst hat (ebd.). Die Schlussfolgerung aus seiner Analyse und die Perspektive in die Zukunft, die Garretón in seinem letzten Satz der Analyse andeutet, scheint besonders bedenkenswert zu sein: „Bei Abwesenheit der Befriedigung dieser (alten und neuen) Bedürfnisse ist es sehr wahrscheinlich, dass sich einige Explosionen und abrupte Rebellionen oder ein Rückzug über die Apathie in ein individualistisches oder kommunitäres Refugium oder in eine Kombination dieser Formeln entwickeln werden. Dies ist jedenfalls viel wahrscheinlicher als die Generierung von stabilen und kohärenten kollektiven Akteuren." (ebd.: 42)

Einige anti-neoliberale Proteste der letzten Jahre, die zu Regierungsabtritten und Politikwechseln führten, scheinen Ausdruck dieser politisch-sozialen Gemengelage gewesen zu sein. In den zugespitzten Situationen hatten sich zahlreiche Widersprüche kumuliert und verdichtet, wobei einige auf vor-neoliberale Politiktraditionen und Tendenzen zurückgeführt werden können (z.b. die Forderungen der indigenen Bewegungen). Die zeitweise Zusammenfassung divergenter Protestströme führte in einigen Fällen zum Sturz oder zur Abwahl von vorherigen neoliberalen Regierungen. Aber die spätere Politik der neuen anti-neoliberalen Regierungen garantierte nicht die Einlösung der verschiedenen und teilweise weitergehenden Forderungen der diesen Sturz mittragenden sozialen Bewegungen. Nicht selten gelang es den neuen Mitte-Links-Regierungen, vormals vereinte Oppositionskräfte zu spalten (teilweise sogar zu kriminalisieren), wie dies im Falle Argentiniens in Bezug auf die Arbeitslosenbewegung („*Piqueteros*") oder Brasiliens hinsichtlich von Teilen der *Partido dos Trabalhadores* (PT), die austraten und eine neue Partei gründeten, geschehen ist. Die relative Leichtigkeit, von Regierungsseite auf diese Weise verfahren zu können, erklärt sich auch aus dem bezeichneten labilen, inkohärenten und nicht immer politischen Charakter dieser Protestbewegungen, denen eine Zentralität und klare dauerhafte Stoßrichtung nicht selten fehlte. So erlangt die Art des Regierens und die politische Qualität der neuen Regierungen eine hohe Bedeutung, da aus ihrem Agieren sich die Möglichkeiten oder Schwierigkeiten von Lernprozessen und eventuellen Vereinigungstendenzen der sozialen Protestströmungen zu einem nicht geringen Teil ergeben.

Die Hintergründe und die Reichweite unterschiedlicher Protestströmungen sowie deren soziale Basis können durch die Analyse sozialstruktureller Veränderungen während der neoliberalen Periode besser begriffen werden. Die Fruchtbarkeit und Relevanz dieser Herangehensweise soll im Folgenden beispielhaft an der Entwicklung der Mittelschichten in einigen lateinamerikanischen Gesellschaften, an den jüngsten Veränderungen in den herrschenden Sektoren, den Segmenten der formellen Arbeiterschaft und den informell Tätigen sowie den indigenen Bevölkerungsteilen exemplarisch angedeutet werden.

3. Die punktuell-kurzfristige oder länger andauernde politische Vereinigung unterschiedlicher (zeitweise sich auseinander entwickelnder sozialer Segmente) kann
durch differierende Faktoren geleistet und vermittelt werden. Zum Beispiel durch
bestimmte Maßnahmen von außen, die wie ein Schock wirken und zumindest kurzfristige Einheitsfronten zu stiften vermögen. Oder aber durch besondere, intensive
politische Arbeit der Allianzbildung seitens bestimmter politischer Akteure. Der
erste Fall ist beispielhaft in Argentinien während der Krise 2001/02 zu beobachten
gewesen. Von der plötzlichen Einschränkung des Bankzugangs und der Möglichkeit
mehr als 300 US-Dollar wöchentlich abzuheben („*corralito*") waren vor allem Angehörige des informellen Sektors und Teile der Mittelschichten betroffen (Vilas
2006: 173f.). „The impact was particularly grave for low and middle-income groups,
and in the informal sector of the economy, whose transactions are most frequently if
not exclusively carried out in cash (…) The paralysis of activities was especially
hard felt in the sectors of small shops and personal services. A swarm of small es-
tablishments, small service providers and micro-enterprises were left out of the
game." (ebd.: 174). Dazu kam, dass nun die Mittelschichten Argentiniens plötzlich
aus einem Traum aufwachten, der ihnen vorgegaukelt hatte, ihr Land zähle mittlerweile zur „Ersten Welt", da der US-Dollar soviel wert sei wie der argentinische Peso
und damit der Glaube an eine kosmopolitische Existenzweise abgesichert werden
konnte. Diese Phantasie war von den öffentlichen Diskursen und den Medien weitgehend genährt worden, während die unangenehmen Seiten der „Konvertibilitäts-
Politik"[3] (Zunahme der Arbeitslosigkeit, Anstieg der sozialen Polarisierung) bislang
systematisch ausgespart worden waren. Die Zuspitzung der sich schon lange zuvor
ankündigenden Krise, die nun durch tiefe Verletzungen und Ungerechtigkeitsgefüh-
le (Enteignung seitens der Regierung und der Banken) ausgelöst worden war, zeigte,
dass „die Mittelklasse ihr traditionelles angstvolles Verhalten und ihre Zersplitterung, welches durch die langen Jahre der Militärdiktatur und der demokratischen
Passivität genährt worden war, nun beiseite ließ und ihre Körper in die vorderste
Linie brachte" (ebd.: 176).

Die sozialen Proteste veränderten sich im Laufe des Jahres 2002, wechselten ihren Charakter und nahmen teilweise auch ab, vor allem seitens der Mittelschichten,
die sich nun von öffentlichen Protestbekundungen weitgehend zurückzogen. Dennoch scheint sich in dieser vorübergehenden breiten und klassenübergreifenden

---

[3] D.h. der Bindung des argentinischen Peso an den US-Dollar.

Mobilisierung ein tiefgehender Bruch mit bis dahin dominanten gesellschaftlichen Vorstellungen und Mechanismen ereignet zu haben. Diese sozialstrukturellen und Milieutendenzen sind durch ökonomische und politische Analysen kaum ausreichend zu erfassen. Die langfristigen Veränderungen der Mittelschichten (Verkleinerung, Pauperisierung und Polarisierung im Inneren) zum Beispiel in Argentinien sind von verschiedenen SoziologInnen analysiert worden. Alle betonen die große gesamtgesellschaftliche Bedeutung des Bruchs mit der typischen „Mittelstandsgesellschaft", die die leitenden Werte der Gesellschaft vorgab (Fortschritt, Aufstieg, Kontinuität) – all dies wurde durch Ausbildung, berufliche Qualifikation, Fleiß und Beständigkeit als möglich und erreichbar angesehen. Seit den 1980er Jahren ist dieses Modell ins Wanken geraten und in der großen Krise 2001/02 völlig zusammengebrochen. Ratlosigkeit, Verunsicherung, Schwächung der gemeinsamen Ideologie und der kulturellen Homogenität, teilweise verbunden mit der Kritik an herrschenden neoliberalen Diskursen, sind die wichtigsten Spuren, die diese umfangreichen kollektiven Abstiegsprozesse hinterlassen haben; dies schließt nicht aus, dass kleinere Teile der Mittelschichten, begünstigt durch das neoliberale Modell, weiter aufsteigen konnten (Kessler 2002: 277ff.).

Nicht zuletzt die politischen Wendungen der argentinischen Mittelschichten in jüngster Zeit sowie auch deren phasenspezifisch recht unterschiedliches Verhalten in anderen Gesellschaften Lateinamerikas (Werz 1999: 96ff.) kann die Frage provozieren, in welchem Maße gerade dieses Segment der Sozialstruktur für markante Kurswechsel in der Politik verantwortlich ist. Konkreter könnte die Hypothese formuliert werden, dass letztlich vor allem durch ein Umschwenken relevanter Teile der Mittelschichten eine Abkehr von neoliberalen Konzepten (auch durch Wahlprozesse sichtbar gemacht) erklärt werden kann. Die Schwächung des herrschenden Teils der Bourgeoisie bzw. die Veränderungen der Kräfteverhältnisse innerhalb der einzelnen Fraktionen des Kapitals scheinen keine ausreichende Begründung hierfür zu liefern, wenngleich auch die Verfügungsgewalt über Medien und öffentliche Diskurse nicht zu unterschätzen ist. Aber auch ein relevanter Meinungswechsel innerhalb der Unterschichten kann als ausschlaggebender Faktor ausgeschlossen werden, da vor allem die formellen Teile der Unterschichten als Gegner des neoliberalen Wirtschafts- und Gesellschaftsmodell anzusehen sind. Möglicherweise sind auch Teile des informellen Sektors, die früher für die neoliberale Neuorientierung votierten, durch die Resultate dieser Wende mittlerweile umgeschwenkt. Es spricht Einiges für die Hypothese, dass in den Gesellschaften, die nun von Mitte-Links-Regierungen geführt werden, sich zumindest Teile der Mittelschichten vom neoliberalen Modell distanziert und dies wahlmäßig bzw. auch in anderen Protestformen zum Ausdruck gebracht haben.[4] Diese Hypothese könnte für die Fälle Argentiniens, Boliviens, Brasiliens und Uruguays im Einzelnen – nicht zuletzt durch sozialstrukturell fundierte Wahlanalysen überprüft werden.

Der gradualistische, pragmatische und uneinheitliche Charakter der Abkehr von neoliberalen Maximen würde ebenfalls für diese These sprechen. Einerseits hing und hängt das jeweilige politische Verhalten der Mehrheit der Mittelschichten mit politischen Konjunkturen und Bedrohungssituationen, ökonomischen Prosperitätsphasen usw. zusammen; andererseits spielt die Art des Akkumulationsmodells und die darin enthaltenen Möglichkeiten zum sozialen Aufstieg oder einem entsprechenden Abstieg eine wesentliche Rolle für die langfristige Veränderung der sozialen Lage dieses gesellschaftlichen Segments. Dies wiederum könnte entsprechende (dauerhafte) Modifikationen im politischen Verhalten der entsprechenden Mittelschichtssegmente hervorgerufen haben. Es gibt einige Anzeichen dafür, dass relevante Teile der Mittelschichten sich durch einige Mitte-Links-Regierungen und die aktuelle Konjunktur begünstigt sehen, so in Chile seit einigen Jahren (Torche/Wormald 2004: 69) und unter der Regierung Lulas in Brasilien.[5] Anders als in Argentinien kam es in Brasilien nicht zu massiven Abstiegsprozessen aus den Mittelschichten und zu dem Phänomen der „neuen Armut" in den Regierungsperioden vor Lula. Möglicherweise kann dies mit der geringeren Radikalität der Umsetzung neoliberaler Programmatik in Brasilien (z.B. hinsichtlich von Privatisierungsprozessen) erklärt werden. Dagegen scheinen sich in Mexiko die Chancen der Mittelschichten zur sozialen Aufstiegsmobilität seit den späten 1980er und 90er Jahren deutlich – also mit der Implementation neoliberaler Politiken – verringert zu haben.

---

[4] Vgl. einige Hinweise bei Boris, 2007: 8, Anm. 1-3.

[5] „Steigende Löhne, sinkende Arbeitslosigkeit und eine gezielte Unterstützung der ärmsten Bevölkerungsschichten durch Sozialprogramme der Regierung haben dazu geführt, dass eine neue Mittelschicht entsteht, die konsumiert wie nie zuvor. Für Mobiltelefone, Computer, Kosmetik oder Schokolade gehört Brasilien zu den fünf größten Absatzmärkten der Welt, kalkuliert Antônio Corêa de Lacerda, Ökonom von Siemens in São Paulo. Ein rasch steigendes Kreditangebot stimuliert die Nachfrage zusätzlich. ‚Der Kauf eines Autos kann heute über sieben Jahre abbezahlt werden. Noch vor kurzem war das undenkbar', sagt Alexander Hirschle, der für die Kölner Bundesagentur für Außenwirtschaft (bfai) den brasilianischen Markt beobachtete." (FAZ v. 26. Mai 2008: 14)

4. Es ist hinreichend bekannt, dass die neoliberale Wende (häufig vorbereitet durch Stabilisierungs- und Strukturanpassungsprogramme nach Ausbruch der Schuldenkrise) in den Gesellschaften Lateinamerikas zu einer Stärkung der Positionen des Unternehmertums führte; dies vollzog sich auf verschiedenen Ebenen: Sowohl in ökonomischer und gesellschaftlicher Hinsicht, aber auch im politischen und kulturellen Raum wurden großbürgerliche Einflussnahmen und Werte wesentlich widerstandsloser akzeptiert als in manchen „populistischen" Phasen der Importsubstitutionsperiode.

Zum einen kam es in den meisten Fällen infolge der Öffnung nach außen und nach Wegfall interner Schutzmechanismen zu einer erheblichen Steigerung der Kapitalkonzentration, zum anderen – infolge der Privatisierung großer Staatsunternehmen – zu einer Entnationalisierung einheimischer Kapitale. Allerdings ist letztere Tendenz in den einzelnen Ländern unterschiedlich ausgeprägt gewesen. Während z.B. in Argentinien die Veräußerung nationaler und/oder staatlicher Unternehmen an ausländische Kapitaleigner sehr deutlich ausfiel (vgl. hierzu in diesem Band Maristella Svampa)[6] scheint beispielsweise in Mexiko die durch die neoliberale Wende bedingte Entnationalisierung nicht diese Ausmaße angenommen zu haben. Der Umstand, dass in Mexiko eine starke Industriebourgeoisie schon vor der wirtschaftspolitischen Wende präsent war, scheint diese Besonderheit wesentlich beeinflusst zu haben (Boris 1996: 149ff.). Präsident Salinas de Gortari (1988-1994) war zwar der zentrale Motor der neoliberalen Wende in Mexiko, „doch er begünstigte zugleich die Konsolidierung eines nationalen Kapitals, das den Angriffen us-amerikanischer Firmen widerstehen konnte (...) Hunderte staatlicher Betriebe wurden damals verkauft, bevorzugt an die Freunde des Präsidenten. Die Zahl mexikanischer Milliardäre stieg von zwei im Jahr 1991 auf 24 bis zum Ende von Salinas' Amtszeit drei Jahre später." (Lambert 2008: 23) Zu den genannten Tendenzen trat eine wichtige horizontale Veränderung in den Kräfteverhältnissen zwischen einzelnen Fraktionen des jeweiligen Kapitals hinzu: Während die ausschließlich oder überwiegend auf den jeweiligen Binnenmarkt konzentrierten Kapitale (vor allem im produzierenden Bereich) an Machtpositionen erheblich einbüßten, waren die exportorientierten Ka-

---

[6] „Heute sind von den hundert größten Unternehmen mehr als 80 in der Hand ausländischen Kapitals. Und die Unternehmen, die ursprünglich einheimischen Kapitals sind, wie z.B. Pérez Companc, Bunge y Born, Pescarmona, Macri, Ledesma, Loma Negra etc. sind mit ausländischen Kapitalen verflochten und arbeiten als multinationale Unternehmen." (Galetti 2004: 27)

pitalgruppen, Import-, Finanz- und Versicherungsunternehmen durch die neoliberale Politik begünstigt und gestärkt worden (siehe z.b. Heredia 2003: 77ff.).

Die wenigen auf die Veränderungen in den herrschenden Sektoren spezialisierten Arbeiten kommen zu dem Ergebnis, dass über die enorm vergrößerte mediale Präsenz sowie über teilweise direktere, teilweise institutionalisierte Kanäle zu den jeweiligen Regierungen und Top-Bürokratien unternehmerische Politikvorstellungen und Managerwünsche noch deutlichere Einflussnahmen auf wesentliche politische Entscheidungen auszuüben vermögen als je zuvor. Dies kontrastiert nicht selten mit den parallel laufenden Demokratisierungsdiskursen (z.b. Adler Lomnitz u.a. 2007: 155f., 163f.).

Die noch spärlicheren Studien über die Reaktionen der neoliberal geprägten „Wirtschaftseliten" auf von Mitte-Links-Regierungen repräsentierte Politikwechsel zeigen, dass – je eindeutiger der wirtschaftspolitische Kurswechsel der jeweiligen anti-neoliberalen Regierung ausfällt – umso entschiedener sich die Opposition (Sabotage, Putschversuche bis hin zu Sezessionsdrohungen) gestaltet, wie im Falle Venezuelas und Boliviens zu beobachten ist. In anderen Konstellationen wie z.b. in Brasilien, Chile oder auch Argentinien, wo die Kontinuität zu neoliberalen Vorgängerregierungen noch mehr oder minder deutlich spürbar ist, scheint das Verhalten der maßgeblichen Teile der herrschenden Klasse eher durch Bemühungen um wechselseitige Interessenwahrung und um nur teilweise konfliktive Kooperation bestimmt zu sein.

5. Der eingangs konstatierte und zumindest für einen großen Teil der 90er Jahre gültige Kontrast zwischen beispiellosen sozioökonomischen Polarisierungen und relativ geringer politischer Artikulation der am stärksten betroffenen gesellschaftlichen Segmente (Roberts 2002), gilt in besonderem Maße für die lateinamerikanische ArbeiterInnenbewegung. Wenn auch in Ländern wie Brasilien, Venezuela oder Uruguay Gewerkschaften den neoliberalen Politiken durchaus kämpferisch begegneten (Weyland 1996: 183), wurde die Protagonistenrolle anti-neoliberaler Widerstände – sofern vorhanden – mehrheitlich von anderen gesellschaftlichen Akteuren übernommen. Roberts weist nach, dass gerade in Ländern, in welchen während der ISI-Periode starke ArbeiterInnenbewegungen auch Ausdruck auf der politischen Ebene fanden, die Folgen der neoliberalen Transformation vergleichsweise groß waren, z.b. Argentinien, Brasilien, Chile, Peru, Mexiko (Roberts 2002: 14ff). Als Paradebeispiel kann Argentinien angeführt werden. Dort wurde trotz der enormen

Stärke und militanten reformistischen Ideologie der Arbeiterklasse ein großer Teil der neoliberalen Maßnahmen, mit deren Konsens, teilweise sogar aktiver Unterstützung der gewerkschaftlichen Bürokratie, durchgesetzt (z.b. Murillo 2001: 131ff).

Obgleich die Gründe für die Schwäche der ArbeiterInnenbewegung vielfältig sind und verschiedene, teils länderspezifische Dimensionen – wie etwa Patronage oder Einschränkung gewerkschaftlicher Rechte – aufweisen, basieren sie doch auf der Erosion lange gewachsener Erwerbsstrukturen und tiefgreifender sozialstruktureller Veränderungen, welche gewerkschaftliche Machtressourcen nachhaltig schwächten.

Vielleicht mit Ausnahme von Brasilien durchlief der Kontinent schon seit Mitte der 1970er und verstärkt während der Stagnationsperiode des „verlorenen Jahrzehnts" einen Prozess der Deindustrialisierung. Im Gegensatz beispielsweise zu Korea, dessen Industrie in den 90er Jahren erstaunliche Wachstumsraten verzeichnen konnte, erwiesen sich die lateinamerikanischen, teils beachtlich diversifizierten Industriesektoren auf dem Weltmarkt als nicht konkurrenzfähig. Mitte dieses Jahrzehnts bestanden die Exporte lateinamerikanischer Ökonomien zu 80% aus Agrargütern, Rohstoffen sowie der Produktion wenig verarbeiteter Güter mit geringer Wertschöpfung (Messner 1997: 49). Des Weiteren war der expandierende moderne (formelle) Dienstleistungssektor nicht in der Lage, die freigesetzten Arbeitskräfte aufzunehmen, was mit einem erheblichen Wachstum der informellen Beschäftigung einherging. Waren zwischen 1950 und 1980 noch 60% aller neu entstandenen Arbeitsstellen im formellen Sektor angesiedelt (15% davon im öffentlichen Sektor und 45% in der Privatwirtschaft), waren am Ende des Jahrhunderts in einigen Ländern bis zu 50% der urbanen Erwerbstätigen in der informellen Ökonomie beschäftigt (Portes/Hoffman 2003: 15). Gewerkschaften, die fast ausschließlich formelle Arbeitskräfte organisieren, repräsentieren somit einen immer kleineren Teil der ökonomisch aktiven Bevölkerung, was sich nicht zuletzt in stetig sinkenden Organisationsgraden niederschlägt.

Doch nicht nur langfristige Determinanten wie die Expansion des informellen Sektors stellen die Gewerkschaften vor strukturelle Probleme, auch fällt es ihnen angesichts jüngster neoliberaler Restrukturierungen zusehends schwerer, innerhalb des formellen Sektors agieren zu können. Mit der durch die Weltmarktöffnung verschärften Konkurrenzsituation und staatlich implementierten Arbeitsmarktflexibilisierungen und -deregulierungen ist seit Anfang der 90er Jahre eine steigende, auch im formellen Sektor empfindlich spürbare, Heterogenisierung von Arbeitsbedingungen und Lohneinkommen zu beobachten. Die Einführung neuer technologiebasierter

Rationalisierungsmaßnahmen und unternehmerischer Organisationsprozesse, etwa die Auslagerungen von Teilen der Produktion an Subunternehmen, gehen nicht selten mit der Auflösung arbeitsrechtlicher Standards wie Kündigungs- und Sozialversicherungsschutz oder unbefristeter Arbeitsverträge einher (z.B. Gonzales/Serino 2002). Seit einiger Zeit tendieren lateinamerikanische AutorInnen dazu, von einer Prekarisierung der formellen und auch der öffentlichen Beschäftigung zu sprechen (Lindenboim 2004). Schließlich ist die Schwächung der Gewerkschaftsbewegung nicht lediglich Resultat ökonomischer Prozesse, sondern geht auch auf historisch bedingte politische Komponenten zurück. Überproportional von der Repression der verschiedenen Militärdiktaturen der 70er und 80er Jahre betroffen, fehlten den Gewerkschaften nach der Transition vielfach ihre besten und kämpferischsten Mitglieder (Drake 1996).

Jedoch bewies innerhalb der Arbeitsbeziehungen in Lateinamerika gerade das Moment eine gewisse Kontinuität, welches aller anti-etatistischen Rhetorik neoliberaler Theorie am stärksten widerspricht: der Korporatismus. Mehr noch: Er erwies sich als ein Schlüsselelement für die Implementierung neoliberaler Reformen. In Ländern wie Mexiko, Brasilien und besonders Argentinien konnte die notwendige Zustimmung seitens der großen Gewerkschaftszentralen zu Privatisierungen oder Einschränkung individueller Arbeitsschutzrechte vielfach nur auf „assistentialistische" Weise, d.h. im Tausch gegen die Aufrechterhaltung korporatistischer Traditionen wie etwa dem gewerkschaftlichen Vertretungsmonopol oder im argentinischen Fall der Verwaltung der öffentlichen Sozialwerke erreicht werden (Dombois 2006; Cardoso 2004; Boris 1996: 157ff.).

Auch unter den neuen (Mitte-)Links-Regierungen erweisen sich korporatistische Arrangements als erstaunlich hartnäckig. Sogar explizit gewerkschaftliche Autonomie und innere Demokratie proklamierende Erneuerungsströmungen wie der *nôvo sindicalismo* der brasilianischen CUT oder der argentinischen CTA sehen sich angesichts ihrer anhaltenden Organisationsschwäche ernsthaften Problemen ausgesetzt, eigenständige Positionen gegenüber den neuen Regierungen zu vertreten.

Letztendlich ist der Einschätzung Zapatas (vgl. hierzu in diesem Band) zuzustimmen, dass angesichts der Heterogenisierung und Fragmentierung der Lohnarbeit Gewerkschaften nicht mehr die zentrale Rolle zukommen kann, wie es noch vielfach während der ISI der Fall war. Das allerdings heißt nicht, dass bestimmten Organisationen der urbanen ArbeiterInnenklasse, sofern sie in strategisch wichtigen Bereichen präsent sind und noch einen vergleichsweise hohen Organisationsgrad aufweisen, keine wichtige gesellschaftliche Rolle mehr spielen können. Dies hat sich z.b. bei heftigen Arbeitskämpfen von Automobilarbeitern, Beschäftigten der Elektrizitätswirtschaft und der Infrastrukturbereiche in Mexiko, teilweise auch in Brasilien und Argentinien gezeigt und manifestierte sich auch bei lang andauernden Streiks von Kupferarbeitern in Chile und Mexiko. Immer deutlicher wird für strategisch denkende Gewerkschafter, dass sie sich in Zukunft verstärkt um die Sammlung (wenn möglich Organisierung) der in sehr heterogenen Konstellationen arbeitenden informell Beschäftigten bemühen müssen.

In Kombination mit anderen sozialen Bewegungen haben Gewerkschaften des urbanen Sektors während der letzten Jahre eine wieder wachsende Bedeutung erlangen können. Dies gilt z.b. für Kämpfe gegen weitere Privatisierungen (Uruguay, Peru, El Salvador) wie aber auch bei Kampagnen gegen das Projekt der „Amerikanischen Freihandelszone" (ALCA) in Brasilien, Costa Rica und Ekuador. In einigen Ländern, insbesondere im Andenraum, haben mittlerweile indigene Bewegungen eine Vorreiterrolle in der Artikulation des politischen Protests übernommen. Beispiele sind Ekuador in den 1990er Jahren oder jüngst Bolivien.

6. Es wird spätestens seit Ende des 20. Jahrhunderts von einer „neuen Sichtbarkeit" (Scheuzger 2007: 191) der indigenen Bewegungen gesprochen. Keinesfalls aber ist indigener Widerstand in Lateinamerika ein neues Phänomen. Politische Artikulation und Protest gegen soziale Ausgrenzung seitens indigener Bevölkerungsteile hat es seit der *Conquista* immer wieder gegeben. Ausschlaggebend dafür und für die unterschiedlichen Ausprägungen waren die jeweiligen Rahmenbedingungen und Lebenssituationen der indigenen Bevölkerung. Heute ist sie das Bevölkerungssegment in Lateinamerika, welches auf der politischen Bühne in den vergangenen 20 Jahren besonders in Erscheinung getreten ist. Dezentralisiert, partikular und mit kulturellen, nicht ausschließlich sozioökonomischen Belangen im Zentrum ihrer Forderungen entsprechen sie der neuen Matrix, auf die anfangs mit Garretón Bezug genommen wurde. Vor allem bestimmte sozialstrukturelle Veränderungen und internationale Rahmenbedingungen haben die Herausbildung der indigenen Bewegungen begünstigt.

Innerhalb postkolonialer Gesellschaftsordnungen war ihr Leben weiterhin maßgeblich von extremer Armut und rassistischer Diskriminierung geprägt. Im Rahmen von Nationalisierungs- und Modernisierungsprogrammen versuchten einige lateinamerikanische Länder, die indigenen Bevölkerungsteile durch das mestizische Projekt des „Indigenismus" zu assimilieren. Die Nachfahren der amerikanischen Ur-

einwohner sollten zu mexikanisierten, peruanisierten oder bolivianisierten Kleinbauern und -bäuerinnen, Land- und MinenarbeiterInnen, als StaatsbürgerInnen in
den Nationalstaat integriert und als Indigene unsichtbar gemacht werden. Basis ihrer
politischen Organisierung waren dementsprechend eher Gewerkschaften. Die Forderung nach Land, gerechten Löhnen und dem Zugang zu Krediten entbehrten jeglicher ethnischen Dimension.

In den 1960er Jahren entstanden erste indigene Organisationen und Dachver-
bände, deren Programme betont ethnische Themen beinhalteten,[7] wie politische und
kulturelle Selbstbestimmung, Zugang zu natürlichen Ressourcen, Land und *territo-
rios*[8]. Diese Entwicklungen standen in Verbindung mit sozialstrukturellen Veränderungen: Seit den 1960er Jahren waren indigene MigrantInnen an den anhaltenden
Urbanisierungsprozessen und der Landflucht beteiligt. Mit dem Verlassen ihrer
comunidades trafen sie mit anderen MigrantInnen aus verschiedenen indigenen
Ethnien zusammen. Die gleichzeitige gemeinsame Abgrenzung gegenüber der dominanten urbanen mestizischen und kreolischen Gesellschaft machte die Abstrakti-
on einer „indigenen Identität" möglich. Dementsprechend wurde die ethnische Identität durch Migration und die kollektive Erfahrung von rassistischer Diskriminierung
gefestigt (Boris 1998: 66). Aus diesen Gruppen in den urbanen Zentren bildeten sich
„organische Intellektuelle" (im Sinne A. Gramscis), zumeist junge gebildete, zwei-
oder mehrsprachige Indigene, heraus. Diese prägten oftmals in der Stadt oder zurück
in ihren ländlichen Herkunftsgebieten die politischen Strategien.

Als eine weitere sozialstrukturelle Besonderheit ist die demografische Entwicklung der indigenen Bevölkerung anzuführen. McSweeny und Arps (2005) erheben
ausgehend von den 1980er Jahren Daten zur Fertilitätsrate innerhalb indigener Bevölkerungsgruppen der Tieflandregionen und konstatieren ein Ansteigen derselben
im Gegensatz zum in Lateinamerika vorherrschenden Trend sinkender Geburtenraten. Zweifellos hat der damit verbundene ansteigende Bevölkerungsdruck zur Erhöhung der Migrationsneigung und Mobilisierung indigener Bevölkerungsteile beigetragen.

---

[7] Die Gründung der *Federación de Centros Shuar* im Tiefland Ecuadors 1964 kann als Aufbruchssignal
an andere indigene Gruppen für eine gemeinsame politische Organisation angesehen werden.
[8] historisch begründete Siedlungsgebiete

Befördert durch internationale Diskurse,[9] eine verbesserte Nutzung von Kommunikationsmedien, die Zusammenarbeit mit progressiven Teilen der Kirche oder die Vernetzung mit nationalen und internationalen NGOs wuchs auch die externe Wahrnehmung und Förderung indigener Belange.

Ein weiterer Faktor, der die Organisierungsformen und Autonomie indigener Bewegungen bestimmte, weist Zusammenhänge mit der neoliberalen Umstrukturierung auf: Mittels Dezentralisierungsmaßnahmen wurde politische Entscheidungsmacht vom Zentralstaat auf die Ebene der Gemeinden verlagert und lokalen Kommunen mehr Autonomie verliehen. Im ländlichen Raum öffneten sich dadurch politische Handlungsspielräume für indigene Organisationen.

Ende der 1990er Jahre bildeten sich in einigen lateinamerikanischen Ländern breite Protestallianzen von städtischen sozialen Bewegungen und anderen Akteuren, die sich mit den indigenen Bewegungen an der Spitze gegen neoliberale Politiken (z.B. Privatisierungen, Freihandelsabkommen) richteten. Sowohl an den Strategien indigener Parteien wie auch in ihrem außerparlamentarischen Protest wird deutlich, „dass die Anliegen weit über die eigene, indigene Gruppe hinausweisen, Forderungen anderer subalterner Gruppen aufgreifen und sich in Motoren für subalternen Protest entwickelt haben" (Kaltmeier 2007: 203ff.). Diesbezüglich drängt sich die Frage nach dem Verhältnis von Klasse und Ethnie auf: Kam es in den letzten zehn Jahren zu einer „Ethnisierung des Politischen" resp. zu einer „Politisierung des Ethnischen" oder ist vielmehr eine hybride und durchlässige Verkettung von beiden Sozialkategorien, die subjektive und identitätsstiftende Momente enthalten, zu beobachten (Kaltmeier 2007: 211; Scheuzger 2007: 200)?

Die genannten sozialen Bewegungen verhalfen in mehreren Ländern zu Beginn des 21. Jahrhunderts Mitte-Links-Regierungen an die Macht und stellen auch innerhalb des politischen Systems eine nicht zu vernachlässigende Gruppe dar. Die verstärkte politische Partizipation vormals ausgeschlossener Sektoren kann Antrieb für weiterführende Demokratisierungsprozesse sein. Gleichzeitig können die neuen Mitte-Links-Regierungen mit der Radikalität und Wandlungsbereitschaft indigener

---

[9] Seit Ende der 1980er Jahre erhalten in den Diskursen der jeweiligen Ländern, aber auch der internationalen Institutionen neue Themenkomplexe Einzug, die indigene Anliegen publik machen und fördern. Zu diesen Themen gehören: Menschenrechte, Minderheitenschutz, kulturelle Diversität, Ethnizität, aber auch Klima- und Umweltschutz. Direkte Reaktionen auf diese Debatten sind z.B. die ILO-Konvention 169 zum Schutz indigener und in Stämme lebender Völker von 1989, die 1994 initiierte UN-Dekade der indigenen Völker sowie die Verleihung des Friedensnobelpreises an die Maya-Aktivistin Rigoberta Menchú Tum aus Guatemala.

Forderungen auch in Konflikt geraten, wenn z.b. wie in Ekuador unterschiedliche Interessen über ressourcenreiche Gebiete bestehen. Die Anerkennung partikularer kultureller Rechte gefährdet so unter Umständen auch Entwicklungsprogramme linker Regierungen.

Es ist bemerkenswert, dass v.a. auch externe BeobachterInnen die Einbeziehung indigener Forderungen als ernsthaftes Risiko für die Stabilität der lateinamerikanischen Demokratien betrachten. Jonas Wolff hingegen unterscheidet zwischen formal-demokratischen Ansprüchen stabiler Demokratien und breiten Protestgruppen, die radikalen Wandel anstreben. „Die ambivalente Rolle der indigenen Akteure führt die ‚etablierten Demokratien' in ernste Dilemmata, da sich diese zwar die Förderung der Demokratie auf die Fahnen geschrieben haben, dabei aber Demokratisierung vor allem als Mittel zu vielerlei Zweck (Stabilität, Kontinuität, außen- und wirtschaftspolitische Kooperation) verstehen. Diese scheinbar harmonische Verknüpfung von Werten und Interessen basierte nun just auf der Idee einer Demokratisierung des ‚conservative radicalism', dessen Widersprüche gegenwärtig aufbrechen." (Wolff 2004: II)

Diese Infragestellung gewisser Machtverhältnisse durchbricht bestehende Strukturen und öffnet neue Handlungsräume. Es stellt sich die Frage nach den Einflussmöglichkeiten der sozialen Bewegungen, diese Räume mit Alternativen zu füllen. Dabei wird vieles auch davon abhängen, ob die erwähnten Protestbündnisse langfristige Partizipations- und Kommunikationskanäle aufrecht erhalten und schaffen können, die einen Einbezug weiter Bevölkerungsteile ermöglichen.

7. Gerade am Beispiel des zuletzt gestreiften Politikfeldes wird deutlich, dass sowohl ökonomische als auch politologische (aber auch im herkömmlichen Sinne ethnologische) Erklärungsansätze allein wenig Erhellendes zu dieser Frage beizusteuern vermögen. Die Klärung der Problematik, warum gerade während der letzten 20 Jahre die „immer schon" diskriminierten und marginalisierten Indígenas zu solchem Selbstbewusstsein und politischer Mobilisierung gelangen konnten, lässt sich u. E. nur durch Beleuchtung überindividueller, d.h. gesellschaftlicher Prozesse bewerkstelligen. Diese gesellschaftlichen Prozesse umfassen sowohl diejenigen der Gesamtgesellschaft als auch die innerhalb der ethnischen Gruppen selbst stattfindenden. Dass sozialstrukturelle Veränderungen allerdings keineswegs ausschließlich und direkt zur Erklärung von politischen Prozessen herangezogen werden können, zeigen die Fälle Guatemalas und Perus, die deutlich von jenen erwähnten Tendenzen

der breiten und nationalen Mobilisierung indigener Bevölkerungsteile (vorläufig) abweichen. Dies scheint wenig mit gänzlich anderen sozialstrukturellen Wandlungsprozessen zusammenzuhängen, wohl aber mit intensiven Bürgerkriegserfahrungen und extremer politisch-militärischer Repression gegenüber indigenen Bevölkerungsteilen zu tun zu haben. Inwieweit aber auch diese gewichtigen Faktoren z.T. mit Besonderheiten der jeweiligen Gesellschaftsstruktur und nicht nur mit politisch kontingenten Ereignissen mehr oder minder eng im Zusammenhang stehen, bleibt eine wichtige Forschungsfrage.

Gewiss werden selbst durch eine verfeinerte und differenzierte Sozialstrukturanalyse nicht alle Probleme lateinamerikanischer Gesellschaften quasi schlagartig erhellt. Gegenüber der immer stärker in Mode kommenden „Diskursanalyse", die in manchen ihrer Varianten die materiellen, gesellschaftlichen Verhältnisse über den Umweg des „Sprechens über sie" glaubt aufschließen zu können, und gegenüber anderen Ansätzen, die die kollektiven gesellschaftlichen Akteure tendenziell aus dem Blickfeld geraten lassen, scheint die Sozialstrukturanalyse im angedeuteten Sinne aber erhebliche Vorzüge aufzuweisen.

Literatur:

Adler Lomnitz, Larissa/Marisol Pérez Lizaur/Rodrigo Salazar Elena (2007): Globalización y nuevas elites en México. In: Birle, Peter u.a. (Hrsg.): Elites en América Latina. Madrid: 143-168

Boris, Dieter (1996): Mexiko im Umbruch. Modellfall einer gescheiterten Entwicklungsstrategie. Darmstadt: Wissenschaftliche Buchgesellschaft

Boris, Dieter (1998): Soziale Bewegungen in Lateinamerika. Hamburg: VSA

Boris, Dieter (2007): Linkstendenzen in Lateinamerika. In: Supplement der Zeitschrift „Sozialismus". Nr. 7/8. Hamburg

Cardoso, Adalberto (2004): Industrial relations, Social Dialogue and Employment in Argentina, Brazil and Mexico. Employment Strategy Papers No. 7. Genf: ILO

Clark, Terry Nichols/Lipset, Seymour Martin (2001): The breakdown of class politics. A debate on post-industrial stratification. Baltimore. London

Drake, Paul W. (1996): Labor Movement and Dictatorship: The Southern Cone in comparative perspective. Baltimore: MD. Johns Hopkins University Press

Dombois, Rainer (2006): Korporatistische Paradoxien. Zu den Veränderungen der institutionellen Arbeitsbeziehungen in Lateinamerika am Beispiel der Arbeitsrechtsreformen. In: Lateinamerika Analysen 14. 2/2006: 141-168

Dörre, Klaus (2007): Prekäre Klassengesellschaft? Zur Strukturierung und Verarbeitung sozialer Ungleichheit im Finanzmarkt-Kapitalismus. In: Kaindl, Christina (Hrsg.): Subjekte im Neoliberalismus. Marburg: BdWi-Verlag: 19-47

Ernst, Tanja (2008) Unveröffentlichtes Vortagsmanuskript für die Tagung: „Lateinamerika: Neoliberalismus, Sozialstrukturveränderungen und politische Artikulation" in Marburg (06.und 07. Juni 2008)

Galetti, Pablo (2004): ¿Qué significa hoy „burguesía nacional"? In: realidad económica. No. 201. enero-febrero: 24-29

Garretón, Manuel Antonio (2001): Cambios sociales, actores y acción colectiva en América Latina. Santiago de Chile: CEPAL. Serie: Politicas Sociales. No. 56

Gonzales, Mariana/Serino, Leandro (2001): La dinámica del empleo en los noventas. http://www.aaep.org.ar/espa/anales/pdf_01/gonzalez_serino.pdf

Heredia, Mariana (2003): Reformas estructurales y renovación de las élites económicas en Argentina: estudio de los portavoces de la tierra y del capital. In: Revista Mexicana de Sociología (65) 1: 77-115

Huhn, Sebastian/Oettler, Anika (2006): Jugendbanden in Zentralamerika. Zur Konstruktion einer nicht-traditionellen Bedrohung. In: Gabbert, Karin u.a. (Hrsg.): Mit Sicherheit in Gefahr. Lateinamerika Jahrbuch 30: 31-48

Kaltmeier, Olaf (2007): Politische Gemeinschaften und indigener Protest: Anmerkungen zu Ethnizität und Politik in Lateinamerika. In: Büschges, Christian/Pfaff-Czarnecka, Johanna (Hrsg.): Die Ethnisierung des Politischen. Identitätspolitiken in Lateinamerika, Asien und den USA. Frankfurt/Main: Campus: 192–215

Krennerich, Michael (2000): Politische Gewalt in Lateinamerika. In: Fischer, Thomas/Ders. (Hrsg.): Politische Gewalt in Lateinamerika. Lateinamerika-Studien Nr. 41, Universität Erlangen-Nürnberg, Frankfurt/Main: Vervuert Verlag: 17-34

Lambert, Renaud (2008): Der Besitzer von Mexiko. Wie Carlos Slim mithilfe des Staates der reichste Mann der Welt wurde. In: Le Monde diplomatique, Juni 2008: 23

Lindenboim, Javier (2004): The Precariousness of Argentine Labor Relations in the 1990s. In: Latin American Perspectives 31 (4): 21:31

McSweeny, Kendra/Arps, Shahna (2005): A „Demographic Turnaround": The Rapid Growth of Indigenous Populations in Lowland Latin America. In: Latin America Research Review 40 (1): 3-29

Murillo, Victoria (2002): Labor Unions, Partisan Coalitions, and Market Reforms in Latin America. Cambridge, Cambridge University Press.

Messner, Dirk (1997): Wirtschaftsreformen und gesellschaftliche Neuorientierung in Lateinamerika: Die Grenzen des neoliberalen Projekts. In: Dombois, Rainer u.a. (Hrsg.): Neoliberalismus und Arbeitsbeziehungen in Lateinamerika. Frankfurt/Main: 43-67

Moses, Carl (2008): Länderbericht Brasilien: Die Zukunft hat begonnen. In: FAZ v. 26.5.08: 14

Oertzen, Peter von (2006): Klasse und Milieu als Bedingungen gesellschaftlich-politischen Handelns. In: Bremer, Helmut/Lange-Vester, Andrea (Hrsg.): Soziale Milieus und Wandel der Sozialstruktur. Wiesbaden: 37-69

Portes, Alejandro/Hoffman, Kelly (2003): Latin American class structures: Their composition and change during the neoliberal era. In: Latin American Research Review 38 (1): 41-82

Roberts, Kenneth (2002): Social inequalities without class cleavages in Latin America's neoliberal era. In: Studies in Comparative International Development 36 (4): 3-33

Stanley, Ruth 2006: Editorial. In: Gabbert, Karin u.a. (Hrsg.): Mit Sicherheit in Gefahr. Lateinamerika Jahrbuch 30: 7-13

Scheuzger, Stephan (2007): Die Re-Ethnisierung gesellschaftlicher Beziehungen: neuere indigene Bewegungen. In: Bernecker, Walther L. u.a. (Hrsg.): Lateinamerika 1870 – 2000. Geschichte und Gesellschaft. Wien: Promedia: 191–211

Torche, Florencia/Wormald, Guillermo (2004): Estratificación y movilidad social en Chile: entre la adscripción y el logro. Serie Políticas Sociales. No. 98. Santiago de Chile: CEPAL

Vilas, Carlos M. (2006): Neoliberal Meltdown and Social Protest: Argentina 2001-2002. In: Critical Sociology 32 (1): 163-186

Werz, Nikolaus (1999): Das Konzept der „clase media" und die Mittelschichten in Lateinamerika. In: Becker, Bert u.a. (Hrsg.): Mythos Mittelschichten. Bonn: 96-119

Weyland, Kurt (1999): Populism in the age of neo-liberalism. In: Conniff, Michael L. (Hrsg.): Populism in Latin America. Tuscaloosa/London: 172-190

Wolff, Jonas (2004): Demokratisierung als Risiko der Demokratie? Die Krise der Politik in Bolivien und Ecuador und die Rolle der indigenen Bewegungen. HSFK-Report 6/2004, Frankfurt/M.

Verzeichnis der AutorInnen und Textnachweise

(Wenn nicht anders gekennzeichnet, handelt es sich bei den Beiträgen um Erstveröffentlichungen.)

Katharine Andrade-Eekhoff (USA/El Salvador) ist Forscherin bei FLACSO-El Salvador und lehrt an der Universität in El Salvador. Ihr Beitrag ist eine überarbeitete und aktualisierte Version des Textes (gem. mit Claudia Marina Silva Àvalos): La globalización de la periferia: flujos transnacionales migratorios y el tejido socio-productivo local en América Central, erschienen in: Revista Centroamericana de Ciencias Sociales, No. 1, Vol. I, Juli 2004, S. 57-86.

María Cristina Bayón (Mexiko) lehrt Soziologie an der Universidad Nacional Autónoma de México (UNAM). Ihr Beitrag erschien unter dem Titel: Precariedad social en México y Argentina: tendencias, expresiones y trayectorias nacionales, erschienen in: Revista de la Cepal, No. 88, April 2006, S. 125-143.

Amy Bellone Hite (USA) arbeitet als Assistant Professor für Soziologie an der Xavier University of Louisiana. Ihr Beitrag erschien 2005 (gem. mit Jocelyn S. Viterna) unter dem Titel Gendering Class in Latin America: How Women Effect and Experience Change in the Class Structure, erschienen in: Latin American Research Review, Vol. 40, No.2, Juni 2005, S. 50-82.

Dieter Boris ist Professor für Soziologie an der Philipps-Universität Marburg.

Comisión Económica para América Latina y el Caribe, CEPAL (Chile) ist die UN-Wirtschaftskommission für Lateinamerika und die Karibik mit Hauptsitz in Santiago de Chile. Der Text wurde für diese Publikation gekürzt. Umfangreiches Datenmaterial und eine Vielzahl von Grafiken finden sich in der spanischen Originalversion unter: http://www.eclac.org/publicaciones/xml/6/20386/ PSE2004_Cap3_Juventud.pdf (letzter Zugriff am 24. Juni 2008).

Fabiola Escárzaga (Mexiko) ist Professorin am Fachbereich Sozialwissenschaften an der Universidad Autónoma Metropolitana Unidad Xochimilco.

Therese Gerstenlauer ist Studentin der Politikwissenschaft, Friedens- und Konfliktforschung und Religionswissenschaft an der Philipps-Universität Marburg.

Alke Jenss ist Studentin der Politikwissenschaft, Friedens- und Konfliktforschung und Romanistik an der Philipps-Universität Marburg.

Gabriel Kessler (Argentinien) lehrt an der Universidad de General Sarmiento in Buenos Aires und ist Forscher beim zentralen nationalen Forschungsförderverbund CONICET.

Cristóbal Kay (Chile/Niederlande) ist Professor für Agrar- und Entwicklungssoziologie an der Universität Amsterdam. Sein Beitrag ist eine gekürzte und aktualisierte Version des Artikels: Rural livelihoods and peasant futures, erschienen in: Gwynne, Robert N./Kay, Cristóbal (Hrsg.:) (2004): Latin America Transformed: Globalization and Modernity. London: Hoddor Arnold, Second Edition.

Christoph Parnreiter (Österreich/Deutschland) ist Professor am Institut für Geographie der Universität Hamburg.

Kristy Schank ist Soziologin und arbeitet als Bildungsreferentin bei Action Solidarité Tiers Monde (ASTM) in Luxemburg.

Johannes Schulten ist Student der Politikwissenschaft und VWL an der Philipps-Universität Marburg.

Patricio Silva (Chile/Niederlande) lehrt Soziologie an der Universität Leiden. Sein Beitrag erschien unter dem Titel: Los tecnócratas y la política en Chile: pasado y presente, erschienen in: Revista de Ciencia Política, Vol. 26, No. 2, 2006, S. 175-190.

Maristella Svampa (Argentinien) lehrt Soziologie an der Universidad de General Sarmiento in Buenos Aires und ist Chefredakteurin der Zeitschrift OSAL (Observatorio Social de América Latina). Bei ihrem Beitrag handelt es sich um das Kapitel: Continuidades y rupturas de los sectores dominantes aus ihrem Buch (2005) La Sociedad Excluyente: La Argentina bajo el signo del neoliberálismo. Buenos Aires: Taurus, S. 99-129.

María Mercedes Di Virgilio (Argentinien) lehrt an der Universidad de General Sarmiento in Buenos Aires und ist Forscherin beim zentralen nationalen Forschungsförderverbund CONICET.

Jocelyn S. Viterna (USA) arbeitet als Assistant Professor für Soziologie an der Tulane University, ihr Beitrag erschien 2005 (gem. mit Amy Bellone Hite) unter dem Titel Gendering Class in Latin America: How Women Effect and Experience Change in the Class Structure, erschienen in: Latin American Research Review, Vol. 40, No.2, Juni 2005, S. 50-82.

Francisco Zapata (Mexiko) ist Professor für Soziologie am Colegio de México. Sein Beitrag erschien 2003 unter dem Titel: ¿Crisis del Sindicalismo en América Latina? als Debattenbeitrag auf der Homepage des International Institute of Social History, Amsterdam: www.iisg.nl/labouragain/crisis.php.

Theorie

Dirk Baecker (Hrsg.)
Schlüsselwerke der Systemtheorie
2005. 352 S. Geb. EUR 24,90
ISBN 978-3-531-14084-1

Ralf Dahrendorf
Homo Sociologicus
Ein Versuch zur Geschichte, Bedeutung und Kritik der Kategorie der sozialen Rolle
16. Aufl. 2006. 126 S. Br. EUR 14,90
ISBN 978-3-531-31122-7

Shmuel N. Eisenstadt
Die großen Revolutionen und die Kulturen der Moderne
2006. 250 S. Br. EUR 34,90
ISBN 978-3-531-14993-6

Shmuel N. Eisenstadt
Theorie und Moderne
Soziologische Essays
2006. 607 S. Geb. EUR 49,90
ISBN 978-3-531-14565-5

Axel Honneth /
Institut für Sozialforschung (Hrsg.)
Schlüsseltexte der Kritischen Theorie
2006. 414 S. Geb. EUR 29,90
ISBN 978-3-531-14108-4

Niklas Luhmann
Beobachtungen der Moderne
2. Aufl. 2006. 220 S. Br. EUR 24,90
ISBN 978-3-531-32263-6

Uwe Schimank
Differenzierung und Integration der modernen Gesellschaft
Beiträge zur akteurzentrierten Differenzierungstheorie 1
2005. 297 S. Br. EUR 27,90
ISBN 978-3-531-14683-6

Uwe Schimank
Teilsystemische Autonomie und politische Gesellschafts-steuerung
Beiträge zur akteurzentrierten Differenzierungstheorie 2
2006. 307 S. Br. EUR 29,90
ISBN 978-3-531-14684-3

Ilja Srubar / Steven Vaitkus (Hrsg.)
Phänomenologie und soziale Wirklichkeit
Entwicklungen und Arbeitsweisen
2003. 240 S. Br. EUR 25,90
ISBN 978-3-8100-3415-1

Erhältlich im Buchhandel oder beim Verlag.
Änderungen vorbehalten. Stand: Januar 2008.

www.vs-verlag.de

VS VERLAG FÜR SOZIALWISSENSCHAFTEN

Abraham-Lincoln-Straße 46
65189 Wiesbaden
Tel. 0611.7878-722
Fax 0611.7878-400